宋史瞥识

罗炳良　著

北京师范大学出版集团
BEIJING NORMAL UNIVERSITY PUBLISHING GROUP
北京师范大学出版社

图书在版编目(CIP)数据

宋史瞥识／罗炳良著．—北京：北京师范大学出版社，
2011.10
　（北京师范大学史学探索丛书）
　ISBN 978-7-303-13255-3

　Ⅰ．①宋…　Ⅱ．①罗…　Ⅲ．①中国历史－宋代－文集
Ⅳ．① K244.07-53

中国版本图书馆 CIP 数据核字（2011）第 160549 号

营 销 中 心 电 话	010-58802181 58808006
北师大出版社高等教育分社网	http://gaojiao.bnup.com.cn
电 子 信 箱	beishida168@126.com

出版发行：北京师范大学出版社 www.bnup.com.cn
　　　　　北京新街口外大街 19 号
　　　　　邮政编码：100875
印　　刷：北京联兴盛业印刷股份有限公司
经　　销：全国新华书店
开　　本：170 mm × 230 mm
印　　张：23.75
字　　数：360 千字
版　　次：2011 年 10 月第 1 版
印　　次：2011 年 10 月第 1 次印刷
定　　价：45.00 元

策划编辑：刘东明	责任编辑：刘东明
美术编辑：毛　佳	装帧设计：毛　佳
责任校对：李　菡	责任印制：李　啸

北京师范大学史学探索丛书
编辑委员会

出版说明

在北京师范大学的百余年发展历程中，历史学科始终占有重要地位。经过几代人的不懈努力，今天的北师大历史学院业已成为史学研究的重要基地，是国家"211"和"985"工程重点建设单位，首批博士学位一级学科授予权单位。拥有国家重点学科、博士后流动站、教育部人文社会科学重点研究基地等一系列学术平台。科研实力颇为雄厚，在学术界声誉卓著。

近年来，北师大历史学院的教师们潜心学术，以探索精神攻关，陆续完成了众多具有原创性的成果，在历史学各分支学科的研究上连创佳绩，始终处于学科前沿。特别是崭露头角的部分中青年学者的作品，已在学术界引起较大反响。为了集中展示北师大历史学院的这些探索性成果，也为了给中青年学者的后续发展创造更好条件，我们组编了这套"北京师范大学史学探索丛书"，希冀在促进北师大历史学科更好发展的同时，为学术界和全社会贡献一批真正立得住的学术力作。这些作品或为专题著作，或为论文结集，但内在的探索精神始终如一。

当然，作为探索丛书，特别是以中青年学者作品为主的学术丛书，不成熟乃至疏漏之处在所难免，还望学界同仁不吝赐教。

北京师范大学历史学院

北京师范大学史学理论与史学史研究中心

北京师范大学史学探索丛书编辑委员会

2010 年 3 月

研究历史应当兼顾史学史（代序）

　　一般而言，从事某项学术研究，都要关注该学科的学术发展史。但也有的学科重视得还不够，譬如史学界对史学史的研究就存在这种缺陷，一些从事历史研究的学者对史学史就不甚关心，不予问津。这种状况已经影响到历史科学的健康发展，迫切需要广大史学工作者以自觉的史学意识进行反思。

　　首先，从学科性质来看，史学史的重要性应当超过通史、断代史和各类专史。长期以来，史学界存在一种习惯认识，以为研究通史、断代史或专史比较重要，研不研究史学史无关大局，从而形成史学史研究长期遭受冷遇的局面。事实上，史学史的重要性决不亚于历史学的任何其他专业。著名史学家白寿彝先生指出："从学科结构上讲，史学史是较高层次的史学工作。史学只是研究历史，史学史要研究人们如何研究历史，它比一般的史学工作要高一个层次，它是从总结一般史学工作而产生的。"①当然，这决不是说研究史学史的学者比研究历史学其他专业的学者高明，而是说史学史专业的性质是总结各个时代历史研究的经验，是更高层次上的学术研究。从历史、史学、史学史之间的关系来看，人类历史发展到一定阶

---

　　①　白寿彝：《关于史学工作的几点意见》，载《史学史研究》，1985（2）。

段，才逐渐产生出记载和研究历史的史学，这是人类要求了解自己过去与未来的一种自觉反省；而当史学经过相当长的积累以后，伴随着人类对史学工作的不断自觉反省，才产生出史学史。史学史的产生是人类认识历史的更高阶段，目的是揭示史学发展的进程及其演变规律，不但可以加深对人类历史发展的认识，而且可以给以历史问题为研究对象的史学工作者提供理论指导。通过对史学发展史的回顾与展望，以各个时代史学工作中的成绩与失误作为参照，可以纠正历史研究中出现的偏差，倡导历史研究的新风气，开创历史研究的新局面。所以，重视史学史研究，能够大大推动通史、断代史和专史研究不断深入，促进史学工作整体水平的提高。

其次，史学工作者在研究具体历史问题时，如果能够自觉兼顾史学史，两相观照，其研究成果会相得益彰。无论任何时代，史家在治史过程中，总是离不开所处时代史学发展的影响。正如著名史学家吴于廑先生指出："任何一个历史学家，不论他们成就或大或小，都是历史学这门学科发展链条上一个或大或小的环节。关于这一点，不一定每个从事历史学习或研究的人都很清醒地意识到，但是不论怎样，他总不得不受这门学科已有发展的影响，他的先行者的影响。"①因此，历史研究工作者关注历史学科发展状况，了解史学发展的来龙去脉，将会有助于深入选择课题，明确研究重点，拓宽研究范围，准确把握各个时代史学提出的重大问题。吴于廑先生不但自己具有研究历史与研究史学史两者兼顾的史学意识，而且要求自己的学生在研究世界历史的同时，要兼治西方史学史，形成别具一格的教学与研究特色。如果广大史学工作者普遍具备了这种史学意识，我国史学研究的局面将会大大改观。

再次，研究历史兼顾史学史，有利于树立良好的治史学风。当前，史学界学风建设问题非常突出，其中关键症结之一就是研究历史能否尊重前人的学术成果。在历史研究中，不论是对于史学理论，还是对于学术观点，抑或是对于文献资料，在前人研究基础之上拓宽领域也好，对前代学术成果订讹纠谬也好，都不可能凭空产生。研究者必须了解前人研究的经

---

① 吴于廑：《世界史学科前景杂说》，载《内蒙古大学学报》，1985（4）。

历和当前研究的现状，以历史学已有的基础作为自己研究工作的起点，认清自己的研究在整个史学发展中所处的地位。只有弄清本学科的学术渊源与发展沿革，以前人的研究成果为基础，才能进一步开拓创新，达到学术前沿领域。广大史学工作者自觉关注自己研究领域的学术发展史，不仅可以避免炒前人的冷饭，而且能够起到一定的监督作用，达到净化学术风气的效果。如果所有研究历史的学者都具备这种自觉性，那么就能开创出良好的治史学风，必然会促进中国史学发展的繁荣昌盛。

目　录

第三编　宋代人物研究

北
京
师
范
大
学
史
学
探
索
丛
书

第四编　宋代史学研究

第五编　宋代文献研究

第六编　宋史论著研究

第一编

宋代军事研究

宋代骄兵问题初探

唐宋之际军队中兵将骄蹇跋扈现象引人注目，它不单纯是一个军事问题，也成为严重的社会问题。长期以来，史学界大多注重研究唐末五代的骄兵问题，而对宋代骄兵问题未能深入研究，或认为兵骄将悍现象在宋代集权社会中荡然无存，不予问津；或认为宋代骄兵是唐末五代骄兵的沿袭发展，语焉未详。事实上，宋代骄兵不仅确实存在，而且与唐末五代骄兵有显著的区别。因此，有必要作进一步的深入探讨。

一、宋代骄兵的发展及其特征

赵宋立国初期，统治集团鉴于唐末五代军政积弊，牢固控制兵权，对军队治御较严。宋太祖的治军政策有两个内容：一是防范兵将重蹈唐末五代覆辙，骄悍难制；二是防止士卒安闲，养成骄惰。更成法是宋代兵制中的一项重要内容，用意之一就在于防止将士骄惰，"故将不得专其兵，而兵亦不至骄惰"①。对京城军队制定的种种禁约，其用意仍然是要"使之劳力，制其骄惰"②。因此，宋太祖一朝军队中兵将骄惰情形尚不明显。

北宋中叶，情况已与宋初迥然不同。太宗雍熙三年北伐失败后，宋朝已经丧失了收复失地的信心和能力，转而采取守势，军事积弱局面开始出现。这一时期治军政策的特点是皇权对将权控制极其严密，不给将帅自主权，用变态心理治军，违背军事规律。将帅为消除朝廷猜忌，不敢积极整顿军事，管军敷衍塞责，兵将产生惰性。真宗时宋辽战争失败的一个重要原因就是"将帅弗用命而委任不专也，卒既骄惰而不习知边事也"③。澶渊之盟以后，宋军骄惰情形更为明显，"生于无事而饱于衣食也，其势不得

---

① 马端临：《文献通考》卷 153《兵考五》。
② 沈括：《梦溪笔谈》卷 25。
③ 李焘：《续资治通鉴长编》卷 44 "咸平二年闰三月己丑"。

不骄惰。今卫兵入宿不自持被而使人持之，禁军给粮不自荷而雇人荷之。其骄如此，况肯冒辛苦以战斗乎"①！军兵坐食城市，不知战事，"终日嬉游廛市间，以鬻伎巧、绣画为业，衣服举措不类军兵，习以成风，纵为骄惰"②。宋代不仅京城驻兵"军帅暗懦非其人，禁兵骄惰不可用"③，边防戍兵同样骄惰不堪，无法使用，河北诸路"沿边卒骄将惰，粮匮器朽"④，"士气骄惰不可用"⑤；陕西诸路将士也是"不惯登陟，不耐寒暑，骄懦相习"⑥。

北宋治军虽然压抑将权，对军队严格控制，但在统治阶级允许的范围内却姑息士卒，治军宽弛。宋代治军政策中姑息与严治的矛盾，导致了宋代骄兵的二重性，除骄惰属性外，又具有骄悍习性。宋太宗时河北路镇州就出现"戍卒颇恣暴不法"⑦ 的现象；四川益、简二州也是"新军复骄，且敢肆暴"⑧。仁宗朝已发展到"骄兵之势，则志士仁人窃以之为忧焉"⑨的严重程度。由于"方今天下处处兵骄，……健儿杀官吏而叛朝廷"⑩，出现了北宋历史上第一个兵变高潮。宋人石介不无感慨地说："国家之制失在兵骄。"⑪

北宋末期兵将骄惰状况进一步发展。哲宗时兵制反复变更，"兵将愈骄，无复可用"⑫。徽宗任用高俅、童贯掌兵，京城禁军教阅全废，州郡隶将之兵也同样兵骄将惰。宣和三年童贯上奏："东南三将类皆孱弱，全不知战，虚费粮廪，骄惰自恣。"⑬ 内外之兵俱不可用，无法挽救北宋王朝的灭亡。

---

① 欧阳修：《文忠集》卷 59《原弊》。
② 苏舜钦：《苏学士文集》卷 10《上范公参政书·容目二》。
③ 欧阳修：《文忠集》卷 98《论军中选将札子》。
④ 包拯：《孝肃包公奏议》卷 1《对策》。
⑤ 《宋会要辑稿·刑法》7 之 26。
⑥ 夏竦：《文庄集》卷 14《募土兵奏》。
⑦ 李焘：《续资治通鉴长编》卷 31"淳化元年十二月辛酉"。
⑧ 范仲淹：《范文正公文集》卷 12《宋故乾州刺史张公神道碑》。
⑨ 吕陶：《净德集》卷 16《五代论》。
⑩ 蔡襄：《端明集》卷 20《请诛保州叛卒》。
⑪ 石介：《徂徕集》卷 9《兵制》。
⑫ 马端临：《文献通考》卷 153《兵考五》。
⑬ 同上书。

南宋高宗初政，朝廷没有实力控制军队，因为"兵权不在朝廷，虽有枢密院及三省兵房、尚书兵部，但奉行文书而已"①。南宋初年的治将政策明显与北宋不同，重要一点就是将帅权力增重。其一是将帅行政权提高。南宋对金用兵，武将地位实际跃居帅臣之上，"自渡江以来，沿边之兵尽归诸大将，帅臣反出其下"②。宋廷只好正视现实，改变北宋帅臣只用文臣的政策，兼任武臣为各战区帅臣，在相当程度上有军政与民政自主权。其二是武将有独立的屯兵地域。南宋军队已不再像北宋那样轮番更戍，而是各据地盘。朝廷对各军驻防详情无法尽知，更难随意换防。其三是将帅掌握军队。高宗初年将帅统兵政策改变了北宋将不能专兵的做法，军队几乎成了将帅的私人武装。"泗州之兵，事无大小，则知有张俊；楚州一军，则知有韩世忠；襄阳一军，则知有岳飞；殿前一司，则知有杨沂中。"③ 其四是将帅掌握了财权。南宋初年将帅掌握了一方的行政权和兵权以后，势力必然会扩展到财政方面；更何况宋廷曾经一度给予将帅掌管地方财政的权力，"上供财赋权免三年，余听帅臣移用，更不从朝廷应副，军兴听从便宜"④。

南宋朝廷把上述权力交给将帅后，使他们有实力与中央政权抗衡，助长了他们的骄横气焰。由于"国家无明具之威以驱使强悍"⑤，以致诸将骄横难制，"飞扬跋扈，不循朝廷法度"⑥。封建经济的地域性与独立性是地方割据的基础，将帅占据势力范围后，不服朝廷调遣，各自为政，"下制其权，上纵其欲，提援兵者召乱而肆掠，当重寄者怙势而夺攘。下至禁旅，骄悍难制，……动成乱阶"⑦。这说明南宋初年兵将骄悍是其主要特征。

高宗绍兴十一年与金议和后，逐渐把兵权收归朝廷，恢复和完善了北宋以来的统兵体制。绍兴议和后的 20 年中，高宗、秦桧害怕将帅功高震主，打击迫害抗战将领，任用无能庸将掌兵，南宋兵将又出现"将帅养

宋史瞥识

5

宋代骄兵问题初探

---

① 李心传：《建炎以来系年要录》卷 51 "绍兴二年正月壬子"。
② 李心传：《建炎以来系年要录》卷 112 "绍兴七年七月丁卯"。
③ 李心传：《建炎以来系年要录》卷 114 "绍兴七年九月辛未"。
④ 《宋史》卷 167 《职官志》。
⑤ 叶适：《水心别集》卷 12 《四屯驻大兵》。
⑥ 汪藻：《浮溪集》卷 1 《奏论诸将无功状》。
⑦ 杜范：《清献集》卷 7 《太常少卿转对札子》。

骄，军兵惰弊"① 的骄惰局面。宁宗时史弥远专权，理宗时贾似道当政，基本上遵循秦桧压制将权政策，未能改变军队中将帅"朝游暮宴，其奉养僭侈"②，而"卒伍不堪征行"③ 的状况。在蒙古军队攻击下，宋代骄兵也随南宋政权的覆灭而寿终正寝。

应当指出，宋代骄兵的两种特征并不是均衡的，骄悍特征已不是宋代骄兵的主要表现形式，而最能代表宋代骄兵的表现形式是骄惰特征。当然，这两种特征并非截然对立，互不相融，只不过是骄兵问题的两个方面。比如，宋军平时骄惰散漫，一旦立有尺寸之功则骄不可制。"今之兵则惰矣，在内郡者末作技艺，安坐而食，官府利其私役，而被坚执锐之事不闲也；在外郡者多方运贩，为商无征，主帅利其回易，而投石超距之勇不励也。今之兵则骄矣，淮右之兵入弭闽寇，淹留岁月，仅奏肤功，已如骄儿悍妇之不可制。"④ 又比如，军兵怙势恣暴，如若裁治则发生变乱，在此表现为骄悍特征；如果用之战阵则骄脆无能，在此则表现为骄惰特征。南宋杭州兵变，刘一止移书越帅，请出兵讨叛："自军律废弛，吾州之兵与属郡之兵，其旧存者骄肆狠悖，犹杭之兵也。然今日之势，在彼为死士，在我为骄卒，彼一以当我百。"⑤ 越州兵与杭州兵一样，平时骄狠易乱，而用之战阵则大相径庭。杭州兵变乱表现出骄悍特征，越州兵平叛则表现出骄惰特征。同样的兵将，"在彼为死士，在我为骄卒"，正是宋代骄兵一身二任的特征。

二、骄兵对宋代社会的影响

宋代存在大量骄惰无用之兵，不能不对其社会产生深刻影响。由于"士卒骄惰，将帅乏人"⑥，加剧了宋代社会固有的各种矛盾。骄兵惰将造

---

① 徐梦莘：《三朝北盟会编》卷228。
② 王之道：《相山集》卷20《又与汪中丞画一利害札子》。
③ 《宋史》卷401《辛弃疾传》。
④ 王迈：《臞轩集》卷1《乙未馆职策》。
⑤ 刘一止：《苕溪集》卷11《与越帅议讨杭贼状》。
⑥ 司马光：《传家集》卷33《言备边札子》。

成的危害越来越严重，以不同于兵变祸国的另一种方式危害着宋代社会。正如宋人叶适所说："养兵以自困，多兵以自祸，不用兵以自败，未有甚于本朝者也。……是……重误国家也。"①

（一）骄兵是宋代"积贫"的重要原因。宋代"积贫"主要是指政府财政收支失控，入不敷出的财政危机很深。在政府支出的各种费用中，养兵之费占据首位，"六分之财，兵占其五"②。加之官吏俸禄，郊庙宗室之费，无怪乎财政亏空。"今者骄兵、冗官之费，宗室、贵戚之奉，边鄙将吏之给，盖十倍于往日矣。"③ 养兵费财的道理尽人皆知，但宋代君臣在养兵出现的财政危机面前束手无策，如此则不能不归咎于骄兵了。

宋朝军队兵骄已久，朝廷无法役使，官府有所任使必须犒赏士卒，如果所赐之物不能满足其要求，就有可能发生兵变。官吏害怕骄兵兵变，尽量满足其贪欲，不敢节制。"军士素骄，邀取无度，守不能制。"④ 结果骄兵希赏，而朝廷赏赐太滥。首先是无功而赏。宋代每逢举行各种礼仪都要赏军，"郊祀赦宥，先务赡军犒士"⑤。将士不仅对无功之赏心安理得，而且挑剔赐物好坏，"兵之得赏，不以无功知愧，乃称多量少，比好嫌恶，小不如意则群聚而呼，持梃欲击天子之大吏。……以此知兵之骄也"⑥。其次是本职范围内也要赏赐。兵将练习射箭，中的者证明训练合格，本不足以推赏，但宋代却作为一种制度实行。如果说赏赐只作为激励兵将的一种手段，那是无可厚非的，但在宋代这种手段已变成了目的。骄兵不仅"饥则求饷，寒则索衣"⑦，而且温饱之时也要求赏赐，以此之故虚费太多。再次是赏浮于功。由于骄兵邀赏已成习惯，倘若立功更得赏赐，结果不是赏功太快，就是赏浮于功。北宋陕西战场"羌人抄暴为常事，见敌不争收若

---

① 叶适：《水心集》卷5《兵总论》。

② 陈襄：《古灵集》卷8《论冗兵札子》。

③ 苏轼：《东坡七集·东坡集》卷22《省试策问》。

④ 熊克：《中兴小纪》卷16。

⑤ 陈傅良：《历代兵制》卷8。

⑥ 欧阳修：《文忠集》卷59《本论》。

⑦ 陈舜俞：《都官集》卷7《说兵》。

雨。自高声势叙边功，岁岁年年皆一同。将军玩寇五原上，朝廷不知但推赏"①。将帅不敢与敌交锋，却无功称有功，小功言大功。朝廷不按实战功，一味封赏，费用颇大。

对宋代养兵费财，论者均指出兵冗之害，殊不知宋代兵冗根源于兵骄。"天下之兵骄脆无用，召募日广，而临事不获其力。"② 兵将骄惰无能，朝廷总感到兵力不足，于是募兵数量不断增加，冗兵问题愈益严重。仁宗时"厢禁诸军殆至百万，其不可用者且半"③。国家巨费养无用骄兵，空耗粮储，财政不能不拮据。政府财政状况如此，地方供军之费同样不足。仁宗时河北路冀州就粮兵费用很大，本州岁入不够赡军，"逐年所少斛斗三十三万七千余石，绸绢九万八千余匹，布一万六千五百余段"④。州县收入的赋税不够供应军队，为兵所困，这在宋代并不是个别现象。

宋兵骄惰难用，已经成为社会的累赘。宋廷臣僚屡次上疏奏请裁汰骄兵，终因兵骄日久，无法省罢。"骄惰习已久，去归岂能田？不田亦不桑，衣食犹兵然。"⑤ 宋夏战争结束后，陕西之兵骄惰窃食，不能减汰。"西戎既平，而已益之兵遂不复汰。……财之不赡，为日久矣。"⑥ 南宋绍兴罢兵后，江上屯驻大军不能减省，宋廷设置淮东、淮西、湖广和四川四大总领所，分掌诸路上供财物，应办诸军钱粮，费用相当可观。"建炎南渡，权宜创置增赋凡四千三百余万，而供亿于三衙与科截于四总所者，无虑三千六十余万，而耗于养兵者几十之六七，竭天下之力困于转输。"⑦ 南宋财政危机较之北宋更为严重，朝廷增收的各种附加税已经清楚地说明了这个问题。

（二）骄兵是宋代"积弱"的直接原因。宋代社会"积弱"是指宋与辽、夏、金等政权的战争中屡次失败，逐渐形成屈辱软弱局面。宋代社会

---

① 文同：《丹渊集》卷3《五原行》。
② 苏辙：《栾城集》卷19《新论》。
③ 尹洙：《河南先生文集》卷23《制兵师》。
④ 包拯：《孝肃包公奏议》卷8《请移冀州就粮兵士归本州》。
⑤ 王安石：《王临川全集》卷12《省兵》。
⑥ 李攸：《宋朝事实》卷15《财用》。
⑦ 刘克庄：《后村先生大全集》卷145《龙学余尚书［神道碑]》。

"积弱"固然有其政治原因，但终究还必须寻求军事原因。军事力量的强弱取决于军队素质的优劣，宋朝军队兵骄将惰，素质极差，很难要求具有强大的军事力量。可以说，宋代治军专制政策是军事积弱的根本原因，而宋代骄兵则是造成军事积弱的直接原因。

宋代骄兵疲软不堪，平时骄悍不服管制，"观其罢软之容，动皆取笑；骄盈之气，已欲陵人"①。然而，对外战争中却毫无战斗力，"骄惰难用，宽之则逾慢，急之则生祸。心不更训练，目不识行阵"②。兵将骄惰导致军事力量越来越弱，"有养兵之费，无训兵之法；有蓄兵之名，无用兵之实"③。由于战争中没有威力，以致辽夏军队不害怕宋朝禁军。仁宗朝知制诰王拱辰出使契丹，回朝后上奏朝廷："见河北父老，皆云契丹不畏官军。"④ 陕西驻泊宋军同样不为西夏所惮，"羌人每出，闻多禁军，辄举手相贺；闻多土兵，辄相戒不敢轻犯"⑤。由此可见，宋朝的骄惰兵将用于战阵很难发挥作用。

大量事实表明，造成战争失败的直接原因就是骄兵怯懦，临阵脱逃，不战而败局已定。"兵士等方布行阵，才被贼兵呼噪来逼，即已不能驻足，一概奔溃。"⑥ 骄兵作战时被敌人的强大气势所震悚，望敌而生畏惧之心，"禁军小校临阵而先退，边垒偏师望敌而不进"⑦。甚而至于"每闻金鼓之音，皆股战胆销，有百走退生之心，无一前斗死之志"⑧。军队士气沮丧，往往导致战争失败。南宋初年骄兵对内凶悍，而在宋金战争中却是骄惰怯弱，终于未能改变军事积弱局面。马端临说："建炎中兴之后，兵弱敌强，动辄败北，以致王业偏安者，将骄卒惰，军政不肃所致。"⑨ 把南宋政权执

① 李觏：《直讲李先生文集》卷28《寄上富枢密书》。
② 包拯：《孝肃包公奏议》卷5《请速除京东盗贼》。
③ 李纲：《梁谿集》卷59《议战》。
④ 李焘：《续资治通鉴长编》卷127"康定元年四月乙巳"。
⑤ 苏辙：《栾城集》卷21《上皇帝书》。
⑥ 《宋会要辑稿·刑法》7之11。
⑦ 文彦博：《潞公文集》卷14《奏乞主帅便行军令后奏》。
⑧ 宋祁：《景文集》卷28《言三路边防七事》。
⑨ 马端临：《文献通考》卷154《兵考六》。

行妥协退让政策造成偏安局面的责任全部归结为军事原因，这是封建史家的局限性，现在看来显然不妥。但是，骄兵对南宋社会"积弱"的形成，负有不可推卸的责任，这一点恐怕是无可辩驳的。

三、宋代消弭骄兵措施及其局限性

骄兵存在是宋代治军政策的失败，它已经不能继续有效地维护地主阶级的封建统治。因此，宋朝士大夫一致呼吁改革军事，铲除骄兵。为保证赵宋统治政权稳固发展，宋朝政府实行了一系列军事改革措施。

（一）精简训练军队。宋代骄兵冗惰之势出现以后，朝中臣僚要求裁减冗惰骄兵，然后加强训练，增强军事力量。仁宗庆历年间，宰相文彦博和枢密使庞籍建议朝廷省兵，宋廷因而放罢6万余人，2万余人俸给减半。然而时隔不久，王德用任枢密使，又奏补厢军数万人，使军队始终保持在百万兵额。神宗时，枢密副使蔡挺又在军队中实行将兵法。关于将兵法实施的原因，马端临说是要改变宋代"兵不知将，将不知兵"[1] 的状况，那是不够确切的，其真实意图是要通过训练军队改变兵将骄惰难用的局面，以适应当时军事需要。神宗"欲征伐四夷，患诸州兵官不精勤训练，士卒懈弛。于是……分……诸军若干人为一将，别置将官，使之专切训练"[2]。但是，将兵法实施后，军队训练成效极其有限，骄兵局面并未由此而改观。"自置将以来，苟非全将起发，然后与将官偕行，其余常在本营，饮食游嬉，养成骄惰，岁月滋久，不可复用。"[3]

宋代臣僚要求惩治骄兵，提出了省兵建议，以期达到富国强兵的目的。然而，在宋代只不过是一种美好愿望，实际情况却未可乐观。"下之所以游谈聚议，而上之所以变政易令，以求强兵者，不可胜数矣，而兵终不可强。"[4] 可见省罢骄兵所产生的效果不甚显著。

北京师范大学史学探索丛书

① 马端临：《文献通考》卷153《兵考五》。
② 司马光：《传家集》卷48《乞罢将官状》。
③ 马端临：《文献通考》卷153《兵考五》。
④ 苏轼：《东坡七集·东坡集》卷31《思治论》。

（二）改革军事体制。宋代募兵骄惰之势越来越严重，朝中臣僚当然不可能认识到根源在于宋代腐朽的官僚政治，从而归咎于募兵体制。熙宁初，神宗与王安石欲去百年募兵积弊，在全国范围内推行保甲制度。保甲法实行的目的是既防民为"盗"，又寓兵于农。"不特为盗贼之防，又深寓民兵之意。"① 王安石的意图是通过保甲制度变募兵为民兵，仿照唐代府兵制培植精强军队，"尽易天下之骄卒以为府兵"②。由保甲民兵替代募兵，解决骄兵问题。"今所以为保甲，……固可渐习其为兵，……然后使与募兵相参，则可以消募兵骄志。"③ 宋神宗以及朝中一些重臣虽然在解决骄兵问题上与王安石一致，但全部由民兵取代禁兵，又有后顾之忧。为防止民兵掌握武器反抗宋朝统治，便使民兵与禁兵共存，相互牵制。"虽置乡兵，而军兵绝寡，亦未见久安之理，……宜得军兵两相制御。"④ 既然如此，变募兵制为民兵制的措施也就无法彻底实行了。

宋代实行保甲法的一个主要目的就是要通过寓兵于农实现富国强兵，但因保甲法实施过程中存在种种弊病，实际情况却适得其反。"熙宁之保甲则无益而有害。言其无益者则曰：'田亩之民不习战斗，不可以代募兵。'言其有害者则曰：'贪污之吏并缘渔猎，足以困百姓。'……以是为经武强兵之图，不亦悖乎！"⑤ 这一点是宋代统治者始料所不及。

（三）裁治骄兵悍将。宋代骄兵骄悍特征较为明显是在北宋仁宗时期和南宋高宗时期。仁宗时朝廷臣僚大都主张招安叛兵，蔡襄独持异议，认为应该扑灭兵变。在强大中央禁军武力镇压下，兵将骄悍现象被克服。南宋初年臣僚提出了各种方案裁治骄悍兵将。其一是加强朝廷军事实力控制诸将之兵，"集天下禁兵以强御营之势，然后可以弹压悍将骄兵"⑥。其二是分将帅之兵，以削弱其势力。绍兴七年，都督张浚分刘光世之兵为6军，

① 《宋会要辑稿·兵》2 之 49。
② 苏轼：《东坡七集·东坡集》卷 22《永兴军秋试举人策问》。
③ 李焘：《续资治通鉴长编》卷 221 "熙宁四年三月丁未"。
④ 赵汝愚：《国朝诸臣奏议》卷 122 富弼：《上仁宗乞东南诸郡募兵以防寇盗》。
⑤ 马端临：《文献通考》卷 153《兵考五》。
⑥ 李心传：《建炎以来系年要录》卷 27 "建炎三年闰八月庚寅"。

隶属都督府。次年，枢密副使王庶调张俊偏将张宗颜驻淮西，巨师古屯兵太平州；分韩世忠两支军马别驻天长军及泗州，原因就是"朝廷以诸将权重，欲抚循偏裨以分其势"①。其三是架空将帅，收其兵权。绍兴十一年，宰相秦桧密奏高宗："诸军但知有将军，不知有天子，跋扈有萌，不可不虑。"② 宋廷因而任命张俊、韩世忠和岳飞执掌枢府，废除三宣抚司，兵权收归朝廷。

两宋惩治骄兵的措施虽然使兵将骄悍局面得以改变，但却无法扭转兵将骄惰状况。而且每次处置骄悍兵将以后，军队中的骄惰状况就更为严重。仅仅消弭兵将的骄悍特征，并不等于已经彻底解决了骄兵问题。

宋代骄兵问题无法解决，非任何个人所应任其咎，而是有其深刻的社会根源。

第一，宋朝军事改革的妥协性使骄兵问题不可能彻底解决。北宋仁宗和神宗时期的两次军事改革都涉及到汰罢冗兵问题，朝臣都以为兵骄日久，骄兵归农失去寄食生活条件必然不满；而且骄弱无能，放罢以后不能自谋生路。如果他们因此而反抗，后果不堪设想。为防止骄兵叛乱，宁可巨额耗费奉养骄兵而不敢彻底裁减。其间虽有几次小规模省兵，但旋罢旋补，根本无济于事。

第二，改革措施不切实际，脱离了当时的社会环境。宋代保甲民兵制度虽然名义上采用唐代府兵之法，而负担却超出唐之府兵。"民力既尽于养兵，而又较版图，数丁口，使之执干戈，习战阵"③，民兵负担太重。宋代土地所有权转移频繁，农民经济贫富不均，不具备全国范围划一教阅民兵条件。"诸郡起籍民兵，……凡家产多者可以枝梧，若家产少者，往往弃产遁逃。"④ 由于民户经济力量有限，即使置备也只是一些简单器具，不堪实用。"民兵教阅，其粮食多令自备，人尤以为苦。……弓弩、枪刀、

北京师范大学史学探索丛书

---

① 李心传：《建炎以来系年要录》卷120"绍兴八年六月乙亥"。
② 罗大经：《鹤林玉露·甲编》卷5。
③ 苏辙：《栾城后集》卷11《兵民论》。
④ 《宋会要辑稿·兵》1之30。

箭凿之属，并令民间自备，平居教阅且不中用，况欲出战，岂不误事?"①
宋代农民人身隶属关系较前代大大减轻，封建国家很难再把农民固定在土
地上，募兵制正是在这种条件下产生的。保甲民兵制度在人身依附关系松
弛，土地私有制度高度发展的宋代，无疑是一种倒退。这就决定了它没有
生命力，无法实行。企图用这种方法解决骄兵问题，在实践中是行不
通的。

　　第三，宋代社会是高度集权的社会，因此军事改革的指导思想也就是
狭隘的皇权主义思想。只要骄兵反抗朝廷，威胁皇权，那就坚决处治。在
这种指导思想下，宋代不允许出现足以触动其统治的骄兵悍将，而是形成
了骄惰兵将。这种类型的骄兵虽然也危害社会，但在宋朝统治者看来，它
与骄兵悍将兵变覆国相比，不过是肘腋之患。在地主阶级长远利益与局部
利益出现矛盾时，宋朝统治集团宁肯牺牲局部利益奉养骄惰兵将，而不允
许存在骄兵悍将损害其长远利益。这就是宋代能够解决骄兵悍将问题而无
法改变兵将骄惰状况的根源所在。

　　综上所述可以看出，宋代骄兵存在的原因就在于赵宋统治者奉行的治
军专制政策。由于宋代皇权对将权控制极其严密，武将忧谗畏讥，为消除
朝廷猜忌，只好庸碌无为，不敢整顿军事，结果导致军队训练废弛，纪律
混乱，一方面，兵将安闲，养成骄惰；另一方面，偃蹇骄悍，不服管辖。
只是在宋代集权政治统治下，兵将骄悍程度被囿于一定限度，不甚严重，
而主要表现出骄惰特征。因此，宋代没有产生唐末五代那种兵祸，却出现
了另一种类型的兵祸。但是，不论哪种类型的骄兵，都会对宋代社会产生
危害。宋朝政府为摆脱骄兵造成的危机，曾经试图铲除骄兵，然而由于统
治集团本身存在的阶级局限性和历史局限性，骄兵问题不可能得到根本解
决。终宋之世，骄兵依然是宋代社会无法救药的痼疾。

---

①　《宋会要辑稿·兵》1 之 31。

宋代兵变性质刍议

宋代是中国历史上皇权空前强化的朝代，赵宋统治集团鉴于唐末五代军政积弊，牢固控制军队，军权高度集中。然而，终两宋之世，军队中兵变却一直频繁发生。这种现象为中国历代封建王朝所仅见，成为人们普遍关注的军事问题和社会问题。长期以来，史学界对宋代兵变问题的论述仁智互见，难以全面揭示两宋频繁复杂兵变实质，仍然有必要继续探讨。笔者不揣绵薄，试图就宋代兵变性质问题提出一点浅见，以供商榷。

一

两宋历史上的兵变比比皆是，其频繁程度超过以往任何朝代，至于小规模军兵骤聚谋变，更是不胜枚举。宋代兵变情况比较复杂，难以一一论列，就其规模较大的兵变事例而言，大致可以划分为 6 种类型，虽不能全部囊括宋代所有兵变，亦可借此窥其概貌。

（一）宋代社会是文人政治，重文轻武思想相当严重，"士以武弁为羞，而学者以谈兵为耻"①。以文制武国策使文臣凌驾于武将之上，有些文人不懂军事，反而压制将帅，致使武将对朝廷重用文臣颇为反感。澶渊之战中，签书枢密院事冯拯斥责殿前都指挥使高琼对真宗出言不逊，高琼反唇相讥："君以文章致位两府，今敌骑充斥如此，犹责琼无礼，君何不赋一诗咏退敌骑耶！"②南宋绍兴年间，武臣权力稍重，翰林学士汪藻上疏高宗，要求裁治诸将，结果引起武臣刘光世等人的不满。他们认为文臣误国失地，而抗敌御侮者却是武将，双方相互攻讦，"文武二途若冰炭之不合"③。由于武将与文臣存在矛盾，将士不甘身居无能庸人之下，受其节

---

① 李纲：《梁谿集》卷59《议战》。
② 李焘：《续资治通鉴长编》卷58"景德元年十一月丙子"。
③ 李心传：《建炎以来系年要录》卷42"绍兴元年二月癸巳"。

北京师范大学史学探索丛书

制，因此而激成的兵变为数不少。太宗至道元年，内侍高品王文寿为益州虎翼卒统帅，因其对兵将督责甚急，指挥使张嶙率兵杀王文寿兵变。① 高宗绍兴七年淮西军变，也是因为副都统制郦琼对主帅吕祉以文人莅军措置军事不服，杀吕祉率军兵变，叛降伪齐刘豫。②

（二）宋代士兵社会地位低下，特别是厢军役卒，形同官府奴隶，受政府官员或兵将官驱使，某些官吏不恤士卒，因苛暴而激成兵变。北宋河北路澶州卫南县巡检使张继明性情暴虐，导致军卒"持兵欢噪，将杀继明以为乱"③。真宗景德四年，广西宜州知州刘永规命澄海军卒伐木葺治州廨，不符合规定就杖责士卒，虽风雨不许停役，引起兵将愤怒，军校陈进率兵杀刘永规等人兵变。④

（三）禁兵将卒骄悍恣暴，不服管制，倘若官吏将帅以法裁治或管束稍严，则发生兵变。真宗景德元年，凤州武定军小校梁福等人杀监军李朗变乱，是因为李朗因小事鞭笞梁福而其人不服。⑤ 仁宗庆历四年，河北保州都巡检司云翼军兵变，是因为此军廪给优厚，势倾州县，兵将养成骄狠习性。其后兵将不出巡，而供给依旧，宋廷鉴于此军虚费太多，诏令出巡则优赐，否则罢其冗费。此议一出，骄兵不满，杀知州等官员兵变。⑥ 高宗绍兴四年建昌兵变，也是因建昌兵将素骄，守臣无法管制，骄兵公然劫掠市肆，毁货伤人，建昌知军刘滂谋肃军政，因裁抑骄兵而引起兵变。⑦

（四）宋代兵将骄惰已久，朝廷无法役使，"厢禁之军，有司不敢役，必不得已而暂用之，则谓之借倩"⑧。士兵把服役看作借倩关系，如果官府有所任使必须犒赏，一旦无所犒赏或赏给不丰则发生兵变。太宗太平兴国

① 《宋会要辑稿·兵》11 之 4。
② 罗大经：《鹤林玉露·甲编》卷 1。
③ 范纯仁：《范忠宣公集》卷 14《朝议大夫阎君墓志铭》。
④ 李焘：《续资治通鉴长编》卷 66 "景德四年七月甲戌"。
⑤ 李焘：《续资治通鉴长编》卷 58 "景德元年十月壬午"。
⑥ 李攸：《宋朝事实》卷 16《兵刑》。
⑦ 熊克：《中兴小纪》卷 16。
⑧ 欧阳修：《文忠集》卷 59《本论》。

四年攻辽失败，就是因未赏平北汉之功，兵将临阵不用命，"我师以平晋不赏，又使之平幽，遂军变"①。钦宗靖康元年十一月，金兵围困北宋都城，宋军因无赏不肯出战，"四壁兵遂大溃"②。高宗建炎元年建州兵变，是因为建州兵将驻守京西滑州时被金兵攻退，败军逃回建州后，按惯例要求御甲钱犒赏，转运司没能及时供给，军校张员就率兵杀守臣兵变。③

（五）宋军素质低劣，对外战争疲软无能，对内则贪图功利而不顾大局，往往为劫掠财物或争功夺利而兵变。太宗至道三年，西川都巡检司广武军卒刘旰聚众逐都巡检使韩景祐，叛兵劫掠汉、蜀、邛州及怀安、永康军。④ 宁宗开禧二年，宋师北伐，禁军与忠义民兵争功哗变，兵溃符离。⑤ 嘉定十三年，受宋廷招安的巴州叛兵张福等"复于中途纠合徒众，突入利州，杀害总领杨九鼎，劫夺公私钱物"⑥。

（六）骄兵悍将"怙乱骄恣，小不如意，辄胁持州郡"⑦，动辄兵变杀害官吏，甚至称王建国，争夺最高统治政权。仁宗庆历七年，贝州宣毅军小校王则兵变，自称东平郡王，国号安阳，设官置军，对宋廷震动很大。⑧ 高宗建炎三年御营兵变，就是悍将苗傅、刘正彦居功自傲，争权夺利，杀御营使司都统制、签书枢密院事王渊，胁迫高宗退位。⑨ 宁宗开禧二年四川吴曦兵变，是由于吴曦为川陕世将，遂专兵柄，且有按劾计司、节制四川财赋之权，骄蹇自恣，因而列土称王，与赵宋统治者分庭抗礼。⑩

宋代兵变次数多，而且分布地域广，但兵变规模不大，这是两宋兵变的主要特征。究其原因，首先是社会承平，失去动乱基础。赵宋立国后，逐渐使用文臣取代武臣治郡，"召前朝慢令恃功藩镇大臣，一日而列于环

---

① 王铚：《默记》卷上。
② 李心传：《建炎以来系年要录》卷 1 "建炎元年正月辛卯"。
③ 熊克：《中兴小纪》卷 2。
④ 李攸：《宋朝事实》卷 17《削平僭伪》。
⑤ 岳珂：《桯史》卷 14。
⑥ 《宋会要辑稿·兵》20 之 26。
⑦ 苏辙：《栾城后集》卷 23《欧阳文忠公神道碑》。
⑧ 李焘：《续资治通鉴长编》卷 161 "庆历七年十一月戊戌"。
⑨ 佚名：《建炎复辟记》。
⑩ 陈邦瞻：《宋史纪事本末》卷 84《吴曦之叛》。

北京师范大学史学探索丛书

卫，皆俯伏骇汗，听命不暇。更用侍从、馆殿、郎官、拾遗、补缺代为守臣"①。文臣不仅取代武臣治郡，而且治军，确立了守臣管军体制，"至于一郡，则尽行军制，守臣、通判名衔必带军州，其佐曰签书军事及节度、观察、军事推官、判官之名，虽曹掾悉曰参军"②。宋代统兵系统中，上自朝廷枢密使，下至诸路帅臣如安抚、经略诸使，大都任用文臣，以便控制武将。因此，宋代兵变均由中下级武官发动，不可能形成很大势力，更无法直接触动宋朝政权。其次是内外相维的治军政策，使军队相互控制，从而保证了社会稳定。所谓内外相维政策，就是京城屯驻重兵控制全国，合全国之兵牵制京师，使各不敢变乱。其目的是要"使京师之兵足以制诸道，则无外乱；合诸道之兵足以当京师，则无内变。内外相制，无偏重之患"③。宋朝统治者的用意是使内外兵力均衡，使之相互维系，保证其统治地位长治久安。宋朝各地兵变发生后，朝廷立即派重兵镇压，由于地方势力兵微将寡，且地域分散，很难形成大规模兵变，很快便被镇压下去。同样，南宋苗刘发动明受之变以后，刘光世、张俊、韩世忠等起兵勤王，使这次兵变在各地方军队的镇压下失败。在这种内外相维条件下，各种兵变旋起旋灭，无法形成强大势力，出现兵连祸结的社会局面。

二

目前史学界对宋代兵变问题的论述尽管在某些方面有些分歧，但却都把兵变的性质主要视为阶级斗争。其理由是：宋代士兵是穿上军装的农民，在军队中仍然受阶级压迫，兵变是统治阶级压迫剥削造成的，因而兵变的性质是宋朝人民反抗赵宋统治者压迫剥削的斗争，属于阶级斗争范畴。我认为这种说法不符合宋代社会的实际情况。

说宋代士兵是穿上军装的农民，这种提法不够确切。

首先，宋代军队中农民并不占主要成分。如果说秦汉征兵制和隋唐府

---

① 陈傅良：《历代兵制》卷8。

② 王明清：《挥麈录·余话》卷1。

③ 朱弁：《曲洧旧闻》卷9。

兵制下的兵士是编户齐民,那么宋代募兵制下兵农分离,士兵已经不再是农民。宋代统治集团募兵政策的使命就是招募无业游民为兵,消除社会中的隐患。宋代官僚吴儆对募兵政策做了实质性分析:"饥岁莫急于防民之盗,而防盗莫先于募民为兵。盖饥困之民不能为盗,而或至于相率而蚁聚者,必有以倡。闾里之间,桀黠强悍之人不事生业,而其智与力足以为盗者,皆盗之倡也。因其饥困之际,重其衣食之资,募以为兵,则其势宜乐从。桀黠强悍之人既已衣食于县官而驯制之,则饥民虽欲为盗,谁与倡之?"① 可见募兵政策的实质性问题并不在于防范因饥荒而流徙的农民,而主要是收拢社会上的失业悍暴之徒。农民自己有生活资料,当然不愿从军,他们"自己别营衣食,安肯涅墨而就拘哉?唯无聊之人,填壑是惧,不得已而为之耳"②。农民失去生产资料后仍然可以投充佃农,不到走投无路境地,不会铤而走险,举行暴动,不是宋朝统治阶级防范的主要对象。只有那些没有后顾之忧的游手好闲之徒,才是社会中的危险因素,也正是宋朝政府募兵对象。因此,宋初"艺祖平定天下,悉招聚四方无赖不逞之人以为兵"③,以后每逢荒年饥岁,宋朝政府害怕无赖之徒倡引饥民暴动,便"募兵置籍,强梁亡赖者悉拘于军"④。募兵政策使宋代"募兵皆天下落魄无赖之人"⑤,军队中士兵成分结构发生了变化。

其次,宋代军队中虽然有应募的失业农民,但农民参加政府军队以后,已经成为统治阶级中的一员,在阶级属性上与农民已有本质区别。宋太祖赵匡胤谈到募兵政策时说:"可以利百代者,唯养兵也。方凶年饥岁,有叛民而无叛兵,不幸乐岁而变生,则有叛兵而无叛民。"⑥ 可见为宋朝统治者津津乐道的养兵政策,就是要通过募兵把社会中的各种力量分而治之,从而达到既防叛兵又防叛民的目的。惟其如此,军队才能维护地主阶

① 吴儆:《竹洲集》卷2《论募兵》。
② 李觏:《直讲李先生文集》卷28《寄上富枢密书》。
③ 李焘:《续资治通鉴长编》卷327"元丰五年六月壬申"。
④ 王禹偁:《小畜集》卷17《潭州岳麓山书院记》。
⑤ 李焘:《续资治通鉴长编》卷233"熙宁五年五月丙戌"。
⑥ 晁说之:《嵩山文集》卷1《元符三年应诏封事》。

级封建统治。不但加入政府军队中的农民阶级属性转化，即使农民起义军受朝廷招安后，也要替封建国家镇压其他义军，阶级立场已经发生了转变。如果说宋代士兵是穿上军装的农民，在军队中仍然受阶级压迫，无疑会得出军队中已经孕育着农民阶级潜在反抗力量的结论，那么被宋朝统治者誉之为可以为百代之利的募兵政策，岂不是为其自身灭亡建造了坟墓，何利之有！

认为宋代军队中存在阶级剥削，把兵变看做阶级斗争也不符合历史事实。毋庸讳言，宋代社会中确实存在官吏、将校刻剥士卒的事实，而且其范围之普遍，程度之严重非常引入注目。宋代官吏、将帅掊克士卒表现在3个方面：一是将校对士卒发放高利贷，利用债务盘剥士卒，"将校不法，乞取敛掠，坐放债负"①。债帅问题一直是宋代无法解决的弊端。二是将帅减克士卒俸给，以饱私囊，"众军日逐食钱，干办部辖人或减克乞取，仍不即时给散"②。三是官吏、将帅占庇有专业技术的士兵经商牟利，士卒"多方运贩，为商无征，主帅利其回易"③。这些理由被认为是宋代军队中存在阶级剥削的主要依据。那么，能否据此论定宋代军队中存在两个利益不同的阶级以及由此而引起的士卒反抗将官的斗争是两个阶级之间的斗争呢？

众所周知，军队是国家上层建筑的一个重要组成部分，封建国家军队的对外职能是抵御外侮和扩张侵略，对内职能则是镇压被剥削阶级的反抗，显而易见是地主阶级的统治工具，是统治集团中的一部分。在同一个统治集团内部能否存在两个相互对立的阶级呢？恩格斯在论证军国主义统治必然灭亡时指出：军国主义本身包含着自己毁灭的萌芽。军国主义国家采用普遍义务兵制，人民的存在只是为当兵和养兵，结果使全体人民掌握了武器，而军队则变成了国家的主要目的，变成了目的本身，使军队中的人民有可能在一定时机反对其军事长官而实现自己的意志。一旦人民群众有了自己的意志，"君主的军队将转变为人民的军队，机器将拒绝效劳，

---

① 苏轼：《东坡七集·东坡奏议》卷14《乞降度牒修定州禁军营房状》。
② 张守：《毗陵集》卷5《论禁军逃亡札子》。
③ 王迈：《臞轩集》卷1《乙未馆职策》。

军国主义将由于自身发展的辩证法而灭亡"①。军国主义国家由于使全体人民为兵，军国主义统治者与人民之间的矛盾表现为军国主义国家与军队之间的阶级对立。在这种情况下，人民既当兵又养兵，随着战争费用增多，人民困苦不堪，激起人民反抗军国主义意志，因此军队士兵反抗代表军国主义国家利益的军事长官的斗争才具有阶级斗争性质，军队这一国家机器才会拒绝为军国主义者效劳，最终转归人民。宋代社会仍然存在地主阶级剥削阵营与人民群众被剥削阶级阵营，军队的作用就在于镇压被剥削阶级的反抗，在宋朝统治阶级兵民分治的情况下，士兵不可能形成自己的意志，只会执行统治阶级意志，在阶级利益上与人民群众对立，而与封建国家根本利益一致。如果认为宋代军队中存在两大对立阶级，将帅削减士卒衣食属于阶级剥削，并把某些因此而发生的兵变看做士兵觉醒而进行的阶级斗争的话，那么这种状况在宋代军队中普遍存在，为什么兵变发生后往往被其他军队镇压下去，镇压兵变的那部分士兵也同样受着与兵变士兵相同待遇，在军队中被将帅克扣衣食，他们属于哪个阶级，具有什么样的意志呢？他们扑灭兵变是被剥削阶级镇压被剥削阶级呢，还是他们所受的剥削较兵变士兵程度为轻而反抗意志薄弱呢？显然，在逻辑上解释不通。

宋代将帅克扣士卒衣食，无偿占有他人财富，是否是剥削士卒呢？回答是肯定的。但是，它与阶级剥削完全不同。一般说来，阶级剥削是指阶级社会中某些人或集团凭借对生产资料或者货币资本的占有，无偿地攫取另一些人或集团的劳动成果。列宁曾经指出："所谓阶级，就是这样一些集团，由于它们在一定的社会经济结构中所处的地位不同，其中一个集团能够占有另一个集团的劳动。"② 可见阶级剥削的实质就在于无偿占有别人的劳动，不论是活劳动还是物化劳动。宋代士兵全由国家供给衣食，与将帅一样领取俸给，是社会的寄食阶层。他们占有的财富不是劳动所得，并非自己创造财富。将帅削减士兵俸给和利用债务盘剥士卒只不过是统治集团财产

---

① 《马克思恩格斯选集》，3 版，第 3 卷，514 页，北京，人民出版社，1995。
② 《列宁选集》，3 版，第 4 卷，11 页，北京，人民出版社，1995。

北京师范大学史学探索丛书

再分配而已，这和乡村中大地主兼并中小地主财产并无不同，不是一个阶级无偿占有另一个阶级的劳动。对于官吏、将帅占庇私役士兵，也应做具体分析。宋初把地方财政权收归中央，诸州设军资库供给军需费用，常常不足赡军。为解决这一矛盾，宋朝允许各地帅臣、将校利用军资库供军财物和朝廷发给的公使钱设置回易库，使用士兵经营回易贸易，以供给犒赏军队的各种费用。由于宋朝军政腐败，帅臣和将校往往把公用财物据为己有，甚至向士卒抑配或放债。应当指出，宋代官吏、将帅占庇士兵回易仍然是官营贸易，获利归于国有，至于将校非法侵吞财物，则是宋代官僚政治的弊病，仍然与阶级剥削不同。正因为士兵把将帅侵吞行为看作是将帅与封建国家之间瓜分财产，所以很少因回易贸易而发生兵变。总之，把宋代将帅克扣士卒的行为看成是一个阶级剥削另一个阶级，这在理论上解释不通。

宋代兵变对当时社会发展没有起任何促进作用，不能与人民群众反抗封建地主阶级的革命斗争相提并论。宋代农民革命斗争已经发展到一个新阶段，提出了代表被剥削阶级利益的"等贵贱，均贫富"口号，标志着农民战争由封建社会前期自发阶段向后期自为阶段转变。农民战争打击了地主阶级剥削，适当调整了社会生产关系，促进了社会经济发展。而宋代兵变发生后，叛兵大肆劫掠，十室九空，给社会经济造成巨大损失。虽然两者都打击了宋朝统治集团，但前者具有建设性，后者只有破坏性。因此，宋朝人民对待农民起义与对待兵变的态度截然不同。太宗淳化四年，永康军青城县王小波起义，广大人民积极响应，"旬日之间，归之者数万人"①。而真宗咸平三年益州王均兵变，"益州城中民皆迸走村间，贼皆遣骑追杀，或囚絷入城，支解族诛以恐众。均又胁士民、僧道之少壮者为兵，先刺手臂，次髡首，次黥面，给军装令乘城，与旧贼党相间。[雷]有终乃揭榜招胁从者，至则于其衣袂署字释之，日数百计"②。民心向背使两者形成鲜明对比，怎么能把兵变划归宋代人民反抗赵宋封建统治的组成部分，称为宋代阶级斗争的新特征呢？

---

① 沈括：《梦溪笔谈》卷25。
② 李焘：《续资治通鉴长编》卷46"咸平三年二月丁卯"。

三

评价宋代兵变性质，关键问题在于弄清宋代社会以哪种兵变为主以及这种兵变的主要原因，从而认识兵变问题的实质。由前述兵变事例可以看出，虽然有些兵变是由于官吏、将帅处置军事不当而发生，但这种原因造成的兵变在宋代全部兵变类型中仅占很小部分，不可能规定兵变问题的性质。所以，我们不能以偏概全，用个别事例推论兵变的整体性质，还需要进一步深入探讨。

我认为，宋代兵变性质属于军事叛乱，变乱起因实缘于兵骄。宋承唐末五代之制，采用募兵军事体制，由于宋代官僚政治的腐败，募兵过程中弊害丛生，随之出现了一系列问题。其一是中央各机构本位主义严重，在招兵问题上不能统一筹划，各行其事，相互推诿责任。将帅败军以兵少塞责，只求添兵；朝中臣僚无兵可遣，不管财用有无，大量募兵以推卸责任，结果产生兵冗之患。其二是官吏、将帅募兵时贪图奖赏，只求数量而不顾质量，游手好闲之徒、市井无赖之辈相继招募充军，募兵冗滥不精，质量无法保障。宋代"军士皆市井桀猾、去本惰游之民，至于无所容，然后入于军籍；且其骄也久矣，昫濡保息，莫敢拂其心者"[1]，军队中成分驳杂，难以制御。这些人桀骜不驯已成习惯，他们之所以投充军籍，目的就在于享受国家衣食供养，应募为兵以后，没有后顾之忧，骄横气焰更为嚣张。北宋中叶"天下处处兵骄"[2]，骄兵不遵法度，纪律废弛，兵官不敢严治。宋朝边防驻军"军政隳弛，士卒骄惰，居常少有钤束，不过笞捶，已谋杀害都将"[3]。兵将稍有不满则发生兵变，诸军相互效尤，出现了宋代历史上第一次兵变高潮。南宋对金用兵，朝廷对诸将之兵未能有效地加以控制，各军相互招诱叛兵，甚至收容盗匪，兵将骄悍难制。将帅"飞扬跋扈，不循朝廷法度"[4]，身既不正，难以管军，结果"禁旅骄悍难制"[5]，

---

① 张方平：《乐全集》卷 14《食货论·屯田》。
② 蔡襄：《端明集》卷 20《请诛保州叛卒》。
③ 李焘：《续资治通鉴长编》卷 153"庆历四年十二月乙卯"。
④ 汪藻：《浮溪集》卷 1《奏论诸将无功状》。
⑤ 杜范：《清献集》卷 7《太常少卿转对札子》。

变乱时常发生。由此可见，宋代这种类型的兵变与唐末五代兵变一脉相承，仅仅是程度有所差异，其性质完全相同。

宋代募兵虽然军事素质低劣，但如果治军政策得当，同样能够培植精强兵将，消弭兵变。然而，实际情况并非如此。宋朝统治集团治军的指导思想是害怕兵将重蹈唐末五代骄兵悍将擅权祸国的覆辙，严密控制武将，以免其权势过重，将权威胁皇权。宋朝政府在处理这个矛盾问题上所采取的措施失之偏颇，矫枉而过其正，确立了政权压制军权政策。在这种极端狭隘的皇权主义思想指导下，宋廷不允许军队中任何危及封建统治的因素。宋代制将政策使将帅不敢也不可能积极整饬军政，为释朝廷之猜疑，消文臣之忌妒，只能因循守成，无所作为，没有出现唐末五代那种帅强则叛上而使政权屡易的局面。但是，由于封建地主阶级本身存在着局限性，事情往往向反面发展，并不以其意志为转移。中央集权高度强化的宋朝社会，因其军事政策存在弊病，同样产生了骄兵。将帅明哲保身，便放任士卒，治军宽弛，"遂使行伍之间骄恣悖慢，浸不可制"①。在这种社会氛围中，士卒不可避免地养成骄狠习性，甚至扇动兵变，"冗兵狃于姑息，浸骄以炽，渐成厉阶"②。尽管消除了武将擅权的危害，但却因之孳生了大批骄兵，同样危害社会。宋人石介总结了历代军政得失之后，把宋代军政积弊归结为"国家之制失在兵骄"③。这正是宋代统治集团治军政策所带来的恶果。

宋代军队中既然存在骄兵，其社会危害也就非常明显，宋军安居营伍，终身骄惰窃食，无法使用，使宋朝统治者付出了终身奉养骄兵的代价，加剧了财政危机，并激化了社会矛盾。宋代募兵的危害当然不仅仅限于骄惰而已，更主要的危害是兵将骄悍，不服管制，甚至因为"兵久骄，遂至杀害守将"④。骄兵纪律废弛，骄悍凶狠，以至残杀兵将官；兵官不敢严治，只好姑息治军，满足其各种要求。这就更加助长他们的骄横习性，稍有不满则发生兵变。因此，宋代社会中仍然存在着兵骄则逐帅的危机，

---

① 司马光：《传家集》卷33《言阶级札子》。
② 张方平：《乐全集》卷23《再上国计事》。
③ 石介：《徂徕集》卷9《兵制》。
④ 尹洙：《河南先生文集》卷10《答镇州田元均龙图书》。

使"五代祸乱之虞，终未能去"①。只要有适当条件，骄兵就可能发动兵变。仁宗庆历三年，张海围攻京西光化军，知军韩纲率宣毅军卒守城，并移用富民供军财物购置守城器械，引起骄兵不满，宣毅军卒便讹传富民献钱供军，而韩纲不接受，更加愤怒。正巧骆子中因纳粟补官拜谒韩纲，韩纲止其礼拜，军士误听，以为子中献钱而韩纲又不接纳，员僚绍兴因而率宣毅军300余人逐韩纲兵变。② 这次兵变决非因误会偶然发生，因为"光化兵变，虽因韩纲自致，其如兵亦素骄"③。北宋各地宣毅军兵骄之势极其严重，"所在屯聚，乃大为州县之害，骄悍狂悖，结成群党，与效尤相扇，动不能制，凡有小可差使，亦不敢用，例皆姑息之"④。北宋中期河北诸军戕杀官吏，相继兵变，除前述保州、贝州外，深州、沧州、莫州以及安肃军、通利军等地军兵不断集结谋变，其原因"虽是官吏乖方，亦由骄兵好乱"⑤。从以上分析可以看出，宋代兵变的主要类型是军事叛乱，兵变的内因就在于兵骄，而官吏苛暴等外部因素只不过是骄兵叛乱的催化剂。

宋代社会阶级矛盾、民族矛盾以及统治阶级内部矛盾异常尖锐，频繁复杂的兵变正是这种社会形势的产物。宋代兵变无论从原因、特征还是社会效果上看，都无法得出阶级斗争的结论。尽管有些兵变的直接原因是因为官吏、将帅对士兵苛刻暴虐，或者克扣士卒廪粮，但主要还是宋朝兵将骄慢日久，难以制御的缘故，骄兵或不服官将管辖，或权利之望欲壑难填，因而兵变。由于兵变属于骄兵叛乱，得不到人民的支持，在宋朝中央禁军强大武力镇压下均归失败。在宋代集权政治统治下，军队中不可能存在两个利害攸关的阶级，而且军队也不可能具有人民性，只能继续为封建地主阶级效劳。因此，我们得出如下结论：宋代兵变不具备阶级斗争性质，也不属于宋朝人民反抗赵宋封建统治的范畴，而是宋代上自朝廷下至军队整个统治集团内部的政治、经济以及军事权益之争。

---

① 朱熹：《朱文公文集》卷83《跋王荆公进邺侯遗事奏稿》。

② 司马光：《涑水纪闻》卷11。

③ 赵汝愚：《国朝诸臣奏议》卷122欧阳修《上仁宗论不当明言体量州县酷虐军人》。

④ 包拯：《孝肃包公奏议》卷8《论宣毅军》。

⑤ 欧阳修：《文忠集》卷116《论永宁军捉获作过兵士札子》。

宋代治军政策矛盾探析

唐宋之际军队中兵将骄蹇跋扈现象引人瞩目，成为当时严重的社会问题。过去，史学界仅仅着眼于唐末五代骄兵问题的研究，认为宋代社会中兵骄陵犯之习荡然无存，不予问津。近年来，治宋史者突破了传统研究的固定模式，对宋代骄兵问题已有专文论述。[①] 众所周知，唐末五代骄兵悍将产生的社会基础是中央集权式微，地方藩镇割据势力强大，外重内轻。宋代社会是中央集权政治，不存在足以与中央抗衡的地方割据势力，在这种社会背景下，骄兵产生的原因是什么？本文拟从宋代募兵政策、养兵政策和用兵政策入手，通过分析其治军政策的矛盾，以期求得问题的答案。

一、募兵政策：稳定社会与稳定军队之间的矛盾

中国封建社会的军事体制大体上经历了 3 个阶段的演变。秦、汉、魏、晋实行征兵制，国家征发居民服兵役，役满代归乡里，"民有常兵而无常征之劳，国有常备而无聚食之费"[②]。始于西魏、讫于晚唐，封建国家主要采用府兵制，兵农合一，统于府卫，平时耕作，有警征战，"民有农之实而兵之备存，有兵之名而农之利在"[③]。唐朝末年，国家和地方主要依靠招募士兵的办法补充兵源，于是兵民始分，"民出其赋以养兵，兵尽其力以卫民，民有耕耨之勤，而兵有征戍之劳"[④]，历经五代、宋、明，其体制均为募兵制。

宋朝统治者的募兵政策，除顺应募兵制度的历史发展趋势外，还具有特殊作用。宋太宗曾经说过："国家若无外忧，必有内患。外忧不过边事，

---

① 程民生：《论北宋骄兵的特点及影响》，载《史学月刊》，1987（3）；罗炳良：《宋代骄兵问题初探》，载《北方工业大学学报》（社会科学版），1988（1）。

② 陈傅良：《历代兵制》卷 2。

③ 曾巩：《元丰类稿》卷 9《唐论》。

④ 苏辙：《栾城后集》卷 11《兵民论》。

皆可预防，惟奸邪无状，若为内患，深可惧也。帝王用心，常须谨此。"①所谓"奸邪无状"，也就是宋人李觏所说的"因天下之心，收天下之权"，谋夺赵宋王朝统治政权的"奸雄"②。唐宋之际社会发生了深刻变革，土地占有形态由封建国家土地所有制占主导地位转变为地主土地私有制占主导地位，工商业中确立了完备的征榷制度体系，农民在土地再分配过程中大量破产，手工业者和专业生产者则因政府专卖垄断而失业。他们失去固定的社会职业，无法生存，成为游手好闲、不顾生死的"失职犷悍之徒"③。这个阶层人数不断增加，成为封建统治者颇感棘手的问题。北宋建立后，"悉招聚四方无赖不逞之人以为兵"④，以后每逢荒年饥岁便"募兵置籍，强梁亡赖者悉拘于军"⑤，消除了社会中的不安定因素，稳定了封建统治秩序。宋代官僚吴儆对这项政策极力颂扬："饥岁莫急于防民之盗，而防盗莫先于募民为兵。……桀黠强悍之人既已衣食于县官而驯制之，则饥民虽欲为盗，谁与倡之？是上可以足兵之用，下可以去民之盗，一举而两得之。"⑥ 荒年募兵政策确实起到了釜底抽薪作用，促进了社会安定，同时也保证了宋朝军队士兵的来源，强化了封建国家机器。

北宋对辽夏用兵，募兵的规模和范围不断扩大，募兵政策随之出现了问题。第一，募兵官员贪图奖赏，不顾国家利益。宋初募兵规格较严，官吏按应募者身材高下，分等招募，士兵素质较好。真宗、仁宗时期，由于兵额需求量激增，募兵逐渐冗滥。朝廷立定招募赏格，以求足数，"诸州都监、监押，募及千人者皆特迁一官"⑦。募兵迁官的规定，刺激了募兵官员的贪欲，他们招兵时只求数量而不顾质量。仁宗朝田况指陈其害："诸路宣毅、广捷等军，其间孱弱者甚众，大不堪战，小不堪役。逐处唯欲广募，邀其赏格，岂复顾国家之利害哉！"⑧ 例如，河北路所募之兵"皆是坊

---

① 李焘：《续资治通鉴长编》卷32"淳化二年八月丁亥"。
② 李觏：《直讲李先生文集》卷22《省盗》。
③ 马端临：《文献通考》卷152《兵考四》。
④ 李焘：《续资治通鉴长编》卷327"元丰五年六月壬申"。
⑤ 王禹偁：《小畜集》卷17《潭州岳麓山书院记》。
⑥ 吴儆：《竹洲集》卷2《论募兵》。
⑦ 司马光：《传家集》卷35《言招军札子》。
⑧ 赵汝愚：《国朝诸臣奏议》卷120田况：《上仁宗乞法冗兵》。

市无赖及陇亩力田之人"①，说明问题相当严重。第二，中央各机构在招兵问题上本位主义严重，各行其是，不能统一筹划："中书不与知兵，增兵多少不知也；枢密院要兵则添，财用有无不知也；管军将帅少兵则请，曾不计较今日兵籍倍多，何故用不足也；三司但知支办食粮，日日增添，不敢论列，谓兵非职事也。"② 以朝廷和边防将帅的关系而论，将帅只求添兵，朝廷臣僚害怕任责，把募兵责任推卸给地方官员，募兵官同样敷衍塞责，应付朝廷，"诸路招军，殊不以人物年甲幼小，未及等尺为限，但以敷数塞责而已，往往侏儒、怯弱、童稚之人刺填军分，计一营之数十有二三"③。因招募太滥，冗兵愈众，到北宋中期，厢禁大军已逾百万。

宋朝收隶犷暴无赖之徒为兵，显然是出于巩固地主阶级政权长远利益的动机，把他们安置营伍，加以控制，消弭社会上存在的潜在反抗力量。然而，宋朝统治者只注意到社会是否稳定，却没有考虑到募兵政策给军队带来的后果。对此，欧阳修作了辩证的分析："苟知一时之不为盗，而不知其终身骄惰而窃食也。"④ 社会上的落魄无赖平时散慢成性，他们投充军籍，目的就在于享受国家衣食供给，依然懒惰如故，成为骄惰窃食的寄生虫，虽然消除了社会上的不稳定因素，却付出了终身奉养骄兵的代价。招募游手之徒为兵，其危害当然不仅仅限于骄惰而已，更主要的是这些人不服管辖，骄悍凶狠，甚至扇动兵变。他们把骄横恶习带入军队中，不遵法纪，兵官不敢严治，士卒骄悍之习更为严重。张方平说："今之军士皆市井桀猾、去本惰游之民，至于无所容，然后入于军籍；且其骄也久矣，姁濡保息，莫敢拂其心者。"⑤ 包拯对宣毅军的论述更为详备："初议招募之时，物例稍厚，故民间无状积恶之辈，悉投名籍中。官吏等又急于数足，以邀旌赏，岂暇一一选择？今来所在屯聚，乃大为州郡之害，骄悍狂悖，结成群党，与效尤相扇，动不能制。"⑥ 倘若军食供应稍有不足，他们或者

① 赵汝愚：《国朝诸臣奏议》卷 120 范镇：《上仁宗论益兵困民》。
② 蔡襄：《端明集》卷 22《论兵十事》。
③ 《宋会要辑稿·刑法》7 之 25。
④ 欧阳修：《文忠集》卷 59《原弊》。
⑤ 张方平：《乐全集》卷 14《食货论·屯田》。
⑥ 包拯：《孝肃包公奏议》卷 8《论宣毅军》。

溃散危害社会，或者发动兵变杀害兵将官。周必大说："新军往往是游手及有过犯之人，尺籍伍符，彼岂能知？"① 范仲淹也说："新招者聚市井之辈，而轻嚣易动，或财力一屈，请给不充，则必散为群盗。"② 募兵政策尽管瓦解了社会上的危险因素，却增加了军队中的不稳定因素。两宋频繁复杂的兵变，正是军队不稳定的反映。

二、养兵政策：严治力惩与姑息放纵之间的矛盾

南宋学者叶适论及宋朝统治者的养兵政策时说："人主聚兵以自将为名，竭天下之力以养之，及人主不能自用，而柄任已不专于诸将矣，则四顾茫然，无所统一，于是内则常忧其自为变，而外不足以制患。"③ 内防其变则处处防制，外难御敌则姑息奉养，构成了宋代养兵政策的两个方面。

宋朝统治者鉴于唐末五代兵变祸国的教训，牢固控制军队，对兵将实行高压政策，"事为之防，曲为之制"④，决不容忍军队中存在任何威胁封建统治的行为。宋代严治力惩的养兵思想主要表现在 3 个方面。第一，社会重文轻武风气。宋朝社会的文人政治使得全社会重文轻武风气相当严重，"国家承平之久，文事太胜，士以武弁为羞，而学者以谈兵为耻。至于战卒，贱辱之甚，无以比者"⑤。为防止武将专兵专权，不敢付之重权，上自朝廷枢密使，下至诸路帅臣，大都任用文臣，而以武将为副贰。文臣依靠皇权的支持，千方百计压抑武将，限制其势力发展壮大；武将为消除朝廷猜忌，也不敢有所作为。第二，统兵机构相互牵制。宋代统兵机构为枢密院、三衙和尚书省兵部。三者各有职守，不相统属。殿前、侍卫"两司不独为亲军而已，天下之兵柄皆在焉，其权虽重，而军政号令则在枢密院"⑥。三衙虽然有掌管训练军队的握兵权，却不能调兵；枢密院有调兵

---

① 周必大：《周益国文忠公集》卷 138《论军士纪律》。
② 范仲淹：《政府奏议》卷上《答手诏条陈十事》。
③ 叶适：《水心集》卷 5《兵总论》。
④ 李焘：《续资治通鉴长编》卷 17"开宝九年十月乙卯"。
⑤ 李纲：《梁豀集》卷 59《议战》。
⑥ 叶梦得：《石林燕语》卷 6。

权，却没有军队，"举天下内外之兵皆属侍卫司"①。由于三衙与枢密院统兵侵权，尚书省兵部形同虚设，只掌管民兵、仪仗、职方等少许事项。哲宗时兵部尚书苏轼谈到此职无权："武选隶于天官，兵政总于枢辅，故司马之职，独省文书。"② 宋朝统治者的用意就是要各统兵机构独立，相互牵制，使其各不能独揽兵权，从而把兵权集中在皇帝手中。第三，军队内外相制。所谓内外相制，就是使京城驻军与各地驻防军队兵力均衡，相互控制："京师之内，有亲卫诸兵，而四城之外，诸营列峙相望，此京师内外相制之兵也。府畿之营，云屯数十万之众，其将副视三路者，以虞京城与天下之兵，此府畿内外相制也。非特此也，凡天下兵皆内外相制也。"③ 军队内外相制要达到的目的就是"使京师之兵足以制诸道，则无外乱；合诸道之兵足以当京师，则无内变。内外相制，无偏重之患"④，保证其统治政权长治久安。上述政策的实施，保证了国家对军队的严密控制，收到了集兵权于中央的效果。

　　然而，在宋朝统治集团的利益允许的范围内，朝廷却对兵将姑息放纵，治军宽弛。宋朝姑息养兵政策突出表现在两个方面。

　　第一，宽容将帅政策。赵匡胤兵变得国，深感兵权的重要性，为争取武将支持，便采取宽纵政策，极力拉拢他们效忠朝廷。宋太祖立下不杀大臣的训示，成为后继君主姑息宽容犯罪将帅的圭臬，"太宗、真宗以后，遂相沿为固然，不复有驭将纪律"⑤。宋朝法律中虽然规定了种种败军之责，但在实际量刑过程中，朝廷往往徇情枉法，以示宽容。宋初王全斌率兵伐蜀，军队纪律散乱，杀人劫掠，主将以下皆饱载而归，法司定全斌之罪当斩，太祖只罢其军职，出为崇义军节度使。真宗朝马步军都虞候、忠武节度使傅潜畏敌不敢出战，又压制将校抗敌，置朝廷命令于不顾，法司议罪当斩，真宗只削籍流房州，由于罚不当罪，"中外公议无不愤惋"⑥。贝冀行营副都部署王荣

① 王应麟：《玉海》卷 139《兵制》。
② 苏轼：《东坡七集·东坡集》卷 13《谢兼侍读表》。
③ 王明清：《挥麈录·余话》卷 1。
④ 朱弁：《曲洧旧闻》卷 9。
⑤ 赵翼：《廿二史札记》卷 25《宋军律之弛》。
⑥ 李焘：《续资治通鉴长编》卷 46"咸平三年正月乙酉"。

遇敌不战，狼狈奔突，战马死亡大半，按律当斩，朝廷"置荣不问"①。金兵南侵，三路统帅童贯从陕西逃归，梁方平、何灌弃黄河不守，败军之责，"朝廷置而不问"②。南宋初年将帅跋扈，不循法度，朝廷"有姑息之政，无惩戒之罚"③。采石之战中淮东制置使成闵率兵邀击金朝退兵，尾随不敢出击，以至金人讥笑："寄声成太尉，有勤护送。"④ 战争结束后，成闵不但未被治罪，反而超拜太尉、主管殿前司公事。

第二，养兵优厚政策。宋朝养兵廪给赐赏优厚始于太祖之朝，赵匡胤建隆初就"躬定军制，纪律详尽，其军制亲卫殿禁之名，其营立龙虎日月之号；功臣勋爵，优视公卿，官至检校仆射、台宪之长，封父祖，荫妻子，荣名崇品悉以与之；郊祀赦宥，先务赡军犒士，金币缗钱无所爱惜"⑤。宋初优遇军队乃是形势所迫，为巩固新建立的政权，必须削平各地割据势力，统一全国。赵匡胤深知五代骄兵的习性，用兵就必须满足其欲望，"国家自太祖、太宗亟用兵，故赏赉厚焉"⑥。其后社会承平，兵措不用，统治者应该对战时政策有所损益，可实际情况却是各朝君臣死守其祖宗家法，不达变通。将帅虽无显著功绩，却蒙厚赐，使赏浮于功。将帅如此，士兵也不例外，宋朝三年举行一次郊祀大礼，按例赏赐将士，遇有新君继位等事，也要首先赐赏军兵。至于士兵作战、服役，更需要有物质刺激，如果没有赏赐，根本无法役使士兵。

姑息治军导致了极其恶劣的后果。将帅败军不受惩罚或罚不当罪，使兵将无所畏忌，战争中"小战则衄，大敌则奔，实败而言胜，无功而希赏"⑦。他们因厚赏而身贵家富，志骄意满，战胜则无以复加其功，失败则有失去既得利益之忧，只图保全富贵，骄横跋扈，不思为国效力。按例赏军也使士兵习以为常，不仅心安理得，而且挑剔好坏，挟持官吏，"兵之得赏，不以无功知愧，乃称多量少，比好嫌恶。小不如意则群聚而呼，持

---

① 李焘：《续资治通鉴长编》卷46"咸平三年正月庚寅"。
② 杨时：《龟山集》卷1《上钦宗皇帝书》。
③ 王十朋：《梅溪奏议集》卷1《应诏陈弊事》。
④ 《宋史》卷370《成闵传》。
⑤ 陈傅良：《历代兵制》卷8。
⑥ 石介：《徂徕集》卷9《兵制》。
⑦ 程珌：《洺水集》卷2《轮对札子》。

梃欲击天子之大吏"①。朝廷为防止骄兵兵变，尽量满足其要求，姑息放纵，"冗兵骄狂，负力幸赏，而维持姑息之恩不敢节也"②，甚至罢免主兵官以平其愤。在这种情况下，将帅治军更加宽弛，士兵也因之更为骄逸，"主将所谓恩者，特姑息而已，衣食之不足则忿而骄，法令之不加则玩而骄"③。结果骄兵希赏，一旦无所犒赏或赏给不丰则兵变。例如，太宗太平兴国四年攻辽宋军哗变、仁宗庆历三年光化军兵变和高宗建炎元年建州兵变，都是兵将邀赏而发动的叛乱。禁军将卒骄悍恣暴，官吏却不能管制，如果以法治裁或管束稍严就会发生变乱。仁宗庆历四年保州都巡检司云翼军兵变、高宗绍兴四年建昌军兵变等，则是骄兵不服管制而发动的叛乱。

三、用兵政策：朝廷集权与将帅分权之间的矛盾

赵宋继五代干戈扰攘之后立国，加强中央集权成为当时社会的主要任务，重要一点就是集中军权。宋初军事改革把兵权从地方军阀手中收归中央以后，朝廷相继制定了一系列军事集权政策。

第一，兵将分离政策。宋军更戍法是北宋前期兵制的一项重要内容，其寓意之一就在于防范将帅专兵，兵将"往来道路，足以习劳苦，南北番戍，足以均劳佚，故将不得专其兵，而兵亦不至骄惰"④。军队平时驻防轮番更戍，可以防止将帅专地专兵，形成割据势力。战争中朝廷临时委任将帅统兵作战，军队也打破原来编制，重新编组，兵无常将，将无常兵，防止将帅培植私人武装力量。在两宋300余年的历史上，除南宋初年特殊时期和四川特殊地域以外，的确没有形成将帅尾大不掉的局面。但是，宋朝人为地制造兵将分离，兵将互不相知，战争中"元戎不知将校之能否，将校不知三军之勇怯，各不相管辖"⑤，加之宋朝军队"士卒骄而将帅鄙"⑥，

① 欧阳修：《文忠集》卷 59《本论》。
② 苏洵：《嘉祐集》卷 1《审势策》。
③ 曹彦约：《昌谷集》卷 13《上荆湖宣谕薛侍郎札子》。
④ 马端临：《文献通考》卷 153《兵考五》。
⑤ 李焘：《续资治通鉴长编》卷 30"端拱二年正月乙未"。
⑥ 李焘：《续资治通鉴长编》卷 46"咸平三年三月丁未"。

往往导致战场上的失利。

第二，将从中御政策。宋军作战，皇帝或亲自指挥，或颁发阵图，授以方略，不给将帅自主权，将帅只能按照帝王的意志行事，否则即使取得胜利也被视为有罪，甚至受到处治。由于战场上的形势瞬息万变，要求将帅必须根据形势变化做出克敌制胜的正确决策，但实际指挥作战时，将帅被阵图束缚，机械指挥，错过有利时机，造成失败。真宗朝朱台符指出："近代动相牵制，不许便宜，兵以奇胜而节制以阵图，事惟变适而指踪以宣命，勇敢无所奋，知谋无所施，是以动而奔北也。"① 田锡也说："委任将帅，而每事欲从中降诏，授以方略，或赐与阵图，依从则有未合宜，专断则是违上旨，如此制胜，未见其长。"② 南宋统治者虽然迫于形势在某些场合允许将帅便宜处置军事，但仍不放松居中御将，以致"艰难以来，用将不专，禀命朝廷，故使大帅节制难一，机会屡失，敌势愈张"③，使南宋政权不能恢复故疆，偏安江南。

第三，将副相制政策。宋朝军队中等级很严，实行阶级法，下级严格服从上级，将士犯阶级者要斩首，以此维持军队纪律。以京师三衙而论，殿前、侍卫司正副都指挥使与都虞候品级相差不大，但事关军事命令都虞候就不能和都指挥使共同签署，以防紊乱阶级之法。然而，边防戍兵则与此大相径庭，主帅统兵居外，则提高偏裨将佐的地位，使之牵制主帅，"诸路都监而上，皆与大将均其所统，虽名品至异，然皆署事而同论"④。边防驻军中都部署、钤辖、都监，虽然官位有高低，其实互不统属，主帅号令不起作用，"至于论议兵事，各出意见，主将不能自决"⑤。主帅因事权为副将所分，命令不重，无法统辖全军。将副临敌作战各出己见，相互非难，意见难于统一，因此而坐失战机。"主帅等威既不尊异，向下官属更无阶级相辖之礼"；"僚佐参论短长，至有各出意见，互相诋毁，谋无所

① 李焘：《续资治通鉴长编》卷 44 "咸平二年闰三月己丑"。
② 田锡：《咸平集》卷 1《上太宗答诏论边事》。
③ 许翰：《襄陵文集》卷 6《论用将》。
④ 尹洙：《河南先生文集》卷 6《上吕相公书》。
⑤ 蔡襄：《端明集》卷 19《乞立边帅等威》。

主，事无不漏，所以多败也"①。由于副将与主帅权势相侔，主帅等威不严，军队阶级混乱，"遂使行伍之间骄恣悖慢，浸不可制"②。副将轻视主帅，士兵轻视将领，兵变杀将事件屡有发生，兵将骄悍难制。

很显然，宋代加强中央集权所采取的将从中御、将副相制政策与将帅统兵要求专权两者之间存在着尖锐矛盾，也就是说，宋代整个社会状况要求军事集权，而将帅统兵方式却要求朝廷放权。宋朝政府在解决这一矛盾问题上所采取的措施失之偏颇，把两者看做无法调和的对立面，认为边防外侮不过是局部危害，肘腋之患，而内臣篡夺政权才是根本性的心腹大患。在这种极端狭隘的皇权主义思想指导下，赵宋君臣用变态心理治军，矫枉过正，把本来可以在中央集权范围内的军政放权绝对化，确立了政权压抑将权的政策。朝廷害怕将帅功高震主，威胁皇权，对有功将帅处处抑制。黎州都监郭纶原为陕西弓箭手，屡立战功，因朝廷赏不当功，以至任满贫不能归。宋夏战争中朝廷赏罚之柄倒置，"罪者既稽诛，功者不见阅"，原因就是"恐其立异勋，歘然自超拔"③。一方面，压制立功将帅，以免其权势过重；另一方面，却重用厚赏无能庸将管军，便于控制。在这种社会氛围中，将帅为释朝廷猜疑，不敢以整军经武为己任，而是"朝游暮宴，其奉养僭侈"④，士兵骄弱安养，出现了"将帅养骄，军兵惰弊"⑤ 的军政混乱局面。

四、尾论：对唐宋治军政策的管窥认识

既然唐宋两种不同状况的社会中都存在骄兵，说明骄兵的产生并非仅限于藩镇割据社会。固然，藩镇统兵培植了大批骄兵悍将，而强悍的军队又成为藩镇赖以生存的物质基础，两者互为共存，不容置疑。但是，如果因此而得出没有藩镇割据，骄兵也就不复存在的结论，那就有些片面了，因为中央集权制度强化和兵权高度集中的宋代社会同样产生了骄兵。要弄

---

① 蔡襄：《端明集》卷 23《请改军法疏》。
② 司马光：《传家集》卷 33《言阶级札子》。
③ 苏舜钦：《苏学士文集》卷 1《己卯冬大寒有感》。
④ 王之道：《相山集》卷 20《又与汪中丞画一利害札子》。
⑤ 徐梦莘：《三朝北盟会编》卷 228"绍兴三十一年五月庚子"。

清这个问题，必须撇开兵权归属，进一步对比唐宋两朝的治军政策。

唐末五代的治军政策谓之姑息之政，政府无力控制军队，只好听之任之，治军姑息。天子姑息方镇，方镇节度使亦姑息士卒，各地节度使都拥有一支数量庞大的私人武装，利用手中掌握的军队对抗朝廷，或相互争战。他们为争取士兵替自己卖命，不惜以各种手段满足士兵的贪欲，或奉其无厌之求，或许以大肆劫掠，对士兵奉若骄子，失于禁戢。结果兵将骄悍，稍有不满就发动兵变，或废置统帅，或赶跑皇帝，形成兵连祸结的社会动荡局面。可见藩镇割据专兵只是骄兵悍将形成的社会基础，而唐朝以及五代政权和藩镇军阀的姑息治军政策才是骄兵悍将产生的根本原因。

研究表明，宋代治军政策中自始至终存在三大矛盾。一是募兵与强兵之间的矛盾：宋朝政府为加强军备力量，招募大批无业游民乃至罪犯充军，募兵成分驳杂，在军队中放荡不羁，骄悍难制。二是严治与姑息之间的矛盾：朝廷绝不允许军队中存在任何反抗力量，一旦出现立即取缔，但在不触动封建政权的前提下，则对兵将极尽姑息之能事，士卒不可避免地养成骄悍习性，甚至发动兵变。三是皇权与将权之间的矛盾：为避免重演唐末五代社会的动荡悲剧，宋朝牢固控制军队，压抑有作为的武将，在皇权压抑下，武臣因循畏忌，不敢治军，导致兵将骄惰。可以看出，宋代社会中之所以存在一个庞大的骄兵集团，原因就在于宋朝统治阶级的治军政策存在弊端。

总之，我的认识是：是否形成骄兵主要在于治军政策，而不在于兵权归属，军队归于藩镇与军队归于国家，虽然统兵方式不同，如果治军不得其法，同样都会形成骄兵。忽略了这一点，对宋代中央集权制度下军队中出现的兵将骄悍现象就无法解释。虽然骄兵是唐宋募兵制下的产物，但不能因此而归咎乃至完全否定募兵体制。募兵制适应唐宋社会经济变革的潮流，兵农分离，对封建经济发展起了促进作用。问题在于唐末五代封建军阀的募兵政策，特别是宋朝统治集团赋予募兵政策的特殊使命，已经超出了募兵制度本身。因此，评价唐宋军政得失，不能仅仅局限于募兵体制，而更应该具体分析封建地主统治阶级的治军政策。

宋代军事训练及其效果

在中国封建社会里，军队是封建国家机器的重要组成部分，在巩固地主阶级政权方面起着显著作用。军队的军事训练直接关系到军队素质的优劣，因而训练制度成为封建国家治军政策和军事制度中的一项主要内容。宋代的军事制度包括招募、廪给、拣选、训练、屯戍、赏罚和迁补种种，但从其中的训练制度则大致可以窥见一代军政得失，能够使我们从中吸取经验教训，因而值得探讨。

一

宋代的主兵机构为枢密院、三衙司（殿前都指挥使司、侍卫亲军马军都指挥使司和侍卫亲军步军都指挥使司）和尚书省兵部，三者各有职守，不相统属。宋初赵匡胤改革唐末五代军政积弊，把兵权收归朝廷，消除了地方专兵的割据势力，"举天下内外之兵皆属侍卫司"①。而皇帝的扈从亲军则号称诸班直，隶属于殿前司。宋代的两司三衙虽有握兵权，却不能调兵，调兵权则归枢密院。"两司不独为亲军而已，天下之兵柄皆在焉。其权虽重，而军政号令则在枢密院。"② 枢密院有调兵权，又不掌握军队，北宋禁军全归殿前、侍卫两司掌管。南宋统兵体制略有变化，形成枢密院与三衙双重握兵体制。宋朝统治集团的用意就是要枢密院和三衙两相牵制，使其各不能专兵，从而把兵权集中在皇帝手中。由于枢密院和三衙侵权，使前代主要统兵机构的尚书省兵部在宋代形同虚设，其事权只限于掌管仪仗、职方和民兵等少许事项。既然北宋军队统辖权归殿前与侍卫两司，据此可知北宋的两司三衙掌管京城和全国各地马步禁军的军事训练。南宋三

---

① 王应麟：《玉海》卷 139《兵制》。
② 叶梦得：《石林燕语》卷 6。

衙只掌管殿前、侍卫马军和侍卫步军3支大军以及少量屯驻外地军队的训练事宜，其各地屯驻大兵的训练则归枢密院。

宋代正规军队的军事训练制度大体上经历了3个阶段的演变，即北宋前期以营为单位的训练制度、北宋中后期以将为单位的训练制度和南宋以军为单位的训练制度。下面分别对各个阶段训练制度的具体内容及其利弊加以论述。

（一）北宋前期以营为单位的训练制度。北宋前期的正规军队沿用唐末五代制度，称为禁军，招募黥面，聚兵京师。宋初统治者对军队制御较严，规定京城禁军衣长不得过膝，不许买酒肉进军营，又立更戍法使之训习劳苦，目的是防止士兵生活腐化，保证军队具有较好的素质。宋初军队的训练制度更是非常严格，史称宋初"禁军黥面营处，衣食公上，草教日阅，无得番休"①。北宋前期最普遍的军事单位为指挥，也称为营，一般情况下是100人为1都，5都为1指挥，则每指挥（营）为500人。宋初军事训练的方法是以指挥（营）为基本训练单位，诸营每天训练一次，不允许轮休。以营为单位的训练制度是宋初禁军教阅训练的主要方式，只有春秋两季才举行一次大规模的联合阅兵，因此大阅并非常设。其内容是每营为日习之法，以教坐作进退。日阅法以鼓声为节制，每营骑兵训练五次，步兵训练四次，然后回归本营。北宋前期以营为单位的日阅法不论京城禁军，还是屯戍外地的禁军都适用。仁宗时韩琦安抚陕西，规定每营把射亲兵士数目上报帅司，由朝廷遣派殿前、马步军司官员验视，分级论赏，如果一营射亲士卒入高等者数量多，并赏该营正副指挥使。庆历四年宋廷下其法于河北，分教河北禁军。可见以营为基本训兵单位的训练、赏功制度，在北宋前期应用相当普遍。

北宋前期禁军日阅训练方法虽然周密完备，然而军事训练中却存在着注重形式，不求实用的问题。"虽有训练之方，然而法制未立，是以旗幡虽设，不主进退；鼓角虽备，不为号令；行伍虽列，不问稀密；部阵虽立，不讲圆方。见敌即驰，遇地即战；不制奇正，不为备伏；不择险易，

---

① 曾公亮：《武经总要·前集》卷1《军制》。

不询孤虚。及夫连师百万，决机呼吸，事不素定，难乎应敌。"① 清人王夫之说，宋朝训兵无一生一死、相搏相逼之情形。他把这种不能警其耳目、震其心神的训兵视同儿戏，说宋军的日阅法是每天在做游戏。他认为教战者不以实战训练，其教不如不教，一旦用之战阵，士兵必然目荧魄荡，忘记训练时的方法；即使不忘，也不能发挥作用。② 王夫之说教不如不教，未免言过其实，但他指出宋初日阅法的弊端在于训练呆板教条，不能适应战机出奇制胜而无法实用，则恰中其要害。

（二）北宋中后期以将为单位的训练制度。北宋中期，宋神宗改革兵制，实行将兵法。关于将兵法实施的原因，马端临《文献通考》卷 153 《兵考》有详细记载："承平既久，方外郡国合为一家，无复如曩时之难制，而禁旅更戍尚循其旧，新故相仍，交错旁午，相属于道。议者以为更番迭戍无益于事，徒使兵不知将，将不知兵，缓急恐不可恃。神宗继位，慨然更制，部分诸路将兵总隶禁旅，使兵知其将，将练其士卒，平居训厉蒐择，无复出戍，外有事而后遣焉，谓之将兵。"有些人据此认为将兵法主要是为改变更戍法造成的"兵不知将，将不知兵"的局面，这种看法不够确切。北宋禁军更戍、作战虽然经常打破原来军队的厢、军编制，临时委任统兵官，但基本上仍是以指挥为单位重新编组，指挥使、副指挥使负责本指挥训练，当然不存在与本营士兵互不相知的问题。所以，更戍法不是北宋军队"缓急不可恃"的主要原因。况且宋代统治集团实行更戍法的主要目的恰恰在于防范将帅专兵，人为地制造"兵不知将，将不知兵"状况，如果不是有更重要的原因，宋朝统治者绝不会主动废弃这一意在防范将帅的政策，而允许"兵知其将，将练其士卒"。元丰二年宋神宗谈到将兵法时说："朝廷比以四方骄悍为可虞，选置将臣分总禁旅，俾时训肄，以待非常。"③ 司马光在哲宗继位伊始追述熙丰将兵法时也说："先帝欲征伐四夷，患诸州兵官不精勤训练，士卒懈弛。于是有建议者，请分河北、

---

① 曾公亮：《武经总要·前集》卷 2《制度二》。
② 王夫之：《宋论》卷 2《太宗》。
③ 《宋史》卷 195《兵志》。

陕西、河东、京东、京西等路诸军若干人为一将，别置将官，使之专切训练。"① 北宋中期军队缺乏训练，兵将偃塞骄惰，兵变时常发生，严重威胁到宋朝统治政权。宋神宗对周边少数民族用兵，开疆拓土，骄兵显然不能适应战争需要。为防止骄兵祸国，使之能够适应战争需要，必须整肃军纪，加强军事训练。由上引宋神宗和司马光的议论可知，宋朝统治者正是鉴于兵将骄惰难用的状况，才下决心改变了防范将帅的更戍法，实行将兵法。可见宋廷实施将兵法的主要意图是要解决北宋中期军队的军事训练问题，而不在于改变更戍法造成的"兵不知将，将不知兵"的状况。

熙宁七年，宋神宗与枢密副使蔡挺主持实施将兵法。宋廷先于京畿等5路置将，然后推广到全国。各地在置将过程中亦有变动，熙宁七年始置京畿5路37将，翌年四月分秦凤兵为4将，五月分环庆兵为4将，七月分泾原兵为5将。元丰二年增泾原兵为11将，其后秦凤路增为5将，环庆路增为8将，加以鄜延9将，熙河9将，总计京畿、陕西等地共置79将。元丰四年二月，宋廷诏东南诸路禁兵如京畿法建制，共置13将，淮东为第1将，淮西为第2将，浙西为第3将，浙东为第4将，江东为第5将，江西为第6将，湖北为第7将，湖南为第8将，全、邵、永三州为第9将，福建为第10将，广东为第11将，广西桂州为第12将，邕州为第13将。除四川外，合中原、西北、东南三地之兵，共置92将。这只是元丰四年以前置将数，此后各地又有增置，故宋代置将的实际数目不止此数。宋代将兵每将所辖人数由数千到万人不等，其统兵官有正将、副将、训练官和部队将等，也有些较小的将只设单将。

自北宋中期置将以后，军事训练的主要形式由北宋前期以营为训练单位的日阅法变为以将为基本单位的训兵法。禁军分为系将和不系将两部分，系将禁军由将官统帅，专事教阅，州郡帅臣不得干预。各地将下之兵除全将起戍作战外，平时只管训练，一般不再出戍外地，京城禁军也废除了更戍法。将兵法实施以后，以各将为单位普遍设置训练官，专主训练事宜。宋神宗为加强军事训练，还设置了指使、巡教使臣和教头等掌管军事

---

① 司马光：《传家集》卷48《乞罢将官状》。

训练，或从三衙派遣，或从地方武臣中遴选，协助各将训练军队，甚至不系将禁兵也仿照将兵设置训练官，加强训练。宋廷规定诸路禁兵"凡将下兵皆早晚两教"①，只有京城禁军仍沿用以营为基本单位的训练方法，但因教场狭窄，只能诸营轮番训练，与宋初不得番休的日阅法也不尽相同。神宗元丰元年，诏开封府畿、京东、京西禁军每将选十分之一的士兵训练马射，朝廷遣教头训练；京城步军则每营选十分之一的士兵习马射，由教习马军所负责训练。可知京城禁军与系将禁军的训兵单位不同。元丰二年四月，宋廷遣内侍石得一阅视京西第5将教阅马军，回朝上奏教习不精，将官陈宗被停官。只有以全将为训兵单位，才会出现全将教习不精的情况，否则不会影响整将军队。这样，除京城禁军和不系将禁兵以外，以将为单位的训练制度成为北宋中后期正规禁军的主要训练方式。

将兵训练法实施以后，宋朝军队的素质有所提高，这一点不能否认。然而，将兵训练中仍然存在着只重形式的缺陷，有些训练官采用命令士兵背诵新法条文的死板方法，仅把各种训练法规列于纸上，致使实际训练时"教阅击刺行阵，多不应法"②。由于宋朝官僚机构腐败，更戍法废除以后又出现了新问题，将兵虽然名义上训练，实际上仍不免于偷安。"自置将以来，苟非全将起发，然后与将官偕行，其余常在本营，饮食游嬉，养成骄惰，岁月滋久，不可复用。"③ 可见将兵法训练仍然存在问题。

（三）南宋以军为单位的训练制度。南宋兵制较之北宋有所不同，因而军队的训练制度也相应有所变化。南宋初年金兵南侵，企图灭掉高宗政权，宋高宗为保证能够立国，不得不任用将帅抗金。宋金战争中刘光世、韩世忠、张俊、岳飞等诸将逐渐掌握了重兵，权势日盛。这一时期因南宋朝廷草创，势力寡弱，不能有效地控制各支军队，诸将之兵不隶三衙，以致三衙无兵，仅存其名而已。将帅专兵也使枢密院地位下降，因为兵权不在朝廷，虽有枢密院及三省兵房、尚书兵部，仅仅奉行将帅文书，而不能号令诸将。南宋朝廷先后以御营司、神武军和行营护军等称号统辖各支军

---

① 苏辙：《栾城集》卷38《乞禁军日一教状》。
② 李焘：《续资治通鉴长编》卷348"元丰七年八月丙戌"。
③ 马端临：《文献通考》卷153《兵考五》。

队，直到宋高宗绍兴十一年宋金议和后，才把各军收隶枢密院。军队出兵作战由朝廷临时指挥，各军虽带"御前"字入衔，但仍旧原地驻扎，将来调动，必须由三省和枢密院共同发布命令。南宋政府先后在长江中下游和川陕地区部署了 10 支屯驻外地的御前大军，加以后来组建起来的三衙 3 支大军，成为南宋主要正规军力量。由于三衙的 3 支军马已降至与外州屯驻大兵相等的地位，三衙不再管辖全国军队，外地屯驻大兵归枢密院统辖，形成了枢密院与三衙双重统兵体制。因此，南宋三衙只掌管京城殿前军、侍卫步军和移驻建康府的侍卫马军 3 支军队的训练，而外地屯兵的军事训练则归枢密院，与北宋的训练制度有所不同。

　　南宋立国之初，战乱频仍，遍地兵燹，各支军队没有固定编制和严格训练，直到绍兴五年宋廷把军队改为 5 支行营护军，才基本上确立了规模。行营护军一般是每支大军分为若干军、将、队编制，设置统制、统领、将官、押队等官员。绍兴十一年以后，各支屯驻大军普遍设置军、将两级编制，形成都统司、军、将三级主要隶属层次关系，而军则成为普遍军事单位。孝宗时建康都统司统辖 6 军，"每军各置统制官一员，统领官两员，正将五员，副将五员，准备将五员"①。四川兴州都统司都统制吴挺乾道三年九月上疏孝宗，要求把本司散处数地的驻军合并，宋廷于是"诏兴州驻扎御前诸军所管马步军六万人，作前、右、中、左、后、踏白、摧锋、选锋、策选锋、游奕马为名，每军计六千人，差统制官一员，统领官一员，每将差正、副、准备将各一员"②。南宋的军事训练，也以军为训练单位。高宗建炎元年枢密院颁教阅法，规定 5 军集训，每军各置旗号，前军绯旗，飞鸟为号；后军皂旗，龟为号；左军青旗，蛟为号；右军白旗，虎为号；中军黄旗，神人为号。又以 5 色物号置招、分 2 旗，举招旗则 5 军以其旗相应，合而成阵；举分旗，5 军亦各以旗相应，分而成队。至于盘旋进退，皆举旗为号。这是枢密院制定的春秋大阅教法，至于屯驻大兵平时训练，仍然是以军为训兵单位。光宗绍熙元年，宋廷诏令殿前司许浦水军和江

---

①　周应合：《景定建康志》卷 39。
②　《宋会要辑稿·兵》6 之 2。

上、沿海水军除春秋两次集兵教阅外，每军每月轮训一次。绍熙二年枢密院上言，要求朝廷制定殿前、步军司军队中弓箭手、弩手和枪手的合格标准，由主帅委任诸军统制、统领校其技艺，各军除入等合格者以外，每军另取技艺高者 15 人，经审核后推赏。度宗咸淳初年，臣僚上疏谈到训练情况也是"诸军统领、统制、正将、副将正欲在军训练，闲（娴）于武事，一有调用，令下即行，士悉将智，将悉士勇，所向无敌"①。可知终南宋之世，训练制度仍然是以军为基本单位进行军事训练。

南宋政府虽然规定屯驻大兵按时训练武艺，但各地军队根本不可能严格执行。高宗时秦桧专权，任用无能庸将治军，兵将训练制度有名无实。南宋中期以后又恢复了以文制武统兵体制，统制、统领等武将权力逐渐被削弱。史弥远、贾似道当政，基本上继承了秦桧压制将权的政策，军队训练无人问津，形成了南宋军队将帅贪污，士卒怠惰的局面。

二

两宋的军事训练虽然形式上始终存在，但因宋朝军政腐败，军队训练效果极差。宋朝自太宗雍熙兵败以后，失去了进取勇气，对外主要采取守势，于是教阅训练开始逐渐废弛。真宗景德休兵以后，戢兵偃武，军事训练更是每况愈下，即使教阅训练也是流于空疏，形同儿戏。"所谓教之者，兵官巡尉以时一出，按例为之。遇春秋大阅，有司未免有损经费，而徒为玩习之具。此何异棘门之戏哉！"② 渐至后来，宋代的军事训练制度废坏殆尽，以致宋朝出现了有养兵之费而无训练之法，有蓄兵之名而无用兵之实的严重军事弊害。

宋代军队的训练逐渐废弛，主要有以下几方面原因。

第一，宋代将帅不敢积极整顿军事，不愿进行军事训练。军队训练好坏关键在于将帅。范仲淹经略陕西时曾经谈到，陕西"用兵之处诸军内，

---

① 《宋史》卷 195《兵志》。

② 李石：《方舟集》卷 7《武备疏》。

若有指挥使员僚得力，则不唯训练齐整，兼临阵之时各能将领，其下士卒方肯用命；若人员不甚得力，则向下兵士例各骄堕，不受指踪，多致退败。显是军气强弱系于将校"①。很明显，军队士兵的素质强弱与将帅训练有直接关系。然而，在宋朝以文制武政策的压制下，武将处处防止受到朝廷猜忌，如果将帅加强军事训练，很容易被看做是招揽兵权。他们为释朝廷专兵之嫌，便朝游暮宴，奉养僭侈，根本没有以治军为己任的责任心，更不可能有积极性，教阅训练也是敷衍塞责，不求实效。

第二，宋代将帅大多掊克士卒，引起士卒不满，兵将之间存在的矛盾终宋之世无法解决，士兵怨恨将帅，将帅不敢治军。苏轼初任河北路定州知州时，看到的情形是州政腐败，军政尤其废弛，武卫军卒骄惰失教，原因是军校蚕食士兵衣食，所以不敢整饬军政。苏轼窜逐贪将，修缮营房，使士卒衣食稍足，然后才加强训练，教以战阵之法。南宋军队中刻剥之风仍很盛行，将帅不恤士卒，任其所为，训练无人重视，"为统制者得以肆意掊克，敛怨行伍，教阅尽废，纪律荡然"②。由于兵将之间存在尖锐矛盾，当然不可能同心协力进行军事训练。

第三，宋代士兵逃亡相当严重，影响了军事训练。士兵逃亡的主要原因是将帅削减其衣粮，为饥寒所迫。宋朝政府虽然屡次申严逃军纪律，终因将帅贪图空额俸给，通同作弊而未能奏效。禁军逃亡严重影响了军事训练，部队缺额较多，难以成军，根本无法训练，剩余士兵"至于教阅，则又苟简灭裂，仅应文具，将佐未尝朝夕亲临，训以驰射格斗之事"③。这种训练不过是应付朝廷的形式，完全失去了军事训练的价值。

第四，宋军营伍散乱，无法集兵教阅。由于宋朝统治者不重视武备，军队营房破损不予及时修复，有些营地甚至年久失修，因荒芜而被兼并之家佃为田产。士兵无营房居住，只好租赁住房，杂居市肆，"诸军寄名挂字，身居市井，实不至军"④。士兵散居各地，每当训练时无法集合队伍，

---

① 范仲淹：《政府奏议》卷下《奏乞减沿边年高病患军员》。
② 真德秀：《西山文集》卷8《申枢密院乞节制左翼军状》。
③ 《宋会要辑稿·刑法》7之27。
④ 员兴宗：《九华集》卷7《议军实疏》。

保证人数，因此宋代军队的军事训练制度不可避免地成为一纸空文。

第五，宋代军队中将帅占用士兵服役，妨碍训练。宋朝政府规定政府官员可以占有一定数量的士兵服役，但只限于使用厢军，至于将帅占用士兵则是违法差役。其后兵官将帅无视朝廷禁令，占用正规禁军服役经商。仁宗时陕西用兵，西师屯兵数十万，然而禁军人数虽多，参加军事训练的部队却很少，原因是军队中的士兵大多以匠民、乐工、书画、技巧各种名目被主帅或将校占留手下服役，少者五六百人，多者千余人，这些人全都不参加每天一次的军事训练。将帅违法差役，士兵则偷安免教，严重妨碍了军队训练。南宋绍兴以后，"被坚执锐之士，化为行商坐贾者，不知其几"①。兵将只图自身牟利，无暇顾及军事训练，名为士卒不知行伍之法，身为战士不预攻守之事，"遂使辕门武力之士，困于差役之劳；末作庇身之人，复享安闲之利，所以兵阵教习之法日废"②。宋代的军队训练之法，几乎完全废弃。

上述 5 种原因导致了宋代军事训练废弛，因而其训练效果很差，军队素质低下，突出表现在两个方面。

其一是军队不能按计划训练，即使训练也流于形式，没有严格的军纪约束，兵将骄悍难制。将帅不能整齐军政，士卒骄慢之心渐长，"遂使行伍之间骄恣悖慢，浸不可制"③。例如，军队中训练射箭，目的当然是要训习武技，射中目标证明训练合格，乃分内之事，根本不足以奖赏。但是，宋代兵将骄惰成性，要驱使他们训练，必须有物质刺激，所以宋代把训练赐赏作为一种制度实行。庆历二年，定诸军射赏条格，中的者免除本月各种杂役，将来将校、队长有空缺，按名迁补。元丰元年，诏令禁军习武艺.立定条格，分上中下三等赏赐。宣和三年，制定骑兵射赏法，背射上垛中贴者，依步射法奖赏。如果说赏赐只作为激励士卒加强训练的一种手段，那是无可厚非的，但在宋代这种手段已经变成了目的，兵将训练只为受赏，教阅训兵反而降到次要地位。按例赏赐使士卒习以为常，只要没有赐

---

① 李心传：《建炎以来系年要录》卷 189 "绍兴三十一年三月己卯"。
② 佚名：《靖康要录》卷 8。
③ 司马光：《传家集》卷 33《言阶级札子》。

赏或赐物不能满足其贪欲就聚众闹事，甚至发动兵变，杀害兵将官。宋代兵变往往趁训练时发生，以致将校畏惧，不敢聚兵训练，形成恶性循环。

其二是教阅之法废弛以后，兵将优游市肆，风纪散漫不整，形成宋代骄惰之兵。士兵终日嬉游廛市，靠出卖技巧、绣画等各种杂业谋生，衣服举止不像军兵。京城禁军教习不精，士气不振；边防驻兵同样缺乏训练，纪律散乱，军事素质越来越下降。仁宗时王拱辰出使契丹，途经河北时听当地父老说，契丹根本不畏惧宋朝官军。陕西边防情形大致相同，西夏军队和宋军作战，只要听说宋方参战部队是没有战斗力的禁军正规部队，就举手庆贺胜利。由于禁军缺乏必要的军事训练，怯弱无能，战斗中没有战斗力，无法使用。骄兵在战争中不敢和敌军交锋征战，为敌人的强大气势所吓倒，"禁军小校临阵而先退，边垒偏师望敌而不进"①。有些宋军战斗中刚刚布阵，才被敌兵呼噪来逼，尚未交锋，就不能成阵，一概奔溃。更有甚者，军队作战时士气沮丧，一闻金鼓之音，就股颤胆销，千方百计寻求退路，不思向前奋勇杀敌。由此可见，由于宋军缺乏训练及必要素质，作战时不听指挥，不习战斗，导致了战争失败。

从以上论述中可以看出，宋代的军事训练中存在着严重的弊病，其主要问题是训练形式化和训练废弛，效果极为不佳，孳生了军事素质极差的骄兵惰将。由于宋代正规军素质低劣，在与周边辽、夏、金、蒙古军队的战争中一直处于劣势，逐渐形成了屈辱软弱局面，直接造成了宋代社会的军事积弱。

北京师范大学史学探索丛书

---

① 文彦博：《潞公文集》卷 14《奏乞主帅便行军令后奏》。

北宋"强兵"政策简论

北宋中叶仁、英、神三帝在位时期，朝廷养兵百万，兵将冗滥骄惰，成为当时人们普遍关注的军事问题。宋朝士大夫对军队骄惰冗滥状况人言啧啧，形成一个声势颇大的"强兵"舆论。在"强兵"舆论的推动下，北宋政府实行了一系列军事改革措施。目前，治宋史者普遍认为"强兵"政策是为改变北宋冗兵局面，而忽略了骄兵问题，所以不可能完全理解宋人有关"强兵"问题的种种议论和北宋中期"强兵"政策的实质。因此，对北宋冗兵与骄兵的关系、"强兵"政策实施的对象以及"强兵"政策存在的局限性等问题，有必要加以探讨。

一、北宋骄兵的形成及其危害

北宋军队主要由禁军和厢军两部分组成，"国有武备之兵，而又有力役之兵"①。禁军是北宋政府的正规军队，"列营京畿，以备宿卫"②，专门从事征战讨伐；而"厢军者，诸州之镇兵也，各隶其州之本城，专以给役"③。这种厢禁分离的军事制度确立于北宋立国之初。太祖建隆二年，"令殿前、侍卫司及诸州长吏阅所部兵，骁勇者升其籍，老弱怯懦者去之"④。乾德三年又诏"令天下长吏择本道兵，骁勇者籍其名送都下，以补禁旅之缺"⑤。北宋统治者一方面把各地健壮士兵拣选到京城，加强中央军备力量；另一方面又把军队中老弱不堪战斗的士兵汰除，使兵精将强。然而，宋朝军队是招募的职业兵，姓名入于军籍，妻子托于营伍，汰除以后

---

① 苏辙：《栾城应诏集》卷 10《民政下》。
② 《宋史》卷 187《兵志》。
③ 马端临：《文献通考》卷 156《兵考八》。
④ 李焘：《续资治通鉴长编》卷 2"建隆二年五月甲戌"。
⑤ 李焘：《续资治通鉴长编》卷 6"乾德三年八月戊戌"。

无家可归，宋朝政府于是把他们降为厢军，"禁军有退惰者，降为厢兵，谓之落厢"①，专门用来供应各种杂役。大量供杂役的厢军很快形成了一支与禁军数量相等的队伍，使军队数量增加了一倍。神宗朝翰林学士孙洙说："今内外之兵百余万，而别为三四，又离为六七也。别而为三四：禁兵也，厢兵也，蕃兵也。离而为六七者，谓之兵而不知战者也：给漕挽者，兵也；服工役者，兵也；缮河防者，兵也；供寝庙者，兵也；养国马者，兵也；疲老而坐食者，兵也。"② 孙洙所说的不知战斗之兵，全是指厢军。厢军由国家供给衣食却不任征战之事，冗滥耗费，成为人们指责的鹄的。宋祁在《上三冗三费疏》中把"厢军不任战而耗衣食"③ 与冗官、冗僧并列为三冗；苏辙也说北宋"冗兵以供力役之急，不知击刺战阵之法，而坐食天子之俸"④。他们都把厢军视为冗兵。由此可知，宋朝士大夫所谓冗兵问题，虽然有时泛指整个军事集团，但并非只是说朝廷养兵百万，军队数量之多，而主要是指厢军不战而食，耗费国家所造成的社会问题。

赵宋立国初期，统治集团鉴于唐末五代形成的外重内轻、兵将骄悍等军政积弊，牢固控制兵权，对禁军制御较严。宋太祖的治军政策有两个目的，一是防范兵将重蹈唐末五代覆辙，骄悍难制；二是防止士卒安闲，养成骄惰。禁军更戍法是北宋前期兵制的一项重要内容，其寓意就是要"将不得专其兵，而兵亦不至骄惰"⑤。对京城禁军制定的种种制约，仍然是防止士卒骄惰，士气不振。宋初规定"禁兵之衣长不得过膝，买鱼肉及酒入营门者皆有罪"；"京师卫兵请粮者，营在城东者令赴城西仓，在城西者令赴城东仓，仍不许佣僦车脚，皆须自负"，目的就在于"使之劳力，制其骄惰"，"安辛苦而易使"⑥。因此，北宋前期太祖、太宗两朝禁军骄惰情形尚不明显，朝廷"屯戍征讨，百役并作，而兵力不屈"⑦。

① 施宿：《嘉泰会稽志》卷4。
② 王明清：《挥麈录·余话》卷1。
③ 宋祁：《景文集》卷26《上三冗三费疏》。
④ 苏辙：《栾城应诏集》卷10《民政下》。
⑤ 马端临：《文献通考》卷153《兵考五》。
⑥ 沈括：《梦溪笔谈》卷25。
⑦ 苏辙：《栾城集》卷21《上皇帝书》。

北京师范大学史学探索丛书

太宗雍熙三年攻辽失败以后，北宋已经丧失了收复燕云失地的信心和能力，转而采取守势，军事积弱局面开始出现。真宗、仁宗时期对辽、夏用兵，募兵规模和范围不断扩大，健壮者充禁军，短小怯弱者补厢军，军队数量猛增，仁宗庆历年间已逾百万，是宋初的三倍。然而，兵将虽多，却骄惰不堪，与宋初情形迥然不同。京城禁军"生于无事而饱于衣食也，其势不得不骄惰，今卫兵入宿不自持被而使人持之，禁军给粮不自荷而雇人荷之"①，士兵"终日嬉游廛市间，以鬻伎巧、绣画为业，衣服举措不类军兵，习以成风，纵为骄惰"②。边防戍兵同样如此，"陕西防秋之弊，无甚东兵，不惯登陟，不耐寒暑，骄懦相习"③，河北"沿边卒骄将惰，粮匮器朽"④。庆历元年田况上疏论兵十四事，其中谈道："缘边屯戍骑兵，军额高者无如龙卫，闻其有不能被甲上马者，况骁胜、云、武二骑之类，驰走挽弓不过五六斗，每教射皆望空发箭，马前一二十步即已坠地。"⑤田况所说的龙卫、云骑和武骑都是侍卫司马军，骁胜则是殿前司马军，而且龙卫又属于上四军，都是实力较强的禁军，上述骑兵都骄惰如此，其余马军的情况更可想而知。北宋中期，内外数十万禁军形成了一个"终身骄惰而窃食"⑥的庞大骄兵集团，宋初使士卒"安辛苦而易使"的治军精神至此消磨殆尽。

仁宗时期，骄兵的危害越来越明显。"军帅暗懦非其人，禁兵骄惰不可用"⑦，激化了北宋社会的矛盾。骄兵作战疲软无能，导致了对辽夏战争的失败，对内则骄悍狂悖，不服管辖，动辄煽动兵变，掀起了宋朝历史上第一次兵变高潮。面对骄兵造成的社会危机，北宋朝臣纷纷指陈其害。吕陶说，宋朝将帅"跋扈之状固无有也，然而外侮、骄兵之势，则志士仁人窃以之为忧焉"⑧；王安石说，由于骄兵兵变祸国的危险存在，使北宋社会

---

① 欧阳修：《文忠集》卷 59《原弊》。

② 苏舜钦：《苏学士文集》卷 10《上范公参政书·咨目二》。

③ 夏竦：《文庄集》卷 14《募土兵奏》。

④ 包拯：《孝肃包公奏议》卷 1《对策》。

⑤ 李焘：《续资治通鉴长编》卷 132"庆历元年五月甲戌"。

⑥ 欧阳修：《文忠集》卷 59《原弊》。

⑦ 欧阳修：《文忠集》卷 98《论军中选将札子》。

⑧ 吕陶：《净德集》卷 16《五代论》。

中潜伏的"五代祸乱之虞终未能去"①；范仲淹说："今四夷已动，百姓已困，仓库已虚，兵旅已骄，国家安危实未可保"②。应当指出，尽管宋代骄兵具有骄悍难制与骄惰难用一身而二任的特征，但骄悍特征已不是主要的表现形式，北宋骄兵主要表现为骄惰特征。因此，宋朝没有出现唐末五代那种骄兵悍将使政权屡嬗的兵祸，却产生了另外一种类型的兵祸，"养兵以自困，多兵以自祸，不用兵以自败，……是……重误国家也"③。不论哪种类型的兵祸，都对当时社会产生极大危害。

北宋禁军的骄惰特征与厢军的冗滥特征交织在一起，呈现出兵将骄冗局面，古今学者大都泛论冗兵之害，而没有区分禁军中存在的骄兵问题与厢军中存在的冗兵问题，殊不知冗兵根源于骄兵。其一，北宋禁军与厢军并存制度，虽然是社会历史发展的趋势，同时也是宋朝政府姑息骄兵的产物。禁军廪给优厚，轻视专供杂役的厢军，骄横不逊，诸路宣毅军"罢软之容，动皆取笑，骄盈之气，已欲陵人，虽无武功，自谓禁旅"④。即使由厢军升为禁军的厢禁军也自视高傲，不愿服役，"厢禁之军，有司不敢役，必不得已而暂用之，则谓之借倩"⑤。宋初曾议兴军屯供应军粮，何承矩在雄州征发禁军屯垦，然而"武臣习攻战，亦耻于营葺"⑥，不久废罢。北宋军屯收效甚微，原因就在于"今之禁卫卒素骄矣，诚无勤者可以耕也"⑦。禁军骄惰无法使用，既不能驰骋疆场，裁汰归农又缺乏生活能力，只好由禁军降为厢军，朝廷终身供养，军队数量有增无减，产生了庞大的冗兵群体。其二，禁军骄惰怯弱，对外战争中经常失败，宋朝君臣常有乏兵之患，便大量招募士兵。"天下之兵骄脆无用，召募日广，而临事不获其力。"⑧ 在募兵过程中，官吏贪图奖赏，只求数量而不顾质量，士兵无暇选择，成分驳杂，结

---

① 朱熹：《朱文公文集》卷83《跋王荆公进邺侯遗事奏稿》。

① 朱熹：《朱文公文集》卷83《跋王荆公进邺侯遗事奏稿》。
② 范仲淹：《政府奏议》卷上《奏议许怀德等差遣》。
③ 叶适：《水心集》卷5《兵总论》。
④ 李觏：《直讲李先生文集》卷28《寄上富枢密书》。
⑤ 欧阳修：《文忠集》卷59《本论》。
⑥ 《宋史》卷176《食货志》。
⑦ 李觏：《直讲李先生文集》卷17《强兵策》。
⑧ 苏辙：《栾城集》卷19《新论中》。

果"大不堪战，小不堪役"①，虽然数量庞大，却冗滥不精。其三，北宋太祖至真宗三朝，禁军与厢军比例大体相等，而且真宗咸平年间养兵数量已达到百万，天禧年间厢军兵额远大于禁军，但很少有人指论冗兵之害。仁宗庆历年间，厢军几乎比禁军少一半，为什么会招致对冗兵如此众多的厚非呢？原因是北宋前期禁军兵将尚未骄惰，社会矛盾没有激化，到北宋中期，禁军骄惰之势已成，造成的社会危机相当严重。禁军与厢军同样不能发挥作用，却空耗廪给，国家倾全部财力养不战之兵，"六分之财，兵占其五"②。士大夫们认识到应该加强军队建设，提高军事素质，节省养兵财用，不能耗费钱财养活大批无法使用的军兵。正是由于骄兵造成的社会危机，才引发了全社会对冗兵的抨击，其矛头首先指向了有兵之名而无兵之实的厢军。他们主张首先解决禁军骄惰问题，进而解决厢军冗滥问题，这样不仅可以节省军费以苏国家，更主要的是使军队成为一个名副其实的强大战斗集团，缓和社会矛盾，消弭社会危机，这就是北宋士大夫所论"强兵"问题的内涵。

二、北宋的"强兵"舆论和措施

骄兵的存在是北宋治军政策的弊端，已经不能继续起到有效地维护封建地主阶级统治的作用。北宋仁宗至神宗时期，朝臣们一致呼吁改变治军政策，铲除禁军骄惰恶习，增强军事力量。他们从各方面分析了骄兵的成因，提出解决骄兵问题的方案，北宋朝廷据此采取了一系列"强兵"措施，以期改变禁军骄惰状况。

（一）汰除骄兵，废并军营。北宋朝廷"竭民赋租以养不战之卒，糜国帑廪以优坐食之校"③，对兵将赏赐优厚，耗费巨大，其后果是将校"体习宴安，志在骄佚"④，而"兵之得赏，不以无功知愧，乃称多量少，比好

---

① 赵汝愚：《国朝诸臣奏议》卷120田况：《上仁宗乞汰冗兵》。
② 陈襄：《古灵集》卷8《论冗兵札子》。
③ 马端临：《文献通考》卷152《兵考四》。
④ 李觏：《直讲李先生文集》卷17《强兵策》。

嫌恶，小不如意则群聚而呼，持梃欲击天子之大吏"①。骄兵耗费国家财力，导致了国家财政危机。因此，屡有臣僚上疏，要求朝廷节制滥赏，汰除骄兵。石介说："国家之兵骄不为用，如何使之不骄而且为用？使之不骄而且为用，急治之恐背我矣，持日以久，使之不知也；持日以久，使之骄少杀可矣；骄少杀也，持日又久，使之不骄可矣；不骄则可为用也。然则如何为之而可也？无他道也，慎择主帅，不时无功勿赉焉。"② 他认为对骄惰已久的兵将处治太急，就有可能引起骄兵叛乱，只有选择有威望的将帅整顿军事，废除不必要的赏赐，才能改变骄兵养尊处优的习性，彻底改变军队面貌。

为解决财政危机，宋廷采取拣汰骄兵的措施。皇祐年间文彦博任宰相，庞籍任枢密使，主持实行裁兵，经过臣僚们再三辩论，仁宗才同意减放 6 万余人归农，2 万余人俸给减半。然而时隔不久，王德用任枢密使，许怀德任殿前都指挥使，奏请选厢军补禁军之缺，增加数万人，使军队始终保持在百万兵额。

北宋兵制规定，殿前、侍卫司马军以 400 人为 1 营，步兵以 500 人为 1 营。仁宗、英宗时期，禁军缺员十分严重，诸营兵额大多不满原定制之数。更有甚者，马军 1 营只有几十匹马，步军 1 营不满 200 人。这主要是士卒经拣选升为上军或者死亡逃跑以后不能立即补充，但原有指挥的数目不变，将校仍按原有编制迁补，粮饷也按照满员人数供给，"将副则迁就岁终赏罚之格，军校则利其每月粮食之入"③，争吃空额，军政相当紊乱。仁宗时已有臣僚指陈其弊，要求废并空营，"拣选逐处兵士迁补上军，其经拣指挥有少缺人数，欲乞令本处相度，将残零兵士并入一般军分，就多依足数目，空闲指挥便可废罢"④。上所奏请仅指地方就粮禁兵，在全部禁军中实行并营则是在熙丰变法时期。神宗与王安石鉴于禁军营伍散乱，骄

① 欧阳修：《文忠集》卷 59《本论》。
② 石介：《徂徕集》卷 9《兵制》。
③ 《宋会要辑稿·刑法》7 之 26。
④ 苏颂：《苏魏公集》卷 20《奏乞移屯禁军于真楚泗州就粮》。

慢不整，"帝患之，乃诏并废诸营"①。自熙宁至元丰年间，朝廷每年都废并空营。熙宁二年，陕西马步军 327 营并为 270 营，并缩小了原来编制，马军以 300 人为额，步军以 400 人为额，以后又把禁军由 545 营并为 355 营。京城禁军也各并其营，以上四军而论，熙宁二年把天武 33 指挥缩为 23 指挥，神卫由 31 指挥缩为 30 指挥，熙宁五年捧日由 33 指挥缩为 22 指挥，熙宁六年龙卫由 38 指挥缩为 20 指挥，元丰二年神卫又由 30 指挥缩减到 27 指挥。另外，京畿诸路也都划零就整，规定诸营员额。

（二）实行将兵法，加强军事训练。军队的军事力量强弱取决于军事素质的优劣，北宋禁军"骄惰难用，宽之则逾慢，急之则生祸，心不更训练，目不识行阵"②，军事素质极差。包拯、李觏、范仲淹等人都主张选择将帅，加强军事训练。范仲淹经略陕西时上奏："用兵之处诸军内，若有指挥使员僚得力，则不惟训练齐整，兼临阵之时各能将领，其下士卒方肯用命；若人员不甚得力，则向下兵士例各骄堕，不受指踪，多致退败。显是军气强弱系于将校。"③ 他把陕西禁军分队加以训练，收效显著。

熙宁七年，宋神宗与枢密副使蔡挺主持全国范围实施将兵法。关于将兵法实施的原因，马端临《文献通考》卷 153《兵考》有详细记载："承平既久，方外郡国合为一家，无复如曩时之难制，而禁旅更戍尚循其旧，新故相仍，交错旁午，相属于道。议者以为更番迭戍无益于事，徒使兵不知将，将不知兵，缓急恐不可恃。神宗继位，慨然更制，部分诸路将兵总隶禁旅，使兵知其将，将练其士卒，平居训厉搜择，无复出戍，外有事而后遣焉，谓之将兵。"有些论者据此认为将兵法主要是为改变更戍法造成的"兵不知将，将不知兵"的局面，这种看法不够确切。北宋禁军更戍、作战虽然经常打乱原来的厢、军编制，临时委任统兵官重新编组，但仍以指挥为基本单位，指挥使、副指挥使平时负责本指挥训练，作战时统帅本指挥军队，当然不存在与本指挥士兵互不相知的问题。这样看来，更戍法不是北宋军队"缓急不可恃"的主要原因。况且北宋统治集团实行更戍法的

---

① 马端临：《文献通考》卷 153《兵考五》。
② 包拯：《孝肃包公奏议》卷 5《请速除京东盗贼》。
③ 范仲淹：《政府奏议》卷下《奏乞拣沿边年高病患军员》。

主要目的恰恰在于防范将帅专兵，人为地制造"兵不知将，将不知兵"的状况，如果不是有更重要的原因，宋廷绝不会主动放弃这一意在防范将帅的政策，而允许"兵知其将，将练其士卒"。元丰二年宋神宗谈到将兵法时说："朝廷比以四方骄悍为可虞，选置将臣分总禁旅，俾时训肄，以待非常。"① 司马光在哲宗继位伊始追述熙丰将兵法时也说："先帝欲征伐四夷，患诸州兵官不精勤训练，士卒懈弛。于是有建议者，请分河北、陕西、河东、京东、京西等路诸军若干人为一将，别置将官，使之专切训练。"② 北宋中期军队缺乏训练，兵将骄惰，兵变时有发生，严重威胁到宋朝统治政权。宋神宗对周边地区用兵，开疆拓土，骄兵显然不能适应战争需要。为防止骄兵兵变祸国，有效地维护地主阶级政权，必须整肃军纪，加强军事训练。北宋统治者正是鉴于兵将骄惰难用的状况，才下决心改变了防范将帅的更戍法，实行将兵法。可见宋廷实施将兵法的主要意图是要解决禁军的军事训练问题，而不在于改变更戍法造成的"兵不知将，将不知兵"的状况。

宋廷先于京畿等5路置将，然后推广到全国。各地在置将过程中亦有变动，熙宁七年始置京畿5路37将，翌年四月分秦凤兵为4将，五月分环庆兵为4将，七月分泾原兵为5将。元丰二年增泾原兵为11将，其后秦凤路增为5将，环庆路增为8将，加以鄜延9将，熙河9将，总计共置79将。元丰四年二月，宋廷诏东南诸路禁兵如京畿法建制，共置13将，淮东为第1将，淮西为第2将，浙西为第3将，浙东为第4将，江东为第5将，江西为第6将，湖北为第7将，湖南为第8将，全、邵、永三州为第9将，福建为第10将，广东为第11将，广西桂州为第12将，邕州为第13将。除四川外，合中原、西北、东南三地之兵，共置92将。这只是元丰四年以前的置将数，此后各地又有增置，故北宋置将的实际数目不止此数。自置将以后，禁军分为系将禁兵和不系将禁兵两部分，系将禁军由训练官统率，州郡帅臣不得干预，"禁军皆制在将官，专事教阅"③。每将所辖人数

① 《宋史》卷195《兵志》。
② 司马光：《传家集》卷48《乞罢将官状》。
③ 同上书。

由数千到万人不等，统兵官有正将、副将、训练官和部队将等。有些较小的将，只设单将负责训练。宋神宗为加强军事训练，还设置了指使、巡教使臣和教头等掌管军队训练事宜，或从三衙派遣，或从地方武将中遴选，协助各将训练军队。诸路系将禁军"凡将下兵皆早晚两教"①，除全将起戍外，平时只管训练，不再出戍外地，京城禁军也废除了更戍法。

将兵训练法实施以后，军队素质有所提高，但对其效果不应估计过高，宋军兵将骄惰状况并未因此而大为改观。更戍法废除以后，禁军坐食城市，更加骄惰不堪。"自州郡各有禁军，三司之卒不出，常坐食于京师，于是养兵始为大患。"② 各地系将禁军名义上训练，实际中仍不免于偷安，更为骄弱。"自置将以来，苟非全将起发，然后与将官偕行，其余常在本营，饮食游嬉，养成骄惰，岁月滋久，不可复用"③。元祐更化，朝臣意气用事，相互倾轧，太皇太后高氏临朝，又恢复了守臣管军体制，及哲宗亲政，绍述神宗之法，又废除帅臣管军制度，诸军除转、排补全归将司掌管，将司驻地以外的军事要务，须等正将、副将巡回决断，其余细务由训练官裁决，"州县拱手听其所为，兵将愈骄，无复可用矣"④。既然将兵骄惰特征仍然存在，可见将兵法没有收到预期效果，归于失败。

（三）改革军事体制，实行保甲制度。禁军骄惰之势越来越严重，宋廷臣僚当然无法认识到其根源在于腐朽的官僚政治，从而归咎于募兵制度本身。在他们看来，无论是秦汉的征兵制度，还是隋唐的府兵制度，其优越性都远胜于宋代的募兵制度。他们比较了北宋乡兵和禁军各自的利弊以后，主张把原有的乡兵制度扩大，按照唐代府兵建置，变募兵为征兵，不但可以节省养兵费用，而且可以彻底解决骄兵问题，是强兵富国的最佳途径。蔡襄说："若欲为持久计者，莫若增置乡兵。……今若置之，不费国家之用，足为天下根本矣。"⑤ 范仲淹也说："河北所籍义勇，虽约唐之府

---

① 苏辙：《栾城集》卷38《乞禁军日一教状》。

② 王应麟：《玉海》卷139《兵制四》。

③ 马端临：《文献通考》卷153《兵考五》。

④ 同上书。

⑤ 蔡襄：《端明集》卷19《乞置乡兵》。

兵法制，三时农务，一时教战，然未建府卫之官，而法制不行，号令不一。须别选知州、知县、县令可治兵者，并增置将校，使人人各知军中之法，应敌可用，斯则强兵制胜之本矣。"① 这是北宋"强兵"舆论中具有代表性的一种意见，说明铲除骄兵之举势在必行。

熙宁初，神宗与王安石欲革百年募兵积弊，改募兵制为征兵制，在全国范围内推行保甲制度，试图解决北宋骄兵问题。熙宁三年，宋廷下诏畿内建保甲：10家为1保，设保长；5保为1大保，设大保长；10大保为1都保，设正副都保正。保内不分主客户，2丁以上抽1人为保丁，丁多者可自愿以余丁附保。各保实行察举连坐之法，警察奸盗，检举犯罪。其后推及京东西、河北等5路以至全国。熙宁四年，又诏京畿保丁练习武艺，次年诏保丁上番于巡检司，后又诏县尉司依巡检司例，由保丁上番。保丁教阅、上番以后，各地戍兵多被遣回，巡检、县尉司土兵、弓手也大部分被裁撤。

宋朝保甲制度的目的绝不单纯为防止奸盗，更重要的是想归兵食于农事，藏武士于耕夫，这在宋神宗除官制诰中说得很明白："朕为保伍之法，寓耕战之政。"②《宋会要》则言之更详："不特为盗贼之防，又深寓民兵之意。"③ 王安石的意图是要通过训练保甲民兵，把募兵体制改为征兵体制，不仅可以节省军费，而且可以根治禁军骄惰祸害。他曾对神宗谈及自己的设想："今所以为保甲，……固可渐习其为兵，……然后使与募兵相参，则可以消募兵骄志，省养兵财费，事渐可以复古。"④ 保甲民兵教阅熟练以后，可以逐渐补充禁军缺额，不再招募军队，完成由募兵制度向征兵制度的过渡，"尽易天下之骄卒以为府兵"⑤。

神宗与朝中一些重臣虽然在解决骄兵问题上与王安石意见相同，但要

---

① 范仲淹：《政府奏议》卷下《河北备策》。
② 曾巩：《元丰类稿》卷22《陈康民管勾永兴等路常平、张太宁提举秦凤等路常平制》。
③ 《宋会要辑稿·兵》2之49。
④ 李焘：《续资治通鉴长编》卷221"熙宁四年三月丁未"。
⑤ 苏轼：《东坡七集·东坡集》卷22《永兴军秋试举人策问》。

北京师范大学史学探索丛书

全部由保甲民兵取代禁军，他们又有顾虑。富弼给神宗的一份奏疏就很有代表性。他说："京东、京西虽置乡兵，而军兵绝寡，亦未见以安之理。夫乡兵无营垒，散处村堡，又各持兵杖，其部伍上下终不得如军兵之肃也，或因饥馑，为奸杰倡之，安能使必不为盗？又宜得军兵两相制御。"[1]表面上是说民兵不如职业兵可靠实用，其实是害怕保甲民兵训习武艺，掌握武器，如果全部取代禁军，万一起来反抗宋朝统治者，那就无法控制。最为稳妥的办法就是让禁军与民兵共存，使他们相互牵制。既然如此，变募兵制为征兵制的措施也就无法彻底实行了。

民兵制度不能彻底实行，当然不仅仅取决于臣僚或帝王个人的意志，而是由于保甲制度本身存在着弊病。其一，民兵制度体制上存在矛盾。北宋政府一方面在全国范围内推行保甲制度，另一方面却破坏了原有的乡兵体制。乡兵是宋朝边塞居民自相集结的一种武装力量，名目繁多，他们不离乡井，有自己的组织，战斗力很强，在河北、陕西边防起着重要作用。保甲制度推行后，抽调乡兵充任保丁，不顾各地实际情况，由官府统一措置训练，当然不如乡兵自相集结方便，破坏了乡兵制度。例如，河北沿边战斗力很强的弓箭社乡兵就"为保甲所挠，渐不为用"[2]。其二，保甲民兵训练存在矛盾。保丁教习武艺，自然是提高战斗素质，但教阅训练时保正、保长责成他们买弓箭、备鞍马、盖凉棚、造队牌，服各种力役，稍有不满，就以训练不合格为借口延长期限，误其农时。巡检、指使等官鱼肉保丁，敲榨勒索。各级训练官都可以随意鞭笞，保丁困苦不堪，相率逃亡，最终起而反抗。这与宋朝统治集团的初衷南辕北辙，正如马端临所言："以是为经武强兵之图，不亦悖乎！"[3] 保甲作用的废弃，并非北宋统治者始所料及。

三、北宋"强兵"政策的局限性

北宋中期朝野上下一致呼吁改革军事制度和治军政策，要求朝廷裁治

---

① 赵汝愚：《国朝诸臣奏议》卷122富弼：《上仁宗乞东南诸郡募兵以防寇盗》。
② 苏辙：《栾城后集》卷22《亡兄子瞻端明墓志铭》。
③ 马端临：《文献通考》卷153《兵考五》。

骄兵，以图强兵富国，但在宋代这只不过是一种美好愿望而已，实际情况未可乐观。仁宗嘉祐八年苏轼对此评论说："五六十年之间，下之所以游谈聚议，而上之所以变政易令以求强兵者，不可胜数矣，而兵终不可强。"[1] 仁宗、神宗实施的"强兵"措施先后归于失败，可见北宋"强兵"政策的社会效果不甚显著。

北宋骄兵问题无法解决，原因何在呢？我认为是宋朝统治集团本身存在的局限性，使其改革措施和治军政策存在问题。

第一，宋朝统治者军事改革的妥协性，决定了骄兵问题不可能彻底解决。仁宗和神宗时期两次裁抑骄兵，措施都不彻底。以施昌言、李昭亮为代表的一派朝臣认为士兵骄惰已久，如果裁军，被裁撤的士兵失去国家衣食供给，必然不满，而且士兵各有武技，若因此起来反抗，后果不堪设想。王安石的《省兵》诗很能代表这种意见："有客语省兵，兵省非所先。……骄惰习以久，去归岂能田？不田亦不桑，衣食犹兵然。"[2] 尽管王安石主张先选将后省兵，但他担心因士兵骄惰，裁汰后不能生存，必然会增加社会中的不稳定因素，则与上述臣僚并无不同。神宗废并军营，臣僚们也认为兵骄日久，并营会引起骄兵不满。在这种社会氛围中，朝廷不但不敢汰除骄兵，即使把京城退兵安置到外地就粮以便节省费用，仍然受到阻挠。熙宁三年拣选京师退兵安置淮南，司马光认为骄兵过惯了城市生活，一旦失去优越条件，就有发生兵变的可能。他上疏危言耸听地说："诏书一下，若万一有道路流言，惊动百姓，朝廷欲姑务省事，复为收还，则顿失威重，向去无以复号令骄兵；若遂推而行之，则众怒难犯，专欲难成，意外之变不可不防。"[3] 仁宗时期裁兵数万，主要是因为宋夏战争时招募和征调了大批有产业之人，战争结束后他们曲肱缩背故作短小之状，自愿被拣汰，才使裁军工作得以施行。神宗并营并非拣退骄兵，只是划散归整，废并空闲指挥名额，因此才敢施行。一般情况下，北宋统治者是不敢

① 苏轼：《东坡七集·东坡集》卷 21《思治论》。
② 王安石：《王临川全集》卷 12《省兵》。
③ 司马光：《传家集》卷 42《乞不拣退军置淮南札子》。

大规模裁军的。宋夏战争结束后，"西戎既平，而已益之兵遂不复汰"①。为防止骄兵叛乱，宁可巨额耗资奉养骄兵，"自灵武罢兵，计费六百余亿，方前世数倍矣，平世屯戍且犹若是，后虽无他警，不可一日辍去"②。虽然宋廷臣僚们的担忧有其社会原因，但统治集团对骄兵的姑息妥协，导致了改革措施不彻底。

第二，"强兵"政策不切合实际，脱离了当时的社会环境。废除募兵制度恢复征兵制度是北宋臣僚们的普遍要求，但征兵制却不能适应宋朝的现实情况。众所周知，征兵制是建立在人身依附较强和自耕农为主的社会基础之上的，士兵可以自备衣粮器械，封建国家也能够统一征调管理。宋代封建租佃关系占主导地位，农民人身依附关系较之前代大大减弱，募兵制正是适应这种形势产生的。北宋实行保甲民兵制度，保丁训练上番，弓、弩、枪、刀、箭等器械都必须自备，民兵经济力量有限，困苦不堪，"诸郡向来民兵教阅，其粮食多令自备，人尤以为苦"③。和唐朝府兵制相比，唐代府兵自备衣粮器甲有均田制做基础，而且不必再交纳养兵之费；宋代保丁除自备衣粮器甲教阅之外，还要交纳租赋供养禁军，"民力既尽于养兵，而又较版图，数丁口，使之执干戈，习战阵，夺其农时"④，负担较唐代府兵大为加重。特别是乡村半自耕农和客户保丁，根本无力承担，"诸郡起籍民兵，其间有上三等户取义勇一人，亦有四等、五等户者亦取义勇一人，凡家产多者可以枝梧，若家产少者，往往弃产遁逃"⑤。可知宋代乡兵在局部自耕农范围内可以实行，而要在全国范围内推行保甲民兵制度，那么经济地位贫富不均的农民很难负担，无法实行。保甲制度变募兵制为征兵制，在人身依附关系松弛和土地租佃关系发展的宋代无疑是一种倒退，这就决定了它没有生命力，必然归于失败，这是赵宋地主阶级统治集团的时代局限性所决定的。

---

① 李攸：《宋朝事实》卷 15《财用》。
② 尹洙：《河南先生文集》卷 2《息戍》
③ 《宋会要辑稿·兵》1 之 31。
④ 苏辙：《栾城后集》卷 11《兵民论》。
⑤ 《宋会要辑稿·兵》1 之 31。

第三，北宋治军政策的指导思想是极端狭隘的皇权主义思想，注定了改革措施的局限性。宋朝统治集团的指导方针是防止兵将重蹈唐末五代兵变祸国的覆辙，严密控制军队，抑制武将事权，以免将权危及皇权，所以没有出现足以动摇其皇位的骄兵悍将兵连祸结局面。但是，在不触动其统治地位的范围内，却极尽姑息，治军宽弛，士兵不可避免地养成骄狠习性，"冗兵狃于姑息，浸骄以炽，渐成厉阶"①。北宋中叶各地均形成骄兵，"兵久骄，遂至杀害守将"②，兵变时常发生。统治阶级预感到其地位受到威胁，才下决心裁治骄兵，加强军队训练。将兵法实行以后，禁军仍然骄惰无能，成为社会负担，但这种类型的骄兵与兵变祸国的骄兵相比，在北宋统治者心目中只不过是局部危害。在地主阶级根本利益与局部利益产生矛盾时，北宋统治集团措置失当，为防范骄兵兵变危害其根本利益，宁可奉养骄惰之兵。叶适分析宋代君臣的治军政策是"内则常忧其自为变，而外不足以制患"③。只要骄兵不发动兵变危及皇权，即使骄惰无法使用，不能抵御外侮，也能允许。北宋统治集团的阶级局限性，决定了骄兵问题无法根本解决。

综上所述，北宋统治集团的治军政策导致了禁军骄惰，厢军冗滥，产生了引人注目的军事问题。分析可知，冗兵主要是厢军存在的问题，而骄兵主要是禁军存在的问题，而且冗兵又缘于骄兵，故解决冗兵问题必须首先解决骄兵问题。因此，北宋政府在禁军中实行并营、将兵法，并为改变禁军骄惰局面而裁汰骄兵，实行保甲法，力图摆脱骄兵造成的社会危机。然而，由于赵宋统治集团本身存在的时代局限性和阶级局限性，骄兵问题不可能从根本上得到解决。终北宋之世，兵将骄冗依然是无法救药的痼疾。

---

① 张方平：《乐全集》卷 23《再上国计事》。

② 尹洙：《河南先生文集》卷 10《答镇州田元均龙图书》。

③ 叶适：《水心集》卷 5《兵总论》。

第二编

宋代制度研究

宗法制度与宋代社会

中国封建社会的宗法制度源远流长，它滥觞于氏族公社后期，到殷周社会之际臻于完备。在此后几千年的发展过程中，其形态几经演变，直到新中国成立后才被彻底废除。然而，宗法观念作为一种文化现象，其消失较之制度的消亡要缓慢得多，一直到今天，对于中国社会特别是广大农村，仍然具有较大的影响。因此，探讨宗法文化与中国社会的关系问题，不仅具有学术价值，而且具有现实意义。本文准备截取宋代社会作为横断面，考察中国封建社会转折时期的宗法制度及其观念，作为笔者中国社会文化史系列研究之一。

一、宋代宗法制度的特征

所谓宗法制度与宗法观念，是指以世代聚居的同一男性祖先的后代为集体以及为维系这个集体所形成的各种观念。宗法制度及其观念发展到宋代，标志着中古社会的宗族制度瓦解，封建社会后期的家族制度形成，呈现出社会历史转折时期的文化特征。

（一）由宗族向家族的演变。宗法文化中宗族制度的特点是某一地区社会成员以姓氏为单位，以血缘为纽带大规模聚族而居，其表现形式是形成于东汉末期，盛行于魏晋南北朝隋唐的门阀士族。例如，许褚在东汉末年黄巾起义时"聚少年及宗族数千家，共坚壁以御寇"[1]；李典为躲避战乱，"徙部曲、宗族万三千余口居邺"[2]。魏晋南北朝时期，北方战乱频仍，遍地兵燹，更增强了聚族保宗的凝聚力，出现了"或百室合户，或千丁共籍"[3] 的强宗大族。例如，北齐的"瀛冀诸刘，清河张宋，并州王氏，濮

---

[1]　陈寿：《三国志》卷 18《许褚传》。
[2]　陈寿：《三国志》卷 18《李典传》。
[3]　《晋书》卷 127《慕容德载记》。

阳侯族，诸如此辈，一宗近将万室，烟火连接，比屋而居"①。南方六朝因北方大批人口南迁，侨置郡县，都以团族聚宗的方式居住，其中王谢等大族不但武断乡曲，而且操纵王室，盛极一时。唐朝贞元年间，陕西河中府永乐县姚栖云庐墓聚族，此后数世族居，虽"经唐末五代兵戈乱离，子孙保守坟墓，骨肉不相离散"②。宋人杨亿的祖先值"唐季俶扰，干戈日寻，奕世聚居，群从百口"③，并招募乡勇数百人保护其宗族。由此可见，汉末至隋唐时期的世家大族、强宗巨姓都是世代相沿，聚族承籍的宗族。这种宗族内部具有很强的封建隶属关系，宗主不但自己享有特权，而且荫庇亲族不负担国家赋役，他们"多者及九族，少者三世"④。宗族内部还占庇大量部曲、佃客，具有私人武装家兵，形成占地无垠的庄园坞堡。例如，北魏李显甫"集诸李数千家于殷州西山，开李鱼川，方五六十里居之，显甫为其宗主"⑤。一些豪族大姓利用部曲武装相互攻杀，甚至与封建政权的官军对抗。例如，北魏广平宗主李波率领宗族武装与官军作战，官兵竟然战败。宗主豪强对其管辖之下的族众和依附佃客征敛租赋、指使号令，俨然成为地方官府。

宋代的社会经济形态仍然是自给自足的封建自然经济，农村居民的居住方式与前代相比没有根本性改变，聚族而居的现象仍然相当普遍。但是，宋代社会处在中国历史由封建社会前期向封建社会后期转变的变革时代，宗法形态也相应有所变化，表现出承前启后的特征。农村中一些官户、形势户家族虽然依旧承袭前代聚族共居，但规模大为缩小，其范围只限于直系祖先的亲属，而且形式上不再以宗族的面貌出现，而是以家族形态存在。例如，"郓州须城县杨村民张诚者，其家自缩至诚，六代同居，凡一百一十七口，内外无间言，衣裳无常主。旦日，家长坐堂上，率子弟而分职事，无不勤。张氏世为农者，不读书，耕田捕鱼为业，无积蓄，而能人人孝悌，友顺六

---

① 杜佑：《通典》卷 3《食货典》。
② 王辟之：《渑水燕谈录》卷 4。
③ 杨亿：《武夷新集》卷 8《故信州玉山令府君神道表》。
④ 《晋书》卷 26《食货志》。
⑤ 李延寿：《北史》卷 33《李灵传》。

世，几二百年"①。前引河中府姚氏后人在宋代仍是数代同居：

> 姚氏世推尊长公平者主家，子弟各任以事，专以一人守坟墓，虽度为僧，亦庐墓侧。早晚于堂上聚食，男子妇人各行列以坐，小儿席地，共食于木槽。饭罢，即锁厨门，无异爨者。男女衣服各一架，不分彼此。有子弟新娶，私市食以遗其妻，妻不受，纳于尊长，请杖之。望其墓，林木蔚然，洒扫种艺甚谨。有田十顷，仅给衣食。税赋不待催驱，未尝以讼至县庭。今三百余年，守其家法无异辞者。经唐末五代之乱，全家守坟不去。熙宁间，陕右岁歉，举族百口同往唐、邓间就食，比其返，不失一人。②

南宋金谿陆氏家族，可以作为宋代家族的典型：

> 陆象山家于抚州金谿，累世义居，一人最长者为家长，一家之事听命焉。逐年选差子弟分任家事，或主田畴，或主租税，或主出纳，或主厨爨，或主宾客。公堂之田，仅足给一岁之食，家人计口打饭，自办蔬肉，不合食。私房婢仆各自供给，许以米附炊。每清晓，附炊之米交至掌厨爨者，置历交收，饭熟，按例给散。宾至，则掌宾者先见之，然后白家长出见，款以五酌，但随堂饭食，夜则厄酒杯羹，虽久留不厌。每晨兴，家长率众子弟致恭于祖祢祠堂，聚揖于厅，妇女道万福于堂。暮，安置亦如之。子弟有过，家长会众子弟责而训之，不改则挞之，终不改，度不可容，则告于官，屏之远方。③

通过以上张氏、姚氏和陆氏三个家族可以看出，宋代以家族为特征的宗法制度具有如下 3 项主要内容。

第一，设家长管理家族事务。宋代的家族是由某始祖子孙组成的直系

---

① 王辟之：《渑水燕谈录》卷 4。
② 邵伯温：《邵氏闻见录》卷 17。
③ 罗大经：《鹤林玉露·丙编》卷 5。

亲族团体，家族内部或聚族共食，如永乐姚氏，须城张氏；或分为支房，如建阳陈氏家族下分12房，金谿陆氏支房自办蔬肉及奴婢衣食，具有部分私产。家长由该家族年龄辈份最长的嫡子出任，或者由族人共同推选有组织才能、德高望重者担任，总揽该家族事务，其主要职责是管理族众、祭祀祖先、训教子弟等等。家族中的具体事务诸如田宅管理、向国家交纳租税、家族收支、婚丧嫁娶、送往迎来、衣食起居等等，则由各房长分管或轮管。当然，家长的管辖范围仅限于其直系家族，至于同居一地的同姓远房支属则不包括在该家族之内了。

第二，兴置义庄田产。宋代家族内部成员的衣食由家族统一供给，例如，姚氏举族坐堂上共餐，陆氏虽蔬菜肉食及奴婢饭食各支房自备，但族众的主饭仍由家族供给聚食，姚氏男女衣服各放一架，穿用不分彼此，张氏衣裳无常主。这就要求每个家族有族产做物质基础，其中最主要的是田产。宋代族产来源包括祖先遗产、官府赐田、官员捐赠等，而更普遍的是族中官僚买田。例如，北宋仁宗皇祐年间范仲淹"方贵显时，于其里中买负郭常稔之田千亩，号曰义田，以养济群族。族之人日有食，岁有衣，嫁娶凶葬皆有赡"①。南宋赵葵在潭州创办义庄，购买土地50顷，以此维系家族的日常生活。由于宋代商品经济发达，原始家族公社制受到外部势力冲击，加之族众生齿日繁，费用浩大，家族成员生活水平很低。例如，郓州张诚家族除日常衣食供应外，别无积蓄；永乐姚氏在歉收年成不仅举家赴内地就食，而且徽宗政和年间无力应办朝廷均籴粮米，全家日夜哭泣，准备逃亡；金谿陆氏支房拥有部分私有财产，已经出现了家族解体的征兆。从总的趋势看，宋代家族经济地位很不稳固，渐呈衰落态势。

第三，建立家族法规。中国古代的家法很早就出现了，北齐《颜氏家训》就是较为著名的家法。但是，古代的家法如趋庭鲤对之类，仅囿于家庭教育，而具有家族性质的法规则到宋代才臻于完备。宋代家族法规的主要作用在于维系家族的凝聚，协调家族成员之间的关系，训诫子弟孝悌等等。例如，《范文正公集·尺版》中反映的范氏族规，《义门记》中记载的

---

① 范能浚：《范文正公褒贤集》卷2钱公辅：《义田记》。

陈氏家法以及姚氏世守家法、陆氏用以训挞子弟的家法等，都是用来调整家族内部的人事关系。应当指出，宋代的家族法规是封建国家立法的补充，和门阀宗族制度下把家族利益置于国家法律之上的情形迥然不同。这从陆氏家族子弟犯过，先以家法督责，如若不改则告官府治罪可以得到证实。

从以上内容可以看出，宋代的聚族而居呈现出家族与宗族分离的趋向。与前代相比，宋代的族居仅仅是同姓聚居的村落，而同姓中的各个直系家族则相对独立。例如，江西"信州永丰县管村，皆管氏所居"①，福建兴化军仙游县"叶氏族派百余家，皆居一村"②。也就是说，一村中的居民都是同姓，故以姓氏名村。这些居民虽然都是同姓，但因族源亲疏不等，所以又分为许多族派。在宋代聚族而居的自然村落中，由于各家族相对独立，除川峡落后地区外，基本上不存在有势力的家族支配其他家族族众的问题，社会成员身份平等，均属国家编户，著于簿籍，从而完成了由宗族制向家族制的演变。

（二）从阀阅门第观念向尊祖睦族观念转变。自曹魏实行九品官人法以来，封建国家的选官制度逐渐为地方强宗巨室所把持。史载"魏氏立九品，置中正，尊世胄，卑寒士，权归右姓已。其州大中正、主簿，郡中正、功曹，皆取著姓士族为之，以定门胄，品藻人物。晋宋因之，始尚姓已。然其别贵贱，分士庶，不可易也。于时有司选举，必稽谱籍而考其真伪，故官有世胄，谱有世官"③。魏晋六朝以讫隋唐，由于选官任官权力把持在世家大族手中，高官将相尽出权门。士族地主不但自身高官厚禄，职位清要，而且荫及子孙宗族。官僚子弟"上车不落则著作，体中何如则秘书"④。他们只要到了能坐在车上不掉下来的年龄就可以当著作郎，只要具备写信能问候身体怎么样的知识就可以做秘书郎，获取高官显职。广大的寒门庶族只能做职任繁重、品位低下的浊官，非有卓著功勋，很难升任高

---

① 洪迈：《夷坚志·支志乙》卷 1。
② 洪迈：《夷坚志·支志戊》卷 2。
③ 《新唐书》卷 199《柳冲传》。
④ 颜之推：《颜氏家训》卷上《勉学篇》。

官。即使他们已经位高名显，仍然不能跻身士族之列。士庶地主官僚之间不通婚、不交往，形成一条不可逾越的鸿沟，出现了上品无寒门，下品无士族的局面。士族地主为维护其特权，以门第相标榜，大兴谱牒，举凡选官、婚姻、交游必查谱系，以防紊乱，表现出极其浓厚强烈的门第观念，以此维持其阀阅世系。门阀宗族制度历经数百年，唐末五代时期逐渐消亡，因之门第观念也渐渐消失，产生了新的宗法观念。随着宋代家族制度的形成，阀阅观念便被尊祖睦族的新观念所替代。

第一，官僚取士不问家世。宋代科举取士彻底打破了魏晋以来的士庶之别，门第观念。汉唐以来那种公门有公、卿门有卿，贱有常辱、贵有常荣的状况不复存在，门阀制度的功能丧失。宋朝士大夫深受中国传统儒家文化的影响。孟子说："天下之本在国，国之本在家，家之本在身。"① 宋代理学思想也宣扬诚意、正心、修身、齐家、治国、平天下一套纲常伦理。中国封建礼教的主要内容就是宗法伦理道德，通过灌输君臣父子夫妇一套封建宗法思想，巩固专制统治，其目的无非是要宣扬以德立身，以孝治天下，把赤裸裸的阶级压迫和阶级剥削掩盖在温情脉脉的宗法制度面纱之下。宋代科举入仕的官僚升迁速度快，升任官位高，成为封建士人猎取的主要目标。朝廷入仕大门向全社会各个阶层敞开，贫贱之家与富贵之家的子弟通过文学经义考试公平竞争，门第已无关紧要。"士夫习礼者，专于举业用，莫究宗法为何如。"② 在这种社会环境下，宋朝官僚士大夫之家主要是通过修身立德进入政途，而不需依靠其家世门第，注重现实而不重先世。基于封建社会的需要，各家族为培植自己子孙成才，大多创办族塾义学，其教育内容均以孝悌忠信为主，目的在于为封建国家培养合格人才。宋朝士大夫认为治理国家必须以孝敦本，而要做到以孝治天下，首先就要尊祖睦族，在家族内部倡率孝道，然后渐及全社会，以此作为封建国家统治的基石。

第二，家族婚姻不问阀阅。宋代社会经济变革打破了前代社会那种贵

---

① 《孟子·离娄上》。
② 陈淳：《北溪先生大全集》卷9《宗会楼记》。

北京师范大学史学探索丛书

贱贫富不易的格局，各家族贫富无定势，田宅无定主，社会流动性增大。士大夫家族"由贱而贵者耻言其先，由贫而富者不录其祖，而谱遂大废"①。以致自五代以来，标志门阀士族的谱牒完全废绝。北宋中期以后，随着封建国家提倡孝道和文人政治局面的形成，士大夫们为敦厚风俗，使人不忘其祖，维系家族和睦，开始修撰私家谱牒。仁宗朝欧阳修、苏洵首开其端，其后继之者不绝，私修谱牒之风大盛。宋代谱牒的主要作用是记载分别亲疏关系，团结家族，使族众形成孝敬尊长和尊祖睦族的风尚。正如宋人张载所说："管摄天下人心，收宗族，厚风俗，使人不忘本，须是明谱系世族。"② 社会存在决定人们的社会意识。既然门第界限在社会中消失，宋人在婚姻选择方而已经不再受阀阅观念的影响一味注重门第，而把家族德行孝道是否优渥、人物是否相当看做更为重要的条件，婚姻基本上不问阀阅。

第三，士大夫交游不限士庶。魏晋六朝之际士大夫以门第世族相尚，士族与庶族互不交往，坐不同席，出不共游，以此标榜自己的身份。宋代社会身份性地主衰落，非身份性地主势力勃兴，"贫不必不富，贱不必不贵"③，社会成员之间的身份差异渐趋缩小。在社会交往中，宋朝士大夫"所交不限士庶"④，不再崇尚门第，看重贵贱。例如，苏轼的交游原则是"交浅言深，君子所戒"⑤，仅仅考虑关系深浅程度，而不关心所交往者的身份。他们更加注重相互之间的道德、文章、情趣，不再受门第观念的束缚限制。宋人尤其重视品德修养，他们认为一个人如果连自己的族属都不爱睦，是很难做到忠实朋友的。因此，范仲淹，司马光，欧阳修，苏洵、苏轼父子等人都非常强调尊祖睦族的重要性。这种宗法伦理思想通过宋代士大夫们的呼吁、倡导，对当时社会产生了深刻影响，成为宋代社会的普遍观念。

---

① 苏洵：《嘉祐集》卷 14《谱例》。
② 张载：《经学理窟·宗法》。
③ 刘跂：《学易集》卷 6《马氏园亭记》。
④ 朱熹：《朱文公文集》卷 74《增损吕氏乡约》。
⑤ 苏轼：《东坡全集》卷 51《上皇帝书》。

二、宋代宗法制度产生的社会基础

历史唯物主义理论指出，历史上一切社会变迁和政治变革的终极原因，都应当从当时社会的经济变革中去寻究。宋代宗法制度和宗法观念的变化，同样有其深刻的社会根源。

（一）唐末五代社会动荡冲击了宗族体制，使宗族观念逐步淡化。唐朝中叶以后，社会一直处于震荡之中，安史之乱、黄巢起义，都动摇了门阀士族制度，旧的门阀宗族在战乱中削弱殆尽。唐末藩镇割据，诸镇相互争战，干戈扰攘，不但一般世族地主，即使唐朝皇帝也"不能庇其妻子、宗族"①，最后亡于藩镇。五代是中国历史上最黑暗的武人专权时代，兵权决定一切，50 年间凡易 8 姓，历经 5 朝，形成一个自古未有的混乱社会。在这种社会氛围中，不但武将士卒唯利是图，"无礼义之教，无忠信之心，骄蹇凶逆"②，而且文臣官僚也无视儒家的纲常名教，不顾廉耻，历仕诸朝，其中冯道宦仕 4 朝，被时人讥讽"为大臣而甘事数姓，曾不若女子之有节谊也，愧诸"③！上自朝廷帝王，下至宗族庶民，儒家纲常伦理扫地，礼崩乐坏，"君君、臣臣、父父、子子之道乖，而宗庙、朝廷、人鬼皆失其序"④。当时宗族沦落，姓氏混乱，士大夫鲜有保其宗者。

北宋立国之初，沿五代陋习，宗族观念已相当淡漠。婚姻、丧服"亲属相犯，问以服纪年月，皆言不知"⑤。宗族中后代"祢已祔则不复缩其祖，祭有嫡而诸子并立庙，父在已析居异籍，亲未尽已如路人"⑥。宋朝统治者鉴于唐末五代社会动荡的教训，认识到强化封建伦理教化的作用。朝廷多次下诏旌表前代孝子义门闾里，褒录其后人，对当时聚族而居的大族

---

① 《新唐书》卷 50《兵志》。

② 范仲淹：《政府奏议》卷上《答手诏条陈十事》。

③ 陈郁：《藏一话腴·内编》卷上。

④ 欧阳修：《新五代史》卷 16《唐废帝家人传》。

⑤ 应俊：《琴堂谕俗编》卷上《正丧服》。

⑥ 陈淳：《北溪先生大全集》卷 9《宗会楼记》。

赐与田土，蠲免赋税，保护其族产。宋朝法律中提倡累世义居，禁止析产分户，企图利用宗法制度敦风俗，崇教化，维持封建地方秩序，稳固中央集权统治基础。在封建国家的倡导下，官僚、士大夫和普通地主纷纷修撰谱牒，置产兴族，建立宗法体系。然而，宋代能够聚族共籍的宗族在整个社会中的比重终究是极少数，不可能再保持中古社会那种宗族形态。在两宋300多年的历史中，很少有累世不败的世家大族。因为宗族制度经过唐末五代动乱冲击，其根基已极其脆弱，处于分化状态，所以到宋代已经分离出各派由直系亲属构成的家族。宋代社会中占据绝大多数的是家族。这种家族适应封建社会转折时期的特征，具有稳定性。因此，宋人的宗法观念中所反映的尊祖睦族思想，更直接服务于各家族利益。正因为各家族婚姻不问阀阅，交游不限士庶，不再关心同姓始祖派生的其余家族，以致宋代理学家黄榦感叹地说："族系之所自出，虽枝分派别，推而上之，皆吾祖宗之一气耳。可不知所爱乎？"①

（二）宋代官僚政治冲击了宗族制度，促进了家族制的确立。宋人张载说："夫所谓宗者，以己之旁亲兄弟来宗己。所以得宗之名，是人来宗己，非己宗于人也。"② 这就是说，要建立起一个庞大的宗族，必须以一个势力雄厚的家族为基础，以一个有影响的官僚地主或士大夫为核心，通过自己优越的政治经济地位，利用血亲关系把自己同祖共宗的旁系家族联合起来，收族共居。

宋承唐代科举制度，形成了一套完备的选官任官体制。为防止官僚培植私人势力，尾大不掉，朝廷规定了官员实际任用中的流动制度，满阙或成资则离任，非朝廷特旨，不得连任。士大夫宦游四方，居止无定，在任内无法购置田产，难以形成大地产。同时，他们在外地做官，必须离开自己宗族的聚居地，"以官为家，捐亲戚，弃坟墓"③，只能顾及自己的家庭，至多由自己的直系亲属组成的家族，而同宗共祖的远系旁族则无暇照顾，不可能以宗族方式聚居。例如，南宋陆游的先人从北宋真宗大中祥符年间

---

① 黄榦：《勉斋集》卷22《书新淦郭氏叙谱堂记》。

② 张载：《经学理窟·宗法》。

③ 文天祥：《文山先生全集》卷10《跋李氏谱》。

仕宦，到陆游时已近 200 年，结果陆氏"族党散徙四方，盖有不知所之者"①。可谓宋代官僚政治下士大夫不能保有其宗的典型写照。再以北宋的范仲淹为例，其祖籍在苏州吴县，族脉皆在其籍贯。范仲淹仕宦各地，几经沉浮，最后在颍昌府置家。他在苏州吴县买地建立义庄，完全是为赡养其宗族，与其家无关。范仲淹的直系家族既然不在吴县，当然不会形成以他为核心的强大宗族。其实，他本人也很清楚其家族与宗族的区别，"尝语诸子弟曰：吾吴中宗族甚众，于吾固有亲疏，然以吾祖宗视之，则均是子孙，固无亲疏也。"② 应当看到，范仲淹收族的目的并不是要建立以自己为核心的强宗大姓，雄豪一方，而在于身体力行倡率孝道，移风易俗，起到尊祖睦族的作用。这当与范仲淹幼年随母改嫁，于范氏族亲疏于孝养有关。范仲淹之所以能创立义庄，还在于他在士大夫中享有崇高的声望，官位尊显，而普通士大夫则不具备这样的条件。综观两宋 300 余年的历史，义庄义田不超过 100 处，在整个宋代寥若晨星，远不能和隋唐宗族庄园相比，更不用说比拟汉晋北魏宗主豪强的坞堡了。

宋朝士大夫家族没有强大的宗族做后盾，而是以官为家，家族的兴衰系于封建国家，因而他们能够打破狭隘的宗族观念，不再一味注重自己的一己私利，而能够关心国家民族的利益和命运。范仲淹在《岳阳楼记》中谱下的"先天下之忧而忧，后天下之乐而乐"的千古绝唱，正是在宋代强宗豪族瓦解、家族利益依附国家利益的基础上产生的。宋代意识形态领域中的这种变化，应该从宗法制度的变革中去寻找原因。因篇幅所限，这里不再展开论述，笔者拟另文探讨。

（三）唐宋之际的经济变动使农村中血缘组织向地域组织转化。唐宋社会是中国古老的封建社会变革的时代，社会经济领域中的变化突出地表现在土地所有权转换频繁和农民对地主的人身依附关系松弛，这两方面对宋代宗法制度由宗族向家族转变起了巨大的推动作用。

唐宋之际的社会经济变动，首先表现在土地制度方面，土地占有形态由

---

① 陆游：《渭南文集》卷 23《陈氏老传》。
② 楼钥：《范文正公年谱》。

封建社会前期的封建国家土地国有制为主转变为封建社会后期的地主土地私有制为主。唐代均田制瓦解后，封建国家田制不立，无法重新分配土地，国家只能按照占有土地的多少征收赋税，至于土地归自耕农所有还是归地主所有，已不再是封建统治阶级关心的问题。这种政策实际上承认了地主土地私有制的合法性，极大地刺激了地主阶级兼并土地的贪欲，大土地所有制迅速发展起来。宋朝政府所谓的限田政策，不过昙花一现，根本无法实行，土地集中现象愈益严重，"贫民无立锥之地，而富者田连阡陌"①。地主兼并土地主要依靠经济手段而非政治手段，购买土地是其主要方式。虽然宋代官僚地主占有土地数量总额很大，但不可能是在一地购买的，而是分散在几处，甚至不在同一州县，很难建立起跨州连郡的大庄园。在土地经营形态上，魏晋隋唐以来的庄园农奴制经营方式衰落，封建租佃经营形态占据了主导地位。同时，在宋代商品经济浪潮的冲击下，千年田换八百主，买卖频繁，地权不稳。不但一般地主经济地位不稳固，不可能世代承籍占有土地，而且官僚地主后代也很少有历经数世不衰败者，像北宋著名官僚富弼、王安石等等，其后人都不能保守祖宗基业，湮没无闻。即使赵宋统治者的宗室，仍不免沦为贫贱。"崇宁以来，谀臣进说，推濮王子孙以为近属，余皆谓之同姓，致使昌陵之后寂寥无闻，奔迸蓝缕，仅同民庶。"② 宋徽宗以其曾祖濮安懿王赵允让的后代为皇室直系家族，而把赵宋宗族中太祖赵匡胤的后代仅称同姓，渐渐疏远，以致太祖子孙沦为庶民。这些非身份性地主、官僚乃至皇族盛衰不定，富贵无常，很难保持其地位久长。宋代士大夫中流行的不为子孙后代置产的观念，就是这种心态的反映。例如，一位官僚新建一所宅院，大会宾客，升工匠于堂，列子孙于庭，客人大惑不解，他指着工匠解释说：这是盖房的；又指着子孙对客人说：这是卖房的。后来不幸被他言中，在他死后不久，子孙便因贫乏把房子卖为他人所有。可见在宋代土地、房子转换频繁、聚散不定的社会环境中，无法形成强大的宗族显籍，而是枝分缕析，向家族转化。

---

① 李觏：《直讲李先生文集》卷 16《富国策》。
② 王明清：《挥麈录·三录》卷 1。

其次，表现在阶级结构和阶级关系方面的变化。魏晋门阀宗族赖以存在的经济基础是庄园制农奴经济，宗族地主对族众、部曲、佃客人身控制很严，指纵如同奴隶。部曲、佃客不但地位低下，而且身份不能改变，子孙世代为奴，就连婚姻都要受宗主干预，对宗主地主人身依附性较强。在唐宋经济制度变革过程中，社会阶级结构和阶级关系也同时发生了变化。宋代除川峡和周边落后地区外，基本上不存在部曲、奴客，用于官宦家内服务的奴婢地位也大为提高。由于宗族制度的瓦解，广大客户争得了独立权力，人身已不再属于宗族地主，而成为封建国家的编户。客户与地主主要是租佃制下的经济关系，而且租佃、退佃、起移相对自由。宋代地主阶级已不可能利用封建宗法关系和人身支配权控制广大客户，从而瓦解了宗法制度赖以存在的阶级基础。宗族地主撕下了温情脉脉的面纱，公开兼并族众土地，大地主土地所有制是通过社会成员土地再分配过程完成的，自耕农乃至小地主土地被兼并。土地兼并的结果使生产力与生产资料严重脱节，"田非耕者之所有，而有田者不耕也"①。农民失去土地以后无以为生，倘若租不到地主土地，只能背井离乡，成为社会中无固定职业的"失职犷悍之徒"②。社会上流动人口的大量存在，对封建社会聚族同居的宗法制度起着破坏作用，他们"无宗族田产之累"③，亲戚乡里之恋，散处四方，冲击了宗法秩序。

宋代以自耕农和佃农为主体的自由迁徙的流动大军，震撼了古老的农村公社体制。以宗族血缘组织为纽带的村落渐渐渗入迁徙来的外姓人口，广大农村的血缘组织越来越松散，逐步向地域性组织过渡。外姓人户的渗入，与当地血亲组织关系疏远，地位平等，族长不能随意支配他们，这就使农村宗法关系更加松弛，宗法观念进一步淡化，在宗法制度消亡的历程中奠定了一个里程碑。

综上所述，中国封建社会的宗法制度到宋代发生了显著变化，中古社会的宗族体制让位于封建社会后期的家族体制，宗法观念也由门第阀阅观

---

① 苏洵：《嘉祐集》卷 5《田制》。

② 马端临：《文献通考》卷 152《兵考四》。

③ 司马光：《传家集》卷 49《乞罢免役钱依旧差役札子》。

念转变为尊祖睦族观念。造成宋代宗法文化这种变化的终极原因，在于封建结构内部深层次的变化，特别是以商品经济发展和租佃制盛行为内容的生产方式和交换方式的经济变动。宋代宗法制度的变革起着承前启后的作用，既促进了魏晋南北朝隋唐以及宋代残余的宗族制度的瓦解，又为明清社会家族制度进一步发展奠定了基础，对中国社会由门阀宗族时代的分裂割据向家族时代中央集权的转变产生了巨大影响，对中国文化由封闭型转变为开放型起了推动作用，在中国历史上具有进步性。

宋代通判制度述论

通判制度自宋代肇始，历经明清两代，成为中国封建社会后期固定的职官制度。宋代通判设官建制初始，完全体现了中央对地方势力"稍夺其权，制其钱谷，收其精兵"① 的原则，对宋朝政治乃至宋代社会都产生了很大影响。本文拟就宋代通判制度的起因、演变、性质和作用几个方面作些探讨，不当之处请予批评指正。

一、通判制度之缘起

通判之名，最早见于唐代，然而形成为一种职官制度则是在宋代。关于宋代通判制度的起因，目前宋史学界大多认为是朝廷欲分知州之权，我们认为这种看法不够确切。宋初设置通判之时，地方官吏中以文臣权知军州的制度尚未普遍，实际任职的大多仍是节度、观察、团练、刺史等武臣。赵宋立国以后，相继采取了一系列措施削弱地方藩镇中的武人割据势力，力图扭转唐末五代以来形成的武人政治局面，通判制度正是适应这一社会需要而实施的一项政策。揆诸宋初设置通判的 3 种情况，无一不体现了这一原则。

（一）北宋建立伊始，其疆域仅限中原地区，且处在唐末五代遗留下来的割据政权包围之中，迫切需要实现全国的统一。宋太祖赵匡胤在削平各地割据政权以后，便派遣朝中文武重臣权知其境内军州。例如，乾德元年平湖南，以户部侍郎吕余庆权知潭州，给事中李昉权知衡州，户部侍郎薛居正权知朗州。乾德三年平西蜀，命参知政事吕余庆权知成都府，枢密直学士赵赞权知梓州。开宝四年平岭南，以南面行营都部署潘美权知广州，副都部署尹崇珂同知广州。

---

① 邵伯温：《邵氏闻见录》卷 1。

然而，宋廷对于广大新占领地区只能委派朝臣分管要郡，其余地方不可能在短时间内全部任命新官吏，而只能留用原来官吏。例如，平定荆湖以后，诏荆南、潭、朗诸州"管内文武官吏并依旧"①。对归附地区的官吏，宋朝统治者既要任用，又不放心，于是便设置通判以专其政，并监视其行动。乾德元年，首命刑部郎中贾玭等通判湖南诸州，这是宋代通判制度之起始。平定南汉以后，又因"岭表初平，上以其民久困苛政，思惠养之，令吏部铨自荆襄以南州县选见任年未五十者，移为岭南诸州通判"②。太宗时泉州陈洪进归附，宋廷命其子文显为泉州留后，同时"议择能臣关掌州事"③，起复殿中丞乔维岳通判泉州。宋朝统治者为剥夺各割据政权地方官吏的权力，付与通判的事权很大，"诏荆湖、西蜀官为郡国长吏者，初奉条诏，未能详悉，必资僚属，以佐其治，事无大小，宜与通判或判官、录事同裁处之"④。通判制度通过牵制原割据地方的官吏，达到削平武人割据势力的目的，把这些地区有效地纳入了宋朝中央政权的版图。

　　（二）赵匡胤以兵变立国，深感兵权的重要性。如何根除地方藩镇专兵势力，清除滋生武人政治的土壤，是宋初统治集团面临的主要任务。因此，宋初集中力量解决藩镇问题，对起兵反抗的昭义节度使李筠和淮南节度使李重进坚决予以镇压，对其余藩镇则采取先置通判，后罢节镇的削藩措施。乾德二年七月，宋太祖"诏翰林学士承旨陶谷等四十五人于现任、前任京官、幕职州县官中，各举堪为藩郡通判官一人"⑤，几乎在宋初本土境内的节度州全部设置了通判，从而有效地控制了地方。正是由于藩郡通判的设置分化了节度使的事权，才使宋代削藩政策顺利实行。太祖开宝二年，安远军节度使武行德等俱罢节镇，授以环卫之官；太宗继位后，武胜军节度使张永德等也罢镇列于环卫，唐末五代以来的藩镇不复存在。

　　但是宋初境内的许多防御、团练、刺史仍然任职，握有实权，具有重

---

①　李焘：《续资治通鉴长编》卷 4 "乾德元年四月甲申"。

②　《宋史》卷 158《选举志》。

③　李焘：《续资治通鉴长编》卷 19 "太平兴国三年十二月末"。

④　李焘：《续资治通鉴长编》卷 7 "乾德四年十一月戊戌"。

⑤　《宋会要辑稿·选举》27 之 1。

新滋生割据势力的社会条件。为此，宋朝太宗、真宗以后，通判的设置已由藩郡扩及防、团、刺史州。太宗雍熙二年，臣僚上言归宋的李继捧泄露朝廷机密，宋廷于是出继捧为崇信军（随州）节度使，其弟李克宪为道州防御使，李克文为博州防御使，"并选常参官为通判，以专郡政"①，以著作佐郎韦宣、殿中侍御史李式和武光颖分别通判随、道、博三州。真宗景德二年六月置滨州通判，原因就是"以刺史周绪赴本任也"②。大中祥符四年，宋廷"诏武臣新罢军职，正授郡任者，各选差通判官"③。这年八月，"捧日右厢都指挥使王潜等七人，各授诸州团练使、刺史赴本任，仍令审官院择官为通判"④。宋朝统治集团设通判防止武人专权，于此可窥一斑。

（三）宋代君臣在逐步裁撤武臣以节度、观察、防御、团练、刺史等本职莅政的同时，非常注重对新任武臣知州的防制。凡武人知州处，必差文官通判州务。真宗大中祥符六年，臣僚上疏："武臣知州军处，或缺通判，望令转运司飞奏以闻，付有司速差，所差官未到，仍于京朝官知州、通判有全员处权差。"⑤ 朝廷诏令施行。宋朝统治集团对武人知州非常敏感，通判制度规定地方藩镇要郡设两员，分左右通判郡事，其余州郡置一员，户口不满万户的州军不置通判，然而"正刺史以上及诸司使副知州者，虽小郡亦特置"⑥。太宗太平兴国七年，崇仪副使阎彦进知房州，命监察御史袁廓通判房州。真宗大中祥符二年，捧日左右厢都指挥使蒋信、王瑀等8人罢军职，"寻命知濮、单、洺、泽、卫、莫、济、唐等州，仍择官通判州事"⑦。仁宗天圣三年，虢州团练使田敏差知隰州，诏隰州权置通判。可见通判制度的核心在于防范武人知州，以分其治权。

通过对宋初通判建置的分析，可知宋代通判制度主要在于剥夺宋初境内遗留下来的武人和渐次被削平的诸国境内武人以及北宋新任命知州军武

北京师范大学史学探索丛书

---

① 《宋史》卷 485《夏国传》。

② 李焘：《续资治通鉴长编》卷 60"景德二年六月末"。

③ 《宋会要辑稿·职官》47 之 60。

④ 李焘：《续资治通鉴长编》卷 76"大中祥符四年八月壬寅"。

⑤ 李焘：《续资治通鉴长编》卷 80"大中祥符六年正月辛酉"。

⑥ 马端临：《文献通考》卷 63《职官考》。

⑦ 李焘：《续资治通鉴长编》卷 71"大中祥符二年正月丁丑"。

人的权力，这是宋代通判制度缘起之所在。姑且不论宋初通判分化节度、观察、防御、团练、刺史以本官治郡的事权，只以分知州之权而言，也主要在于防范武臣知州，至于对文臣知州的牵制，则是宋代文人政治以文制武形成以后的事。所以，不能笼统地说通判制度之缘起是欲分知州之权，至多只能说是分武人知州之权。

二、通判制度之演变

宋初设置通判一官，具有临时差遣性质。仁宗天圣三年，中书上言："故事，防、团、刺史赴本任及知州无同判处，并权置同判，候差朝臣及内职知州即省罢。"① 所谓故事，是指宋初制定的制度或实施的先例，如右赞善大夫刘原德太平兴国四年通判涿州，太平兴国五年则以本官知单州。由此可知，通判设官之初只是作为地方政权中文武官吏交替时的临时差遣，一旦文臣取代武臣治郡则不需通判，因而没有形成稳固的体制。

然而，宋初临时差遣朝臣通判军州并未因宋代文人政治的形成而取消，相反却逐渐演变为有宋一代固定的职官制度。究其原因，主要有两个方面。其一，北宋真宗以后，逐渐形成了文武通差的知州制度，凡武人知州处必设通判，其地位和作用仍然很重要，不但不能废罢，反而逐步加强。同时，随着文人知州的普遍确立，宋代中央集权的目标转向防范文臣在地方专权。宋仁宗曾经直言不讳地说："州郡设通判，本与知州同判一郡之事，知州有不法者，得举奏之。"② 可见随着宋代武人以节度、防御、刺史等武职治郡方式的转变，通判已由分化武人事权转为分化文臣事权，并逐渐形成了稳固的制度。其二，从职官制度发展史上看，汉唐时期的州郡均设有别驾、司马等佐官，协助佐理郡政，而"宋只设通判一官佐郡守，不仍前代之旧"③。在宋代知、通职能演变中，逐渐形成了两职较为稳定的权限，知州总理一州兵民之政，负有管军理民专责，却不专财政；通

---

① 李焘：《续资治通鉴长编》卷103 "天圣三年五月己酉"。
② 孙逢吉：《职官分纪》卷41《通判军州》。
③ 马端临：《文献通考》卷63《职官考》。

判同理郡政，又专门负责钱谷收纳等各种经济专职，不专军务。宋朝统治集团为防止知州专权，自然不会允许知州代掌通判职责，而通判职能更不能由幕职州县官所替代，只有保留通判一职，并使之制度化。

宋代通判由临时性差遣演变成完备的职官制度，表现在以下几个方面。

（一）进士释褐授官制度。宋朝政府规定，初任京官的第一二等进士和九经即授将作监丞、大理评事、诸州通判。太宗淳化三年，进士孙何等人始授将作监丞、大理评事、通判诸州，直至仁宗天圣二年，进士宋郊授大理评事、通判襄州，相沿成制。仁宗嘉祐三年，宋廷鉴于科举取士之滥与地方州郡员多阙少的矛盾，规定进士初任京官须先历幕职州县官，任满始升通判。

（二）通判关升制度。宋朝自真宗大中"祥符之后，朝廷益循宽大，自监当入知县，知县入通判，通判入知州"①，逐渐形成了知县、通判、知州三级递迁的格式。由于通判以资任除官，以至"知县两任例升同判，同判两任例升知州"②。仁宗天圣六年，朝廷鉴于通判升迁太快，诏增为三任，如有任内五人同罪荐举减一任。天圣八年，又废除荐举制度，除公私犯罪仍旧三任外，其余又恢复两任改官之制，"各以两任四考关升"③。

（三）通判奏辟制度。北宋初年，内外小官职长吏得以自辟，然而自真宗朝始，一些朝臣知州和诸司已奏辟通判，宋朝政府也予以诏允。仁宗皇祐二年五月，"诏尝任二府而为知州者，辟通判、幕职官一员，大两省已上知天雄、成德军，益州、秦州，并许辟通判一员"④。同年七月，又"诏广、延、雄三州知州，自今听辟通判一员"⑤。例如，陈尧叟辟鲁宗道为河阳通判，寇准辟范雍为河南府通判，宋庠辟宋敏求为西京通判等等。这类事例不胜枚举。南宋孝宗乾道二年，诏茶马司依旧奏辟买马州军通

---

① 《宋史》卷 160《选举志》。

② 范仲淹：《范文正公集》卷 9《上执政书》。

③ 王林：《燕翼诒谋录》卷 3。

④ 李焘：《续资治通鉴长编》卷 116"景祐二年五月己亥"。

⑤ 李焘：《续资治通鉴长编》卷 117"景祐二年七月己酉"。

判。淳熙十四年，四川关外四州通判许制置司奏辟。理宗宝庆二年，诏通判以下京官缺，得从诸司奏辟。知州自辟通判，必然削弱通判的监郡职能，宋廷屡次下诏，申禁奏辟通判，但终两宋之世，始终未能禁止。

（四）通判添差制度。随着宋代官僚机构的膨胀，冗官不断增加，添差官吏制度因之产生。至迟到北宋末年，地方州府已出现添差通判。南宋时地狭官多，添差制度更为盛行，"时铨曹患员多阙少，自倅贰以下多添差"①。添差通判大多是无实际任职的冗官，一般情况下是每州一员，不超过正任通判之数。孝宗淳熙六年曾经规定："自今宗室、戚里、归正官等，应合用恩例添差通判，每州共不得过一员。"②

（五）通判考课制度。考课制度是判断官吏任职固定与否的重要依据。宋初通判设官尚未形成制度，无法规定考课标准。太祖末年，随着通判制度初具规模，考课制度也趋于完备。宋代通判由诸路监司负责考课，上报朝廷以行赏罚。考课内容和范围较广，高宗绍兴十三年规定考课"通判之条十有四"③；考核标准分为上、中、下三等，上等减磨勘或转官，中等无所赏罚，下等展磨勘或降官；考绩期限为一年一考。考课制度构成了宋代通判制度中的一个重要环节。

三、通判制度之性质

宋代通判制度在演变过程中，其前后职能有所变化，通判制度是监察制度还是职官制度，引发了后人的争议。一种观点认为通判在宋代前期是监察官，元丰以后正式转化为副知州；④ 另一种观点认为通判自始至终兼有两种职能，既兼行政又司监察，视通判为纯粹的副知州或监察官有失偏颇；⑤ 还有一种观点认为通判与知州官位相等，其前后变化仅仅是监察职

---

① 《宋史》卷 380《楼炤传》。
② 《宋会要辑稿·职官》47 之 71。
③ 《宋史》卷 160《选举志》。
④ 《宋代监察制度特点》，见《宋史研究论文集》，郑州，河南人民出版社，1984。
⑤ 《宋代通判论略》，载《山东师范大学学报》，1990（3）。

能不同。① 上述探讨无疑促进了宋代通判制度的深入研究，但都不够全面。

宋初置通判分武人之权，选任位高干练的京朝官任通判，其地位与州郡长官相等。宋"乾德初，诸州置通判，统治军州之政，事得专达，与长吏均礼"②。通判"掌倅贰郡政，与长史（吏）均礼，凡兵民、钱谷、户口、赋役、狱讼听断之事，可否裁决，与守通签，所部官有善否及职事修废，得刺举以闻"③。由于通判事权和州府长官相同，故通判官位大多与知州相等，甚至高于地方长官。例如，太宗太平兴国三年，考功郎中范旻权知两浙诸州事，左赞善大夫孟贻孙通判两浙事。次年殿中丞杨恭知涿州，右赞善大夫刘原德通判州事。4 人官位均为五品。因为知、通官位相等，宋初不乏知州改换通判的事例。太宗太平兴国五年，因莱州刺史杨重进、单州刺史卢汉赟赴本任，原莱州知州、殿中丞郑浚文，单州知州、左赞善大夫刘原德改为莱、单二州通判。④ 皇子德恭判济州，原济州知州刘蒙叟改命通判州事。知州改为通判并没有降低其地位，因此北宋前期通判对知州来说"既非副贰，又非属官"⑤，能够与地方长官分庭抗礼。把宋初通判视为副知州，固然不正确，但因通判临时差遣且具有监郡职能，就认为是监察官而忽视其地方官性质同样错误。因为宋代"自国初置倅，与监司、太守俱名按察"⑥，转运使和知州也是差遣官，负有按察监督官吏之责，没有人否认其地方官性质，也没有人把他们称为监察官。把通判划归监察

① 《宋代通判及其主要职能》，载《河北学刊》，1990（2）。

② 黄本骥：《历代职官表》卷 53《历代建置》。

③ 马端临：《文献通考》卷 63《职官考》。

④ 中华书局点校本《续资治通鉴长编》卷 21"太平兴国五年七月庚午"条标点有误："命知莱州、殿中丞郑浚文知单州，左赞善大夫刘原德并通判本州事，以刺史太原杨重进、卢汉赟赴本任故也。"照此理解，则是郑浚文知单州，刘原德通判单州，杨重进、卢汉赟并任单州刺史。按宋代官员习惯上官或职与差遣结衔并称，刘原德结衔只有左赞善大夫官称，不符合宋代习惯，而且刘原德一人为通判，"并"字不可理解。查同卷冬十月戊寅条载："命莱州刺史杨重进、沂州刺史毛继美率兵屯关南、亳州刺史蔡玉、济州刺史上党陈廷山屯定州，单州刺史卢汉赟屯镇州，备契丹也。"可知任单州刺史的只是卢汉赟，而杨重进任莱州刺史。因此，正确标点应该是："命知莱州、殿中丞郑浚文，知单州、左赞善大夫刘原德，并通判本州事，以刺史太原杨重进、卢汉赟赴本任故也。"

⑤ 欧阳修：《归田录》卷下。

⑥ 刘克庄：《后村先生大全集》卷 88《［兴化军］重修通判厅记》。

官，显然与宋代事实不符。

北宋中期以后，随着以文制武国策的确立，中央集权力量进一步加强，通判制度发生了一些变化。

首先，通判的监州职能逐渐减弱。宋初"艺祖有天下，首置诸州通判，以朝官以上充，实使督察方镇，当时谓之监州"①。北宋真宗以后，社会局面稳定，地方割据的可能性不复存在，通判职能也因"太平既久，其任稍削矣"②。特别是奏辟、添差的通判，或顾忌私恩，或没有实权，几乎起不到监郡的作用。例如，仁宗时刘从德知卫州，辟屯田员外郎戴融为通判，戴融曲附从德，上疏谎奏其治郡有功，从德因此受到朝廷奖赏，后来戴融也转官。南宋时期，更是每况愈下，通判对知州"知享平分之乐，而不能为关决之助"③。由于通判的监州职能大大减弱，以至后来"有按察之名，无事权之实"④。陆游《老学庵笔记》记载："绍兴末，谢景思守括苍，司马季思佐之，皆名俊。刘季高以书与景思曰：'公作守，司马九作倅，想郡事皆如律、令也。'"⑤把知、通处理政事比为律、令，可见裁决州事以知州为主，通判唯知州之命是从，无所可否。

其次，通判的行政地位逐渐降低。宋初统治者设置通判的目的是"惩藩镇弊，置通判以分州权，事无所不预，至得按察所部，意若使之权任与均"⑥。从职权范围来看，北宋前期的通判不但掌管州府行政事务，而且"刑狱钱谷，一一指挥"⑦。真宗时冯拯谈及此事则说："开宝间除诸州通判，敕刑狱钱谷悉条列约束，今则略矣。"⑧南宋时，通判职权主要限定在财政方面，"以督经总制钱为职业"⑨。从官位来看，宋初知、通官位大体相等，随

① 罗浚：《宝庆四明志》卷3《官僚》。
② 施宿：《嘉泰会稽志》卷3《通判廨舍》。
③ 《宋会要辑稿·职官》47之72。
④ 刘克庄：《后村先生大全集》卷88《［兴化军］重修通判厅记》。
⑤ 陆游：《老学庵笔记》卷8。
⑥ 周应合：《景定建康志》卷24《通判东厅壁记》。
⑦ 李焘：《续资治通鉴长编》卷66"景德四年七月己巳"。
⑧ 《宋史》卷285《冯拯传》。
⑨ 刘克庄：《后村先生大全集》卷88《［兴化军］重修通判厅记》。

着通判差遣关升制度化，逐渐确定了知州与通判官位杂压体制。真宗大中祥符二年，宋廷"诏缘边并连接溪洞州军，其间通判职位高于知州者，并勘会移易"①。仁宗景祐三年，又"诏审官院，自今员外郎知州，其通判毋得差郎中；博士知州，毋得差员外郎"②。宋初京朝官凡带馆职补外，皆任知州，真宗景德以后，王昱、刘爽以官位低只任通判，并成为定例。如果知州改任通判，则是降官。神宗熙宁三年，朱寿昌两任知州已满，于是折资通判汉中府。官吏因犯罪由知州差遣降为通判差遣者，更是不乏其人。至哲宗元祐时，确定"上州通判正七品，中下州通判从七品"③。和宋初相比，通判的寄禄官位已经大大降低。神宗熙宁四年，复州通判唐淑问服丧期满，因他以前曾任台职，王安石拟除监司，神宗却与府界知县，并说："淑问才通判资序，与县何伤！"④ 通判与知县官位相差无几。

北宋中叶以后，由于通判监州职能的削弱和官位的降低，其社会地位逐渐下降，实际上已降至知州"副贰"的地位。因此，宋人普遍称通判为"倅"，按倅为"副贰之称，然他官虽副贰不通用"⑤，仍表明通判具有微弱的监州职能，而与一般副职有所区别。

通过对宋代通判性质的分析，可以得出如下结论：通判制度在宋代自始至终属于职官制度，具有监察和行政两种功能。北宋前期以按察职能为主，行政职能为辅，通判与州郡长吏事权地位相等；北宋中后期至南宋则以行政职能为主，按察职能为辅，通判地位逐渐低于知州，向副职转化。到明清时期，则完全成为知州府长官的副职。

四、通判制度之作用

通判制度是宋初社会具体环境的产物，对宋代地方政治乃至整个社会

---

① 《宋会要辑稿·职官》47 之 60。
② 李焘：《续资治通鉴长编》卷 119 "景祐三年七月癸卯"。
③ 孙逢吉：《职官分纪》卷 41 《通判军州》。
④ 李焘：《续资治通鉴长编》卷 225 "熙宁四年七月辛丑"。
⑤ 赵与时：《宾退录》卷 1。

都产生了深远影响。随着宋初藩镇问题的解决，通判制度也就完成了时代所赋予它的使命，其作用逐渐减弱。

（一）扭转了唐末五代以来武人专权、专地、专兵的局面，把地方权力收归了中央。宋初设置通判，是宋朝统治者削弱方镇、加强中央集权的重要步骤。宋廷极为重视发挥通判的作用。真宗景德二年，"上谓武人多不阅政理，非通判廉干，则民受弊。乃诏应防、团、刺史在本任及知州处见任通判，令转运使密具能否以闻"①。通判分武人之权表现在政治、军事、司法等各个方面。例如，左武卫大将军德恭判济州，右补阙刘蒙叟通判州事，"郡事皆决于蒙叟"②。李继捧等出镇，令"通判专司郡政"③。平定南唐以后，朝廷任命著作佐郎杨澈通判虔州，逼迫不服朝命、拥兵自重的虔州节度使郭再兴交出兵权，然而"悉料城中军士之勇壮者，凡五百人为一纲，部送京师"④，铲除了虔州藩镇。同时，宋初统治者鉴于武人滥杀无辜，还给予通判断狱权，"诏诸处长吏无得擅断，徒杖刑以下，听与通判官等量罪区分"⑤。李穆以殿中丞通判洋州，到任后"剖决滞讼，无留狱焉"⑥。由于刑狱直接关系到政治，宋朝政府对通判司法非常重视，惩治很严。右拾遗梁周翰通判眉州，殿中丞晁迥通判鄂州，皆因断案失入死罪，分别被削二、三任；监察御史杨士达通判蕲州，因断狱失实滥杀而弃市。宋代文事专责通判。真宗大中祥符五年，诏诸卫将军、诸司使副、三班使臣知州、府、军、监处，贡举专委通判等解发，"其武臣更不管勾，止同署解状，所解不当，亦不同罪"⑦。通判分武人事权，使朝廷有效地控制了地方政权。

（二）通判的主要职责是保证地方财政收入上缴转运司和朝廷，在节制地方财赋、沟通地方和中央财政方面起着关键作用。太祖开宝四年，诏各州府置形势户纳税簿籍，通判专掌其租税，保证了赋税收入的来源。通判官必

---

① 李焘：《续资治通鉴长编》卷60"景德二年六月壬寅"。
② 《宋史》卷263《刘熙古传附刘蒙叟传》。
③ 《宋会要辑稿·职官》47之59。
④ 《宋史》卷296《杨徽之传附杨澈传》。
⑤ 李焘：《续资治通鉴长编》卷37"至道元年正月戊申"。
⑥ 《宋史》卷263《李穆传》。
⑦ 李焘：《续资治通鉴长编》卷78"大中祥符五年八月癸亥"。

须熟悉本州府的财政状况，"诸州通判官到任，皆须躬阅帐籍所列官物"①，确保中央与地方财政沟通。高宗绍兴二十九年，专委通判检查经总制钱，上缴漕司。孝宗淳熙元年，"诏委诸路州军通判专一主管拘催逐州钱米，起发赴〔总领〕所"②。正因为通判控制了地方州府的财政，才使转运使能够统筹一路财赋，把财权收归朝廷，"所在场院间遣京朝官廷臣监临，又置转运使、通判为之条禁，文簿渐为精密，由是利归公上而外权削矣"③。

（三）宋朝为优待宗室、外戚和朝廷重臣，常使他们出镇养闲，但外戚宗室或不懂政治，或贵傲倨下，不理政事；而"旧相出镇者，多不以吏事为意"④。寇准罢任出外，所至终日宴游，不理郡务；张齐贤所到之处，治郡尤为旷弛。为避免造成郡政败坏，朝廷便委任通判担负行政事务等方面的工作。太祖尝命左骁卫大将军杜审肇知澶州，以其"未尝历郡务，乃命司封郎中姚恕通判州事，以左右之"⑤。真宗时冯拯以刑部尚书知河南府，"仍令委事官属，听养疾自便"⑥；枢密使、同平章事陈尧叟罢政，以右仆射判河阳，"其河堤事令通判专领"⑦。神宗熙宁四年，天章阁待制、知单州孙思恭因衰疾乞再任，宋廷因而下诏："近臣因老疾得知州军者，其通判并择。"⑧ 在边防要塞，通判佐理郡政的作用更为明显。真宗景德二年，因府州"蕃汉杂处，号为难治"⑨，诏令择官通判。景德四年，因河北沿边武人知州军，所答北界文牒词理乖谬，命择京朝官举进士有才干者通判保州。高宗绍兴元年，知荆南府解潜上奏："峡州地据川口，最为要冲，自罢通判，后来大段废事。"⑩ 于是宋廷诏令复置峡州通判。通判制度保证了地方行政事务不至臃闭阻塞，使官僚机构办事效率有所提高，封建国家

① 《宋史》卷 179《食货志》。
② 《宋史》卷 167《职官志》。
③ 李焘：《续资治通鉴长编》卷 6 "乾德三年三月乙未"。
④ 李焘：《续资治通鉴长编》卷 65 "景德四年六月庚申"。
⑤ 《宋史》卷 463《外戚传》。
⑥ 李焘：《续资治通鉴长编》卷 76 "大中祥符四年七月甲午"。
⑦ 李焘：《续资治通鉴长编》卷 87 "大中祥符九年八月丙戌"。
⑧ 《宋会要辑稿·职官》47 之 62。
⑨ 李焘：《续资治通鉴长编》卷 61 "景德二年八月庚子"。
⑩ 《宋会要辑稿·职官》47 之 66。

机器能够正常运转。

（四）宋代文臣取代武人治郡以后，通判由分武人之权转化为牵制地方文臣，其消极作用逐渐暴露出来。通判以监郡自居，动辄可否知州裁决。神宗元丰七年，御史翟思论延州通判吴安宪"务专郡事，多自判决"①。更有甚者，知、通双方互揭隐私，打击报复，"州郡往往与通判不和"②。太祖开宝八年，右谏议大夫段思恭知扬州，兼沿江边境巡检，出巡则以州务委通判。但思恭专断，往往在巡检处所办理政事，通判、右赞善大夫李苕不能容忍，"遂相与告讦"③。通判制度这一消极作用，激化了宋朝统治集团内部矛盾。

综上所述，宋代通判制度在扭转唐末五代以来地方割据局面，进而形成宋代文人政治中起着重要作用。宋代地方州府长官文武通差，而通判则无一例外任用文臣，通判从各方面分化了武人的事权，把地方藩镇军阀手中的权力收归朝廷，促进了宋代社会局面的稳定。然而另一方面，通判制度也养成了大批冗官，激化了社会矛盾，从一个侧面导致了宋代社会的危机，这是宋朝统治集团不能因时制宜的历史局限性。两相比较，通判制度终究利多弊少，在宋代不失为一种进步制度。

---

① 李焘：《续资治通鉴长编》卷343"元丰七年二月丁丑"。
② 欧阳修：《归田录》卷下。
③ 李焘：《续资治通鉴长编》卷16"开宝八年二月丁巳"。

宋代火政考略

　　宋代是我国封建经济高度发展的时代，其社会经济繁荣突出表现在城市经济的发展。然而，在宋代城市经济发展过程中，城市火灾却频繁发生，严重威胁着市民生命和财产的安全，成为城市经济发展的负面效应。为此，宋朝政府制定了一整套防火救火制度，加强城市管理。鉴于目前国内史学界对宋代火政尚无专文论述，本文拟对这项制度略事考察，冀补于宋代社会文化史的研究。不当之处，请予批评指正。

一、宋代火灾及其成因

　　两宋的火灾比较多，京城和府州大火时有发生，至于规模较小的火患，更是不胜枚举。要全部考察两宋发生的火灾，显然是不可能的，我们只能把灾情较为严重的失火事例胪列一表，以窥宋代火灾之概貌。

失火时间	火灾地点	受灾情况	资料来源
建隆元年	宿州	燔民舍万余区	《宋史》卷63《五行志》
建隆二年三月	内酒坊	燔舍百八十区，酒工死者三十余①	同上书
乾德四年四月	潭州	燔仓廪、民舍数百区，死者三十六人	同上书
大中祥符八年四月	开封府	延烧内藏、左藏库，朝元门、崇文院、秘阁	《续资治通鉴长编》卷84"大中祥符八年四月壬申"
天圣七年六月	玉清昭应宫	燔二千六百一十楹	《宋史》卷63《五行志》

　　① 《宋史》卷63《五行志》原作"死者三千余"，据中华书局1977年点校本"校勘记"改正。

北京师范大学史学探索丛书

失火时间	火灾地点	受灾情况	资料来源
明道元年八月	禁中	延燔崇德、长春、滋福、会庆、崇徽、天和、承明、延庆八殿	《续资治通鉴长编》卷111"明道元年八月壬戌"
宝元二年六月	益州	焚民庐舍三千余区	《续资治通鉴长编》卷123"宝元二年六月丁丑"
庆历八年正月	江宁府	李景江南宫室、府寺一夕而焚	《宋史》卷63《五行志》
治平三年正月	温州	烧民屋万四千间，死者五十人①	《宋史》卷13《英宗纪》
熙宁七年九月	三司	焚屋千八十楹，案牍等殆尽	《续资治通鉴长编》卷256"熙宁七年九月壬子"
元丰元年八月②	邕州	焚官舍千三百四十六区，诸军�“衣万余分，谷帛军器等百五十万	《续资治通鉴长编》卷298"元丰二年六月甲辰"
元丰四年六月	衡州	烧官舍、民居七千二百楹	《宋史》卷63《五行志》

----

①　中华书局点校本《宋史》卷13《英宗纪》作"死者五千人"，失校。考《宋史》卷63《五行志》、《文献通考》卷298《物异考》、《宋会要辑稿·瑞异》2之34、《宋会要辑稿·职官》65之25均作"死者五十人"。然而宋志和《文献通考》把温州失火系于仁宗嘉祐三年正月，亦误。

②　《续资治通鉴长编》卷298把邕州火灾系于神宗元丰二年六月甲辰罢免邕州官吏条下。考《宋史》卷63《五行志》、《文献通考》卷298《物异考》均作元丰元年八月，《续资治通鉴长编》卷293元丰元年也有"邕、廉州，永平、太平寨，相继遭火焚，失钱粮、器杖"的记载。据此订正。

失火时间	火灾地点	受灾情况	资料来源
元丰八年二月	开宝寺贡院	试官翟曼、陈之方、马希孟焚死，吏卒死者十四人①	《续资治通鉴长编》卷351"元丰八年二月辛巳"
重和元年九月	掖廷	凡爇五千余间，焚死者甚众	《宋史》卷63《五行志》
绍兴二年五月	临安府	弥六七里，延烧万余家	《建炎以来系年要录》卷54"绍兴二年五月庚辰"
绍兴二年十二月	同上	爇吏、工、刑部，御史台及公私室庐甚众	《建炎以来系年要录》卷61"绍兴二年十二月甲午"
绍兴六年十二月	同上	所爇几万家	《建炎以来系年要录》卷107"绍兴六年十二月甲午"
绍兴七年二月	太平州	军须帑藏，一夕而尽。太平州录事参军吕应中、当涂丞李致虚悉以爇死	《建炎以来系年要录》卷109"绍兴七年二月丙申"
淳熙七年二月	江陵府	爇数千家，延及船舰，死者甚众	《宋史》卷63《五行志》
淳熙十二年十月	鄂州	爇万余家	同上书
淳熙十四年五月	成都府	所爇七千家	《建炎以来朝野杂记·乙集》卷8

① 中华书局点校本《续资治通鉴长编》卷351元丰八年二月辛巳原作"吏卒死者四十人"，失校。考《宋史》卷63《五行志》、《文献通考》卷298《物异考》、《宋会要辑稿·瑞异》2之34均作"吏卒死者十四人"。据此订正。

失火时间	火灾地点	受灾情况	资料来源
嘉泰元年三月①	临安府	燔御史台，司农寺，将作、军器监，进奏、文思、御辇院，太史局，军头、皇城司，法物库，御厨，班直诸军垒，延烧五万八千九十七家，死者五十有九人，践死者不可计	《宋史》卷63《五行志》
嘉泰四年三月	同上	燔尚书、中书省，枢密院，六部，右丞相府，制敕、粮料院，亲兵营，修内司，延及学士院，内酒库，内宫门庑，燔二千七十余家	同上书
嘉定四年十月	福州	燔城门、僧寺，延烧千余家，死者数人	同上书
嘉定十三年二月	安丰军	燔千余家，死者五十余人	同上书
嘉定十三年十一月	临安府	燔城内外数万家，禁垒百二十区	同上书
嘉定十七年四月	西和州	燔军垒及居民二千余家	同上书
绍定四年	临安府	绍定辛卯临安之火，比辛酉（嘉泰元年）之火加五分之三，虽太庙亦不免	《鹤林玉露·丙编》卷2
嘉熙元年六月	同上	燔三万家	《宋史》卷63《五行志》

① 《宋史》卷63《五行志》把宁宗嘉泰中八次火灾均记作嘉定，系于庆元、开禧之间。按：宁宗庆元、开禧之间应为嘉泰。考《宋史》卷38《宁宗纪》、《宋会要辑稿·食货》58之23、《宋会要辑稿·职官》73之29、《宋史全文》卷30均作嘉泰，宋志误。

通过考察可以看出，两宋的火灾具有 3 个特点：第一，延续时间长。据《宋史》卷 63《五行志》记载，从太祖建隆元年立国宿州失火到元军攻占临安前夕的恭帝德祐元年玉牒所失火，灾患连续不断，与两宋历史相始终。具体到每次火灾，又往往有"翌日辰巳方止"①，"自三鼓至翌日亭午乃止"② 的事例，甚至还有"四日乃灭"③ 的情况。第二，受灾地域广。不仅"诸州言火者甚众"④，而且作为政治、军事中心的"京师多火"⑤。更有甚者，"禁中屡火"⑥。有些失火波及地域很大，常常是"燔市肆、民舍殆尽"⑦，"府廨一空"⑧。不但"民多露处"⑨，而且达官贵人也不能幸免。宁宗嘉泰元年临安火灾后，"城中庐舍九毁其七，百官多僦舟以居"⑩。嘉泰四年临安火灾后，"省、部皆寓治驿、寺"⑪。第三，灾情严重。真宗大中祥符八年荣王宫失火，殃及内藏、左藏库，财物顷刻化为灰烬，以至真宗浩叹："祖宗所积，朕不敢妄费。一朝殆尽，诚可惜也！"⑫ 高宗绍兴十年临安失火，"首焚三省，库中所积，一夕而尽"⑬。理宗绍定四年临安火灾，南宋都城焚烧殆尽，城市为之一空。赵家太庙被焚，"祖宗神灵飞上天，可怜九庙成焦土"⑭。可见这次火灾造成的损失极其惨重。

宋代火灾多发的原因，归纳起来大致有以下 5 个方面：

（一）城市人口密集，住宅毗连，容易发生火灾。随着宋代城市商品

① 《宋史》卷 63《五行志》。

② 李焘：《续资治通鉴长编》卷 84 "大中祥符八年四月壬申"。

③ 《宋史》卷 38《宁宗纪》。

④ 《宋史》卷 63《五行志》。

⑤ 同上书。

⑥ 《宋史》卷 18《哲宗纪》。

⑦ 《宋史》卷 63《五行志》。

⑧ 李焘：《续资治通鉴长编》卷 468 "元祐六年十二月戊辰"。

⑨ 《宋史》卷 63《五行志》。

⑩ 同上书。

⑪ 同上书。

⑫ 李焘：《续资治通鉴长编》卷 84 "大中祥符八年四月壬申"。

⑬ 李心传：《建炎以来系年要录》卷 137 "绍兴十年九月辛酉" 引朱胜非：《秀水闲居录》。

⑭ 罗大经：《鹤林玉露·丙编》卷 2。

经济的不断发展，城市居民数量日益增多，城市中人口密度较大，住房拥挤，很容易引起火灾。南宋都城"临安城郭广阔，户口繁夥，民居屋宇高森，接栋连檐，寸尺无空，巷陌壅塞，阶道狭小，不堪其行，多为风烛之患"①。宋代南方城市居民大多以竹茅建房，如荆湖路黄州城"两街居民虽是土瓦，而屋后小屋尚皆竹茅为之"②。京师临安府也有许多竹木结构的住房，更容易失火。宋代大部分火灾是因不慎而发生，属于意外失火。神宗熙宁七年三司失火，是因三司判官宋迪"遣使煮药，而遗火延烧计府，自午至申，焚伤殆尽"③。南宋周子充《跋词科旧稿后》记载：他家毗邻官员"其婢插纸灯于壁，火然而走，延烧首及予家，生计一空"④。城市中鳞次栉比的房屋使火势更容易肆虐蔓延，加重受灾程度。高宗绍兴十二年，镇江府、池州、太平州、芜湖等地失火，全部"市井一空"⑤。孝宗淳熙十四年成都府失火，因"府有棋盘市，俗言孔明八阵营也，居民栉比，一燎无遗"⑥。结果市民7000余家灰飞烟灭，陷入灭顶之灾。更有甚者，宁宗嘉泰元年和理宗嘉熙元年临安府火灾，延烧竟达三五万家，灾情非常严重。

（二）宋朝统治集团崇奉佛道，大兴土木，官民焚香烧祭，引起火灾。宋朝统治者利用佛道二教作为统治人民的思想工具，粉饰社会太平。两宋佛教寺院香火鼎盛，佛教势力仍然很大。在真宗、徽宗的倡导下，道教势力甚嚣尘上，全国各地广建道观。宋代营建的寺观大多以土木结构为主，加以防火技术落后，常常酿成火灾。仁宗天圣五年，宰相张知白指陈："按《五行志》，宫室盛则有火灾。近者洞真、寿宁观相继火，此皆土木太盛之证也。"⑦ 至和二年，翰林学士欧阳修也上疏指出："臣窃见累年火灾，自玉清昭应、洞真、上清、鸿庆、寿宁、祥源、会灵七宫，开宝、兴国两

---

① 吴自牧：《梦粱录》卷10。

② 《宋会要辑稿·职官》4之51。

③ 魏泰：《东轩笔录》卷5。

④ 祝穆：《古今事文类聚·续集》卷18。

⑤ 李心传：《建炎以来系年要录》卷144"绍兴十二年二月辛卯"。

⑥ 李心传：《建炎以来朝野杂记·乙集》卷8。

⑦ 李焘：《续资治通鉴长编》卷105"天圣五年六月癸未"。

寺塔殿，并皆焚烧荡尽，足见天意厌土木之华侈。"① 宋代官僚、庶民之家大都信奉佛教，烧香礼佛之风甚盛，时常引起火灾。南宋一朝，临安"城中大火二十一度，其尤烈者五度"，其中就有因"奉佛太盛，家作佛堂，彻夜烧灯，幡幢飘引"② 而引起的火灾。

（三）内外不法之徒为奸纵火，酿成火灾。宋代城市中无赖流氓比前代增多，这些人嗜利成性，不惜做杀人放火的勾当。北宋初年张咏知升州，"时金陵多火灾，居者不安。乖崖公廉知，皆奸民所为，潜捕得之，乃命先折其胫，斩之以徇，火患遂息"③。真宗大中祥符八年开封府失火，是荣王"侍婢韩盗卖金器，恐事发，遂纵火"④，首焚荣王元俨宫，殃及京城。孝宗乾道以后"火患不息，人火之也"⑤。宁宗嘉泰元年临安火灾后，"自是民讹言相惊，亡赖因纵火为奸利"⑥。嘉定十七年，"西和州焚军垒及居民二千余家，人火之也"⑦。另外也有些火灾是宋朝境外奸细所为，为其政治和军事目的服务。高宗绍兴七年镇江府、楚、真、扬、太平州等地火灾，就是"伪齐刘豫遣奸细纵火于淮甸及沿江诸州，于是山阳、仪真、广陵、京口、当涂皆被其害"⑧。

（四）官吏、军兵纵火，图谋私利。宋代某些不法官吏贪污横行，尤其是国家各机构中的吏人，因没有俸禄或俸禄微薄，便利用经手管辖之权，肆意侵吞，把国家财产据为己有。他们为逃脱国家法律制裁，经常把账簿付之一炬。他们或自己纵火，或见火不救，借失火为由，销赃灭迹。高宗绍兴十年临安之火，就是三省吏人"侵取既多，见物无几，幸火以灭迹，无复稽考者也"⑨。宋朝军队兵将骄慢，动辄发动兵变，杀人放火，劫

---

① 李焘：《续资治通鉴长编》卷180"至和二年七月乙酉"。

② 田汝成：《西湖游览志余》卷25。

③ 祝穆：《古今事文类聚·续集》卷18。

④ 李焘：《续资治通鉴长编》卷84"大中祥符八年五月辛巳"。

⑤ 《宋史》卷63《五行志》。

⑥ 同上书。

⑦ 同上书。

⑧ 李心传：《建炎以来系年要录》卷109"绍兴七年二月丁酉"。

⑨ 熊克：《中兴小记》卷28。

掠财物。理宗端平三年，襄阳府南军主帅李虎纵火焚城，城中财货焚掠无遗，"襄阳为空"①。景定元年，临安"精锐军昼遗火，芦场在旁，晴久芦燥，东南风恶，火势若奔马"②，府治、帑藏全部被焚毁。

（五）自然灾害造成火灾。宋代有些火灾是自然界中地震、雷电等灾害引起的自然失火。太宗雍熙元年，"迅雷之中，烈火遽作"③，火起月华门，延烧乾元、文明二殿。仁宗天圣七年玉清昭应宫失火，也是"火发夜中，大雷雨，至晓而尽"④。神宗元丰四年，"钦州大雷震，火焚城屋"⑤。

二、宋代的火政建制

宋代频繁的火灾，不仅造成巨大的经济损失，而且成为严重的社会问题。宋朝统治集团对此极为重视，制定了周密的制度，以期消弭火患，保障社会稳定。

（一）举行火祭。祭祀是封建社会政治生活中的一件大事，历代帝王都非常重视。宋代火祭除适应封建统治者以神道设教的政治需要以外，还被赋予消弭火灾的使命，成为宋代火政不可分割的一部分。

北宋建国伊始，就定国运以火德王天下，色尚赤。太祖乾德元年，国子博士聂崇义上疏，奏请封五帝之一的赤帝为感生帝，每年正月祭祀，以应火德。北宋政府因而定制："感生帝为坛于南郊，高七尺，广四丈，奉宣祖升配，牲用骍犊二，玉用四圭有邸，币如方色，常以正月上辛奉祀。"⑥ 仁宗康定元年，又在河南商丘设坛祭祀大火之神，以阏伯配享，标准为中祀规格。宋廷下诏："岁以三月、九月择日令南京长吏以下分三献，州县官摄太祝，奉礼。"⑦ 徽宗时期，"天下崇宁观并建火德真君殿，仍诏

---

① 《宋史》卷42《理宗纪》。

② 刘克庄：《后村先生大全集》卷163《制置杜大卿墓志铭》。

③ 《宋大诏令集》卷151《乾元文明二殿灾求言诏》。

④ 《宋史》卷63《五行志》。

⑤ 同上书。

⑥ 李焘：《续资治通鉴长编》卷4"乾德元年闰十二月乙丑"。

⑦ 《宋史》卷103《礼志》。

正殿以离明为名"①，供奉火神，祭祀更谨。

南宋立国初年，戎马倥偬，无暇举行祭礼。高宗绍兴二年，太常博士赵霈上奏："国家以宋建号，用火纪德。今驻跸以来，未举大火之祭，望诏有司举行。"② 次年正月，宋廷"初复大火之祭，配以阏伯，岁以辰、戌月祀之，用酒醴"③。宋朝实行夏历之正，以建寅之月为岁首，辰、戌月即为三月和九月，祭祀时间与北宋相同。绍兴七年，又因"行在多火灾"④，诏令礼部讨论大火之祀。于是在临安府设神位，每年三月和九月向中原望祭古商丘之地。绍兴十八年，权礼部侍郎沈该上疏："中兴浸久，祀秩咸修，惟感生帝，有司因循，尚淹小祀，寓于招提，酒脯而已。宜诏有司，升为大祀。"⑤ 于是高宗诏令大祀感生帝，于斋宫望祭。后又在太一宫专辟一殿，奉祀火德之神，以阏伯配享，夏至祭祀，称为离明殿。理宗淳祐八年，因荆湖路帅臣陈铧之请，修葺衡州炎帝陵庙，以示崇奉火德之意。

（二）制定专门法律。宋代为预防火灾，制定了专项法律，成为国家刑事立法的一部分。宋律对故意放火和失火，分别作了处罚规定。

第一，对故意放火犯罪者量刑较重，告发及捕获犯罪者赏格优厚。北宋"诸故烧人舍屋及积聚之物而盗者，计所烧减价，并赃以强盗论"⑥。按照这项法律，烧毁和盗窃总计绢值十匹者，处以绞刑。而只烧不盗的"故烧人屋舍、蚕蔟及五谷财物积聚者，首处死，随从者决脊杖二十"⑦。南宋"诸故烧官粮草、钱帛、军器、防城官物，并敌棚、楼橹及仓库、屋宇者，绞；谋而未行，或已烧未然者，各减一等。及死罪从，并配广南；流罪从，配千里。在缘边、次边者，皆斩；谋而未行，或已烧未然者，皆当行处斩""诸故烧有人居止之屋者，绞；无人居止舍宅若积聚财物，依烧私

---

① 《宋史》卷 103《礼志》。

② 李心传：《建炎以来系年要录》卷 61"绍兴二年十二月丙申"。

③ 李心传：《建炎以来系年要录》卷 62"绍兴三年正月癸酉"。

④ 李心传：《建炎以来系年要录》卷 111"绍兴七年五月己卯"。

⑤ 《宋史》卷 100《礼志》。

⑥ 窦仪：《宋刑统》卷 19《盗贼律·故烧人舍屋因盗财物》。

⑦ 窦仪：《宋刑统》卷 27《杂律·失火》。

家舍宅财物律。"而且"诸故烧舍宅财物，不在自首之例"①。

第二，对各种负有失火责任者，处罚相对较轻。"诸于山陵兆域内失火者，徒二年；延烧林木者，流二千里；杀伤人者，减斗杀一等。其在外失火而延烧者，各减一等。""诸失火及非时烧田野者，笞五十。""延烧人舍宅及财物者，杖八十；赃重者坐赃论，减三等；杀伤人者，减斗杀伤二等。其行道然火不灭而至延烧者，各减一等。"②"诸官府廨院应住家处失火者，论如非时烧田野律；诸因烧田野致延烧系官山林者，杖一百，许人告；其州县官司及地分公人失觉察，杖六十。"③宋代火灾立法，为惩治失火和放火者提供了明确量刑依据，增强了全社会的防火救火意识。

宋朝统治者在各个时期还颁布了一些诏书，与律文具有同等法律效力。真宗天禧四年，"诏近日遗火稍多，虽累条约，访闻尚有接便奸幸放火谋盗财物，……开封府宜令左右军巡使厢界所由及密切差人缉捉放火及遗火去处贼人，仍榜示许人陈告"④。北宋法律曾一度规定，如放火者不能按时捕获，则主管官员连坐。有些人挟私愤陷害官吏，便烧毁自己的房屋，官吏因无法侦破而被罢免。提点开封府界县、镇、寨公事邵亢深知其弊，奏请如失火不殃及邻家，官吏则不坐罪，杜绝了这种恶习，"自是绝无遗火者，遂著为令"⑤。高宗绍兴四年，"诏临安府失火，延烧官私仓宅及三百间以上，正犯人作情重法轻奏裁；芦草竹板屋三间比一间，五百间以上取旨"⑥。后又以火灾损失轻重比附定罪，烧毁财产价值万缗，与烧毁瓦屋300间同罪；财产价值5000缗，与烧毁茅屋500间同罪。绍兴七年，宰执拟定临安府失火处罚条例，"凡纵火者行军法，遗火延烧数多者，罪亦如之"⑦。高宗认为不能把偶然失火和故意放火等同处置，诏令纵火者以

① 谢深甫：《庆元条法事类》卷80《失火》。
② 窦仪：《宋刑统》卷27《杂律·失火》。
③ 谢深甫：《庆元条法事类》卷80《失火》。
④ 《宋会要辑稿·兵》3之2。
⑤ 陶宗仪：《说郛》卷82引王晔：《道山清话》。
⑥ 李心传：《建炎以来系年要录》卷74"绍兴四年三月戊寅"。
⑦ 李心传：《建炎以来系年要录》卷117"绍兴七年十一月丁酉"。

军法处治，失火损失严重者处以徒刑。宁宗嘉泰元年，"命临安府察奸民纵火者，治以军法"①。

（三）健全防火规章制度。宋朝政府为防止火灾发生，建立了一套严密的防火规章制度，不仅"宋初火禁严"②，而且南宋后期仍然"修火政以肃宫禁"③。

第一，宋代京师和州郡禁止燃火，防患于未然。北宋"京师火禁甚严，将夜分即灭烛。故士庶家凡有醮祭者，必先关厢使，以其焚楮币在中夕之后也"④。理宗还把"修火政"作为训示和考课地方官的一条准则。⑤可见宋代对火政非常重视。

第二，对某些重要官司机构设置特殊防火规定。真宗大中祥符八年，"诏皇城内诸司、在京百司库务、仓草场无留火烛，如致延燔，所犯人泊官吏悉处斩，番休者减一等"⑥。宋律也规定："诸库藏及仓内皆不得然火，违者徒一年。"⑦而在皇城司内燃火则徒二年。高宗绍兴二十九年，"诏非使人在驿，国信所除遇检照案牍、书写紧急文字许权暂开灯，用毕即时打熄，余并禁止"⑧。对另外一些官司机构则采用比照火禁规定。高宗绍兴二年，"诏榷货务依在京日，火禁并依皇城法"⑨。绍兴十四年，"诏秘书省火禁并依皇城法"⑩。孝宗乾道六年，"诏自今后玉牒所火禁，并依秘书省条法指挥"⑪。对负有防火职责的官司要求很严，必须有专人值宿。神宗熙宁四年，王安石拟除朱束之监左藏库，朱束之辞官的理由就是"左帑有火禁，而年高宿直

---

① 《宋史》卷 38《宁宗纪》。

② 祝穆：《古今事文类聚·续集》卷 18。

③ 佚名：《宋史全文》卷 31。

④ 魏泰：《东轩笔录》卷 10。

⑤ 潜说友：《咸淳临安志》卷 42《理宗皇帝〈训守臣十二条〉》。

⑥ 《宋会要辑稿·刑法》2 之 12。

⑦ 窦仪：《宋刑统》卷 27《杂律·失火》。

⑧ 《宋会要辑稿·职官》36 之 53。

⑨ 《宋会要辑稿·食货》55 之 26。

⑩ 《宋会要辑稿·职官》18 之 27。

⑪ 《宋会要辑稿·职官》20 之 61。另《续资治通鉴长编》卷 441 "元祐五年四月丁酉"载尚书诸房及大理寺火禁规定。

非便"①。孝宗淳熙二年，"诏百司申严火禁，仍令检正左右司检详、编修并六曹等处，轮当值宿官觉察，如遇假故，当宿官亦早入局"②，进一步有效地加强了都城机构的火政监督和管理。

（四）设立防火机构。北宋时期，朝廷设置专门防火机构，负责官私防火救火管理事宜。哲宗时，"宣仁既修北宅以奉亲，其母两国太夫人李氏入谢，因请置潜火一铺"③，并引仁宗曹后修南宅时创潜火铺为例。宋代"州郡火政，必曰潜火"④。按潜火即为灭火之意。宋人洪迈考证说："今人所用潜火字，如潜火军兵、潜火器具，其意为防。然以书传考之，乃当为熸。《左传》襄二十六年，楚师大败，王夷师熸。昭二十三年，子瑕卒，楚师熸。杜预皆注曰：吴楚之间，谓火灭为熸。《释文》：音子潜反，火灭也。《礼部韵》：将廉反。皆读如歼者。则知当曰熸火。"⑤ 神宗熙宁八年御批："斩马刀局役人匠不少，所造皆兵刃。旧东西作坊未迁日，有上禁军数百人设铺守宿。可差百人为两铺，以潜火为名，分地守宿。"⑥ 北宋都城开封的防火设施较为完备，"每坊巷三百步许，有军巡铺屋一所，铺兵五人，夜间巡警，及领公事。又于高处砖砌望火楼，楼上有人卓望，下有官屋数间，屯驻军兵百余人，及有救火家事，谓如大小桶、洒子、麻搭、斧锯、梯子、火杈、大索、铁猫儿之类"⑦。南宋都城临安防火设施虽然不如北宋系统化，"临安扑救，视汴都为疏"⑧，但也具有一定规模。"官府以潜火为重，于诸坊界置立防隅官屋，屯驻军兵，及于森立望楼，朝夕轮差兵卒卓望。如有烟焰处，以旗帜指其方向为号，夜则易以灯。若朝天门内，以旗者三；朝天门外，以旗者二；城外，以旗者一。则夜间以灯如旗，分

---

① 魏泰：《东轩笔录》卷5。
② 《宋会要辑稿·瑞异》2之37。
③ 李焘：《续资治通鉴长编》卷354"元丰八年四月乙亥"引赵子崧：《中外旧事》。
④ 刘昌诗：《芦蒲笔记》卷3《潜火》。
⑤ 洪迈：《容斋三笔》卷5《潜火字误》。
⑥ 李焘：《续资治通鉴长编》卷262"熙宁八年四月己丑"。
⑦ 孟元老：《东京梦华录》卷3《防火》。
⑧ 袁褧：《枫窗小牍》卷下。

三等也。"① 临安设置23个防火隅屋，有些隅屋还配置望火楼，相互配合，防火组织较为严密。此外，全国各州府治所也设置防火机构，如绍兴府的防火机构"潜火队在府衙西"②。全国形成一套完整的防火组织系统，提高了防火救火效率。

（五）设置消防军队。宋代负有防火职责的军队有两类。一类是三衙、京城巡检司军队。真宗大中祥符二年，诏"令开封府今后如有遗火，仰探火军人走报巡检，画时赴救。都巡检未到，即本厢巡检先救。如去巡检地分遥远，左右军巡使或本地分厢界巡检员僚指挥使先到，即指挥兵士、水行人等与本主同共救泼"③。开封府"每遇有遗火去处，则有马军奔报军厢主。马步军、殿前三衙、开封府各领军汲水扑灭，不劳百姓"④。高宗绍兴二年，"诏自今临安府遗火，止令马步军司及府兵救扑，仍预给色号。他军非奉御前处分者，毋得擅出营"⑤。另一类是专职消防军队，其性质类似于现在的消防警察。北宋的潜火铺中设有专职防火兵。徽宗宣和二年，少傅、镇西军节度使余深在知福州任上建御书阁，援引白时中先例，从朝廷潜火兵中抽调15人听用。⑥ 南宋临安潜火军兵更多，"防虞一军，又必藉禁卫之士，别为部伍"⑦。据《梦粱录》卷10记载：嘉定以后，临安府增置潜火军兵，总为12隅、7队。12隅潜火兵士每隅102人，共计1224人。7队潜火兵士分别为水军队206人，搭材队118人，亲兵队202人，帐前四队350人，共计876人。另外，城南北厢尚有潜火兵1800人，城外四隅潜火隅兵1200人。据此可知，临安府23隅潜火军兵共计5100人。

宋代潜火军兵职责明确固定，专门负责防范扑救火灾。潜火兵和其他

---

① 吴自牧：《梦粱录》卷10。
② 施宿：《嘉泰会稽志》卷4。
③ 《宋会辑稿·兵》3之1。
④ 孟元老：《东京梦华录》卷3《防火》。
⑤ 李心传：《建炎以来系年要录》卷56"绍兴二年七月乙酉"。
⑥ 《宋会辑稿·崇儒》6之12。按北宋汴京又专设"望火"兵，参见《宋会辑稿·兵》3之3、《宋会辑稿·礼》6之48、《续资治通鉴长编》卷417"元祐三年十一月丁卯"等处记载。
⑦ 潜说友：《咸淳临安志》卷57《武备》。

军队有所区别，能够享受潜火食钱等专项职贴，在待遇上比其他军队优厚。通常情况下，潜火军兵驻守在防火隅屋或某些专职机构，如太庙、玉牒所、秘书省等处，专门负责救火事宜。孝宗淳熙五年定制，除三衙禁军营寨内失火自行扑救外，"所有逐军元认临安府城里外救火地分，并差有司等处防火官兵。除三省潜火人，太庙一百一人，玉牒所一百二人，秘书省一百人外，余并不得差发前去"①。城里仍由侍卫司负责。理宗时，临安南北厢潜火隅兵职责更加分明，"设有不虞，俾各任责。如是本隅地界，不候指挥，使即部领隅兵前去救扑；如是别隅地界，本将办集隅兵，听候临安府节制司关唤，方许出寨"②。由于防火责任明确，进一步加强了统一调度指挥和消防实力。

（六）设火保、创火巷、拆茅屋建瓦屋。针对社会上的不法之徒纵火渔利，宋代设保甲之法防火。神宗时石牧之知温州，制定了火保连坐之法，杜绝了奸民攘夺之弊。南宋"诸州、县、镇、寨城内，每十家为一甲，选一家为甲头，置牌具录户名，印押付甲头掌之。遇火发，甲头每家集一名。救扑讫，当官以牌点数"③。高宗绍兴年间程显学"徙［知］温州，至适火后，为营官舍千区，开河渠，立望楼，结火保"④，成效显著。也有些官司和官员创防火墙或空留隔离带作防火巷。神宗熙宁九年，提举在京寺务司鉴于大相国寺泗州院失火，请求"绕寺庭高筑遮火墙"⑤，朝廷准奏。高宗绍兴二年，诏"行宫、皇城周回各径直留空三丈，毋得居"⑥。孝宗淳熙年间，赵善俊知鄂州，"创火巷以绝后患"⑦。把易于失火的茅竹木屋翻盖成瓦屋，也是有效的防火措施。神宗时郭子皋知剑州，因州多火

---

① 《宋会要辑稿·瑞异》2 之 38。另《宋会要辑稿·职官》30 之 3～6 载有修内司潜火兵的情况。

② 陈仁玉：《淳祐临安志》卷 6《府城》。

③ 谢深甫：《庆元条法事类》卷 80《失火》。

④ 罗愿：《新安志》卷 7《程显学》。另《宋史》卷 300《徐的传》载徐的摄江陵府事，将城内恶少年结保行连坐法防火。

⑤ 《宋会要辑稿·职官》25 之 10。

⑥ 李心传：《建炎以来系年要录》卷 61"绍兴二年十二月戊戌"。

⑦ 周必大：《文忠集》卷 63《平园续稿·中大夫秘阁修撰赐紫金鱼袋赵君善俊神道碑》。

灾，贷民陶瓦撤换竹木屋，火患遂息。高宗绍兴二年，"诏临安民居皆改造席屋，毋得以茅覆盖"①。绍兴十七年，因殿前司茅屋营寨屡次失火，"改造殿前司寨为瓦屋"②。孝宗淳熙年间，知循州宋煜因州多茅屋，经常失火，贷民官钱易以瓦屋，安定了人民生活。③ 上述各项防火措施，在一定程度上预防和减少了火灾的发生。

三、宋代的恤灾与奖惩

宋朝政府在防范火灾发生的同时，对已经发生的火灾也采取各种措施，尽量减少损失。防患于未然和救治于已然，是宋代火政内容的两个方面。

（一）赈恤灾民。宋代城市失火后，朝廷往往采取一些救助性措施，帮助灾民救灾图存。第一，减免被火之家的赋税和差科。徽宗政和六年，"诏在都日近遗火被烧人户，见赁官地屋与放赁直两季"④。高宗绍兴二年，诏"临安府被火百姓，许于法慧寺及三天竺寺等处权安泊，应客店亦许安下，免出房钱。其四向买贩木植、芦箔、竹筏，并不得抽分收税。官私房钱不以贯百，并放五日"⑤。宁宗嘉定十三年，"诏令庆元府将被火官民户及寺观未纳嘉定十三年分秋料、役钱，特与蠲放；其已纳在官，理充嘉定十四年分合纳之数"⑥。第二，发放粮款赈济灾民。高宗绍兴二年，诏临安府火灾后"孤贫不能自存之人，令户部省仓支米二千硕，付临安府赈

---

① 李心传：《建炎以来系年要录》卷 61 "绍兴二年十二月戊戌"。

② 李心传：《建炎以来系年要录》卷 156 "绍兴十七年二月辛亥"。

③ 陆心源：《宋史翼》卷 21 引《粤大记》参《闽书》。另《宋史》卷 272《曹克明传》载曹克明知桂州 "选北军教［民］瓦屋，又激江水入城，以防火灾"。同书卷 300《周湛传》载周湛任知襄州，拆除妨碍救火通道的房屋，"课民贮水，以严火禁"。《舆地纪胜》卷 177《万州》载知州束庄 "籍羡缗，市材具，屋通衢而瓦之，筑水防，表火道" 等。

④ 《宋会要辑稿·食货》59 之 10。

⑤ 《宋会要辑稿·食货》59 之 23。

⑥ 《宋会要辑稿·职官》4 之 51。

济"①。宁宗嘉定十三年，"诏令封桩库支拨会子二万八千一百一十六贯，仍令提领丰储仓所取拨米三千四百三十九石八斗，并付临安府，照应供到数目，逐一等第给散被火全烧、全拆并半烧、半拆及践踏人户"②。理宗嘉熙元年临安府失火，朝廷"出内库缗钱二十万给被火之家"③。

（二）奖励救火者。宋朝政府对扑灭火灾有功人员予以奖赏，分为赐官和赐钱两种形式。英宗治平二年，开封府新城巡检杨燧曾经率兵扑灭濮王宫火，被擢升登州团练使、步军都虞候。哲宗绍圣四年，入内押班冯世宁、兰从熙救宫中火有功，各转一官。后二人辞官，又各赐银、绢500两、匹。南宋初年，梁汝嘉以知县摄临安府事，"修火政，严巡徼，盗发辄得，火灾亦息"④，遂正式任命为知府，并加直龙图阁。高宗绍兴二年，临安府火灾被扑灭后，"赐神武中右军忠锐第五将马步军、修内司救火卒三千人钱各一千"⑤。宁宗嘉泰三年襄阳府失火，军校于友直率选锋军奋力扑救，只烧毁60余家，自己却死于救火，朝廷因功赠二秩，官其二子。次年临安府失火，已烧到太庙八风之上，两名殿前卒扛张隆飞身而上，斩落八风板，控制住蔓延的火势。士兵张隆因功转10官，并得到大量金银赏赐。

（三）惩罚失火事故责任者。宋朝政府不仅对救火有功之人予以奖励，而且对火灾事故责任者予以处罚。

第一，每次重大火灾发生后，皇帝都要颁布罪己诏书，以示自己负有责任，做出避正殿、减常膳的举动。真宗天禧二年诏："维城后夜，烈焰延焚。火禁不修，致震惊之斯作；政经内省，乃祗畏之交增。"⑥ 仁宗明道二年诏："不谓掖廷之内，火禁弗严，既烈焰之倏兴，属清宵之未艾。遂兹燔烬，延及殿闱。幸赖元昊降衷，群臣叶力，彻途之众，诘旦骈臻，俄顷之间，腾烟尽息。端门路寝，禁咮周庐，俯接连甍，并皆安堵。载惟菲

---

① 《宋会要辑稿·食货》59 之 23。
② 《宋会要辑稿·食货》58 之 32～33。
③ 佚名：《宋史全文》卷 33。
④ 《宋史》卷 394《梁汝嘉传》。
⑤ 李心传：《建炎以来系年要录》卷 61"绍兴二年十二月甲午"。
⑥ 宋真宗（赵恒）：《玉京集》卷 4《为火罪己表一道》。

薄之质，实居亿兆之尊，深虑政刑之缺未修，德惠之流未溥。听断之际，或失于轻重；上下之情，罔臻于交泰。致斯谴谪，集此震惊。敢忘罪己之怀，用覃肆眚之泽！"① 理宗绍定四年诏："回禄之灾，延及太庙，祖宗神主，暂就御于景灵宫。朕累日哭于神御殿，省愆谢罪，伤痛罔极。"②

第二，对火灾直接肇事者予以重处。真宗大中祥符八年荣王宫失火，诏纵火者韩氏法外施刑，先断手足，示众三日，然后凌迟处死；知情者处斩。天禧二年镇王宫失火，因宗室承亮侍婢遗烬引起，"诏免死，杖脊，配窑务卒为妻；承亮停官"③。高宗绍兴三年，保义郎李琪"置火楼上，不用心看顾，致延烧民居四百六十余间"④，诏降一官放罢。理宗淳祐十二年临安火灾，诏"行失火家罚，成忠郎刘世显除名编管"⑤。

第三，对失火部门或地区玩忽职守的官吏追究责任。仁宗宝元元年，"三司言：山场、榷务自今火焚官物，其直万缗以上者，监官并勒停，主吏刺配别州牢城。从之"⑥。神宗熙宁七年三司失火，权三司使元绛落职罢官；盐铁副使张问、判官李端卿、权度支副使贾昌衡等降官；其他"有职于三司者，皆赎金"⑦。元丰八年开宝寺寓礼部贡院失火，知贡举李定、蔡卞、朱服各降一官，开封府官员蔡京、胡及、李士良各罚铜8斤，原因是"卞、服坐知贡举日贡院遗火，京及士良坐救火延烧，虽会赦，特责故也"⑧。理宗绍定四年火焚太庙，宰相史弥远降爵，宰执薛极、郑清之、乔行简各降一秩，殿帅冯时、马步帅王虎各夺一官罢。

第四，对坐视不救和救火措施不得力的官员，治以渎职之罪。仁宗庆历八年江宁府失火，知府李宥以为骄兵叛乱，闭门不敢救火，延烧殆尽，

---

① 《宋大诏令集》卷152《宫禁火赦天下制》。
② 佚名：《宋史全文》卷32。
③ 李焘：《续资治通鉴长编》卷91"天禧二年二月戊辰"。
④ 《宋会要辑稿·职官》73之14。
⑤ 佚名：《宋史全文》卷34。
⑥ 李焘：《续资治通鉴长编》卷121"宝元元年二月庚午"。
⑦ 《宋会要辑稿·职官》65之38。
⑧ 《宋会要辑稿·职官》66之31。

朝廷"寻责宥为秘书监,直令致仕"①。孝宗乾道三年,"诏武德大夫、侍卫步军司武锋军统制官钱卓特降三官,坐真州、六合遗火,不措置救扑故也"②。宁宗嘉泰元年临安府火灾,主管侍卫步军司夏侯恪"酣酒未醒,全不指呼救扑,遂成大祸"③,诏降两官放罢。理宗绍定四年,"诏罢前军统制徐仪,仍削官三等;统领马振远除名勒停,编置湖南州军,以殿前司副都指挥使冯时言其救火弗力也"④。

宋代对各种失火事故责任的追究处治,起到了惩戒劝勉作用。

---

① 李焘:《续资治通鉴长编》卷162"庆历八年正月壬午"。

② 《宋会要辑稿·职官》71之17。

③ 《宋会要辑稿·职官》73之29。

④ 佚名:《宋史全文》卷32。

第三编

宋代人物研究

范仲淹历史意识初探

在世界各国范围内，中华民族是一个以史学发达而著称的民族。这不仅为中国古今学者广泛论及，而且受到近代以来西方学者的重视。英国科技史专家李约瑟博士从世界各民族的比较中，指出"中国人有深刻的历史意识"①。这种"深刻的历史意识"产生于人们的社会历史实践活动，同时又对人们的社会历史实践活动发生反作用，特别是对史学实践与政治实践的影响至关重大。因此，历史意识并不单纯表现在史家的思想观念中，②同时还反映在政治家的头脑里。在中国古代的政治家中，北宋范仲淹的历史意识不仅对其政治思想和学术思想产生了很大影响，而且直接作用于他的政治实践和学术实践，故有必要进一步深入探讨。

一、历史忧患意识

中国古代的学人，历来有一种忧患意识。《易·系辞下》说："作《易》者，其有忧患乎！"又说："安而不忘危，存而不忘亡，治而不忘乱。"可见这种忧患意识在我国具有悠久的传统，其内涵主要体现在对朝代兴亡盛衰、社会治乱安危以及民众生活疾苦的关注。从历史与现实的关系来看，人们对于现实社会前途与命运的忧虑，往往和他们对于历史的认识联系在一起，因而忧患意识具有历史的性质，成为历代史学家、思想家和政治家历史意识中的一项重要内容。

宋代士大夫的历史忧患意识，既是继承中国历代学者的忧患意识传统

---

① 李约瑟：《中国科学技术史》第 1 卷《导论》，88 页，北京，科学出版社；上海，上海古籍出版社；1990。

② 关于历史意识的界定和探讨，可参阅瞿林东：《中国古代史学批评纵横》，185～189 页，北京，中华书局，1994；Joyce Appleby, Lynn Hunt and Margaret Jacob, *Telling the Truth about History*, New York：W. W. Norton & Company, 1994, p. 59.

而来，又是基于当时社会阶级矛盾和民族矛盾的内忧外患时代形势而成。因此，两宋时期的历史忧患意识显得格外明显，具有特别凝重而深沉的性质。在北宋发展的历史上，范仲淹成为士大夫中间最早具有这一忧患意识的思想家和政治家，应该说是当之无愧的。他在读书求学的青年时代，即以古人安贫乐道为榜样，立下"瓢思颜子心还乐，琴遇钟君恨即销。但使斯文天未丧，涧松何必怨山苗"① 的志向，不以贫困为忧，树立了忧天下为己任的远大理想。在政治方面，他的目标是致君于尧、舜："纯衣黄冕历星辰，白马彤车一百春。莫道茅茨无复见，古今时有致尧人。"② 在军事方面，则是要立志守边报国："太平燕赵许闲游，三十从知壮士羞。敢话《诗》《书》为上将，犹怜仁义对诸侯。子房帷幄方无事，李牧耕桑合有秋。民得袴襦兵得帅，御戎何必问严尤！"③ 宋代史学家欧阳修赞誉范仲淹"少有大节，于富贵贫贱、毁誉欢戚不一动其心，而慨然有志于天下"④，可谓确切评价，并非浮夸虚誉的谀墓之辞。宋人苏轼也指出："公在天圣中，居太夫人忧，则已有忧天下致太平之意，故为万言书以遗宰相，天下传诵。至用为将，擢为执政，考其平生所为，无出此书者。"⑤ 可见范仲淹的忧乐观与其道德品质修养、建功报国壮志联系在一起。

范仲淹这种乐以忘忧的经世志向，成为其一生的精神支柱，从中体现出深邃的历史忧患意识。正如有的研究者所说："范仲淹的忧乐观是以他强烈的忧患意识为基础的，这是一种高度的社会责任感，自觉的担当精神，浓郁的人文情怀。"⑥ 这几方面内容，概括出范仲淹关注国家兴亡、社会治乱和民生疾苦的忧患意识。范仲淹从历代的成败兴亡中得到深刻认识，特别强调居安思危的忧患思想。他指出："先王修德以服远人，然安

---

① 范仲淹：《范文正公文集》卷4《睢阳学舍书怀》。

② 范仲淹：《范文正公文集》卷4《咏史五首·陶唐氏》。

③ 范仲淹：《范文正公文集》卷4《河朔吟》。

④ 欧阳修：《欧阳修全集·居士集》卷20《资政殿学士户部侍郎文正范公神道碑铭》。

⑤ 苏轼：《苏轼文集》卷10《范文正公文集叙》。

⑥ 方健：《范仲淹评传》，376 页，南京，南京大学出版社，2001。

不忘危，故不敢去兵以恃德也。"① 尤其是范仲淹少年时期经历艰难困苦生活，自称"出处穷困，忧思深远，民之疾苦，物之情伪，臣粗知之"②，比较了解宋代社会下层的真实情况。在这种社会背景下，范仲淹把北宋士大夫忧国忧民的情感升华为内涵深邃的忧患意识，超越了个人情结，而具有普遍的历史感与现实感。他不赞赏古人遇困境"则有去国怀乡，忧谗畏讥，满目萧然，感极而悲"和逢顺境"则有心旷神怡，宠辱偕忘，把酒临风，其喜洋洋"两种境界，而追慕古人先忧后乐的高风亮节。范仲淹说道："予尝求古仁人之心，或异二者之为。何哉？不以物喜，不以己悲；居庙堂之高则忧其民；处江湖之远则忧其君。是进亦忧，退亦忧，然则何时而乐耶？其必曰：先天下之忧而忧，后天下之乐而乐乎！噫！微斯人，吾谁与归？"③ 他之所以要效法古人以天下之忧为忧，以天下之乐为乐的行事原则，归根到底还是关注现实社会的前途命运。这是范仲淹历史忧患意识中的积极取向，其价值早已超越特定的时代背景，成为中华民族宝贵的精神财富。

范仲淹在一生的仕宦生涯中，完全按照自己确立的历史意识行事，真正达到了先忧后乐的境界，成为当时和后世之人景仰的楷模。他在朝廷为官，"进登二府"、"远忧边患"④，积极制定朝廷各项施政方针，忧心于苍生民瘼。及至出朝为官，则认为"今之刺史古诸侯，孰敢不分天子忧"⑤，积极办理地方事务，为朝廷分忧解难。范仲淹认识到地方守土长官应当"忧国爱民，此其职也"⑥，以尽职尽责报效国家，造福一方。因此，他每到一地为官，都竭尽心力"求民疾于一方，分国忧于千里"⑦，为当地人民解除某些弊政之害，缓和民众对朝廷的不满情绪。即使解职守丧期间，范

---

① 范仲淹：《范文正公文集》卷 20《论西京事宜札子》。
② 范仲淹：《范文正公文集》卷 17《让观察使第三表》。
③ 范仲淹：《范文正公文集》卷 8《岳阳楼记》。
④ 范仲淹：《范文正公文集》卷 18《谢授知邠州表》。
⑤ 范仲淹：《范文正公文集》卷 3《依韵答贾黯监丞贺雪》。
⑥ 范仲淹：《范文正公文集》卷 11《祭英烈王文》。
⑦ 范仲淹：《范文正公文集》卷 18《邓州谢上表》。

仲淹仍然"不以一心之戚，而忘天下之忧"①，上书言事，极论朝廷弊政，希望统治集团改弦更张，以收致治功效。他这种"进亦忧，退亦忧"和"先天下之忧而忧，后天下之乐而乐"的忧患意识，不仅继承了前人忧国爱民思想的精华，而且对当时和后世都产生了巨大影响，给中国古代历史意识增添了极其丰富的内容。

二、历史借鉴意识

以史为鉴是历史意识中又一项重要内容，也是中国历代形成的优良传统。史学家的历史借鉴意识偏重于从历史的盛衰兴替中汲取教训，寻找历史发展演变的规律；而政治家的历史借鉴意识则偏重于从前代政治成败得失中得到启示，寻求政治决策的历史依据。范仲淹作为北宋著名政治家，其历史意识带有鲜明的借鉴前言往行为现实政治服务的内涵。他在许多方面引古筹今，借鉴历史上成功与失败两方面的经验教训为自己的立论和行事寻求依据，突出体现了极其明确的借鉴意识，在其历史意识中居于至关重要的显著位置。

范仲淹生活的时代，正是中国政治思想和伦理道德观念开始转变的时期。政治上结束了唐末五代以来的分裂割据局面，基本实现了国家的统一，给人们重新思考和树立新的价值观念提供了条件。以范仲淹为代表的北宋士大夫群体，自觉扭转唐末五代以来儒家伦理观念淡漠，社会道德意识沉沦的风气，积极开创时代新风尚，健全理想的人格，确立起以天下为己任的价值追求和人生信念。因此，宋代士大夫努力从传统儒家思想中汲取营养，形成了以史为鉴的学风。范仲淹认为，学者求学立身，"当于《六经》之中，专师圣人之意"②，而不可惑于异端俗学，误入歧途。借鉴历史上传统儒家思想的精华，建设时代的精神文明风尚，这是宋代士大夫的共同价值取向。在这方面，范仲淹确实起到了开风气之先的作用，成为

---

① 范仲淹：《范文正公文集》卷9《上执政书》。
② 范仲淹：《范文正公文集》卷10《与欧静书》。

宋学创建的先驱者。南宋理学家朱熹论宋代学术演变趋势说："自范文正以来，已有好议论。如山东有孙明复，徂徕有石守道，湖州有胡安定。到后来，遂有周子、程子、张子出。故程子平生不敢忘此数公，依旧尊他。若如杨、刘之徒，作四六骈俪之文，又非此比。然数人者皆天资高，知尊王黜霸，明义去利。但只是如此便了，于理未见，故不得中。"① 朱熹论述理学产生以前的宋代学术从范仲淹讲起，说明当时的学者已经承认他作为宋学开山的地位。范仲淹一生追求的是"尚经天纬地之业"②，倡导借鉴传统儒家思想，主张通古今、求实用。他在西北边防任上，教养裨将狄青博览史书，究通古今。"文正以《春秋》、《汉书》授之曰：将不知古今，匹夫之勇，不足尚也。"③ 由此可见，范仲淹以史为鉴而汲取儒家思想的营养，主要目的是倡导忧患意识与爱国精神，追求完美的人生价值，勇于担当社会责任。

范仲淹在政治措施和军事防御上，也很注意吸收历史上的经验教训，能够以史为鉴。宋仁宗明道元年，他在陈州任上"闻京师多不关有司而署官赏者，乃附驿奏疏，甚恳至，愿以唐中宗朝上官婕妤、贺娄氏卖墨敕斜封官为戒。又屡上疏言内降之弊，引韦后为戒"④。范仲淹以历史上善恶两方面事例，劝谏皇帝崇尚礼仪，移风易俗，达到长治久安。他说：

> 圣帝明王岂得无好，在其正而已。尧设敢谏鼓，建进善旌；舜好问，而成治化；禹拜昌言，而立大功；汤五聘伊尹；文王躬迎吕望；周公握发吐哺，以待白屋之士；郑武公好贤，而《诗·雅》歌之；燕昭王筑台慕士，而智者归之。斯圣贤好尚，如是之急也。桀、纣好利欲，不好谏诤，而天下亡；秦好兵刑，不好仁义，而天下归汉；隋炀帝好逸豫，不好恭俭，而天下归唐。使桀、纣好谏诤，秦好仁义，隋

---

① 黎靖德：《朱子语类》卷129。
② 范仲淹：《范文正公别集》卷4《赋林衡鉴序》。
③ 王辟之：《渑水燕谈录》卷2。
④ 楼钥：《范文正公年谱》。

炀帝好恭俭，岂有丧乱之祸哉？①

在中国专制时代的历史上，皇帝的好恶往往影响甚至决定政治的臧否。范仲淹从历代成败得失角度论帝王好尚，可谓深得肯綮，把握了治国之要。中国古代再一个关乎政治好坏的重要因素，就是如何用人问题。范仲淹指出：

> 王者得贤杰而天下治，失贤杰而天下乱。张良、陈平之徒，秦失之亡，汉得之兴；房、杜、魏、褚之徒，隋失之亡，唐得之兴。故曰：得士者昌，失士者亡。《书》曰："先王昧爽丕显，坐以待旦，旁求俊彦，启迪后人。"其勤求人材，如是之急也。……又《书》之《说命》篇曰："旁求俊乂，列于庶位。"是朝廷庶位，惟俊乂是求。唐太宗曰："天下英雄，落吾彀中。"《语》曰："邦有道则智，邦无道则愚。"智则可与治国家安天下，愚则可与避怨恶而全一身。故圣人以俊乂为德，不以柔讷为行，如以柔讷为行而宠之，则四海英雄无望于时矣。使英雄失望于时，则秦失张、陈，隋失房、杜，岂不误天下之计哉！②

从北宋张元、吴昊因不受任用而投奔西夏，给宋朝统治集团造成巨大压力一事，可以看出范仲淹以古为鉴的历史意识极其鲜明，这为他措置西夏事宜提供了历史借鉴。范仲淹在陕西任职期间，上表请求朝廷借鉴历史上成败得失，引以为戒。他劝诫宋仁宗说："臣观《易·震卦》曰：震，亨。谓圣人因震恐而致亨大也。禹、汤罪己，其兴也勃焉。是皆得《易》之旨，畏天之威，而致其亨矣。陛下其舍诸！"③ 在筹划防御辽朝的策略上，范仲淹"考法于古，择利于今"④，形成了古为今用的军事思想。与此同

---

① 范仲淹：《范文正公文集》卷7《帝王好尚论》。
② 范仲淹：《范文正公文集》卷7《选贤任能论》。
③ 范仲淹：《范文正公文集》卷18《让枢密直学士右谏议大夫表》。
④ 范仲淹：《范文正公政府奏议》卷下《奏陕西河北和守攻备四策·河北备策》。

北京师范大学史学探索丛书

时，他还引古筹今，提出防御西夏的策略：

> 　　唐高祖、太宗应天顺人，百战百胜，犹屈于突厥。当戎王始亡，为之举哀，废朝三日，遣百寮诣馆吊其来使，其屈礼之甚也。又太宗骑六骑于渭上，见颉利与语，复亲与之盟。颉利既退，左右劝击之，太宗谓我击彼败，惧而修德，后患必深。乃周旋俯就，使之骄怠，一旦遣李靖擒之，威振四极，此圣王之谋也。陛下如唐高祖、太宗隆礼敦信，以盟好为权宜，选将练兵，以攻守为实事。彼不背盟，我则抚纳无倦；彼将负德，我则攻守皆宜。如此则结好之策，未有失也。①

　　范仲淹提出的"以盟好为权宜"，"以攻守为实事"的策略，成为他创建对西夏积极防御战略体系的核心思想，对于迅速扭转北宋在宋夏战争中的不利局面起到了关键作用。这一军事思想的提出，既是他身临战争前线经营防务的经验总结，又是研习借鉴古代兵法谋略的深识远虑。从范仲淹的经历中，可以得出以下认识：一个人所具有的历史知识越丰富，借鉴历史的素养越高，那么对现实问题的理解和处理的能力就越强。历史和现实具有不可分割的联系，因而历史的经验教训也就能够为现实社会提供借鉴。无论史学家还是政治家，只要具备深刻的历史意识，都可以借鉴历史，古为今用，为现实社会服务，解决好自己面临的社会问题。

三、历史变革意识

　　历史意识中还有一项重要内容，就是把历史的发展变化看做一个前后延续的过程，承认历史、现实、未来之间的相互联系。凡是不承认历史的发展变化，或者仅仅把历史视为孤立的时间断限和彼此之间没有联系的偶然事件，都是缺乏历史意识的表现。只有把历史发展过程作为整体考察，把历史事件的因果关系联系起来看问题，才能认清历史上的是非善恶，形

---

① 范仲淹：《范文正公政府奏议》卷下《奏陕西河北和守攻备四策·陕西和策》。

成革故鼎新的变革意识。因此，是否富有历史变革精神，就成为衡量一个学者或政治家是否具备历史意识的试金石。按照这一标准考察，范仲淹无疑是一位具有历史意识的政治家。

范仲淹在历史忧患意识和历史借鉴意识的基础之上，形成了明确的历史变革意识。他表示"夕惕三省，寅恭一心，进则尽忧国忧民之诚，退则处乐天乐道之分"①，于荣辱进退之间，力求辅成王道政治。范仲淹指出：

> 夫善国者，莫先育材；育材之方，莫先劝学；劝学之要，莫尚宗经。宗经则道大，道大则才大，才大则功大。盖圣人法度之言存乎《书》，安危之几存乎《易》，得失之鉴存乎《诗》，是非之辨存乎《春秋》，天下之制存乎《礼》，万物之情乎《乐》。故俊哲之人，入乎《六经》，则能服法度之言，察安危之几，陈得失之鉴，析是非之辨，明天下之制，尽万物之情。使斯人之徒辅成王道，复何求哉？至于叩诸子，猎群史，所以观异同，质成败，非求道于斯也。②

他主张朝廷用人行政都应当从《六经》中汲取精华，这样才能实现王道政治。范仲淹认为《春秋》和《易经》对后世治国理念影响最大，是中国传统政治思想的来源。他论《春秋》说：

> 圣人之为《春秋》也，因东鲁之文，追西周之制，褒贬大举，赏罚尽在。谨圣帝明皇之法，峻乱臣贼子之防。其间华衮贻荣，萧斧示辱，一字之下，百王不刊。游、夏既无补于前，公、谷盖有失于后。虽丘明之传颇多冰释，而素王之言尚或天远，不讲不议，其无津涯。今褒博者流，咸志于道，以天命之正性，修王佐之异材，不深《春秋》，吾未信也。……吾辈方叩圣门，宜循师道，粹属词比事之教，洞尊王黜霸之经。③

---

① 范仲淹：《范文正公文集》卷18《谢转礼部侍郎表》。
② 范仲淹：《范文正公文集》卷10《上时相议制举书》。
③ 范仲淹：《范文正公文集》卷8《说春秋序》。

范仲淹认为《公羊传》、《谷梁传》、《左传》并未把《春秋》政治意蕴真正阐释透彻，于是自觉担当起这一历史责任，发明《春秋》中"属词比事之教"、"尊王黜霸之经"，为北宋前期中央集权和大一统政治服务。然而，最能体现范仲淹历史变革思想的，还是从《易经》中获取养料。他在奏疏中指出：

> 臣闻历代之政，久皆有弊。弊而不救，祸乱必生。何哉？纲纪寖隳，制度日削，恩赏不节，赋敛无度，人情惨怨，天祸暴起。惟尧、舜能通其变，使民不倦。《易》曰："穷则变，变则通，通则久。"此言天下之理有所穷塞，则思变通之道。既能变通，则成长久之业。我国家革五代之乱，富有四海，垂八十年，纲纪制度，日削月侵，官壅于下，民困于外，夷狄骄盛，寇盗横炽，不可不更张以救之。……臣敢约前代帝王之道，求今朝祖宗之烈，采其可行者条奏。①

可见历史变革意识不仅影响着范仲淹对历史的看法，而且成为后来庆历新政中实行政治改革的理论基础。范仲淹在历史变革意识的指导下，从各方面作了理论准备，为改革制造舆论。

首先，倡导树立社会新风尚。要改革北宋社会积弊，必须扭转朝廷重臣以因循避忌为持重，以建功立业为生事的偷惰安闲之风。范仲淹上书给资政殿学士晏殊说：

> 若以某邀名为过，则圣人崇名教，而天下始劝。庄叟云"为善无近名"，乃道家自全之说，岂治天下者之意乎？名教不崇，则为人君者，谓尧、舜不足慕，桀、纣不足畏；为人臣者，谓八元不足尚，四凶不足耻。天下岂复有善人乎！人不爱名，则圣人之权去矣。《经》曰："立身扬名。"又曰："善不积不足以成名。"又曰："耻没世而名不称。"又曰："荣名以为宝。"是则教化之道，无先于名。三古圣贤，

---

① 范仲淹：《范文正公政府奏议》卷上《答手诏条陈十事》。

何尝不著于名乎！某患邀之未至耳。①

他认为远名避嫌必然导致因循守旧，无所事事："先王以名为教，使天下自劝。……武王克商，式商容之闾，释箕子之囚，封比干之墓，是圣人敦奖名教，以激劝天下。如取道家之言，不使近名，则岂复有忠臣烈士为国家之用哉？"②范仲淹效法古之贤人，力倡移风易俗，对于扭转唐末五代以来因循偷惰、寡廉鲜耻风气起了带动作用。他表示："移风易俗，岂惟前圣之所能；春诵夏弦，宁止古人之有作？……既顺时而设教，孰尊古而卑今？"③试图彻底改变社会上的浇薄风尚，建立盖世之功，从而"增芳华于信史，协休美于祥经"④，不让古人专其美。在范仲淹的感召之下，欧阳修、司马光、王安石等一大批人物敦崇名教，锐意改革，形成一套全新的社会精神风尚。

其次，对古今不合理的制度提出批评，主张实行政治、经济改革。范仲淹对秦、汉以下 2000 多年来历代朝廷实行的重农抑商政策表示不满，提出改弦更张的设想。他指出："尝闻商者云，转货赖斯民。远近日中合，有无天下均。上以利吾国，下以藩吾身。《周官》有常籍，岂云逐末人。……此弊已千载，千载犹因循。……吾商则何罪，君子耻为邻？上有尧、舜主，下有周、召臣。琴瑟愿更张，使我歌良辰。何日用此言，皇天岂不仁！"⑤历代封建士大夫多秉承儒家言义不言利的宗旨，不屑与商人为伍，并通过他们所把持的政治权力排斥甚至打击商人，严重削弱了中国传统社会中商业的发展。范仲淹认为士、农、工、商地位应该平等，为商人鸣不平，勾画出一部商人屈辱辛酸和商业举步维艰的发展史，强烈要求改变现状。他对于现实社会的弊端尤其关注，在上奏朝廷请求革弊的奏章里说：

---

① 范仲淹：《范文正公文集》卷 10《上资政晏侍郎书》。
② 范仲淹：《范文正公文集》卷 7《近名论》。
③ 范仲淹：《范文正公文集》卷 1《今乐犹古乐赋》。
④ 范仲淹：《范文正公文集》卷 1《老人星赋》。
⑤ 范仲淹：《范文正公文集》卷 2《四民诗·商》。

某窃览前书，见周、汉之兴，圣贤共理，使天下为富为寿数百年，则当时致君者，功可知矣；周、汉之衰，奸雄竞起，使天下为血为肉数百年，则当时致君者，罪可知矣。李唐之兴也，如周、汉焉；其衰也，亦周、汉焉。自我宋之有天下也，经之营之，长之育之，以至于太平，累圣之功，岂不大哉？然否极者泰，泰极者否，天下之理，如循环焉。惟圣人设卦观象，穷则变，变则通，通则久，非知变者，其能久乎？此圣人作《易》之大旨，以授于理天下者也，岂徒然哉！今朝廷久无忧矣，天下久太平矣，兵久弗用矣，士曾未教矣，中外方奢侈矣，百姓反困穷矣。……倘相府思变其道，与国家磐固基本，一旦王道复行，使天下为富为寿数百年，由今相府致君之功也。倘不思变其道，而但维持岁月，一旦乱阶复作，使天下为血为肉数百年，亦今相府负天下之过也。①

范仲淹认为政治久而自弊，必须变通改革，倘若一味因循，只能自取败亡。他引"前代之季，不能自救，以至于大乱，乃有来者起而救之"② 的教训，告诫宋朝统治集团引以为戒。范仲淹又论述经济改革的必要性说："圣王之教万民也，资天地之生以为食，藉山海之出以为货，食均于上下，货通于远迩，则可以供郊庙，廪卿士，聚兵以征伐，赈民于灾害。然非得绝代能臣，持变通之数于天下，则孰与成当世之务哉？"③ 正因为范仲淹能够从历史的角度阐述政治经济变革趋势，为现实社会兴利除弊服务，所以时人赞誉他"论述古今，发明世教"④，具有经世致用的价值。

再次，对历代改革势力予以重新评价，确立新的价值观念。宋仁宗宝元元年，范仲淹路经江西彭泽，拜谒唐代名相狄仁杰祠，并根据自己的政治抱负理解狄仁杰的事功。他指出："天地闭，孰将辟焉？日月蚀，孰将

---

① 范仲淹：《范文正公文集》卷9《上执政书》。
② 范仲淹：《范文正公文集》卷9《奏上时务书》。
③ 范仲淹：《范文正公文集》卷13《宋故同州观察使李公神道碑》。
④ 苏颂：《苏魏公文集》卷70《代张端明祭范资政》。

廓焉？大厦仆，孰将起焉？神器坠，孰将举焉？岩岩乎克当其任者，唯梁公之伟欤！……公为大理丞，抗天子而不屈；在豫州日，拒元帅而不下；及居相位，而能复废主以正天下之本。岂非刚正之气，出乎诚性，见于事业？当时优游荐绅之中，颠而不扶，危而不持者，亦何以哉！"① 范仲淹高度评价狄仁杰刚正不阿、勇于任事而建功立业的精神，而讥讽那些尸位素餐、明哲保身而不关心国家前途命运的人，实际上是把他引为同道，借古人之行事，抒发自己的情怀，表达了对古今之人以天下为己任精神的认同和赞誉。另一件事是范仲淹重新评价唐代永贞革新，为即将领导的庆历新政张本。他说：

> 刘［禹锡］与柳宗元、吕温数人，坐王叔文党，贬废不用。览数君子之述，而理意精密，涉道非浅，如叔文狂甚，义必不交。叔文以艺进东宫，人望素轻；然《传》称知书，好论理道，为太子所信。顺宗即位，遂见用，引禹锡等决事禁中。及议罢中人兵权，牾俱文珍辈；又绝韦皋私请，欲斩刘辟，其意非忠乎！皋衔之。会顺宗病笃，皋揣太子意，请监国，而诛叔文。宪宗纳皋之谋，而行内禅。故当朝左右谓之党人者，岂复见雪？《唐书》芜驳，因其成败而书之，无所裁正。②

二王八司马被宦官、藩镇势力污蔑为结党营私的匪人，改革派遭受被杀被贬打击而失败。五代刘昫的《旧唐书》依据唐人《实录》修成，无所裁正。宋代欧阳修等人撰《新唐书》、司马光撰《资治通鉴》、王安石撰《临川文集·读柳宗元传》，虽惜八司马之才，仍然抨击王叔文为小人，诬陷八司马于不义，未能给予正确评价。唯独范仲淹以改革家的慧眼，为永贞革新平反昭雪，显示出卓越的政见与史识。正如宋人赵彦卫所说："唐八司马皆天下奇材，岂皆见识卑下，而附于叔文？……当时有所拘忌，不得不深诛而力诋之。后人修书，尚循其说，似终不与为善者，非《春秋》之

---

① 范仲淹：《范文正公文集》卷 12《唐狄梁公碑》。
② 范仲淹：《范文正公文集》卷 8《述梦诗序》。

意也。惟范文正公尝略及之，八司马庶乎气稍申矣。"① 在今天看来，范仲淹高明之处不仅在于为八司马平反，尤其在于不同意把王叔文视为小人，而肯定其改革唐朝弊政的历史功绩。这一点，是赵彦卫所没有认识到的，也是他所不能企及的。范仲淹之所以能够摆脱唐宋以来 200 多年的传统偏见，既是因为政治改革家心灵互有相通之处，更是因为他具有通古今之变的历史变革意识，解读古人时能够理解前贤的未酬之志，得出超越前古的思想认识，从中汲取政治营养，作为自己政治改革的理论依据和精神寄托。

---

① 赵彦卫：《云麓漫钞》卷 10。

范仲淹对传统民本思想的实践及其意义

民本思想是中国传统文化中源远流长的珍贵历史遗产，其核心就是以人为本。它伴随着国家的出现而产生，其内涵也随着历史的发展而不断丰富。范仲淹是北宋时期著名的政治家，也是我国古代实践民本思想的典范。他的民本理念及其实践活动，主要体现在忧国爱民，救民众于灾难，为民务实实干，顺民意、得民心等方面，不仅对封建社会的政治产生了深远的影响，而且对今天的现实社会也具有借鉴意义。

一、深刻的民本理念

范仲淹受儒家传统文化熏陶，其民本理念相当深刻，并且贯穿于一生。他虽然出身宦门，但因家庭变故，幼年时历经坎坷，体验了社会底层的贫困和艰难。这种经历使他少年时即"慨然有志于天下"①，崇"尚经天纬地之业"②。在应天书院读书时，范仲淹"昼夜不息，冬月惫甚，以水沃面；食不给，至以糜粥继之"③。他不以贫困为忧，而以刻苦学习为乐，立下"瓢思颜子心还乐，琴遇钟君恨即销"④ 之志。治学博通儒家经典，饱读史书，增长了阅历，磨砺了意志，打下了坚实的基础，这对他理想人格、道德标准、价值观念的形成具有重大影响。范仲淹志存高远，树立"只应天下乐"⑤ 的远大抱负，就是为了实现经世、济民、治国的宏伟目标，这是他一生为之奋斗的崇高理想。

---

① 欧阳修：《欧阳修全集·居士集》卷 20《资政殿学士户部侍郎文正范公神道碑铭》。

② 范仲淹：《范文正公别集》卷 4《赋林衡鉴序》。

③ 《宋史》卷 314《范仲淹传》。

④ 范仲淹：《范文正公文集》卷 4《睢阳学舍书怀》。

⑤ 范仲淹：《范文正公文集》卷 6《和延安庞龙图寄岳阳滕同年》。

北京师范大学史学探索丛书

宋真宗大中祥符八年，范仲淹进士及第，踏入仕途，更加忧国忧民，以天下为己任。宋仁宗天圣五年，他不顾守丧期间不言国事之朝规，表示"不以一心之戚，而忘天下之忧"，毅然向宰执上万言书，分析北宋建国以来的形势，阐述改革的迫切性，提出了"固邦本，厚民力，重名器，备戎狄，杜奸雄，明国听"① 的改革主张，为一般官吏所不及，受到时人赞赏。

由于范仲淹经常犯颜直谏，故屡遭贬黜，但他仍然"持一节以自信，历三黜而无悔"，一心以"求民疾于一方，分国忧于千里"② 为念。在任地方官时，以国事民情为忧，心系于民众，每到一地便兴利除害，造福一方，因而深得民心。他主张为政者应当"究其所病，察其所宜"，达到"彼患困穷，我则跻之于富庶；彼忧苛虐，我则抚之以仁慈"③ 的境界，反映出心忧天下的情怀和对民众负责的强烈社会责任感。

宋仁宗天圣八年，范仲淹因直谏被逐出京师，任河中府通判。他听说朝廷打算到陕西买木材建太一宫和洪福院，所需费用巨大，立即上疏反对，批评此举"侈土木，破民产，非所以顺人心、合天意也。宜罢修寺观，减常岁市木之数，以蠲除积负"④。此后针对郡县设置过密，人民差役负担过重的现状，他又上疏建议撤并，以便"吏役稍减，农时不夺，地利无遗，民财可阜"⑤，使人民得到休养生息的环境。

宋仁宗康定元年，宋朝西北边境危机，范仲淹临危受命，经略西北。面对国家危难，他"痛心疾首，日夜悲忧，发变成丝，血化为泪"⑥，施展军事才能，组织将士抗御外敌。范仲淹在主持边防期间，仍然念念不忘以民为本，体恤民力，屯垦戍边，移兵就食，并招抚少数民族，使之安居乐业，受到他们的拥护，大大扭转了宋代边防失利的局面。

北宋中叶，民族矛盾、阶级矛盾以及统治集团内部斗争相互交织在一

---

① 范仲淹：《范文正公文集》卷9《上执政书》。
② 范仲淹：《范文正公文集》卷18《邓州谢上表》。
③ 范仲淹：《范文正公别集》卷3《政在顺民心赋》。
④ 《宋史》卷314《范仲淹传》。
⑤ 范仲淹：《范文正公集补编》卷1《奏减郡邑以平差役》。
⑥ 范仲淹：《范文正公文集》卷18《让枢密直学士右谏议大夫表》。

起，西夏和辽乘机侵扰勒索，使宋朝军费激增，财政困难，官府横征暴敛，民不聊生，农民起义此起彼伏。宋仁宗庆历三年，范仲淹因西北战功擢升枢密副使，后又升参知政事。他不仅没有居功享乐，反而忧国忧民之情更深。范仲淹深切认识到改革才是宋朝的唯一出路，于是奏上十事疏。朝廷任命他主持全面改革，史称"庆历新政"。这次改革，以整顿吏治为首要，以砥砺士风、改革科举、兴办学校、培养人才为根本，并顾及经济、军事领域，可谓针对时弊，正本清源之举。虽然改革未能成功，但是范仲淹匡时救弊、济民富国的理想却始终未改。

范仲淹在位极人臣时，能够"居庙堂之高则忧其民"；在任地方官时，又能够"处江湖之远则忧其君"①。他在临终之时，仍念念不忘"制治于未乱，纳民于大中"②。真可谓进亦忧，退亦忧，为国为民，呕心沥血，鞠躬尽瘁。正是这种强烈的以民为本理念，使得范仲淹思想中体现出深刻的民本主义价值观。

二、躬身实践民本思想

范仲淹入仕后，努力实践以民为本的政治主张。宋真宗大中祥符八年，他任广德司理参军，职司治理狱讼，秉公办案，以理服人，不枉不纵，得到当地百姓拥护。后人在司理院厅之东南建亭，以纪念他治狱廉正的功绩。

宋真宗天禧五年，范仲淹调任监泰州西溪盐仓。时捍海堰年久失修，堤坝坍塌，海水倒灌，良田碱化。范仲淹认识到"救水旱，丰稼穑，强国力"③的重要作用，遂向淮南制置发运副使张纶请求重修海堰，得到批准。捍海堰修成之后，解除了海水之患，保证了正常农业生产，百姓称之为"范公堤"，这是当地人民给予范仲淹的高度评价和衷心爱戴。

宋仁宗明道二年，长江、淮河流域以及山东发生了大面积旱灾和蝗

---

① 范仲淹：《范文正公文集》卷8《岳阳楼记》。
② 范仲淹：《范文正公文集》卷18《遗表》。
③ 范仲淹：《范文正公政府奏议》卷上《再进前所陈十事》。

患。范仲淹请求派人赈灾，朝廷不报，于是乘机向皇帝进言，说如果宫中人半日没有饭吃会怎样？宋仁宗深受震动，派范仲淹到灾区主持救灾事宜。范仲淹开仓放粮，赈济灾民，"且禁民淫祀，奏蠲庐舒折役茶、江东丁口盐钱"①。又奏请诸县弓手服役至 7 周年者，放归务农。完成任务后，他带回灾民吃的野草呈献给仁宗，并建议宣示六宫贵戚，使他们知道百姓的困苦。同年，仁宗要废郭皇后，范仲淹率谏官力阻此事，被贬睦州。一年后转知苏州，正值苏州发生水灾，农田淹没，庄稼毁坏。他一到任，便投入到抗洪救灾现场，组织百姓疏通五条河渠，疏导积水流入大海，排除了水患。又大兴水利，实行以工代赈之法，"日以五升，召民为役，因而赈济"②，解除了民众的灾难。

宋仁宗景祐三年，范仲淹因指斥宰相用人失当，被贬知饶州。饶州盛产名茶，朝廷责成年年进贡，百姓困苦不堪。范仲淹看到这种情况后，上奏罢免贡茶，减轻了百姓负担。同时还奏黜已经不产银的德兴银场贡课，使得矿冶户得以息肩。

宋仁宗宝元二年，范仲淹移知越州，以德临民，地方大治。当时户曹孙居中卒，子幼家贫，不能归葬。范仲淹助以俸钱百缗，差派船只役卒送其灵柩及遗属归乡。在越州仅一年，便留下很好的口碑。当地百姓在府治建贤牧亭祀之，以表怀念。

宋仁宗庆历五年，范仲淹知邓州，亲民爱民，甘苦与共，与百姓一起参加当地祀风师的民俗活动，以祈求农业丰收，人民安居乐业，所以得到邓州民众的爱戴。任满移知荆南府，邓州之民"遮使者请留，仲淹亦愿留，诏从其请"③。后来当地居民在州治建"景范坊"，又在百花洲建范祠祀之，怀念他在邓州的政绩和遗泽。

宋仁宗皇祐二年，杭州大饥。时范仲淹知杭州，纵民出游竞渡，力倡公私兴工造作，号召诸寺大兴土木之役，官府修建官厩仓舍。又用抬高粮价的方式，大开城门，吸引各地粮食涌向杭州，导致了粮价的稳定和回

① 《宋史》卷 314《范仲淹传》。
② 范仲淹：《范文正公文集》卷 11《上吕相公并呈中丞谘目》。
③ 李焘：《续资治通鉴长编》卷 163 "庆历八年二月戊寅"。

落。这些别开生面的举措，虽然不为上司认可，遭到弹劾，但事实证明是有效和高明之举，使两浙路遭灾最严重的杭州安然度过了灾荒，保证了社会的稳定。这一创举还被作为募民兴利的新思维、救荒赈济的新模式而为各地仿效，"岁饥发司农之粟，募民兴利，近岁遂著为令"①。

同年十一月，范仲淹移知青州，正值当地饥荒，流民数以千计，嗷嗷待哺。他就任之始，即忙于赈济，并奏免了青州百姓支移之害。这对于饱受荒灾之苦的青州民众，无异于雪中送炭。范仲淹以救民于水火的责任感，减轻了青州百姓的负担，使他们顺利度过灾年，当地人民立像祀之，深切怀念这位为官一任、造福一方的父母官。

三、历史影响与现实意义

宋仁宗皇祐四年，范仲淹卒于徐州。临终前上《遗表》，一言未及家事，体现了一代名臣鞠躬尽瘁、死而后已的风范。宋仁宗亲自为其墓碑题写"褒贤之碑"，以示褒奖。范仲淹去世的消息传出，朝野上下，莫不哀痛，西夏甘、凉等地的少数民族聚众举哀，连日斋戒吊祭。他为官从政之处，百姓纷纷为之建祠塑像，沉痛哀悼。

范仲淹一生高风亮节，为世人所敬佩和景仰。他富贵不淫，贫贱不移，威武不屈，廉洁自守，情操高尚，堪称万世师表。宋代的晏殊、韩琦、欧阳修、张载、苏轼、司马光、黄庭坚、朱熹等名臣，均对范仲淹有很高的评价。富弼赞誉说："公天性喜施与，人有急必济之，不计家用有无。既显，门中如贱贫时，家人不识富贵之乐。每抚边，赐金良厚，而悉以遗将佐。在杭，尽余俸买田于苏州，号义庄，以聚疏属；而殓无新衣，友人醵资以奉葬。诸孤亡所处，官为假屋韩城以居之。遗表不干私泽，此益见其始卒志于道，不为禄位出也。"② 司马光、黄庭坚、朱熹则称他为宋朝乃至有史以来天地间第一流人物。宋以后对他更是推崇备至，甚至近乎神化程度。人们以各

---

① 沈括：《梦溪笔谈》卷 11。
② 杜大珪：《名臣碑传琬琰集·中集》卷 12 富弼：《范文正公仲淹墓志铭》。

种方式表达对范仲淹的敬仰，在他生前故后，为之立祠庙祭祀者多达 18 处。历代仁人志士更是以他为楷模，视作学习和效法的榜样。

重农贵商是范仲淹坚持不渝的民本理念，强调"善政之要，惟在养民；养民之政，必先务农"，而劝课农桑，则是"养民之政，富国之本"①。他主张农桑为本，工商并举，减轻赋役，发展生产，并躬身实践，创造了辉煌的业绩。范仲淹不奢侈，不贪贵，一生节俭。宋仁宗皇祐元年，他捐俸在苏州创设义庄，"置上田十顷于里中，以岁给宗族。虽至贫者，不复有寒馁之忧"②，不但周济宗族中贫困者，而且泽被乡邻。但他自己却不置办房产，死后全家 70 余口竟无屋可居，这是何等的胸怀！正如方健先生所说："这种推己及人的情操，扶贫济困的义举，不仅在宋代堪称楷模，即使在贫富悬隔、社会分配不公的今天，也是值得发扬光大的可贵精神。"③ 范仲淹的义举影响了宋代的一大批人，如吴奎、韩贽、汪大猷等，均竞相效仿。南宋以后，更成为中国士绅仿效的楷模。范仲淹任地方官时，所至兴利除弊，浚河修堤，赈济救荒，恤民疾苦。他积极推行的以工代赈治水、刺激生产救荒等措施，打破了以往遇灾即开仓放粮的常规，这种救灾模式不仅为宋代朝廷所采纳，也为后人留下了宝贵的经验和启示。范仲淹提倡教育，任地方官时积极兴学。"庆历新政"以后，天下州县皆立官学，实行平民化教育，奠定了我国地方教育体制的基础。他兴办学校的功绩，在我国教育史上留下了璀璨的一页，也是其实践民本思想的一种表现形式。

范仲淹对民本思想的践履，在当时及后世都产生了深远的影响。他主持的"庆历新政"，整顿吏治，以厚禄养廉；改革贡举制度，兴办学校，培养德才兼备的合格人才；减轻徭役，以省民力；发展农业，兴修水利，重视富国之本。这些都体现了他以天下为己任的崇高思想，同时也为此后历次改革提供了可资借鉴的宝贵经验。北宋继"庆历新政"之后的"熙丰变法"，是中国封建社会后期一次重要的政治革新运动。作为变法领导者和实践者的王安石，受到范仲淹改革思路和主张的启发，形成"国以民为

---

① 范仲淹：《范文正公政府奏议》卷上《答手诏条陈十事》。
② 范仲淹：《范文正公文集》卷 15《太子中舍致仕范府君墓志铭》。
③ 方健：《范仲淹评传》，419 页，南京，南京大学出版社，2001。

本"、"因天下之力，以生天下之财，取天下之财，以供天下之费"① 的变法理念，实行诸多改革措施，充分体现了民本思想，在中国古代社会改革史上占有突出地位。

"往事越千年。"范仲淹先忧后乐的崇高精神，爱国忧民的民本理念，历经长期的积淀，已经成为中华民族永不衰竭的精神财富，对于今天建设中国特色社会主义的政治文化无疑具有重要的借鉴意义。

北京师范大学史学探索丛书

---

① 王安石：《王安石全集》卷39《上仁宗皇帝言事书》。

范仲淹与北宋《春秋》学

长期以来，学术界对宋明理学源头的考察日益深化，不但承认唐代韩愈、李翱是宋代理学的前驱；而且揭示出宋代孙复、石介、胡瑗系宋代理学之滥觞；在此基础之上，更进一步肯定北宋范仲淹为宋代儒学复兴的开山，导宋学研究风气之先河。① 然而，在探索北宋初年由词章训诂解经之习向自抒胸臆释经之风的发生和演进时，有的学者却指出："这种倾向又分二派。以范仲淹为中心的一派以《易》和《中庸》为学问根本，讲究所谓穷理尽性，为周敦颐及二程子的先导；以欧阳修为代表的一派，以《春秋》为中心，讲究所谓大义名分，门下有刘敞、刘攽、苏轼、苏辙、司马光等。朱熹将二派加以综合，遂集宋学之大成。"② 这样划分固然有益于对问题进行深入细致地研究，但也不可避免地造成对范仲淹思想体系支离割裂的弊端。事实上，范仲淹对《春秋》学同样有独到的见解和突出的贡献，是其复兴儒学思想的一个有机组成部分，应当予以专门表彰和深入研究，才有助于认识范仲淹思想的全貌。

一、复兴儒学精神

在中国古代社会里，儒家文化自孔孟以来就形成"文王既没，文不在兹乎"③、"如欲平治天下，当今之世，舍我其谁"④ 的传道经世传统，士大夫希望通过塑造完整的理想人格对政治生活和社会风貌发挥重要影响。

---

① 参阅冯友兰：《中国哲学史》，上海，华东师范大学出版社，2000；谢无量：《中国哲学史》，台北，"中华书局"，1976；方健：《范仲淹评传》，南京，南京大学出版社，2001。

② 范寿康：《中国哲学史通论》，257～258 页，武汉，武汉大学出版社，2008。

③ 《论语·子罕》。

④ 《孟子·公孙丑下》。

但是，历代儒家学者以天下为己任的理想，由于不同社会提供的历史环境有很大差异，因而在各个历史时期发挥的作用也有很大区别。尤其是唐末五代的武人政治统治，造成文治不兴、礼乐崩溃、士风浇薄、斯文扫地的社会局面，儒学极度式微，士大夫缺乏道德廉耻和忠孝节义价值观念，整个儒士群体的精神面貌萎靡不振。北宋建立以后，惩唐末五代积弊，确立"以儒立国"的治国方略，以保国家长治久安。士大夫阶层苟且偷安、明哲保身的精神状态，显然不能适应时代的要求，迫切需要改变现状，树立一种奋发向上、积极进取、超越个人利益得失和关心国家前途命运的精神风貌。这一时代精神的核心内涵，就是恢复和光大中国儒学的社会伦理价值观念，实现儒家修身、齐家、治国、平天下的最高理想境界。在这一时代洪流中，范仲淹站在历史变革的潮头，肩负起历史的使命和时代的重任，成为复兴儒学精神的领袖。

范仲淹虽然出身宦门，但因家庭变故，幼年时历经坎坷，体验了社会底层的贫困和艰难。这种经历使他少年时即崇"尚经天纬地之业"①，成为士大夫中间最具崇高道德理想之人，"少有大节，于富贵贫贱、毁誉欢戚不一动其心，而慨然有志于天下"②。在应天书院读书时，范仲淹不以贫困为忧，而以刻苦学习为乐，树立了以天下为己任的远大理想。他治学博通儒家经典，饱读史书，增长了阅历，磨砺了意志，打下了坚实的基础，这对他理想人格、道德标准、价值观念的形成具有重大影响。范仲淹志向高远，在政治方面的目标是致君于尧舜："纯衣黄冕历星辰，白马彤车一百春。莫道茅茨无复见，古今时有致尧人。"③ 这是他一生为之奋斗的崇高理想，目的在于实现经世济民、治国安邦的宏伟目标。作为士大夫中的一员，范仲淹对于"士"阶层在社会中的地位和作用具有深刻认识，明确揭示出士大夫应负的社会责任。他说：

---

① 范仲淹：《范文正公别集》卷4《赋林衡鉴序》。

② 欧阳修：《欧阳修全集·居士集》卷20《资政殿学士户部侍郎文正范公神道碑铭》。

③ 范仲淹：《范文正公文集》卷4《咏史五首·陶唐氏》。

前王诏多士，咸以德为先。道从仁义广，名由忠孝全。美禄报尔功，好爵縻尔贤。黜陟金鉴下，昭昭媸与妍。此道日已疏，善恶何茫然。君子不斥怨，归诸命与天。术者乘其隙，异端千万惑。天道入指掌，神心出胸臆。听幽不听明，言命不言德。学者忽其本，仕者浮于职。节义为空言，功名思苟得。天下无所劝，赏罚几乎息。……禅灶方激扬，孔子甘寂寞。六经无光辉，反如日月蚀。大道岂复兴，此弊何时抑？末路竞驰骋，浇风扬羽翼。昔多松柏心，今皆桃李色。愿言造物者，回此天地力。①

范仲淹认为先秦时期的"士"注重道德修养，具备忠孝仁义，因而三代社会风俗醇厚，国泰民安。自秦汉以下，儒家之道日益疏远，以致世人对善恶失去判断标准，茫然无所适从。于是阴阳谶纬之术、黄老浮屠之学趁虚而入，导致社会风气败坏，士大夫丧尽节义廉耻。阴阳、佛老之学的盛行，使得儒学更加衰微，给儒家文化带来极大危害。在这样的社会局面下，他发出了惩恶救弊、复兴儒道的呼声，为宋代士大夫的行为和思想指明了方向和归宿。此后，范仲淹对其复兴儒学精神的理想采取行动，通过倡导改革和兴办学校两方面来付诸实践。鉴于这方面研究成果已有不少，②这里不再重复赘述。

由于范仲淹的大力倡导和身体力行，到北宋中叶以后，宋代士大夫以天下为己任的儒家经世责任意识不仅得到发扬光大，而且成为士大夫阶层普遍行为准则。南宋陈傅良对此评论说："宋兴，士大夫之学，亡虑三变。起建隆，至天圣、明道间，一洗五季之陋，知乡方矣，而守故蹈常之习未化。范子始与其徒抗之以名节，天下靡然从之，人人耻无以自见也。"③ 这

---

① 范仲淹：《范文正公文集》卷 2《四民诗·士》。

② 钱穆云："自朝廷之有高平，学校之有安定，而宋学规模遂建。……故言宋学精神，厥有两端：一曰革新政令，二曰创通经义，而精神之所寄则在书院。"（《中国近三百年学术史》，7 页，北京，商务印书馆，1997）李存山：《范仲淹与宋代儒学的复兴》，载《哲学研究》，2003（10）；李存山：《范仲淹与宋代新儒学》，载《湖南大学学报》（社会科学版），2008（1）。两文也有精辟论述，可以参考。

③ 陈傅良：《止斋文集》卷 39《温州淹补学田记》。

种积极进取局面的出现，不但是范仲淹提倡名节和以身作则的结果，而且是宋代士大夫希望致君于尧舜而参政议政的反映。朱熹也认为："本朝惟范文正公振作士大夫之功为多。……祖宗以来，名相如李文靖、王文正诸公，只恁地善，亦不得。至范文正时便大厉名节，振作士气，故振作士大夫之功为多。"他回答弟子问"本朝道学之盛"时，更明确指出："亦有其渐。自范文正公以来，已有好议论，如山东有孙明复，徂徕有石守道，湖州有胡安定，到后来遂有周子、程子、张子出。"① 可见引领宋代儒学复兴之功，其源头应当追溯到范仲淹，当之无愧。

二、阐释《春秋》经义

范仲淹一向以政治家和教育家著称于世，没有撰写出专门的学术著作，因而在学术史上的成就不为世人所重视。其实，他对儒家经典颇有研究，"泛通六经，长于《易》"②。尽管范仲淹关于六经旨义的阐发没有成为专家，在经学史上也不占重要地位，但其经学研究形成自己的路径。最显著的特色，就是不拘泥于对经书的章句训诂，而是通过各种形式的议论文章，揭示六经的大旨和要义，开启了宋代学者治经的发展方向，意义更为深远。关于范仲淹的《易》学研究，迄今为止国内学者多有论及，故此这里仅对其阐释《春秋》大义的学术见解略作考察，以窥其经学研究的特色和成就。

首先，关于《春秋》一书的性质，范仲淹认为是警策后世的名教之书。他指出："孔子作《春秋》，即名教之书也。善者褒之，不善者贬之，使后世君臣爱令名而劝，畏恶名而慎矣。夫子曰：'疾没世而名不称。'……人不爱名，则虽有刑法干戈，不可止其恶也。武王克商，式商容之闾，释箕子之囚，封比干之墓，是圣人敦奖名教，以激劝天下。如取道家之言，不使近名，则岂复有忠臣烈士为国家之用哉？"③ 这就是说，孔

① 黎靖德：《朱子语类》卷129。
② 《宋史》卷314《范仲淹传》。
③ 范仲淹：《范文正公文集》卷7《近名论》。

子修《春秋》是通过褒善贬恶警示后世，对世人发挥惩恶劝善的功效。学者只有明确《春秋》一书的性质，才能正确领会经学的旨意，达到经世致用的目的。范仲淹指出："今褒博者流，咸志于道，以天命之正性，修王佐之异材，不深《春秋》，吾未信也。……吾辈方叩圣门，宜循师道，粹属词比事之教，洞尊王黜霸之经。由此登太山而知高，入宗庙而见美，升堂睹奥，必有人焉，君子哉无废！"① 他认为《春秋》是圣人"尊王黜霸之经"，因而研治《春秋》之学就能有裨世道。范仲淹指出：

> 论者曰："《春秋》无贤臣。"罪其不尊王室也。噫！春秋二百四十年，天地五行之秀，生生不息，何尝无贤乎？当东周之微，不能用贤以复张文武之功，故四方英才，皆见屈于诸侯与霸者之为，而王道不兴，与无贤同，故论者伤之甚矣。……唐季海内支裂，卿材国士不为时王之用者，民鲜得而称焉。皇朝以来，士君子工一词，明一经，无远近直趋天王之庭，为邦家光。吾缙绅先生宜乐斯时，宝斯时，则深于《春秋》者，无所讥焉。②

他认为由于王道不兴，故有霸道之世，东周之微和唐季支裂就是霸道存在的社会基础。在这样的社会里，贤才为霸者所用，不能为王道政治服务，实出无可奈何。范仲淹以知人论世的态度，没有一味指责春秋时期为霸者所用的士人不尊王室之罪，更主要的是感伤分裂割据造成的时代悲剧，庆幸北宋统一给士大夫提供了一个能够在封建皇朝中施展抱负的政治舞台。这样理解和阐释《春秋》大义，超越了前代经学家王霸义利之辨的局限，更加突出了经学的经世致用价值。

其次，对于《春秋》经传的关系，范仲淹主张舍传注而信经书。在《春秋》学发展史上，唐代啖助、赵匡和陆淳等人开始打破汉唐以来治经"疏不破注"的传统，给研究《春秋》学开辟了一条新途径。然而，唐代

---

① 范仲淹：《范文正公文集》卷 8《说春秋序》。
② 范仲淹：《范文正公文集》卷 15《太府少卿知处州事孙公墓表》。

这股释经新风被视作异端，远远没有成为《春秋》学发展的主流。至北宋中叶，治《春秋》者直抒胸臆而不拘守传注成为时代风尚，而范仲淹则是这一治学风气的最早倡导者之一，对缔造新学风发挥了重要作用。他对于唐人开创的经学新天地不但承认，而且积极表彰推崇这一体系下的学术成果。范仲淹曾经上书朝廷说：

> 臣伏见故秘书丞、集贤校理朱寀，幼有俊材，服膺儒术，研精道训，务究本源。越自经庠，擢升文馆。力学方起，美志未伸，不幸天丧，深可嗟悼。寀《春秋》之学，为士林所称。有唐陆淳，始传此义。学者以为《春秋》之道久隐，而近乃出焉。寀苦心探赜，多所发挥。其所著《春秋指归》等若干卷，谨缮写上进，乞下两制详定，如实可收采，则乞宣付崇文院。①

正因为他能够接受和继承啖、赵一派研治《春秋》的学风，所以对前人解释《春秋》的附会与错误具有明确认识，敢于针对传统传注提出怀疑与批评。曾经受学于范仲淹的"宋初三先生"之一孙复在往来书信中说："复不佞，游于执事之墙藩者有年矣。执事病注说之乱六经，六经之未明，复亦闻之矣。"② 这一说法，可以从范仲淹自己的著作中得到证实。他认为《春秋》三传都存在问题，不尽符合孔子之意。范仲淹指出："圣人之为《春秋》也，因东鲁之文，追西周之制，褒贬大举，赏罚尽在。谨圣帝明皇之法，峻乱臣贼子之防。其间华衮贻荣，萧斧示辱，一字之下，百王不刊。游、夏既无补于前，公、谷盖有失于后。虽丘明之传颇多冰释，而素王之言尚或天远，不讲不议，其无津涯。"③ 他认为《左传》、《公羊传》和《谷梁传》都没有得到《春秋》大义，和孔子的思想还有很大距离。后世学者不能探本溯源，导致经学荒芜，治经泛滥无归。因此，必须抛开后世注疏的羁绊，直接回归圣人本意，才能够真正探明《春秋》所蕴涵的儒家

---

① 范仲淹：《范文正公文集》卷20《进故朱寀所撰春秋文字及乞推恩与弟寀状》。
② 孙复：《孙明复小集·寄范天章书二》。
③ 范仲淹：《范文正公文集》卷8《说春秋序》。

之道。范仲淹的这一主张，给当时和后来研治《春秋》的学者以很大启示，对宋代经学研究的路径和理学思想的产生起了有力的推动作用，从而开辟了中国"经学变古时代"①，在中国学术发展史上具有非常深远的历史意义。

再次，关于经学的研究方法，范仲淹主张以"例"治《春秋》。对于《春秋》是否有"例"的问题，历代经学家聚讼纷纭，莫衷一是。范仲淹承认《春秋》中有"例"，因为《春秋》是孔子因鲁史而作，但又不是完全抄录旧文，而是通过用"例"赋予其褒善贬恶之义。他说："圣人笔削经史，皆因其旧，可者从而明之，其不可者从而正之，未尝无登降之意也。……修《春秋》则因旧史之文，从而明之，有褒贬之例焉。"② 不但如此，而且孔子修《春秋》的主要成就是通过用"例"表现出来，因而成为载道之书。范仲淹指出："盖《春秋》以时纪事而为名也，优劣不在乎'春秋'二字，而有凡例、变例之文。"③ 正是由于褒贬义例的存在，才使得《春秋》成为名教之书，可以通过褒善贬恶发挥明世教、正君心的作用，达到天下太平，实现王道政治。这一主张尽管不是范仲淹首创，但因其大力提倡而产生了较大作用，对于两宋《春秋》学的发展至关重要，影响到欧阳修、朱熹一派以书法褒贬研治经史的风貌。

应当指出的是，范仲淹毕竟不是经学家，研究《春秋》的目的不是为阐发经义，而是为其政治变法和学术改革服务。因此，他没有提出系统的《春秋》学主张，形成完整的学术思想，只是利用经学思想来实现倡导"不专辞藻，必明理道"④ 的风气，作为复兴儒学的手段。范仲淹认识到经学对于国家的重要作用，指出：

> 夫善国者，莫先育材；育材之方，莫先劝学；劝学之要，莫尚宗经。宗经则道大，道大则才大，才大则功大。盖圣人法度之言存乎《书》，安危之几存乎《易》，得失之鉴存乎《诗》，是非之辨存乎《春

---

① 皮锡瑞：《经学历史》，156 页，北京，中华书局，2004。

② 范仲淹：《范文正公文集》卷 10《与周骥推官书》。

③ 范仲淹：《范文正公文集》卷 10《与欧静书》。

④ 范仲淹：《范文正公政府奏议》卷上《答手诏条陈十事》。

秋》，天下之制存乎《礼》，万物之情存乎《乐》。故俊哲之人，入乎六经，则能服法度之言，察安危之几，陈得失之鉴，析是非之辨，明天下之制，尽万物之情。使斯人之徒辅成王道，复何求哉！①

他希望通过研究六经内容揭明经旨大义，而不是斤斤纠缠具体的章句训诂，与经学家形成显著的区别。范仲淹评价他人的经学成就，也是围绕这个主题展开。例如，他评论尹洙的《春秋》学造诣，赞誉"师鲁深于《春秋》，故其文谨严，辞约而理精，章奏疏议，大见风采，士林方耸慕焉。遽得欧阳永叔，从而大振之，由是天下之文一变而古，其深有功于道欤"②！表彰尹洙把《春秋》学大义运用到文章议论中，对宋代古文运动起了推动作用，有功于治道。这表明范仲淹并非把《春秋》学乃至六经视做学者仕进的阶梯，更重要的是强调把经学变成明体达用之学，作为个人和社会增益修养和智慧的载体，为北宋社会树立新儒学道德规范。

三、培育《春秋》学人

范仲淹对复兴儒学精神不仅从学术上加以阐释，而且重视做育经学研究人才，培养学术群体，把复兴儒学精神的事业发扬光大，形成一代风貌。他治学博通六经，"学者多从质问，为执经讲解，亡所倦。……每感激论天下事，奋不顾身，一时士大夫矫厉尚风节，自仲淹倡之"③。最著名的事例，就是张载和范仲淹的交往。史云张载"少喜谈兵，至欲结客取洮西之地。年二十一，以书谒范仲淹，一见知其远器，乃警之曰：'儒者自有名教可乐，何事于兵！'因劝读《中庸》"④。后来张载成为北宋著名理学家，与范仲淹的引导有直接关系，以致全祖望说范仲淹"导横渠以入圣人

① 范仲淹：《范文正公文集》卷10《上时相议制举书》。
② 范仲淹：《范文正公文集》卷8《尹师鲁河南集序》。
③ 《宋史》卷314《范仲淹传》。
④ 《宋史》卷427《张载传》。

之室，尤为有功"①。不仅是张载，另外"文正公门下多延贤士，如胡瑗、孙复、石介、李觏之徒，与公从游，昼夜肄业，置灯帐中，夜分不寝"②，相互探究儒学经旨大义，以复兴儒道为宗旨，为宋学的开创和发展作出了重大贡献。下面仅以《春秋》为例，考察范仲淹与北宋文人武士的因缘际会，藉以窥其培养《春秋》学人才的学术成就。

作为政治家的范仲淹，在军事方面也有杰出才能，立志靖边报国。他以诗言志说："太平燕赵许闲游，三十从知壮士羞。敢话《诗》《书》为上将，犹怜仁义对诸侯。子房帷幄方无事，李牧耕桑合有秋。民得袴襦兵得帅，御戎何必问严尤！"③ 范仲淹不赞成将帅一味征伐杀戮，徒逞匹夫之勇，而是推崇古之儒将，饱读《诗》、《书》，运筹帷幄，深明大义。他非常重视《春秋》学对为将之道的价值，在陕西抚边期间曾以之传授勇将狄青。据宋人邵伯温记载："狄武襄公青初以散直为延州指使，时西夏用兵，武襄以智勇收奇功。尝被发戴铜铸人面，突围陷阵，往来如神，虏畏慑服，无敢当者。而识达宏远，贤士大夫翕然称之，尤为范文正、韩忠献、范正献诸公所知。文正公授以《春秋》、《汉书》，曰：'为将而不知古今，匹夫之勇耳。'武襄感服，自勉励无怠，后位枢密。"④ 这表明范仲淹不但研究《春秋》有心得，而且能够用来教育将帅，既可以提高他们的军事水平，又能够培养他们的政治素养，成效非常显著。

范仲淹与孙复的交往，是宋学发展历程中一件大事。宋仁宗天圣五年，范仲淹掌管应天府学，"常宿学中，训督学者，皆有法度，勤劳恭谨，以身先之。由是四方从学者辐辏，其后以文学有声名于场屋、朝廷者，多其所教也"⑤。在这一年里，孙复幸遇范仲淹。据宋人魏泰记载：

范文正公在睢阳掌学，有孙秀才者索游上谒，文正赠钱一千。明

---

① 黄宗羲、全祖望：《宋元学案》卷3《高平学案序录》。
② 朱熹：《三朝名臣言行录》卷11。
③ 范仲淹：《范文正公文集》卷4《河朔吟》。
④ 邵伯温：《邵氏闻见录》卷8。
⑤ 楼钥：《范文正公年谱》。

年，孙生复道睢阳谒文正，又赠一千。因问："何为汲汲于道路？"孙秀才戚然动色曰："老母无以养，若日得百钱，则甘旨足矣。"文正曰："吾观子辞气，非乞客也，二年仆仆，所得几何，而废学多矣。吾今补子为学职，月可得三千以供养，子能安于为学乎？"孙生再拜大喜。于是授以《春秋》，而孙生笃学，不舍昼夜，行复修谨，文正甚爱之。明年，文正去睢阳，孙亦辞归。后十年，闻泰山下有孙明复先生，以《春秋》教授学者，道德高迈，朝廷召至太学，乃昔日索游孙秀才也。文正叹曰："贫之为累亦大矣，倘因循索米至老，则虽人才如孙明复者，犹将汩没而不见也。"①

范仲淹培养儒学人才，可见一斑。需要说明的是，孙复受到朝廷征召，也是范仲淹援引和举荐的结果。宋仁宗景祐元年，范仲淹甫由睦州徙苏州，即希望孙复来讲学。他给孙复写信说："足下未尝游浙中，或能枉驾，与吴中讲贯经籍，教育人材，是亦先生之为政。"② 宋仁宗康定元年，范仲淹又向朝廷举荐孙复，其奏状说："兖州仙源县寄居孙复，元是开封府进士，曾到御前，素负词业，深明经术。今退隐泰山，著书不仕。心通圣奥，迹在穷谷。伏望朝廷依赦文采擢……孙复，乞赐召试，特加甄奖。庶几圣朝涣汗，被于幽滞。"③ 宋仁宗庆历二年，由于"范仲淹、富弼皆言〔孙〕复有经术，宜在朝廷，除秘书省校书郎、国子监直讲"④。孙复的《春秋》学著作主要有《春秋尊王发微》和《春秋总论》两书，其"治《春秋》不惑传注，不为曲说以乱经。其言简易，明于诸侯大夫功罪，以考时之盛衰，而推见王道之治乱，得于经之本义为多"⑤。由于他对《春秋》殚精竭虑，见解独到，颇为时人所推许。宋人王得臣指出："泰山孙明复先生治《春秋》，著《尊王发微》，大得圣人之微旨，学者多宗之。以谓凡经所书，皆

---

① 魏泰：《东轩笔录》卷 14。
② 范仲淹：《范文正公尺牍》卷下《与孙明复》。
③ 范仲淹：《范文正公文集》卷 19《举张问孙复状》。
④ 《宋史》卷 432《孙复传》。
⑤ 欧阳修：《欧阳修全集·居士集》卷 27《孙明复先生墓志铭》。

变古乱常则书之，故曰《春秋》无褒，盖与谷梁氏所谓常事不书之意同。"① 因此，北宋前期孙复的《春秋》学盛极一时。程颢、程颐回顾孙复任国子监直讲时的讲学盛况说："孙殿丞复说《春秋》，初讲旬日间，来者莫知其数，堂上不容，然后谢之，立听户外者甚众。当时《春秋》之学，为之一盛。至今数十年，传为美事。"② 可见孙复对北宋《春秋》学的发展壮大，作出了不可磨灭的贡献。

胡瑗是范仲淹培养和举荐成名的另一位经学家，对北宋学术风气转变的影响更为显著。宋仁宗景祐二年，范仲淹在苏州创建义学，延请胡瑗"为苏州教授，诸子从学焉"③。此时朝廷"更定雅乐，诏求知音者。范仲淹荐〔胡〕瑗，白衣对崇政殿。……授瑗试秘书省校书郎"学官之职。后来"范仲淹经略陕西，辟〔胡瑗〕丹州推官"④，参议谋划。"庆历新政"期间，京师建太学，各地建府州县学。范仲淹举荐胡瑗等人充学官，上奏说："臣窃见前密州观察推官胡瑗，志穷坟典，力行礼义。见在湖州郡学教授，聚徒百余人，不惟讲论经旨，著撰词业，而常教以孝弟，习以礼法，人人向善，闾里叹服。此实助陛下之声教，为一代美事。伏望圣慈特加恩奖，升之太学，可为师法。"⑤ 于是朝廷下诏湖州，取胡瑗教法颁于学官。"庆历新政"失败后，范仲淹倡导的教育之法并没有被废除，而且随着宋仁宗皇祐二年至嘉祐元年胡瑗任国子监直讲管理太学而更加兴盛。"瑗既居太学，其徒益众，太学至不能容，取旁官舍处之。礼部所得士，瑗弟子十常居四五，随才高下，喜自修饬，衣服容止，往往相类，人遇之虽不识，皆知其瑗弟子也。"⑥ 胡瑗治经和范仲淹相似，精通六经，尤长于《易》学。据程颢、程颐后来回忆说："往年胡博士瑗讲《易》，常有外来请听者，多或至千数人。"⑦ 同时，他对《春秋》学也有精湛的研究，撰著

① 王得臣：《麈史》卷中《经义》。
② 程颢、程颐：《二程文集》卷6《回礼部取问状》。
③ 黄宗羲、全祖望：《宋元学案》卷1《安定学案》。
④ 《宋史》卷432《胡瑗传》。
⑤ 范仲淹：《范文正公政府奏议》卷下《奏为荐胡瑗李觏充学官》。
⑥ 《宋史》卷432《胡瑗传》。
⑦ 程颢、程颐：《二程文集》卷6《回礼部取问状》。

《春秋要义》、《春秋口义》、《春秋辨要》，成果不菲。可惜这些著作已经失传，无法窥见胡瑗《春秋》学的全貌。但由此可见他和范仲淹治学声气相通，共同为北宋《春秋》学发展作出了贡献。

欧阳修一向被视为北宋《春秋》学代表人物，也与范仲淹有频繁交往。全祖望把欧阳修列入"高平同调"①，说明两人有密切关系。宋仁宗景祐元年，欧阳修致书在南方任官的范仲淹说："南方美江山，水国富鱼与稻。世之仕宦者，举善地称东南。然窃惟希文登朝廷，与国论，每顾事是非，不顾自身安危，则虽有东南之乐，岂能为有忧天下之心者乐哉！"并且希望"自古言事而得罪，解当复用。远方久处，省思虑，节动作，此非希文自重，亦以为天下士君子重也"②。认为范仲淹是士大夫群体的领袖，致以崇高的景仰。两年以后，范仲淹又因忤宰相吕夷简被贬，欧阳修移书右司谏高若讷，指责其趋炎附势，不愿主持公道，净谏皇帝收回成命。他说："希文平生刚正，好学通古。今其立朝有本末，天下所共知。……自三四年来，从大理寺丞至前行员外郎，作待制日，日被顾问，今班行中无与比者。"③ 宁愿自己被贬官，也不愿缄默不言，而敢于承认与范仲淹为同道。宋仁宗康定二年，范仲淹任陕西经略安抚副使，即举荐欧阳修任幕职官。他上奏朝廷说：

> 臣叨膺圣寄，充前件职任，即日沿边巡按。其有将帅之能否，军旅之怯勇，人民之忧乐，财利之通塞，戎狄之情伪，皆须广接人以访问，复尽心以思度，其于翰墨，无暇可为。而或奏议上闻，军书丛委，情须可达，辞贵得宜，当藉俊僚，以济机事。臣访于士大夫，皆言非欧阳修不可，文学才识为众所伏。……其人见权滑州节度判官，伏望圣慈特差充经略安抚司掌书记，随逐巡按所典疏奏。④

---

① 黄宗羲、全祖望：《宋元学案》卷 4《庐陵学案》。
② 欧阳修：《欧阳修全集·居士外集》卷 17《与范希文书》。
③ 欧阳修：《欧阳修全集·居士外集》卷 17《与高司谏书》。
④ 范仲淹：《范文正公文集》卷 19《举欧阳修充经略掌书记状》。

可见范仲淹对欧阳修同样器重，引为同道中人。然而，欧阳修为回避范仲淹有感恩之嫌，并未赴任。"范仲淹帅陕西，辟［欧阳］修掌书记。修曰：'吾论范公，岂以为利哉？同其退，不同其进，可也。'辞不就。"① "庆历新政"失败以后，范仲淹被贬外任，欧阳修多次上疏朝廷，言其不当罢黜，不可听信谗佞之言，希望重新任用范仲淹。例如，宋仁宗庆历五年，欧阳修上疏说：

> 臣伏见杜衍、韩琦、范仲淹、富弼等皆是陛下素所委任之臣，一旦相继而罢，天下士皆素知其可用之贤，而不闻其可罢之罪。……昔年仲淹初以忠信谠论闻于中外，天下贤士争相称慕，当时奸臣诬作朋党，犹难辨明。自近日陛下擢此数人，并在两府，察其临事，可以辨也。……今仲淹四路之任，亦不轻矣，愿陛下拒绝群谤，委信不疑，使尽其所为，犹有裨补。②

其余奏疏，不再一一缕叙。范仲淹去世后，欧阳修于宋仁宗皇祐四年作《祭资政范公文》，又于宋仁宗至和元年作《资政殿学士户部侍郎文正范公神道碑铭》，表达对这位前辈同道的深切景仰和无尽思念。欧阳修治经，虽没有直接材料证明和范仲淹经学的联系，但大旨并无二致。尤其是对于经文和后人注疏关系的认识，欧阳修和范仲淹如出一辙。他说："余尝哀夫学者知守经以笃信，而不知伪说之乱经也，屡为说以黜之。"③ 由于历代经学家对经典的解释存在许多误解，已经不符合儒家原始的本意。欧阳修指出："自秦汉以来，诸儒所述，荒虚怪诞，无所不有。"④ 这样解经导致了经义的隐晦，不符合经典的原意，以至于出现"《经》不待《传》而通者十七八，因《传》而惑者十五六"⑤ 的混乱局面。欧阳修提出治经的原

---

① 王称：《东都事略》卷 72《欧阳修传》。
② 李焘：《续资治通鉴长编》卷 155"庆历五年三月末"。
③ 欧阳修：《欧阳修全集·居士集》卷 43《廖氏文集序》。
④ 欧阳修：《欧阳修全集·居士集》卷 48《问进士策四首》。
⑤ 欧阳修：《欧阳修全集·居士集》卷 18《春秋或问》。

则是："《经》之所书，予所信也；《经》所不言，予不知也。"① 他的《春秋论》上中下三篇和《春秋或问》，集中代表了研究《春秋》学的成就。其中对《春秋》之例的认识，就和范仲淹相近，只不过将其发展到顶峰罢了。欧阳修"奉诏修《唐书》纪、志、表，自撰《五代史记》，法严词约，多取《春秋》遗旨"②，成为运用《春秋》义例修史的代表作。这种宗经而不惑传注和承认孔子修书用例的思想，体现出北宋学者治经的共同精神。

北宋研究《春秋》学造诣最深的学者当属刘敞，通过《七经小传》、《春秋传》、《春秋权衡》、《春秋说例》等著作的阐发，彻底形成了弃传从经的治学风格。刘敞与欧阳修学术交往频繁，时人以为"刘中原父望欧阳公稍后出，同为昭陵侍臣，其学问文章，势不相下，然相乐也"③。在经学造诣方面，刘敞的研究比欧阳修更有深度。两人时常在一起讨论《春秋》问题，刘敞每每胜过欧阳修。宋人记载说："庆历后，欧阳文忠以文章擅天下，世莫敢有抗衡者。刘原甫虽出其后，以博学通经自许，文忠亦以是推之。作《五代史》、《新唐书》凡例，多问《春秋》于原甫。及书梁入阁事之类，原甫即为剖析，辞辨风生。文忠论《春秋》，多取平易，而原甫每深言经旨。文忠有不同，原甫间以谑语酬之，文忠久或不能平。"④ 可见刘敞对《春秋》学的贡献，实际上比欧阳修更大。刘敞作为后辈学者，与范仲淹接触自然没有欧阳修密切，但也还是有一定的关系，不可避免地受到范仲淹学术的影响。他所撰《公是集》中有《贺范龙图兼知延安》、《题浙西新学》、《闻范参政巡西边》、《闻范饶州移疾》、《闻韩范移军泾原兼督关中四路》等诗，表达对范仲淹的崇敬之情。尤其是范仲淹兴学倡教，备受刘敞推崇："文翁昔时理蜀土，能令蜀人似邹鲁。范公今者镇江东，亦云教化似文翁。文翁范公本同志，蜀人吴人有殊异。蜀人之先自鱼凫，不闻道德能过吴。吴前泰伯后季札，礼让继为天下师。迄今遗风未全灭，得逢贤侯益昭晰。……吴人于今歌且仰，我公去矣安所仿？愿公上佐天王

---

① 欧阳修：《欧阳修全集·居士集》卷 18《春秋论上》。
② 黄宗羲、全祖望：《宋元学案》卷 4《庐陵学案》。
③ 邵博：《邵氏闻见后录》卷 18。
④ 叶梦得：《石林避暑录话》卷 1。

明，姬文孔术从兹行。"① 刘敞对《春秋》学的经传关系、义例褒贬、尊王黜霸等问题，都和范仲淹具有相似的认识，虽不能直接证明是受到范仲淹的启发和影响，但有研究者认为"刘敞的学风正是庆历新政对学人发生影响的反映"②，应当说得其大体，可以作为定论。

以上事实证明，从范仲淹到刘敞对于《春秋》学乃至儒家六经的研究，完成了由汉唐章句注疏之学向宋明以己意解经转变的过程。南宋王应麟指出："自汉儒至于庆历间，谈经者守训故而不凿。《七经小传》出而稍尚新奇矣，至《三经义》行，视汉儒之学若土梗。"③ 北宋中叶以前，学者研治经学大都遵循"疏不破注"的原则，盲目相信六经及其传注体现了圣贤的思想，不敢表示怀疑，更不敢发挥与传注不一致的见解，极大地限制了经学发展。宋代士大夫比前代具有更加独立的学术意识和批判精神，形成不惧权威和勇于创新的观念。当学者按照这种精神重新审视前人学说和整理古代文献时，就发现了许多历代学者附会在经文之上的错误解释，不尽符合六经文本的原意。因此，他们摒弃汉唐旧的解经体系，宣称要直接孔孟道统。正如欧阳修所言："正经首唐虞，伪说起秦汉。篇章异句读，解诂及笺传。是非自相攻，去取在勇断。"④ 北宋中叶以后，学者一方面怀疑历代儒家建构的传统学说体系的真实合理性，另一方面也怀疑古典文献以及后代解经史料的真实可靠性，于是形成一股疑古辨伪的学术思潮，迅速蔓延到全社会。北宋"国史云：庆历以前，学者尚文辞，多守章句注疏之学。至刘原父为《七经小传》，始异诸儒之说。王荆公修《经义》，盖本于原父云"⑤。司马光也形容当时的风气说："新进后生，未知臧否，口传耳剽，翕然成风。至有读《易》未识卦爻，已谓《十翼》非孔子之言；读《礼》未知篇数，已谓《周官》为战国之书；读《诗》未尽《周南》、《召南》，已谓毛、郑为章句之学；读《春秋》未知十二公，已谓《三传》可

---

① 刘敞：《公是集》卷 17《题浙西新学》。
② 李存山：《范仲淹与宋代新儒学》，载《湖南大学学报》（社会科学版），2008（1）。
③ 王应麟：《困学纪闻》卷 8《经说》。
④ 欧阳修：《欧阳修全集·居士集》卷 9《读书》。
⑤ 吴曾：《能改斋漫录》卷 2《注疏之学》。

束之高阁。循守注疏者，谓之腐儒；穿凿臆说者，谓之精义。"① 可见这股学风至北宋中叶非常盛行。当时专恃胸臆解经的风气尽管也存在穿凿臆说、牵强附会之弊，但不是主要方面，其主流乃是打破前人注疏的羁绊，剔除了汉唐之人的谶纬迷信、天人感应之说，还先秦古籍的本来面目。南宋史家陆游指出："唐及国初学者，不敢议孔安国、郑康成，况圣人乎！自庆历后，诸儒发明经旨，非前人所及。然排《系辞》，毁《周礼》，疑《孟子》，讥《书》之《胤征》、《顾命》，黜《诗》之《序》，不难于议经，况传注乎！"② 说明宋代疑辨学风具有解放思想的作用，在中国学术发展史上具有里程碑意义。

北京师范大学史学探索丛书

---

① 司马光：《司马温公文集》卷 6《论风俗札子》。
② 王应麟：《困学纪闻》卷 8《经说》。

岳飞冤狱新论

南宋绍兴十一年冬，宋高宗、秦桧为与金人议和，置诏狱杀害岳飞。岳飞冤狱，举朝莫敢言，独韩世忠不平，面责秦桧。据《建炎以来系年要录》卷143绍兴十一年十二月癸巳记载："初，狱之成也，太傅、礼泉观使韩世忠不能平，以问秦桧。桧曰：'飞子云与张宪书虽不明，其事体莫须有？'世忠怫然曰：'相公，莫须有三字，何以服天下乎？'"后世把这种无端陷害而强加于人的罪名称之为"莫须有"的罪名。

长期以来，人们习惯于把秦桧的话理解为陈述句："飞子云与张宪书虽不明，其事体莫须有。"释"莫须有"为"也许有"、"或许有"，以讹传讹。李瑚先生独具慧眼，率先纠谬，于1989年2月1日在《光明日报》发表《"莫须有"新解》一文，对传统诠释提出质疑。他把"莫须有"训释为"不必有"，重新阐述了这段历史事实："当韩世忠质问秦桧，既然没有证据，为什么还要定岳飞的死罪时，秦桧便凶狠地说：'这件事不必有，我同样可以杀死他。'"李先生认为，秦桧定岳飞死罪的证据是万俟卨诬告岳飞曾经说过自己和宋太祖都是30岁建节是"指斥乘舆"，金兵进犯淮西屡次被诏不出兵策应是"拥兵逗遛"。"在秦桧看来，岳飞与张宪写信的事，即使逼不出证据来，也不要紧，甚至是'不必有'的。"初看起来，这样解释没什么瑕疵，因为岳飞主要被诬三大罪状，除指使岳云等人给张宪写信通同反叛以外，还有"指斥乘舆"和"拥兵逗遛"两罪，而且宋廷也主要是根据后两罪按律赐死岳飞的，似乎写信一事确实无关紧要。但仔细推敲，这样解释仍有不妥，无法使人尽释疑窦。

第一，韩世忠具体问秦桧什么话，史载阙如。从《宋史·岳飞传》"狱之将上也，韩世忠不平，诣桧诘其实"的记载和秦桧"飞子云与张宪书虽不明"的回答来看，可以断定韩世忠是问究岳飞指使岳云给张宪写信到底有没有真凭实据。如果这件事不是岳飞被诬陷的主要罪状，而是无足轻重，甚至可以"不必有"，那么韩世忠何以避重就轻，唯独向秦桧提出这一问题？

第二，假如秦桧认为不需要岳云给张宪写信一事作为定岳飞死罪的证据，而根据岳飞"指斥乘舆"和"拥兵逗遛"就能定谳其罪，按逻辑韩世忠如果认为两罪属实，则应缄默不语；如果认为不实，就应该主要针对这两件事质问秦桧，何必又要反过来重提书信一事有无实据呢？

第三，正如李先生所断言，奸相秦桧不会用"也许有"这种犹豫不决、模棱两可的话回答向他提出质问的人。既然如此，秦桧又怎么可能以如此蛮横的"不必有"否定回答使自己陷入窘迫被动境地呢？若果然如此，那么韩世忠也就不用说"莫须有三字何以服天下"了。因为既然此事可以"不必有"，而诏狱结案却又偏偏把它作为一大罪状定罪，岂不是滑天下之大稽！欲加之罪，尚须有辞，秦桧的回答简直是承认了赤裸裸地公开迫害岳飞，这将激起全国民愤，何止是人心服不服的问题！

第四，既然秦桧认为没有岳云给张宪写信一事也能定岳飞死罪，又何必大兴张宪之狱逼供证据，闹得满城风雨，几乎使秦桧、张俊等狼狈不可收场？恐怕不是李文"由于秦桧只有同党张俊和万俟卨的证词，所以还希望通过岳飞部将的揭发来定罪"所能解释清楚的吧！如果只为找一位岳飞的部将揭发，那么王俊早就有揭发首状，而且傅选、董先也都作证揭发，他们都是岳飞的部将，秦桧完全可以据此定罪。可见没有张宪的供词无法定岳飞死罪，而岳飞指使岳云给张宪写信一事则是岳飞谋反罪能否成立的关键，秦桧怎么可能说"不必有"呢？

第五，如果秦桧果真认为书信之事可以"不必有"，他虽然能根据"指斥乘舆"和"拥兵逗遛"定岳飞死罪，可是根据什么定岳云和张宪死罪呢？而张宪、岳云致死之由恰恰是书信一事，秦桧的回答岂不是顾此失彼，难以自圆其说了吗？

我认为，把秦桧的话句读为反问句："飞子云与张宪书虽不明，其事体莫须有？"再把"莫须有"训释为"岂不当有"、"难道不应该有"，更切合岳飞冤狱的实际情况。

首先，应该准确训诂多义词在特定时代和特定语言环境中的含义。李先生把"莫"训为"勿"，把"须"训为"需"，认为"莫须有"就是"不

北京师范大学史学探索丛书

必有"，未免有些不合文意了。其一，如果秦桧的原意确实是"这件事不必有，我同样可以杀死他"和"岳飞与张宪写信的事，即使逼不出证据来也不要紧，甚至是不必有的"，那么秦桧说话就是假设语气，而原文"飞子云与张宪书虽不明，其事体莫须有"上下句之间显然不是假定关系，而是转折关系。李先生的假设释义与他自己断言奸相秦桧不会用模棱两可的话回答向他提出质问的人自相矛盾。其二，"莫须有"在秦桧的话中不可能含有"不必有"的意思，因为唐宋时代古汉语中的"必"字是现代汉语中"一定"、"必然"之意，而不是"必要"、"必须"之意。例如，韩愈《师说》："是故弟子不必不如师，师不必贤于弟子。"陈亮《龙川文集》卷15《送吴恭父知县序》载：吴称知饶州安仁县，值江东大旱，饥民乘之劫掠。安仁守兵不足，县民劝吴称逃避。他回答说："吾为令，顾委命若等，是谓草间求活。吾宁与贼死，况不必死乎！"如果把"莫须有"训为"不必有"，放在当时的语言环境中就是现在所说的"不一定有"，换言之就是"或许有"，又回到传统释义中去了。很显然，"莫须有"不能解释为"不必要有"、"不需要有"。

其实，"须"字的引申意义中有"应当"、"应该"之意。《中华大字典》释"须"为"当也"、"宜也"，并引曹魏应璩"适有事务，须自经营"一语为证。唐宋时期的文人也使用此义，如杜甫《闻官军收河南河北》"白日放歌须纵酒，青春作伴好还乡"，陆九渊《象山先生全集》卷35《语录》"学问须论是非，不论效验"，均取此义。"莫须"连用大多在疑问句中使用，意为"该不该"、"岂不当"，含有"应该如此"之意。王安石《临川文集》卷75《与王逢原书六》："不知逢原此行以何时到江阴，今必与吴亲同舟而济，但到金陵莫须求客舟以往否？"《建炎以来系年要录》卷156绍兴十七年七月丙戌载："秦桧奏以左朝散大夫谢寻知潮洲，上曰：'凡除郡守，莫须到堂否？'桧曰：'例须参辞。'"在有些"莫须"连用的句子中，虽然句尾没有疑问词，但仍然是疑问句，这类句子中的"莫"字并不是否定词"不"或"不要"的意思。例如，岳珂《金佗稡编》卷2高宗诏岳飞："凡今日可以乘机御敌之事，卿可一一筹画措置，先入急递奏来。据事势，莫须重兵持守，轻兵择利？其施设之方，则委任卿，朕不可以遥度也。"此诏是高宗根据前敌形势征求岳飞的意见:"当不当以重兵持守,派轻兵锐卒乘便出击?"如果解释为"根据形势,不必重兵持守,轻兵择利",不但与高宗一贯保守政策相违,而且他所说的不遥度战场形势从中御将的话也就成了空话。再如,《建炎以来系年要录》卷82绍兴四年十一月辛未条载,金兵南下进攻南宋政权,宰臣赵鼎要求高宗御驾亲征,于是高宗离开行在临安,驻跸平江府。探报金人准备由滁洲渡江,武臣怯懦,希图退避,随驾的"主管殿前司公事刘锡、神武中军统制杨沂中见鼎曰:'探报如此,驾莫须动?'鼎曰:'俟敌已渡江,方遣二君率兵出常、润并力一战,以决存亡,更无他术。'锡等同声曰:'相公可谓大胆。'鼎曰:'事已至此,不得不然。二君随驾之亲兵也,缓急正赖为用,岂可先出此言?'锡等乃退"。刘锡和杨沂中的意思是说:"探报金兵要过江,难道还不该避敌返驾?"如果把这句话理解为"探报金兵要过江,皇帝官驾不必动",那意思就南辕北辙了。在宋代,"莫须……"的句式是一种常用的固定语句,而且大多句尾没有疑问词。笔者从《建炎以来系年要录》、《三朝北盟会编》及宋人文集、笔记中检出十多条这种句式的材料,均可按上述原则解释。因篇幅所限,不再胪列。据此可知,"莫须有"可以解释为"岂不当有"、"难道不应该有",按疑问句标点。王曾瑜先生在《金佗稡编》卷8校注中根据《永乐大典》卷19735《曾公遗录》和《宋史》卷192《兵志》训出"莫"和"岂不"通用,把"莫须有"释为"岂不须有",可谓深中肯綮。只是他把秦桧的话断为陈述句:"飞子云与张宪书虽不明,其事体莫须有。"似乎文意有些费解。

其次,理解秦桧"飞子云与张宪书虽不明,其事体莫须有"这句话的关键在于弄清"明"和"事体"两词的含义。所谓岳飞指使岳云给张宪写信一事,完全是子虚乌有,张俊对张宪刑讯逼供,结果一无所获,张俊只好捏造假供,当然找不到文字证据。秦桧、万俟卨无可奈何,便伪称此信被张宪销毁,所以书信文字内容不"明",并非是说写信这件事不"明",可有可无。"事体"则是指所谓的岳飞指使岳云、孙革等人给张宪写信的事件,同时兼指该事件的原则性质等。当韩世忠质问秦桧,既然岳云给张宪写信之事没有文字证据,不应该牵连岳飞,凭什么定岳飞之罪时,秦桧便反问说："岳飞指使岳云给张宪写的信虽然无法搞清楚，难道这件谋反性质的事也不应该有？"在秦桧的强权逻辑中，尽管没有找到文字证据，但这件事肯定是存在的。不能因为没有文字证据就否定这件事的存在，根据这件事的严重性质就可以杀死岳飞。所以韩世忠才非常气愤，他认为定罪应该有书信实证作依据，仅仅根据"应该有"而定罪，怎么能让天下人信服！这样解释还可以通过另一种表述得到证实。《皇朝中兴纪事本末》卷58载："先是，狱之成也，太傅韩世忠尝以问桧。桧曰：'飞子云与张宪书不明，其事体必须有。'世忠曰：'相公言必须有，此三字何以使人甘心？'固争之，桧不听。"即是说："岳云给张宪的信然找不到，但这件事一定应该有。"韩世忠反驳说，你既然说"一定应该有"，却又找不到证据，怎么能让世人甘心不疑呢？

再次，必须把"莫须有"一词放在具体的时间场合内，结合当时的实际情况，才能得出符合原意的解释。韩世忠质问秦桧的具体日期，史籍没有明确记载，我们只能根据有关史料钩稽一个大致轮廓。《建炎以来系年要录》卷143绍兴十一年十二月癸巳记岳飞冤狱始末云："飞既属吏，何铸以中执法与大理卿周三畏同鞫之。飞久不伏，因不食求死，命其子阁门祗候雷视之。至是，万俟卨入台月余，狱遂上。及聚断，大理寺丞李若朴、何彦猷言飞不应死，众不从。于是飞以众证，坐尝自言己与太祖俱以三十岁除节度使，为指斥乘舆，情理切害；及敌犯淮西，前后受亲札十三（五）次，不即策应，为拥兵逗遛：当斩。"从这段文字可以看出，岳飞冤狱分为3个阶段，历时75天结案。

第一阶段从绍兴十一年十月十三日戊寅岳飞下大理狱到十一月二十一日乙卯何铸罢御史中丞，共37天，由御史中丞何铸、大理寺卿周三畏审理。早在这年七月，岳飞安抚韩世忠部由楚州归朝，秦桧便指使右谏议大夫万俟卨劾奏岳飞，已有杀飞之意。九月，王俊告发岳飞派人到张宪军中策反，张宪企图占据襄阳反叛，枢密使张俊于枢密行府置狱捕讯张宪，借此陷害岳飞。《建炎以来系年要录》卷142绍兴十一年十月戊寅载："枢密使张俊言，张宪供通为收岳飞处文字后谋反，行府已有供到文状。左仆射秦桧乘此欲诛飞。"从《建炎以来系年要录》卷143绍兴十一年十二月癸巳收录的王俊告发张宪的《首状》中，只看到王俊诬告岳飞给张宪送信，图谋还军，张宪因此想起兵占据襄阳，要挟朝廷归还岳飞兵权，根本没有岳飞"指斥乘舆"和"拥兵逗遛"的踪影。秦桧不过是企图借此定岳飞之罪，以串通张宪谋反的罪名杀害岳飞。经过一个多月的审问，结果没有实证，何铸明其无辜。

第二阶段从绍兴十一年十一月二十一日乙卯何铸罢御史中丞到十二月十八日壬午万俟卨杂定成岳飞冤狱，其间为 27 天。由于何铸不依附秦桧诬陷岳飞，被秦桧罢充金国报谢使，秦桧的党羽万俟卨试御史中丞审理此案，终于锻炼成狱。李心传说"万俟卨入台月余，狱遂上"。按绍兴十一年十一月二十一日乙卯万俟卨试中执法到十二月二十九日癸巳岳飞被害，其间有 38 天，与李氏所言相符。从岳狱锻成到十二月二十九日癸巳宋廷下诏杀害岳飞，中间要送尚书省刑部看详，上报朝廷取旨奏裁，当有一段间隔，则大理寺狱成必在此间，我以为应该是绍兴十一年十二月十八日壬午稍后。据《金佗续编》卷 21 载："王俊初告张宪，言欲经营复飞管军，两造即至，阅实无是言，则又求之书。飞与宪、贵书，云与宪书即无之矣，则又求之飞平日之言。飞所言建节于三十二岁，实未尝言与艺祖同，董先狱辞已证其无是语。最后乃及于淮西违诏。"岳珂辩岳飞之冤，必然清楚诏狱全过程。他既然援引并同意章颖《鄂王传》中记载的岳飞被诬次第，那就可以把万俟卨附会成岳飞淮西"逗遛"之罪作为狱成的标志。另据《金佗稡编》卷 8 记载：

> 初命何铸典狱，铸明其无辜，改命万俟卨。卨不知所问，第哗言先臣父子与宪有异谋。又诬先臣使于鹏、孙革致书于宪、贵，令之虚申探报，以动朝廷；臣云以书与宪、贵，令之擘画措置。而其书皆无之，乃妄称宪、贵已焚其书，无可证者。自十三日以后，坐系两月，无一问及先臣。卨等皆忧，惧无辞以竟其狱。或告卨曰："淮西之事，使如台评，则固可罪也。"卨喜，遽以白桧。十二月十八日，始札下寺，命以此诘先臣。卨先令簿录先臣家，取当时御札，束之左藏南库，欲以灭迹。逼孙革等使证先臣逗遛，而往来日月甚明，竟不能

綮，乃命［大理］評事元龜年雜定之，以傅會其獄。

以此可以證明，大理寺獄成是在十二月十八日稍后捏合成岳飛淮西之罪。

那么，大理獄所定岳飛之罪主要是什么呢？据《建炎以來朝野雜記·乙集》卷12《岳少保誣證斷案》記載：

岳飛因為探報得金人侵犯淮南（西），前后十五次乃受親札指揮，令策應措置戰事，而坐觀勝負，又逗遛不進。及因董先、張憲問張俊軍馬如何怎生地，言之道都敗了回去也，便乃指斥乘輿。問張憲、董先道，［張家、韓家人馬］，你只將一萬人，已跥踏了。及因罷兵權后，又令孫革寫書与張憲，令措置別作擘畫，又令看訖焚之。又令張憲虛申報四太子大兵前來，侵犯上流。自是之后，張憲商議待反背而据襄陽，及把截江岸兩下，令房官私舟船，又累次令孫革奏報不實，及制勘虛妄等罪。

熊克《中興小紀》卷29紹興十一年十二月癸巳記載："獄成，飛坐金人南侵，受親札凡十五，逗遛不赴援，及指斥乘輿。又因罷兵權，令右朝散郎孫革作書与憲，令措置擘畫，看畢焚之。又令憲虛申探得四太子兵犯上流。云又与憲咨目，稱可与得心腹兵官商議。憲為收飛及云書，遂謀反。"內容大致相同。据此，万俟卨誣陷岳飛有4條罪狀：一是"擁兵逗遛"，二是"指斥乘輿"，三是淩轢同列，四是反背朝廷。其中前3項內容簡略，反倒是不厭其煩地羅列岳飛与張憲交書，可知仍然是想以謀反的罪名殺害岳飛。

關于岳飛抗旨逗遛之罪，是經元龜年故意紊亂詔書日期，使之相互抵牾，并且逼供孫革證詞，因此定罪。關于淩轢同列，据《金佗稡編》卷24載，万俟卨誣陷岳飛"指張憲而曰：'似張家人，張太尉爾將一萬人去跥踏了。'指董先而曰：'似韓家人，董太尉不消得一萬人去跥踏了。'"說岳飛想要吞并張俊和韓世忠軍隊，威脅董先為證而定罪。關于"指斥乘輿"，秦桧、万俟卨原准備根据岳飛比并宋太祖30歲建節一事定罪，引董先為证，但董先的证词却正好相反。据《金佗稡编》卷 24 载："董先之下吏，其供说已谓'曾见岳飞说我三十二岁上建节，自古少有，既不曾见岳飞比并语言'矣。"所谓"指斥乘舆"，通常是指臣民谩骂、攻击皇帝的言行。以情理度之，岳飞即使说过自己和宋太祖俱 30 岁建节的话，也只是自负平生功业，不可能涉及指斥赵匡胤的话。如果说岳飞对宋高宗向金朝妥协不满而语有指斥还符合逻辑。由于董先的证词说明岳飞只是说自己 32 岁建节自古少有，没有比并之事，万俟卨等难以定罪，于是他们想以岳飞曾经指斥高宗定罪。又据《金佗稡编》卷 24 载，万俟卨诬陷岳飞曾经"环诸将而会议，而昌言曰：'国家了不得也，官家又不修德！'"并要董先为证。另据《三朝北盟会编》卷 207 载：

> 　初，飞在大理寺狱，未肯招状。先是，飞自偃陵（城）回军也，在一村寺中，与王贵、张宪、董先、王俊夜坐，移时不语。忽作声曰："天下事竟如何？"众皆不敢应，唯宪徐言曰："在相公处置耳！"既退，俊握先及贵手曰："太尉！太尉！闻适来相公之言及张太尉之对否？"先与贵曰："然。"及俊告飞使子云通书军中事，因言偃陵（城）路中之语，追先赴行在。时云与宪已伏诛矣。秦桧与（语）先曰："只是有一句言语，要尔为证。证了，只今日便可出。"仍差大理（程）官二人送先赴大理寺，并命证毕，就今日摘出。由是先下大理寺，对吏即伏。吏问飞，飞犹不伏。

按徐梦莘全录自赵甡之《中兴遗史》，这里记载董先证狱时岳云和张宪已死，显然时间错讹。岳飞因朝廷议和使自己 10 年抗金事业毁于一旦，其痛苦心情可想而知，寺中夜坐沉闷不语和感叹时事，完全有可能。但岳飞素以忠君著称，他的话不会寓意指斥。李心传在《建炎以来系年要录》卷 143 引注中说："此云偃城路中之语，据俊先首状乃无之，不知何故？"李心传没有看到尚书省敕牒，所以不明其原因。据岳珂所言，王俊在进首状的同时，另有小贴子"初八日随状陈首"。上文所载偃城路中之事，好像王俊当时就已经注意到岳飞和张宪有"异谋"，并对王贵和董先提及，与首状中的行文语气完全相同，极有可能是小贴子的内容。王俊只不过想以此旁证首状中所诬岳飞串通张宪谋叛一事，万俟卨却把"天下事竟如何"一句附会成"国家了不得也，官家又不修德"，想借此定岳飞指斥之罪。所以岳珂《金佗稡编》卷 24 说："所载之语，又非当时所诬之说。"可见定岳飞指斥之罪内容不明确，牵强比附。关于谋反之罪，已有张俊捏造的张宪假供，只是因为没有文字证据，无法直接牵连岳飞。但是，秦桧、万俟卨等非常清楚，诬陷岳飞等人谋反更能引起宋高宗的忌恨，尽快致岳飞于死地。因此，他们不厌其烦地罗列通书之罪，企图以谋反罪陷害岳飞父子和张宪。检《宋史》中的《岳飞传》、《万俟卨传》和《张宪传》，都没有看到岳飞和宋太祖比并建节的记载，足证万俟卨审定的岳飞主要罪状是要背叛朝廷，而岳飞指使岳云给张宪写信一事仍然是主要证据。韩世忠正是在此时质问秦桧，为什么没有文字凭证就诬岳飞有罪，秦桧才诘辩说书信的文字内容虽然不清楚，难道写信这件谋反性质的事就不应该有？这和《宋史·岳飞传》"狱之将上也，韩世忠不平，诣桧诘其实"的时间、内容完全合榫。

　　第三阶段从绍兴十一年十二月十八日壬午万俟卨勘定岳狱到十二月二十九日癸巳刑部、大理寺结案上报朝廷，宋廷下诏杀害岳飞父子和张宪，其间约为 11 天左右。岳飞之狱勘成以后，大理寺官集体量刑断案，因岳飞与张宪串通谋反找不到实物材料作证，量刑过程中产生了分歧，大理寺丞李若朴、何彦猷认为按律不能定岳飞死罪。据《宋会要辑稿·职官》70 之 25 记载："岳飞之狱既具，寺官聚断，若朴等喧然力争，以众议为非，务于从轻。"另据徐自明《宋宰辅编年录》卷 16 引赵甡之《中兴遗史》："初，狱成，大理丞李若朴、何彦猷谓飞罪当徒二年。"但岳珂《金佗稡编》卷 8 却说："狱之未成也，大理丞李若朴、何彦猷以为无罪，固与卨争。"其实，这并不矛盾。"无罪"之说，不过是岳珂为其先人鸣冤，在秦党把持下，李、何等不可能以此抗争，而要求按律徒刑之说倒是较为可信。赵甡之说何、李二人抗争在狱成之后，是指万俟卨勘成岳狱之后；岳珂说在狱成之前，是指大理寺聚断定案以前，两者都不错。因为如果量刑定案以后，当然也就无须再争辩，这也可以佐证韩世忠质问秦桧的时间。很明显，万俟卨诬陷岳飞的罪名因谋反没有书信证据和"指斥乘舆"内容混乱，按律不能定死罪。秦桧为谋杀岳飞，便不顾韩世忠的质问和李、何二人的抗辩，指使其党羽进一步罗织罪名，在聚断时众人作证，证明岳飞说过自己和宋太祖均为 30 岁建节的话，是"指斥乘舆"。以平时言论定罪，便不需要实物证明，只要有证人就可以了，当然比谋反容易定罪。从《建炎以来系年要录》卷 143 绍兴十一年十二月癸巳附录《大理寺案款》记载的量刑来看，谋反罪已降到次要地位："除罪轻外，法寺称律临军征讨，稽期三日斩；及指斥乘舆，情理切害者斩，系罪重。其岳飞合依斩刑私罪上定断，合决重杖处死。"移交刑部看详，刑部复审后也认为"拥兵逗遛"和"指斥乘舆"是"情理切害"，而凌轹同列和致书张宪只是"情理深重"，上报朝廷奏裁。因此，宋廷把岳飞与张宪、岳云分别处置。岳飞以"指斥乘舆"和"拥兵逗遛"的罪名赐死。这一变化，王明清在《挥麈录·余话》卷 2 中已经指出，说岳飞之死"与元首状了无干涉"。岳云和张宪则以通书谋反的罪名弃市，成为"莫须有"罪名的牺牲品，从而制造了中国历史上著名的冤案。

由以上辨析可知，把"莫须有"解释为"也许有"、"或许有"固然是错误的，然而解释为"不必有"、"不需要有"，同样无法全面揭示岳飞冤狱事实。因为韩世忠质问秦桧时，秦桧、万俟卨等尚未把岳飞自言与宋太祖俱 30 岁建节一事确定成岳飞"指斥乘舆"之罪，秦桧不可能说出即使没有书信一事也能凭其余两罪杀死岳飞的诡辩话。只有把"莫须有"作为反问语句理解，将岳飞冤狱前后联系起来考察，才能得出符合原意并能通释这段史实的结论。

岳家军群体人物研究

南宋初年，在宋金民族斗争的烽火烈焰之中，逐渐锻炼出几支抗金大军，其中最主要的有张俊的张家军，韩世忠的韩家军，岳飞的岳家军，杨沂中的杨家军，刘光世的刘家军等。尤其是岳飞所部岳家军，骁勇善战，纪律严明，控扼荆襄战略要地，成为南宋朝廷立国江南的屏障，在抗金斗争中起着举足轻重的作用。但在绍兴十一年宋金议和后，南宋统治集团不惜自毁长城，打击岳家军，制造了中国历史上罕见的冤案。对这一冤案的始末，史学界大多仅就岳飞与宋高宗、秦桧之间的矛盾斗争展开论述，争论的重点是高宗与秦桧究竟谁是杀害岳飞的元凶。本文拟从岳家军群体人物的研究入手，分析南宋朝廷文人集团与岳家军群体的矛盾，揭示南宋统治者分化瓦解岳家军的实质。

一、岳家军群体人物的类别

岳飞统率的岳家军在发展壮大过程中，包容了形形色色的人物，组成了一个庞大的武装集团。全部研究岳家军人物，不但无法做到，而且也无此必要。我们只择选其中具有代表性的著名人物，分别加以考察。岳家军集团的人物，大致有以下几类：

（一）原从将领。岳飞从北宋徽宗宣和四年投军到南宋高宗建炎四年独立成军，大部分时间是在黄河以北抗金。因此组成岳家军的基础是河北人，"后护军者，本岳飞所将河北部曲"①。岳家军中的一些重要将领，也是同时与岳飞参加抗金斗争的，他们成为岳家军的原从将领。主要有：

王贵，相州汤阴人，从岳飞起兵。建炎四年战宜兴，败郭吉。绍兴元年随岳飞平定虔州盗贼。绍兴二年随岳飞进军郴州、桂阳监讨曹成。绍兴

---

① 李心传：《建炎以来系年要录》卷96"绍兴五年十二月庚子"。

三年在袁州击败高聚、张成，杀获甚众。绍兴四年从岳飞战汉上，收复襄阳、邓州。绍兴六年率兵收复伪齐卢氏县、唐州，直逼蔡州。绍兴十年从岳飞北伐，克复郑州、西京洛阳，在顺昌大败金兀术。累官承宣使，提举岳家军一行事务，中军统制。绍兴十一年岳家军归隶枢密院，任鄂州御前诸军都统制。绍兴十二年引疾辞职，改侍卫步军副都指挥使、福建路副总管等闲职。

张宪，从微随岳飞征战，是岳飞最心爱和倚重的将领，任岳家军同提举一行事务，前军统制。绍兴二年随岳飞在郴州破曹成，与王贵、徐庆招降曹成降卒2万人，在沅州擒获曹成部将郝政。绍兴四年岳家军收复襄阳6郡，张宪率本部攻克随州，又与董先、王万等收复邓州。绍兴十年金人败盟，张宪与金兵战颍昌、陈州，克复其城；与兀术主力战临颍县，破其众6000人，兀术夜遁，中原大震。绍兴十一年被诬谋反，下狱遇害，后赠宁远军承宣使。

岳云，岳飞前妻刘氏之子，12岁从张宪征战，军中呼为赢官人。岳家军南征北伐，岳云每战必从，手握两柄铁椎，重80斤，往往先诸将登城，数立奇功，岳飞隐而不报。绍兴四年随张宪攻随州、破邓州、平长河，功在第一，岳飞不上奏。后铨曹辨功，迁武翼郎。绍兴五年平杨幺，功又第一。都督张浚得知其事，奏上迁资，岳飞又不受。绍兴十年岳家军北伐，岳云率背嵬军战颍昌，身受百余创，甲裳尽赤，以功迁忠州防御使，带御器械。绍兴十一年与张宪同时被诬遇害，年仅23岁，后赠安远军承宣使。

徐庆，相州汤阴人，从岳飞起兵，为岳家军重要领将。绍兴元年平定白波寨叛兵姚达、饶青。绍兴二年与张宪、王贵讨曹成，降其众2万人。绍兴三年从岳飞平虔、吉盗贼，率本部讨彭友，又赴袁州击高聚。绍兴四年参加收复襄阳6郡战役，与牛皋等攻克随州，斩守将王嵩，又与牛皋战庐州，击败金伪联军。绍兴十年随岳飞北伐，克淮宁府，与张宪取得临颍大捷。累官防御使、岳家军统制。

姚政，相州汤阴人，从岳飞起兵。建炎四年与岳飞杀建康留守司叛逃统制刘经，并有其军。绍兴三年任岳家军正将，屡战有功。绍兴九年任岳家军游奕军统制。绍兴十年岳家军北伐，与张宪赴顺昌援刘琦，战临颍获捷。绍兴十一年任鄂州御前诸军统制。

寇成，岳家军马军统制。绍兴六年与金人战虢州，抚定商、虢等京西属县。绍兴十年金人南侵，攻占临颍县，寇成与李山、徐庆、傅选随张宪在临颍东北与金人交战，取得临颍大捷。十一月金人进犯铁岭关，寇成设伏于横涧，突然出击，大获全胜。后因违犯军律，被岳飞撤职。

王经，岳家军后军统制。绍兴二年五月，岳飞与曹成战莫邪关，岳家军第五将韩顺夫与曹成将杨再兴作战失利。正值王经率本部军卒运粮到此，与前军统制张宪合击，大败曹成军，活擒杨再兴。绍兴三年，随岳家军赴饶阳与张俊会师。官至正任团练使。

（二）招降将领。南宋初年社会动荡，政局扰攘，溃兵盗匪遍野。朝廷无力控制各支军事武装，兵将骄悍难制，诸军"动则溃，溃则盗，盗则招，招则官，反复循环，无有穷已"①。各武装集团溃散、火并之事常有发生，分合无定势。岳飞素以治军纪律严明著称，他的军队一直比较稳定，许多溃散武装集团纷纷投靠岳家军，成为岳家军中的招降将领，使其队伍不断壮大。主要有：

傅庆，卫州窑户，原为杜充建康留守司统制戚方部属。建炎三年戚方叛逃，岳飞招抚其部众，傅庆率军归降岳飞，授岳家军前军统制。建炎四年与王贵战宜兴，大败郭吉；又随岳飞大败叛将戚方。傅庆勇敢善战，屡立功勋，但生性夸功自傲，屡次向岳飞勒索财物，不喜岳飞治军严格，曾谋投刘光世军。建炎四年十一月为岳飞所杀。

庞荣，原隶建康留守司为统领。建炎四年，叛将戚方杀留守司统制扈成，庞荣率众赴宜兴投岳飞，被岳飞任命为右军统制。绍兴三年随岳飞平定虔州盗贼，庞荣带兵攻打贼寨。绍兴十年随岳飞北伐，岳家军从郾城班师，庞荣率部屯驻德安府，防遏韩常、李成南侵。宣抚司罢，改任鄂州御前诸军统制。

杨再兴，原为曹成部将。绍兴二年随曹成与岳飞战莫邪关，杀岳飞之弟岳翻和第五将将官韩顺夫。后为张宪所擒，归附岳飞。绍兴六年随岳飞

---

① 佚名：《皇宋中兴两朝圣政》卷6《高宗皇帝六》。

征战，率所部收复长水县及西京险要之地，缴获战马1万多匹，直逼蔡州；中原响应。绍兴十年郾城之战，单骑入阵擒兀术，兀术仅以身免。与金人战临颍县，率300骑开路，与金军主力部队猝遇，战于小商桥，杀敌2000余人，斩万户撒八孛堇及千户数人，因众寡悬殊战死。

梁兴，原为河北太行山忠义社首领，屡次与金兵作战，杀敌头目300余人。绍兴六年正月，梁兴率百余人渡河归岳飞，被任命为湖北、京西宣抚司忠义军统制。绍兴十年七月，梁兴会同赵云、李进等渡河，破金兵于绛州垣曲县，又捷于沁水县，收复济源、翼城县；会合乔握坚克复赵州。岳飞班师后，梁兴仍留在河北抗金，收复怀、卫二州。绍兴十一年返回南宋，官至亲卫大夫、忠州刺史，任鄂州御前选锋军同统制。

孟邦杰，原为刘豫政权辖下权河南府尹，绍兴八年率众归降岳飞。绍兴十年七月岳飞北伐，遣孟邦杰经略西京、汝、郑、陈、光、蔡诸州，以为应援。孟邦杰统制忠义军马收复南城军，杀金兵3000余人，夺得器械无数，又乘胜收复永安军，功劳显著。

胡清，原刘豫伪齐政权右武大夫、成州团练使，马军统制。绍兴八年，胡清率10余将归附南宋，宋廷诏胡清等隶岳家军，任选锋军副统制。绍兴十年金兀术、韩常攻颍昌府，胡清与董先率所部守城，后与岳云里应外合，夹击金兵，杀其统军夏金吾，擒千户等70人，杀死金兵5000人，兀术遁走。

（三）拨隶将领。南宋四支大军中，刘光世怯弱无能，张俊避事趑趄，韩世忠虽坚决抗金，但军队数量最少，仅能自保。只有岳飞时刻念及"恢复山河日"[1]，力主北伐，而且岳家军兵精将强，成为南宋的一支王牌劲旅，只要边防军情紧急或内地寇盗充斥，必调岳家军应付战事，并拨隶一部分当地军队归岳飞指挥。高宗甚至有时心血来潮，诏岳飞："中兴之事，朕一以委卿，除张俊、韩世忠不受节制外，其余并受卿节制。"[2] 有些将领战事结束仍回归本司，但有相当部分兵将则因之编隶岳家军中，成为岳家

① 陈思、陈世隆：《两宋名贤小集》卷147《岳飞·归赴行在过上天竺寺偶题》。
② 岳珂：《金佗续编》卷27《百氏昭忠录》。

军中的拨隶将领，从而也壮大了岳家军。主要有：

傅选，原为江西制置大使司统制官，绍兴三年拨隶岳飞，任岳家军统制。绍兴三年正月，与徐庆往筠州平定叛兵李宗亮、张式部，歼其军。绍兴五年从岳飞平杨幺，屡败杨幺水军。绍兴六年，金兀术联合伪齐刘麟大举南侵，傅选与王贵、董先将兵 2 万人在唐州拒敌，夺马 5000 匹，降敌3000 人，擒获敌将数人。绍兴十一年荆湖宣抚司罢，改任鄂州御前背嵬军同统制。

牛皋，汝州鲁山人，先隶京西制置使翟兴为射士，后隶东京留守杜充，以功迁荣州刺史、留守司中军统领。累迁果州团练使、和州防御使、安州观察使，除蔡、唐州、信阳军镇抚使。绍兴三年李成南侵，牛皋失镇，宋廷诏隶岳飞，任岳家军中部统领。绍兴四年破随州，复襄阳，又与金人战庐州，皆获胜捷。绍兴五年平杨幺，除武泰军承宣使，升湖北、京西宣抚司左军统制。绍兴十年岳家军北伐，牛皋出兵汴、许，以功最除捧日天武四厢都指挥使、成德军承宣使。绍兴十一年宣抚司罢，改任枢密行府提举一行事务、鄂州御前左军统制。绍兴十七年，被鄂州御前诸军都统制田师中毒害。

李道，相州汤阴人，早年从宗泽抗金，泽死隶襄阳镇抚使桑仲，任副都统制、知随州。累官武义郎、阁门宣赞舍人、武义大夫，迁荣州团练使，授邓随镇抚使。绍兴三年李成南侵，李道移军江州，诏隶岳家军，任选锋军统制。绍兴四年随岳飞北复 6 郡，克唐州、襄阳诸郡，积官复州防御使、果州观察使。绍兴十一年加中侍大夫、武胜军承宣使，鄂州御前诸军统制。绍兴三十二年与金人战光化军，以外戚功拜庆远军节度使，卒赠太尉，进封楚王。

董先，河南洛阳人，建炎中从京西制置使翟兴抗金，权任商虢镇抚使。后伪降刘豫，旋归南宋。绍兴三年因李成南侵失镇，诏隶岳飞军，任踏白军统制。绍兴四年攻京西，克邓州。绍兴六年与王贵取卢氏县，战唐州、蔡州，皆大捷。绍兴十年随岳飞北伐，从牛皋、傅选等战汉上，以功除正任承宣使；与王贵、岳云战颍昌，再克金兵。绍兴十一年宣抚司罢，先后任鄂州御前诸军统制、侍卫亲军步军统制等职，绍兴二十六年卒。

赵秉渊，原为江南西路兵马钤辖，屯兵洪州。绍兴元年岳飞移军洪州平盗，乘醉殴击赵秉渊，几乎毙命。绍兴三年岳飞奏乞为制置司属官，任胜捷军统制。绍兴五年随岳飞平杨幺。绍兴十年从岳飞北伐，闰六月张宪克陈州，命赵秉渊权知军州事。绍兴十一年后任鄂州御前诸军统制。

李山，原为江西安抚大使司统制官。绍兴三年岳飞除江西沿江制置使，奏乞李山军归隶，任为破敌军统制。李山等归岳飞后，岳家军始粗具规模。绍兴十年金人败盟，李山与张宪出兵临颍东北，破金兵6000人。绍兴十一年伪齐将李成侵庐州，李山与牛皋、徐庆救援，配合刘锜大败李成部将孔彦舟。宣抚司罢，任鄂州御前破敌军统制。

郝晸，原为湖南安抚司统制官，从荆南制置使王瓒讨湘寇，不禀号令。绍兴五年岳飞赴湖湘平杨幺，诏令拨隶岳家军，任中军副统制。绍兴六年与王贵、董先攻卢氏县，克之；又与伪齐西京留守司统制郭德等战邓州，生擒郭德，招降1000余人，获马500匹。绍兴十年六月随岳飞北伐，率所部赴京西援李兴，收复西京。

王俊，原为东平府雄威将，以告讦补本营副都头。靖康元年与金人战汴京，以功补成忠郎。绍兴五年任湖南安抚司统制官，从捧日天武四厢都指挥使王瓒讨杨幺无功。岳飞平湖湘，宋廷诏王俊隶岳家军，任前军副统制。此后数年无功不迁官。绍兴十一年迎合朝廷旨意，诬告主将张宪谋反，是制造岳飞冤案的主要帮凶，以此升正任观察使。

李兴，原为河南府兵马钤辖，知河南府。绍兴十年伪齐将李成南侵，李兴率军抵抗，后撤至永宁白马山。岳飞奏乞李兴归隶岳家军，朝廷诏允，岳飞差李兴兼湖北、京西宣抚司左军统制。岳家军北伐，李兴率所部战河南府，又战永宁军，皆获胜捷。

（四）军中幕僚。岳家军攻必克，战必胜，除军队本身具有强大战斗力外，重要原因就是用谋致胜。岳飞不但以善于用谋著称，而且注重收罗人才，因此岳家军中猛将如云，谋臣如雨。绍兴六年，岳飞奏乞辟幕僚20员："欲乞差参谋、参议各一员，主管机宜文字一员，书写机宜文字一员，干办公事六员，准备差使八员，点检医药饮食二员。"① 因幕僚前后流动性

---

① 岳珂：《金佗续编》卷6《从申踏逐辟差官属省札》。

较大，难以全部记述，兹举其要者叙之。

孙革，原为岳家军将领。绍兴四年因岳飞奏请，以承信郎、神武后军准备差遣迁右承务郎、签书襄阳府判官厅公事。后换文资左朝散郎，任岳家军干办公事。绍兴十一年宣抚司罢，奉祠居行在，后出为兴化军通判，被诬为岳飞书写咨目通书张宪谋反，除名勒停，送寻州编管。

黄纵，北宋末年进士，补从事郎。绍兴初上所著兵论，为岳飞所赏识。绍兴五年岳飞讨杨幺，辟为招讨司主管机宜文字，赴杨钦水寨抚谕，说降杨钦，以功授昌州文学。绍兴七年提出北伐计划，联络河北，平定中原。岳飞被害后，黄纵受到牵连，屏归田里。

于鹏，原为岳家军将领。绍兴四年从岳飞战汉上，以功迁武显大夫。绍兴六年因岳飞奏请，权知邓州，迁武功大夫、辰州刺史，兼阁门宣赞舍人。绍兴八年因岳飞奏乞，换文资右朝散大夫，任岳家军干办公事。绍兴十一年以右朝议大夫、直秘阁除广西路安抚司参议官，被王俊诬告替岳飞通书张宪军中谋反，除名送万安军编管。

胡闳休，开封人，北宋宣和初年为太学生，著兵书两卷。靖康初应试兵科，中优等，补承信郎。金兵围攻汴京，胡闳休分地而守；二帝北迁，从辛道宗勤王。宋室南渡，胡闳休以忠义进二官。湖湘盗起，著《致寇》、《御寇》两篇，主招讨并用，被岳飞辟为招讨司主管机宜文字，以平杨幺功进成忠郎。岳飞被诬，胡闳休杜门佯疾 10 年卒。

李若虚，湖北京西路宣抚司参议官。绍兴六年因岳飞奏请，除提举京西南路常平、茶盐司公事，兼权转运、提刑司公事。绍兴七年因台谏言罢监司，仍为岳飞宣抚司参议官。绍兴十年岳家军北伐，高宗派李若虚赴岳飞军前议事，于德安府见岳飞，谕上旨班师，岳飞不从。李若虚甘愿独当矫诏之罪，支持岳飞北伐，取得了军事上的胜利。绍兴十一年改任司农卿，随即出知宣州。岳飞死后受到牵连，绍兴十二年落秘阁修撰，勒停官职，送徽州编管。

薛弼，温州永嘉人，北宋政和二年进士，任杭州教授，监左藏东库。与李纲议守京城，迁光禄寺丞，改湖南转运判官。岳飞讨杨幺，薛弼建议造木筏断其水路，以草塞其上流，破杨幺水军之所长，湖湘底定，以功迁直秘阁。绍兴六年，由直徽猷阁、知荆南府除任湖北、京西宣抚司参议官。绍兴七年岳飞离军，为安抚岳家军，赴庐山促岳飞复职。绍兴八年三月除户部侍郎，离开岳家军。岳飞之狱即兴，薛弼因与秦桧有旧，未受株连。后经略福州，知广州，擢敷文阁待制卒。

朱芾，右文殿修撰，湖北京西路宣抚司参谋官。绍兴十一年四月充敷文阁待制，出知镇江府。绍兴十二年，右谏议大夫罗汝楫论朱芾任参谋官而不能阻止主帅岳飞之异谋，落职罢郡，责授左朝奉郎、军器少监，邵武军居住。

张节夫，河朔安阳人，豪迈尚气节。绍兴元年任湖东安抚司钱粮官，巨盗曹成侵扰湖东，安抚使向子諲遣张节夫去曹成营议事，节夫遁去。后为岳飞幕客，积功左宣教郎。绍兴九年金朝归还南宋河南地，朝廷与金议和，岳飞命张节夫撰文，指陈议和不可恃，愿率军收复中原。绍兴十一年宣抚司罢，奉祠居行在，以台谏论，出为南剑州通判。绍兴十二年勒停官职，送邻州编管。

二、岳家军军人集团与赵宋文人集团的矛盾

南宋初年，宋金民族矛盾上升为社会主要矛盾。宋高宗为稳定风雨飘摇中的流亡政权，不得不任用将帅抗金，并给予他们各种事权，具体措施就是把北宋时期临时设置的宣抚使、招讨使、制置使等制度化，除沿用北宋传统任用文臣外，也由武将充任。例如，南宋初期宣抚使多用武臣，"武臣非执政而为宣抚使，实自〔刘〕光世始。……自是韩世忠、张俊、吴玠、岳飞、吴璘，皆以武臣充使"①。宋金战争中宣抚使刘光世、韩世忠、张俊、岳飞、吴玠等不仅有自己的固定防地，而且逐渐掌握了重兵，还有便宜处置管内行政、财政较大权力。南宋规定招讨司"军中急速事宜待报不及，许以便宜行事。差随军转运使一员，参议官一员，干办官三员，随军干办官四员，书写机宜文字一员，并听奏辟"②。这样，南宋将帅专权、专地、专兵局面与赵宋以文制武国策和文臣集团右文抑武观念发生

北京师范大学史学探索丛书

---

① 《宋史》卷167《职官志》。
② 同上书。

了冲突，朝廷中文人集团与武人集团的矛盾逐渐激化，"文武二途若冰炭之不合"①。随着宋金战争相持局面的到来，宋廷逐渐收拢将帅兵权，恢复传统治军体制。岳家军是当时实力最大的军事集团，与赵宋政权中文臣集团的矛盾尤其显得突出，必然成为朝廷重点防范与裁制的对象。

（一）岳飞与文人集团的矛盾。宋朝文人集团治军政策的特点是政权对将权控制极其严密，防止将权过重，尤其不允许将帅私养亲兵，形成抗衡朝廷的势力。因此，北宋大多任用无能庸将管军，以此限制将帅权势。但在南宋初年特殊环境下，将帅都拥有自己的私人武装，渐异北宋之制。岳飞在两宋之交数次投军，都带有同籍亲随，如杜充弃建康，岳飞即"与平生三五辈"② 抚定其众。建炎四年岳飞升任通泰镇抚使兼知泰州，把泰州军队中的使臣、效用"分为四队，常置左右"③，作为自己的亲兵。绍兴三年岳飞在江西平盗，朝廷诏令"量带亲兵并刘仅人马赴行在"④ 奏事。绍兴七年岳飞起复湖北、京西宣抚副使，诏"以亲兵赴行在"⑤。绍兴十一年岳飞除枢密副使，上奏朝廷："诸路军马已拨属御前，今来臣有将带到亲兵等，除量留当直人从，其余尽数欲乞发遣，却归本处。"⑥ 如果只从岳飞私置亲兵的角度看，尽管具备了受朝廷猜忌的客观事实，尚不至于与赵宋上层集团发生不可调和的矛盾，因为当时诸将有亲兵乃是普遍现象，而且朝廷也默许了这一现实。问题在于岳飞为人行事与其他将帅不同，招致了朝廷的猜疑。宋金战争中诸将趁战乱劫掠财物、广占土地、邀求赐赏，刘光世、张俊、韩世忠等"金帛充盈，所衣者锦衣，所食者玉食，奢豪无所不至"⑦。只有岳飞"平居洁廉，不殖货产"⑧，所得赏军钱物全部犒赏战士，对朝廷赏赐的居第也仿效西汉名将霍去病辞而不受。岳飞"每拜

---

① 李心传：《建炎以来系年要录》卷 42 "绍兴元年二月癸巳"。

② 岳珂：《金佗续编》卷 28《百氏昭忠录》。

③ 岳珂：《金佗稡编》卷 5《经进鄂王行实编年》。

④ 《宋会要辑稿·兵》13 之 13。

⑤ 李心传：《建炎以来系年要录》卷 109 "绍兴七年二月庚子"。

⑥ 岳珂：《金佗稡编》卷 12《乞发回亲兵札子》。

⑦ 汪藻：《浮溪集》卷 1《奏论诸将无功状》。

⑧ 岳珂：《金佗续编》卷 14《武穆谥议》。

官，必力恳避"①，不仅自己极力辞官，而且对岳云、母妻封官也再三辞让，以远权势。宋金战争中每当朝廷与金人议和，岳飞便请求"乞归田野，以养残躯"②，表达对朝廷向金朝妥协乞和的不满。所有这些，都使岳飞较其他将帅更容易受到文人集团的猜忌，隐伏着岳飞与朝廷之间的矛盾。因为廉洁奉公而被猜忌，因为谦恭得人心而招杀身之祸，这是历史的悲剧，这也是岳飞冤案受到人们刻骨铭心的怀念的历史原因。

　　岳飞与赵宋统治集团的直接冲突乃在于岳飞立志收复中原与南宋朝廷偏安江南的政策发生矛盾。岳飞历经南北宋政权鼎革，亲眼目睹金朝统治者入侵中原给人民带来的战乱之苦，自始至终坚持抗金斗争。"岳飞拔自偏裨，骤当方面"③，矢志不渝地力求实现自己恢复中原的抗金事业，信道直前，无所顾忌。由于岳飞锋芒毕露，和赵宋统治集团防范武人的政策发生冲突，于是矛盾公开激化。绍兴七年春，都督张浚罢刘光世兵权，朝廷拟用岳飞节制其军，但张浚认为岳飞会因此兵权太重，从中阻止。朝廷中道变更，出尔反尔，引起岳飞不满，一怒之下弃军赴庐山守墓。岳飞此举，引起朝廷文臣集团不满。张浚累陈"岳飞积虑，专在并兵；奏牍求去，意在要君"④，要求朝廷处置。枢密使"秦桧见飞举趾，已有忿忿之意矣"⑤。后来，高宗虽然鉴于抗金需要，不得不重新起用岳飞，但在假意慰抚的背后却隐隐露出杀机："卿前日奏陈轻率，朕实不怒卿，若怒卿，则必有行遣，太祖所谓犯吾法者，惟有剑耳。"⑥岳飞重新管军后，准备乘金人废掉伪齐刘豫之际，部署大举北伐。岳飞上奏，应乘金人与伪齐内讧，"捣其不备，长驱以取中原。不报"⑦。岳飞在朝廷不允出师的情况下，只好放弃合兵计划，要求"不烦济师，止以本军进讨"⑧，结果朝廷仍然不

---

　　① 岳珂：《金佗续编》卷4《再辞免同前不允诏》。

　　② 岳珂：《金佗续编》卷9《乞致仕不允仍令前来行在奏事省札》。

　　③ 岳珂：《金佗续编》卷13《追复少保两镇告》。

　　④ 《宋史》卷28《高宗纪》。

　　⑤ 佚名：《宋史全文》卷20上。

　　⑥ 李心传：《建炎以来系年要录》卷112"绍兴七年七月丁卯"。

　　⑦ 岳珂：《金佗稡编》卷7《经进鄂王行实编年》。

　　⑧ 岳珂：《金佗续编》卷19《百氏昭忠录》。

允。同时，宋廷已开始限制岳飞事权。绍兴八年二月，岳飞乞增兵，高宗却说："上流地分诚阔远，宁与减地分，不可添兵。今日诸将之兵，已患难于分合，末大必折，尾大不掉，古人所戒。今之事势，虽未至此，然与其添与大将，不若别置数项军马，庶几缓急之际，易为分合也。"① 十二月，岳飞奏辟胡邦用知靖州，高宗则说："郡守牧民之官，亦藩屏所寄，当自朝廷选差。若皆由将帅辟置，非臂指之势也。"② 但是，岳飞在与朝廷嫌隙日深的情况下，仍然屡陈抗金大计，要求出兵中原，"庶使飞平生之志，得以少快"③。枢密副使王庶赴淮上措置战事，岳飞移书王庶，表示"今岁若不出师，当纳节请闲"④。王庶回朝谈及岳飞之语，适触高宗之忌。而对于金朝归还南宋三京河南之地，朝廷准备与金人议和，岳飞又公开反对，认为"夷狄不可信，和好不可恃。相臣谋国不臧，恐贻后世讥议"。结果"上默然，宰相秦桧闻而衔之"⑤。岳飞与朝廷矛盾日益激化，他自己也有预感，知道前景不妙，故而心情非常沉重，日夜不安。绍兴八年，辛次膺出任湖南提刑，途经鄂州，岳飞把他邀入密室，"尽出平生所被宸翰，凡数百纸，具言眷遇之渥，执辛手曰：'前夕梦为棘寺逮对狱，狱吏曰辛中丞被旨推勘。惊寤，遍体流汗。方疑惧，不敢以告人，而津吏报公至。公自谏官补外，他日必为独坐，飞或不幸下狱，愿公救护之。'"⑥ 辛次膺也察觉出"岳飞握重兵，昧保身之策，祸将及矣"⑦。

绍兴十年金人败盟南侵，南宋军民同仇敌忾，奋起抵抗。岳飞亲率大军北伐，准备一举收复中原。岳飞先派梁兴等渡河，收复河东、河北大片土地，"中原大震动"⑧。两河人民久罹沦陷之苦，热烈欢迎岳家军。"两河忠义百万，闻不日渡河，奔命如恐不及，各赍兵仗、粮食团结以俟。父老

---

① 李心传：《建炎以来系年要录》卷 118 "绍兴八年二月壬戌"。
② 李心传：《建炎以来系年要录》卷 124 "绍兴八年十二月己巳"。
③ 岳珂：《金佗稡编》卷 17《乞淮东重难任使申省状》。
④ 《宋史》卷 372《王庶传》。
⑤ 岳珂：《金佗稡编》卷 7《经进鄂王行实编年》。
⑥ 洪迈：《夷坚甲志》卷 15《辛中丞》。
⑦ 徐梦莘：《三朝北盟会编》卷 221 引赵甡之：《中兴遗史》。
⑧ 岳珂：《金佗续编》卷 20《百氏昭忠录》。

百姓争挽车牵牛，载糗粮，以馈义军，顶盆焚香，迎拜而候者，充满道路。"① 由于得到人民的支持，岳家军进军顺利，连克陈州、颍昌、郾城，进至汴京附近的朱仙镇。然而，宋廷害怕岳飞收复两河会深得民心，坐成大势，急忙诏令班师，丧失了收复中原的大好时机。

绍兴十一年春，金兵又入侵江淮，高宗急忙诏岳飞赴江州救援，以确保其政权稳固。岳飞分析了战场形势，认为"虏既举国来寇，巢穴必虚，若长驱京洛，虏必奔命，可以坐制其弊"②，准备乘金人后方空虚，直捣中原。但是，南宋朝廷根本缺乏全局战略，"王师备御攻讨，皆无预于恢复之计"③，仅图自保。高宗得岳飞捣虚之奏，非常着急，数诏岳飞赴援江淮，岳飞不得已出兵蕲黄应援。由于岳飞捣虚取中原计划与朝廷保守江南政策发生矛盾，以致高宗数札诏岳飞出师，引致人言猜忌，埋下了岳飞后来被罪的祸根。

宋金绍兴和议签订后，朝廷立即着手解决岳飞兵权。秦桧、范同等以枢密使和副使官衔候张俊、韩世忠、岳飞赴行在就职，岳飞因路途遥远后至，秦桧非常紧张，害怕阴谋败露招致岳飞起兵反抗。这足以证明朝廷怀疑岳飞有异志，更促使高宗、秦桧下定了除掉岳飞的决心。岳飞因文人集团的诬陷罢枢密副使后，屡次请求除外任宫观避祸，但朝廷却不放心，把他羁置行在加以控制，直至进一步打击陷害，于绍兴十一年冬置诏狱杀害。

（二）岳家军将领与文人集团的矛盾。岳家军在抗金斗争中，先后使用神武右副军、神武副军、神武后军和行营后护军4个番号，队伍逐渐发展壮大。建炎四年岳飞独立成军时，只有正兵1万人。绍兴四年收复襄鄂6郡后增至3万人，分为10将。绍兴五年收编杨幺湖湘水军，又合并了某些地方军队，兵力大增。宋廷诏令岳家军"以三十将为额"④，总兵力增至10万，共有前、左、中、右、后、背嵬、游奕、踏白、选锋、胜捷、破

---

① 岳珂：《金佗续编》卷24《百氏昭忠录》。

② 岳珂：《金佗续编》卷20《百氏昭忠录》。

③ 同上书。

④ 岳珂：《金佗稡编》卷6《经进鄂王行实编年》。

敌、水军 12 个军，形成步兵、骑兵、水兵各兵种齐全的强大军事集团，居南宋初年诸军之冠。绍兴九年岳家军增为 84 将，有统制官 22 人，而同一时期淮西张俊只有统制官 10 人，淮东韩世忠统制官 11 人，岳家军规模仍为诸军之首，占有重要地位。

随着岳家军势力不断壮大，与朝廷文臣集团的矛盾也逐渐暴露出来。绍兴六年岳家军在襄鄂立足以后，积极向北发展，经营黄河以南地区。八月，岳家军将领王贵、董先攻克虢州寄治卢氏县，杨再兴攻克西京长水县，"西京险要之地尽复"，"中原响应"，岳飞准备乘胜率诸将"规取中原"①。南宋统治者害怕岳家军势力坐大，不许出兵。绍兴七年岳飞计划乘金人废刘豫之机，合诸将之兵北伐中原，与朝廷发生矛盾冲突。朝中文臣以为岳飞想吞并其他军队，增加岳家军兵力，逼使岳飞愤而辞职。岳飞离军后，都督张浚派都督府参谋官张宗元监其军，企图夺岳飞兵柄。朝廷此举，引起岳家军将领的不满，提举岳家军一行事务张宪称病不理军务，诸将如法炮制，"张宪因辞疾，下多效之"②。岳飞的亲信将领更担心失去兵权，"部曲汹汹，生异语"③。这件事更增加了南宋文人集团对武将的疑虑，感到了收兵权的紧迫性。绍兴八年，高宗制订了提高偏将地位分主帅兵权的策略，枢密副使王庶负责实施，首先分张俊偏将张宗颜驻庐州，巨师古屯太平州，其次分韩世忠两支人马分屯泗州和天长军。王庶尚未来得及分岳家军，即因反对和议罢枢密副使。绍兴十一年，南宋统治集团驾空张俊、韩世忠、岳飞兵权，把三宣抚司兵收隶枢密院。宋廷为进一步打击分化岳家军，首先拉拢张俊交出军队，控制了张家军，然后派张俊、岳飞到楚州措置韩世忠军，授意分解韩家军，最后孤立岳家军，"三省同奉圣旨，俊、飞以枢密职事前去，与宣抚使事体不同，令随宜措置，专一任责"④。张俊把韩家军带到建康加以控制，解决了韩家军。南宋统治者完成上述部署以后，则集中力量对付岳家军。高宗、秦桧打击的对象重点集中在岳飞

---

① 岳珂：《金佗稡编》卷 7《经进鄂王行实编年》。

② 叶适：《水心文集》卷 22《故知广州敷文阁待制薛公墓志铭》。

③ 《宋史》卷 380《薛弼传》。

④ 岳珂：《金佗续编》卷 12《令前去按阅专一任责省札》。

的原从将领身上，并以高官厚禄相引诱，"使其徒自相攻发"①，从内部瓦解岳家军。岳家军高级将领中，张宪以忠义著称，最早从岳飞征战，深得岳飞信任，是岳家军的中坚，成为朝廷猜忌的主要对象。岳云为岳飞之子，曾任岳家军书写机宜文字，掌握军事机密，也成为朝廷打击对象。秦桧、张俊密诱因犯军律险些被岳飞斩首的主要将领王贵背叛岳家军，遭到王贵抵制。后张俊求得王贵隐私相威胁，王贵才对秦桧等打击岳家军保持沉默。面对朝廷的威逼利诱，岳家军中的广大原从将领"卒无应命"②。秦桧等诱逼原从将领失败后，便拉拢岳家军中招降、收编的与岳飞关系较疏远的将领，诱使以告讦著称的王俊诬陷张宪、岳云谋反，以傅选、董先、庞荣为证，刑讯逼供成狱，杀害张宪和岳云。此后进一步削弱岳家军，迫使王贵辞去军职，毒死岳家军中享有众望的牛皋，任命无能庸将田师中为鄂州御前诸军都统制。田师中不孚众望，"师中至武昌，军中初不伏，统制官傅选、李山、郭青辈往往乞罢去"③，岳家军更为涣散。绍兴三十一年金人南侵，朝廷命汪澈以京西、湖北宣谕使赴鄂州抚军。"御史中丞汪澈宣谕荆襄，诸将与三军之士合辞言飞冤。澈谕以当奏知，诸军大恸，哭声雷震。"④ 足见岳家军在高宗、秦桧打击下受压抑的情形。

（三）岳家军幕僚与朝廷文人集团的矛盾。岳飞在南宋诸将中不仅骁勇善战，而且深沉有谋，非常注重收罗人才，发挥幕僚的作用。岳家军中"食客所至常满，一时名人才士皆萃幕府，商论古今，相究诘，切直无所违忤"⑤。宋朝统治者最害怕武将和文人交往，因此对将帅及其幕僚处处防范，甚至由朝廷派遣幕僚监视将帅。岳飞"在兵间，独以垂意文艺称，字尚苏体，室有邺架，故奸臣特忌之，不与他将比"⑥。这些，都增加了朝廷的猜忌。绍兴七年岳飞复军后，到建康朝见高宗，面奏立储事宜，引起整个文臣

---

① 岳珂：《金佗稡编》卷 8《经进鄂王行实编年》。
② 同上书。
③ 李心传：《建炎以来系年要录》卷 144 "绍兴十二年三月丁未"。
④ 岳珂：《金佗续编》卷 21《百氏昭忠录》。
⑤ 岳珂：《金佗稡编》卷 9《经进鄂王行实编年》。
⑥ 岳珂：《宝真斋法书赞》卷 15《黄鲁直先王赐帖》。

集团的恐慌。高宗当面训斥岳飞："卿虽忠，然握重兵于外，此事非卿所当与也。"① 据宋人薛季宣记载，当时高宗怀疑岳飞此举是受幕僚教唆，薛季宣伯父薛弼为岳飞参议官，与岳飞一同入奏，当岳飞声音颤抖地读建储奏疏时，"上际伯父色动"②。宰相赵鼎认为："大将总兵在外，岂可干与朝廷大事，宁不避嫌？飞武人，不知为此，殆幕中村秀才教之。"③ 这件事进一步加深了岳家军幕僚与朝廷之间的矛盾。绍兴九年金朝以河南三京之地还宋，岳飞因和议成授开府仪同三司，上表谢恩，因言和议不可恃。幕僚张节夫撰《谢讲和赦表》说："愿定谋而全胜，期收地于两河。唾手燕云，正欲复仇而报国；誓心天地，当令稽首以称藩。"名为庆贺和议达成，实为请战的宣言。结果引起文人集团的不满，宰相"秦桧见之切齿"④。绍兴十一年岳飞罢枢密副使，幕僚沈作喆为岳飞作谢表，有"功状蔑闻，敢遂良田之请；谤书狎至，犹存息壤之盟"之语，又犯秦桧之忌，"会之读不乐"⑤。

南宋统治集团打击岳家军是先从幕僚开始的。早在绍兴十一年岳飞罢宣抚使之前，朝廷即出参谋官朱芾知镇江府，参议官李若虚知宣州，原因就是"二人皆岳飞幕客也，自军中随飞赴行在，上将罢飞兵柄，故先出之"⑥。宋廷认为幕僚出谋划策，更加危险，因此釜底抽薪，对他们处置最重。岳飞罢兵权后，朝中文臣又诬陷岳家军干办公事孙革、于鹏为岳飞通书张宪，谋还岳飞兵权。宋廷将孙革、于鹏、王处仁、蒋世雄等6人治罪编管，其余幕僚受岳案牵连被罪者有高颖、王良存、王敏求、朱芾、李若虚、党尚友、张节夫等15人，株连既广，处罚亦重，岳家军幕僚几乎无一幸免。

三、简短的结语

通过上述分析可以看出，南宋初年的特定历史条件使武人权力增重，与

① 熊克：《中兴小纪》卷21引张戒：《默记》。
② 薛季宣：《浪语集》卷33《先大夫行状》。
③ 赵鼎：《忠正德文集》卷9《辨诬笔录》。
④ 徐梦莘：《三朝北盟会编》卷192引赵甡之：《中兴遗史》。
⑤ 沈作喆：《寓简》卷8。
⑥ 李心传：《建炎以来系年要录》卷140"绍兴十一年四月庚辰"。

宋朝以文制武的传统国策发生了冲突。南宋朝廷中的文人集团，不论是主战派还是主和派，尽管在对金朝"和战"问题上纷争不已，相互倾轧排挤，但在限制武将事权和右文抑武问题上则是一致的。他们处处防止武人势力膨胀，只要有适当时机，便想方设法削弱武将事权，把他们纳入文人控制之下。这一政策从宋高宗、张浚、赵鼎、王庶到秦桧，一脉相承。文人集团和武将专权的矛盾，始终存在于南宋初年统治集团的上层权力斗争之中。这个矛盾随着抗金形势的变化而升降。宋廷为控制武将，不惜放弃收复失地，偏安江南，与金朝议和息兵，和议成，抗金形势随即缓和，武人与文人集团的矛盾即上升，岳飞建立的岳家军实力最强，立即成为心腹之患，加之岳飞深得军心民心，平生大志昭著，更成为朝廷疑忌的对象。尽管岳飞素以忠君著称，岳家军将领、幕僚为赵构在江南建国立下了汗马功劳，仍不免成为宋朝抑武政策的牺牲品。岳飞之死，并不仅仅是因为迎还钦宗与赵构发生矛盾，也不单纯是因为反对议和与秦桧发生矛盾，而是南宋文人集团要恢复宋朝传统的以文制武立国体制，打击岳家军的必然结果。

北京师范大学史学探索丛书

龚明之生卒年代问题祛疑

龚明之，字希（一作熙）仲，号五休居士，宋苏州昆山县人，有《中吴纪闻》一书传世。一生蹭蹬科场，仕宦不显，故生平事迹晦略，以致引起后人歧议，至今未能释疑。

首先看龚明之出生年代。据《中吴纪闻·自序》载："今年九十有二，西山之日已薄，恐其说之无传也。……淳熙九年中和日，宣教郎赐绯鱼袋致仕龚明之期颐堂书。"宋孝宗淳熙九年龚明之92岁。以此上推，其出生年代当是宋哲宗元祐六年。另据《中吴纪闻·附龚明之传》记载："绍兴二十年乡贡，年已六十。"绍兴二十年上溯60年，恰为元祐六年。次年朝廷开科，龚明之因不愿隐瞒年龄而落第，但《四库全书总目提要》卷70却说龚明之"绍兴间，以乡贡廷试，授高州文学"。后人不察，沿袭其误，如程应镠先生即据此写入《龚明之》辞条中。① 考洪迈《夷坚志补》卷1《龚明之孝感》条载："晚以特恩殿试，策名前列，时已八十二岁。"范成大《吴郡志》卷27《人物·龚明之》记载相同："明之蹭蹬举场，以特恩廷试，年已八十二。"《中吴纪闻·附龚明之传》也记载：宋徽宗"宣和三年，明之以诸生贡京师。……晚以特恩廷试，授高州文学，年逾八十"。是龚明之以特奏名授高州文学当为宋孝宗乾道八年。郑兴裔《郑忠肃奏议·遗集》有宋孝宗淳熙二年《荐举龚明之状》："伏见平江府乡贡进士龚明之，……近邀特恩试，授高州文学。"淳熙二年上距乾道八年只间隔两年，与郑氏所言相符。如果龚明之于绍兴二十一年榜即授高州文学，那么距郑兴裔上疏已有24年之遥，怎么能说"近邀特恩试，授高州文学"呢？龚明之授高州文学上推82年，即为元祐六年。据此可以断定，龚明之出生年代应当是元祐六年。

---

① 邓广铭、程应镠：《中国历史大词典·宋史卷》，416页，上海，上海辞书出版社，1984。

再看龚明之卒年。据范成大《吴郡志》卷27《人物·龚明之》记载：龚明之"遗令毋设仙释像，于枢前供一水一花，诵《论语》、《孝经》足矣。年九十二"。是谓龚明之卒于淳熙九年。然而，明正德九年其九世孙龚弘重刻弘治严春刊本《中吴纪闻》跋语则说："是书出自宋淳熙间，弘九世祖龚明之著，时年九十二。后四年，祖始终。"又谓龚明之卒于淳熙十三年。两说相差4年。

按宋人述龚明之生平事迹最详者，当推洪迈。他在《夷坚志补》卷1《龚明之孝感》条中记载龚明之特奏名及第"时已八十二岁，法不应官。吴人在朝者列其行义，合词荐之，得监南岳庙"。他被朝廷差遣监潭州南岳庙数年之后，于"淳熙五年丐致仕，乡人自赵再思左史以下二十人，又为请于朝，觊增秩。参知政事钱师魏谓其无例，以为难。吴仁杰曰：'公试与丞相敷陈，必能动上听。'钱问其故，仁杰曰：'龚君顷以至行动上帝，是以知今日必能动人主。'因言其故，钱悚然敬听。果得旨，迁宣教郎，赐服绯。又四年，乃卒"。又据《中吴纪闻·附龚明之传》记载：

> 淳熙五年乞致仕，乡人奉直大夫林振等举明之，乡曲儒宗，经明行修，议论操履，众所师法，而穷居在下。先是，淳熙二年庆寿赦文内，孝行节谊著于乡间，仰长吏保明，当议旌录。时参政钱良臣谓明之无吏考，难之。吴仁杰曰："公试与丞相敷陈，必能动上听。"良臣问故，仁杰曰："龚君顷以至行能动上帝，是以知今日必能动人主。"因具言其事，良臣为之竦然。果得旨，超授宣教郎致仕，仍赐绯衣银鱼。

两者记载虽小有差异，而龚明之淳熙五年请求致仕则完全相同。洪迈说得很明确，龚明之是在赐服增秩致仕后4年卒。可见，要考证他的卒年，关键问题在于弄清龚明之淳熙五年还是淳熙九年致仕。

龚明之赐五品服绯致仕，有两条材料佐证不可能在淳熙九年。其一，徐自明《宋宰辅编年录》卷18记载，钱良臣淳熙五年十一月参知政事，淳熙八年九月罢执政。钱良臣和国子学录吴仁杰议论龚明之迁官必定在淳熙八年以前，淳熙九年钱良臣已除外任宫观，无法论及龚明之迁官之事。其二,《中吴纪闻》卷5《郑应求相》条记载："予年二十时,三舍法行,与郑君聘应求同在郡庠。……后七十年,予始拜牙绯之宠。"龚明之20岁时当宋徽宗大观四年,70年后为宋孝宗淳熙七年,他已经迁宣教郎赐绯服银鱼致仕了。范成大、洪迈与龚明之为同时代人,他们记载龚明之于淳熙五年乞致仕即获准赋闲,4年后于淳熙九年卒,实有所据。明代龚弘参照《中吴纪闻·自序》和《夷坚志补》为正德本作跋,但因一时不审,鲁鱼亥豕,捏二事合而书之,把龚明之淳熙五年致仕后4年卒误以为淳熙九年著《中吴纪闻》后4年卒了。

据以上辨析可知,龚明之于北宋哲宗元祐六年出生,曾经在苏州州学和京师太学为舍生;南宋高宗绍兴二十年60岁时乡贡,次年省试落第而归;孝宗乾道八年特奏名殿试,授高州文学,监潭州南岳庙,时年82岁;淳熙五年乞闲,朝廷赐绯服银鱼袋,以宣教郎致仕,时年88岁;淳熙九年《中吴纪闻》书成之后卒,终年92岁。

第四编

宋代史学研究

唐宋经济史著作的勃兴及其史学价值

唐宋两代是我国历史上的重大变革时期，成为中国封建社会前后两期的分水岭。这一社会变革反映在学术领域，展现出许多与前代学术明显不同的特征。其中一个突出的表现，就是关于各种经济门类的撰述犹如雨后春笋般出现，呈现出蓬勃的发展势头。虽然唐宋时期的学者没有使用"经济史"概念，但已经具有从社会经济的各个方面考察历史的自觉意识。唐代史家杜佑撰《通典》，其《食货典》包括田制、水利田、屯田、乡党、赋税、户口、钱币、漕运、盐铁、鬻爵、榷酤、算缗、杂税、平准、轻重各项内容；宋末元初史家马端临撰《文献通考》，有关经济内容的《食货考》包括田赋、钱币、户口、职役、征榷、市籴、土贡、国用8考。以上几个方面，大致反映出唐宋史家关于社会经济史认识与撰述的范围。在这种社会氛围中，唐宋两代学者撰写了大量关系国计民生的经济史著作，其数量远远超出唐以前历代学者同类著作的总和，而且涉及的内容非常广泛，包括会计、田赋、货币、屯田、水利、市易、均输、朝贡、漕运、矿冶、茶盐、救荒等名目。下面依据两《唐书》、《宋史》和《四库全书总目》的记载，择要述其梗概。

（一）邦计国用经济史著作。唐宋时期中国封建社会经济的发展，体现在国家经济制度上，有了更加明确和更为细致的规定。反映这类内容的著作主要有：曹璠《元和国计图》10卷，李吉甫《元和国计略》1卷，盛度《庸调租赋》3卷，佚名《经费节要》8卷，李维《邦计汇编》1卷，丁谓《景德会计录》6卷，佚名《庆历会计录》2卷，田况《皇祐会计录》6卷，韩绛《治平会计录》6卷，李常《元祐会计录》3卷，王珪《在京诸司库务条式》130卷，曾布《熙宁新编常平敕》2卷，蔡确《元丰司农敕令式》17卷，吴雍《都提举市易司敕令》并《厘正看详》21卷，佚名《元祐诸司市务敕令格式》206册，秦桧等《绍兴重修常平免役敕令格式》54卷，吕祖谦论、门人编《东莱先生西汉财论》10卷。

（二）农业经济史著作。唐宋立国的基础仍然是小农经济，以农业为主的自然经济占据主导地位。但是，与前代农业经济相比，最显著的变化是商品经济成分迅速增长，大量的剩余农副产品进入市场。以桑麻、竹木、果蔬、花卉等经济作物为主体的商品性种植业，在农业经济中也占有一定的比重。反映这类内容的著作主要有：武则天《兆人本业》3卷，薛登《四时记》20卷，王旻《山居种莳要术》1卷，李绰《秦中岁时记》1卷，陆龟蒙《耒耜经》1卷，韩鄂《四时纂要》5卷，徐锴《岁时广记》120卷，陈元靓《岁时广记》4卷，宋真宗（赵恒）《授时要录》12卷，李淑《耕籍类事》5卷，丁谓《农田敕》5卷，汪樗《古今屯田总议》7卷，陈靖《劝农奏议》30篇，林勋《本政书》10卷，陈旉《农书》3卷，曾之谨《农器谱》3卷，王居安《经界弓量法》1卷，孙光宪《蚕书》3卷，秦湛《蚕书》1卷，赞宁《笋谱》1卷，吴良辅《竹谱》2卷，陈仁玉《菌谱》1卷，蔡襄《荔枝谱》1卷，佚名《荔枝故事》1卷，韩彦直《永嘉橘录》3卷，陈思《海棠谱》3卷，张峋《花谱》1卷，仲休《花品》1卷，张宗海《花木录》7卷，欧阳修《洛阳牡丹记》1卷，王观《扬州芍药谱》1卷，史铸《百菊集谱》6卷，史正志《菊谱》1卷，王贵学《兰谱》1卷，范成大《范村梅谱》1卷，陈翥《桐谱》1卷。

（三）手工业经济史著作。唐宋农业经济的发展，进一步促进了手工业生产规模的扩大，不仅建筑、冶金、酿酒、纺织、制盐、造纸等行业更加发达，而且出现制茶、制糖、制香、制墨、制砚等行业，独立生产的手工业阶层日益壮大。反映这类内容的著作主要有：李诫《营造法式》34卷，张甲《浸铜要录》1卷，朱翼中《北山酒经》3卷，窦苹《酒谱》1卷，沈立《锦谱》1卷，楼璹《耕织图诗》1卷，李承之《江湖淮浙盐敕令赏格》6卷，佚名《编类诸路茶盐敕令格式目录》1卷，高聿《盐池录》1卷，陆羽《茶经》3卷，温庭筠《采茶录》1卷，毛文锡《茶谱》1卷，丁谓《北苑茶录》3卷，蔡襄《茶录》2卷，佚名《茶法易览》10卷，王灼《糖霜谱》1卷，丁谓《天香传》1卷，洪刍《香谱》5卷，陈敬《香谱》4卷，苏易简《文房四谱》5卷，李洪《续文房四谱》5卷，蔡襄《墨谱》1卷，李孝美《墨苑》3卷，晁氏《墨经》1卷，米芾《砚史》1卷，高似孙

北京师范大学史学探索丛书

《砚笺》1 卷。

（四）城市经济史著作。唐宋时期社会经济的发展，促进了地域性经济中心的产生，城镇数量大幅度增加。由于城市人口急剧膨胀，从事工商业人数不断增多，导致中国传统的政治型城市向经济型城市转化，加速了中国城市商业化的进程。反映这类内容的著作主要有：宋敏求《长安志》20 卷、《东京记》2 卷，孟元老《东京梦华录》10 卷，耐得翁《都城纪胜》1 卷，佚名《西湖老人繁盛录》1 卷，吴自牧《梦粱录》20 卷，周密《武林旧事》10 卷。

（五）商业贸易经济史著作。唐宋时期社会经济结构发生了重大变化，商业贸易和市场规模迅速扩大，富人阶层和商人群体开始崛起，国内外贸易（包括朝贡贸易）更加频繁，货币需求量急剧增长。反映这类内容的著作主要有：严守则《通商集》3 卷，洪遵《会稽和买事宜录》7 卷，赵飐《广南市舶录》3 卷，李德裕《黠戛斯朝贡图》1 卷，崔峡《列国入贡图》20 卷，宋敏求《朝贡录》20 卷，高少逸《四夷朝贡录》10 卷，李清臣等《元丰土贡录》2 卷，佚名《安南土贡风俗》1 卷，佚名《西南蛮夷朝贡图》1 卷，李孝友《历代钱谱》10 卷，封演《钱谱》1 卷，张台《钱录》1 卷，于公甫《古今泉货图》1 卷，陶岳《货泉录》1 卷，杜镐《铸钱故事》1 卷，董逌《钱谱》10 卷，洪遵《泉志》15 卷。

（六）治河赈灾经济史著作。唐宋时期经济重心逐渐南移，东南沿海一带社会经济迅速发展，成为北方粮食物资供给之地。为保证漕运畅通，北方的黄河诸水与南方三吴水利得到有效治理。兴修水利还与救荒赈灾相关联，成为唐宋朝廷经济政策的重要组成部分。反映这类内容的著作主要有：张动《直达纲运法》并《看详》131 册，王章《水利编》3 卷，佚名《水部条》19卷，沈立《河防通议》1 卷，李垂《导河形胜书》1 卷，章惇《导洛通汴记》1 卷，佚名《宣和编类河防书》192 卷，李注《李冰治水记》1 卷，佚名《大禹治水玄奥录》1 卷，郏亶《吴门水利》4 卷，单锷《吴中水利书》1 卷，魏岘《四明它山水利备览》2 卷，富弼《救济流民经画事件》1 卷，董煟《救荒活民书》3 卷、《活民书拾遗》1 卷，刘珙《江东救荒录》5 卷。

上述各类经济史著作的增多，反映出整个社会对经济领域发生的巨大变革给予自觉重视和普遍关注，标志着当时学者对经济史著作价值的认识进一步增强和提高。

唐宋时期经济史著作的勃兴，对中国传统史学产生了深远的影响：

第一，有关治河、漕运、农贸、工商、财政、救荒之类关系国计民生的历史撰述，有的萌生于唐代，有的兴起于宋代，至元明两代呈现出明显增多的发展趋势，越来越受到史家的高度重视。以正史《经籍志》和《艺文志》的"史部·故事类"记载为例，很能说明这个问题。两《唐书》无一记载，《宋史》占据十分之一以上，《明史》则占据半数之多，说明关注与撰写经济史著作的人数日益增加，成为"史学走向社会深层的又一个重要标志"①。

第二，自从杜佑《通典》确立"以食货为之首"② 的撰述思想和撰述体例以后，历代典制体史书奉为圭臬，成为中国史学的一个优良传统。宋白等《续通典》、马端临《文献通考》、王圻《续文献通考》、清代官修《续通典》、《续文献通考》、《清通典》、《清文献通考》、刘锦藻《清朝续文献通考》诸书均以食货内容居首，自觉地从历代社会经济的发展变化中考察历史，对社会经济发展史给予了高度重视。

第三，经济史著作的蓬勃发展，为唐宋以后历代正史《食货志》的撰述提供了丰富的史料。两《唐书》以前的历代正史，《食货志》绝大部分记载与农业经济相关的田制、赋税、户口、徭役诸方面内容，而自《宋史》以后的历代正史，《食货志》记载的与国民经济相关的货币、商税、市舶、会计、漕运、水利、赈灾各方面内容占据了大部分篇幅，极大地拓宽了史书《食货志》撰述的内容。

第四，唐宋以来经济史著作的勃兴，把中国史学的经世致用思想发展到一个新的里程碑。在这一史学思想的影响下，宋、元、明、清学者撰写了大量的农政、盐政、茶政、马政、船政、漕政、荒政等经济史著作，不但清晰地反映出上述各个领域的历史发展状况，而且形成关注社会历史与国计民生的传统，极大地丰富了中国史学经世致用思想的内涵，具有重要的史学价值。

北京师范大学史学探索丛书

①　瞿林东：《中国史学史纲》，635 页，北京，北京出版社，1999。

②　杜佑：《通典·序》。

宋代史学的两个发展趋势及其相互关系

在中国传统史学中，宋代史学以其深刻的历史意识与史学意识，在中国古代史学发展史上占有重要地位。如果从史学思想的角度考察问题，可以发现宋代史学出现义理化史学和考据性史学两大发展趋势。这两大史学趋势之间既有相互联系，又显示出明显不同的特征。探讨宋代史学两大发展趋势的内涵及其相互关系，不仅对于阐明中国传统史学发展内在规律具有重要的学术价值，而且对于进一步促动当代中国史学发展也有重要的理论借鉴意义。

一

宋代理学的兴起以及理学思想逐步成为宋代社会的正统思想，对中国传统史学的发展产生了很大影响。在程朱理学思想的影响下，宋代一些史家不恰当地夸大了儒家义理思想的作用，突出史学的伦理道德性质，过分强调史学惩劝资治功能，而对于史实考证不求其详，不重其实，致使宋代史学呈现出义理化发展趋势。宋代义理化史学具有如下特征：

（一）荣经陋史。义理化史学的史家欲借儒家《春秋》学的义理思想褒贬世道风俗，宣称史学的本质在于明道。北宋程颢与程颐曾经告诫弟子谢良佐说：学者不用儒家义理思想指导读史，就会令人心粗；而读史不知阐明儒家义理思想，就是玩物丧志！南宋胡寅撰《读史管见》，极力宣扬圣人明理以为经，纪事以为史的思想，认为史学的价值在于用经义以断往事。朱熹说得更明确：史家治史如果不用儒家义理思想作指导，即使饱读史书，考古今治乱，研究典章制度，也会胸无尺度，无益而有害。他们把儒家经学的义理思想凌驾于史学之上，认为研究历史无须从历史事实中得出理论认识，而是强调依据儒家义理标准评判历史，然后才能看出典章制度和历史事件的价值；如果不用儒家义理观念规范历史研究，那么历史上各朝代的治乱兴衰只不过是一幕幕相互争夺的闹剧而已，看不出有什么意义！

（二）笔削褒贬。义理化史学的史家把儒家义理思想奉为圭臬，撰史强立文法，使历史事实屈从其笔削义例。欧阳修撰《新唐书·宰相表》，效法《春秋》书法，记载历史人物薨、诛、杀、死科条既殊，纪事难免不齐。吕夏卿撰《唐书直笔》，记载内禅、立皇太子、立皇后、命将征伐等事件义例烦琐，肆意褒贬，予夺之际，更加混乱。朱熹撰《资治通鉴纲目》，更是特别强调书法义例的重要性。《资治通鉴纲目》记载历史人物或去其官，或削其爵，或夺其谥，以此寓含褒贬之意。然而，设例愈繁，褒贬愈无定论。这类著作完全贯彻儒家义理思想，而对具体历史事实则不甚措意，甚至为突出现实政治而不惜歪曲历史，把史学纳入政治的范畴，严重背离了史学求真的性质，在历史观上是一种倒退，在历史编纂思想上没有价值，给史学发展造成极大混乱和危害。

（三）驰骋议论。义理化史学的史家无视客观历史发展的社会形势，也不考察历史人物所处的具体环境，仅仅对历史作出道德评价，治史驰骋议论之风大盛，不少史家逐渐脱离历史事实而主观褒贬历史。欧阳修从儒家义理观念出发，认为冯道历事四代有亏臣节，置冯道于周世宗显德元年二月丁卯出任周太祖山陵使，而三月乙酉周世宗亲征北汉的事实而不顾，在《新五代史·冯道传》中出现周世宗厌恶冯道谏阻攻打北汉而任命他为山陵使的记载。苏轼评价战国时期燕将乐毅伐齐之事，把乐毅连续征战数年攻下齐国 70 余城，说成破齐 70 余城后在莒和即墨城下屯兵数年不攻，得出乐毅以仁义感化齐人而造成失利的结论。这类议论褒贬的性质根本不是历史评价，因为离开历史事实而主观臆度发表评论，那么任何人都可以尽情发挥，纵横驰骋，没有客观评价标准，当然就不再属于历史评价的范畴。

（四）感悟认知。义理化史学的史家根据形而上学的思维方式，把儒家的义理思想视为永恒的真理，以为可以适应于任何历史时代。他们按照这种指导思想研究历史，只是根据抽象原则评论历史人物和社会现象，而对各个历史时代的不同特点和历史问题则缺乏具体研究。宋代程颢和程颐认为：万物都只是一个天理，历史的发展变化不过是天理的自然体现。历史发展既然由永恒天理决定，那么史家的职责就是阐明贯穿其中的儒家义理思想。朱熹继承程颢和程颐的思想，进一步指出历史演变存在天理，古今社会历史虽然发生变化，然而天理却亘古不变。他们的认知方法是注重整体与感悟，笼统而抽象地考察历史，而不是运用分析和实证的治史方法，结果导致史学研究流于浮泛空疏的弊端。

二

宋代是中国传统考据学发展史上一个极为重要的时期，历史考据学在这个时期同样取得了显著成就。宋代史学考据的领域相当广泛，特别到南宋时期成就更加突出，标志着宋代考据性史学的形成。宋代考据性史学具有如下特征：

（一）考异纠谬。宋代不论官修史书还是私人修史，多采用在史书正文之下附录注文以明材料取舍的方法。其中具有代表性的考异著作就是北宋史家司马光所作的《资治通鉴考异》和南宋史家范冲所作的《神宗皇帝实录考异》。纠谬方面的代表作是北宋史家吴缜的《新唐书纠谬》和《五代史记纂误》。吴缜把《新唐书》和《新五代史》纪、表、志、传对比考证，揭出《新唐书》20 类谬误和 8 条致误原因，胪列《新五代史》谬误200 余事，考证虽有未尽合理之处，但纠正史书记载谬误的成绩是主要的。除此之外，宋代还出现考据史学的专门著作。南宋史家李心传所撰《旧闻证误》，王应麟所撰《汉书艺文志考证》，宇文绍奕所撰《石林燕语考异》，都是考史成就较高的专门考史著作。

（二）刊误辨伪。宋代史家校勘前代史书，集中在宋仁宗和宋英宗两朝，主要围绕两《汉书》和唐修八史。北宋史家曾巩受诏校勘皇室藏书，撰有《战国策目录序》、《南齐书目录序》、《梁书目录序》、《陈书目录序》等刊误之篇。宋仁宗景祐二年，诏余靖校勘《汉书》，逾年撰成《汉书刊误》。宋英宗治平年间，刘攽奉诏校勘《后汉书》，撰有《东汉刊误》，又与刘敞、刘奉世合撰《三刘汉书标注》，成为宋代考据史学名著。南宋时期，吴仁杰又对三刘之书补遗，对两《汉书》进一步校勘，撰成《两汉刊误补遗》。宋代史家在辨伪方面也取得了很大成就。欧阳修撰《易童子问》、《毛诗本义》，不仅攻驳传注，而且对《六经》本身提出怀疑和驳难。吴棫撰《书稗传》，率先对《古文尚书》予以驳辩，启发了后人的思想。朱熹对《六经》以及《左传》、《国语》、《战国策》、《世本》等史书均有考辨，成为宋代最具辨伪眼光和辨伪成就最高的史家。他们对古代传说和古代史籍重新加以审视和清理，澄清了许多史书的谬误。

（三）辑佚补缺。宋代辑佚学成就最大的当属郑樵和王应麟。郑樵提出散亡之书可据现存书中称引辑录成帙的思想，而王应麟则创辑佚之成法，标志着传统辑佚学的形成。宋人始有补表、补志之作。补表始于宋人熊方所撰《补后汉书年表》，补断代史志始于宋人钱文子所撰《补汉兵志》。

（四）金石证史。北宋最先研究金石器物的史家是刘敞，认为金石文字对于校补古代文献具有重要价值，收集商周铜器详加考证，撰成《先秦古器图》。欧阳修阐明收集金石碑刻的目的在于校补史传缺误，积 10 余年之功，集录 1000 卷金石铭文，撰成《集古录》。赵明诚认为历代正史记载的年代、地理、官爵、世系，出于后人之手，不能无失，而金石刻词为当时所作，可信无疑，撰《金石录》揭示金石碑刻对于考史的价值。洪适撰《隶释》和《隶释续》，也是比较重要的金石著作，历来为考古学者所重视。宋人开创以金石与文献相互印证的考据方法，为史学研究引入了新的材料和方法，不仅在历史考据学发展史上具有里程碑的意义，而且对后世产生了深远的影响。

三

宋代学术以理学为特色，史学受其影响而形成义理化史学趋势。宋代史学的发展要求史家广泛搜集、整理和辨析史料，因而产生出以求真考信为宗旨的考据性史学趋势。这两大史学趋势相互影响，共同促进了宋代史学的发展。

宋代义理化史学和考据性史学两大发展趋势各有利弊，义理化史学需要借助考据性史学征实的基础，否则历史评论就成为离事而言理的驰骋议

北京师范大学史学探索丛书

论；而考据性史学则需要借助义理化史学疑古辨伪的精神，否则就无法上升到理性认识的高度，两者互为依存，共同发展。从汉唐时期以注疏训诂为特征的史学发展到宋代以阐明义理为特征的史学，表明历史研究从具体问题的研究上升到理论层次，标志着史学的进步。在义理化史学趋势的影响下，两宋时期历史理论呈现繁荣局面，主要表现在以下 3 个方面：一是具有自觉历史评论意识的史家逐渐增多；二是在历史评论的深度和广度上有新的理论成就；三是具有历史评论性质的著作相当丰富。但是，中国传统史学如果完全按照义理化史学趋势发展，必然会偏离据事直书的"实录"原则，最终导致政治化和玄学化，丧失自身独立的品格。宋代考据性史学的史家强调史学自身的客观性与真实性，提倡客观实证精神，以求真求实的史学意识发覆纠谬，征实考信，确立了无征不信的治史原则，奠定了历史学向科学方向发展的基础。

宋代义理化史学和考据性史学并不是截然对立，冰炭隔绝，而是相互兼容，辩证发展。宋代义理化史学既有空疏的一面，也有求真的一面。义理化史学的史家为论证天理真实存在，必须突破前人成说，以辨伪求真的目光对历代经史典籍重新审视，突破了汉唐时期学者研治经史固守注疏藩篱思维模式的局限，逐渐形成一股疑古惑经的辨伪思潮。南宋史家朱熹既是一位义理化史学的代表，同时在考据史学方面也作出很大成绩。他主张根据义理和参验审视历代典籍的真伪，亦即按照古籍内在的思想理路和外在的历史背景予以检验，总结出辨析史料真伪的原则。朱熹还总结出"参伍错综"考史方法，初步形成考据学中内考证与外考证理论，颇具考史方法论意义。这种考据方法就是要求史家综合各种相关史料加以旁参互稽，通过比较分析各种记载之异同，考证清楚历史的真相。同样，宋代考据性史学的史家既有征实的一面，也有注重理论思辨的一面。考据性史学的史家修史注重是否客观真实地记载历史事实，为历史考据学的独立发展和理论总结奠定了基础。北宋史家吴缜对"历史事实"和"信史"作了理论界定，曾巩对"良史"的内涵进行了理论概括，南宋史家叶适对"史法"作了全面归纳，洪迈对历史比较研究方法作了初步总结等等，都包含着丰富的史学理论和史学批评方法论，为中国古代史学理论宝库增添了新的内容。

宋代义理史学再评价

　　两宋时期的史学在中国史学发展史上占有重要地位，从史学思想的角度考察宋代史学的发展历程，可以发现一个突出的现象就是史学出现义理化的发展趋势。这一史学趋势的盛行，促使两宋史家对史学的内涵、性质与功能等问题重新加以思考，提出一些不同于前代的史学范畴。如何评价宋代义理史学的利弊得失，不仅对于正确认识宋代史学至关重要，而且对于全面估量传统史学也具有重要意义。

一

　　两宋时期，有一派史家突出强调社会历史的发展演变是由"天理"决定的，研究历史只有以儒家的"名教"、"义理"思想为指导，才能突出史学的性质和功能，否则就无法评判历史的价值与意义。这种治史观念，主要表现在以下两个方面。

　　首先，在经史关系问题上，宋代史家主张以经学作为史学的指导思想。他们从学理上批评了汉唐史学的治史观念，重新界定了史学的性质和功能。汉唐时期的史学，其总体理念是追求"直书"、"实录"的境界，通过客观真实记载历史事实的方式，达到借鉴历史上是非善恶的目的。汉代史家班固评价司马迁的《史记》记载历史"其文直，其事核，不虚美，不隐恶，故谓之实录"①；唐代刘知几赞誉"良史以实录直书为贵"②，无不如此。史家"直书"、"实录"的功用在于：

　　　　向使世无竹帛，时缺史官，虽尧、舜之与桀、纣，伊、周之与

----

　　①　班固：《汉书》卷 62《司马迁传》。
　　②　刘知几：《史通·惑经》。

莽、卓，夷、惠之与跖、跷，商、冒之与曾、闵，俱一从物化，坟土未干，则善恶不分，妍媸永灭者矣。苟史官不绝，竹帛长存，则其人已亡，杳成空寂；而其事如在，皎同星汉。用使后之学者，坐披囊箧而神交万古，不出户庭而穷览千载，见贤而思齐，见不贤而内自省。乃若《春秋》成而逆子惧，南史至而贼臣书，其纪事载言也则如彼，其劝善惩恶也又如此！由斯而言，则史之为用，其利甚博，乃生人之急务，为国家之要道。有国有家者，其可缺之哉？①

通过"纪事载言"，可以达到"劝善惩恶"的目的。然而到宋代，义理史学一派史家认为汉唐以来史学重征实而缺乏思辨，不足以发挥经世致用的作用，提倡史学的本质在于探究儒家义理，然后把义理思想贯彻到历史编撰之中，而主要不在于纪事本身的优劣得失。他们探究"天理"，并通过历史的形式在社会发展过程中加以验证，使经学与史学的"理"与"事"相互依托，经学借助于史学的历史事实而发挥其"理"，史学则吸收经学的义理而对"事"作出褒贬评价。因此，宋代的经史关系和前代相比，既不同于两汉时期史学依附经学的卑微，也不同于魏晋至隋唐时期经史分途的独立，而是相互依存，共同为封建统治集团服务。可见史学的义理化发展，正是史学思想汲取经学义理思想所使然，亦即经学对史学渗透的结果。

北宋史家开始探究史学的"道"与"理"，主张史学应当体现出儒家思想作为指导的原则和功用。曾巩认为："盖史者所以明夫治天下之道也。"② 他对史学性质与功能的界定，重在强调史学明道的本质，与前人明显不同。范祖禹指出，治史必须"稽其成败之迹，折以义理"③，即读史应当明理，撰史必须贯彻义理思想。程颢、程颐认为："天下只有一个理。"④ "天理"是永恒存在的绝对精神，是世界的本原。而人类社会的纲常伦理，

---

① 刘知几：《史通·史官建置》。
② 曾巩：《曾巩集》卷 11《南齐书目录序》。
③ 范祖禹：《范太史集》卷 13《进唐鉴表》。
④ 程颢、程颐：《二程遗书》卷 18。

就是这个绝对精神的彰显外化。欧阳修评价历史，形成以伦理道德为主要特征的历史评价原则。他说："道德仁义，所以为治；而法制纲纪，亦所以维持之也。自古乱亡之国，必先坏其法制，而后乱从之。乱与坏相乘，至荡然无复纲纪，则必极于大乱而后返，此势之然也。"① 这种评价原则，反映出欧阳修以史学维护纲常名教的致用理念。司马光认为儒家的纲常礼制是社会治乱盛衰的根本，体现出王霸之道的分野。他说："臣闻天子之职莫大于礼，礼莫大于分，分莫大于名。何谓礼？纪纲是也。何谓分？君臣是也。何谓名？公、侯、卿、大夫是也。夫以四海之广，兆民之众，受制于一人，虽有绝伦之力，高世之智，莫不奔走而服役者，岂非以礼为之纪纲哉！"只有这样，才能达到"上下相保而国家治安"的效果。反之，如果"君臣之礼既坏矣，则天下以智力相雄长，遂使圣贤之后为诸侯者，社稷无不泯绝，生民之类糜灭几尽，岂不哀哉"②。司马光把封建礼制与纲常名分看做维持王道政治的核心，这一观念反映到对历史价值观念的解释与评判中，就形成鲜明的礼法道德史学功用原则。

南宋时期，治史阐明"义理"的观念已经成为经学家和史学家的普遍共识，反映出宋人对史学的性质和功能有了进一步深入的思考。胡寅撰《读史管见》，阐述理学与史学的关系，认为二者是"道"和"器"的性质，即指导和被指导的关系。他说："夫经所以明者，理也；史所以记者，事也。以理揆之事，以事考诸理，则若影响之应形声，有不可诬者矣。"③ 胡寅之侄胡大壮为此书作序，准确地把握了他的思想："后圣明理以为经，纪事以为史。史为案，经为断。史论者，用经义以断往事者也。"④ 极力阐扬以经为本，而史为末的经史理念。叶适指出："经，理也；史，事也。《春秋》名经，而实史也。专于经则理虚而无证，专于史则事碍而不通，所以难也。"⑤ 他评价《尚书》的编撰是"文字章，义理著，自《典》《谟》

---

① 欧阳修：《新五代史》卷 46《杂传》。
② 司马光：《资治通鉴》卷 1"周威烈王二十三年"。
③ 胡寅：《读史管见》卷 16。
④ 胡大壮：《读史管见·序》。
⑤ 叶适：《水心文集》卷 12《徐德操〈春秋解〉序》。

始。此古圣贤所择以为法言，非史家系日月之泛文也"①。可见在叶适的观念中，经学的地位高于史学，实际上是一种"体"和"用"的关系。朱熹继承二程的思想，进一步阐明历史演变存在"天理"："《六经》是三代以上之书，曾经圣人手，全是天理。三代以下文字有得失，然而天理却在这边自若也。"他对经史关系作了全面论证，形成了先经后史和以经统史的观念。朱熹指出："凡读书，先读《语》、《孟》，然后观史，则如明鉴在此，而妍丑不可逃。若未读彻《语》、《孟》、《中庸》、《大学》便去看史，胸中无一个权衡，多为所惑。"他所谓的"权衡"，就是儒家的义理。朱熹认为：

> 今人读书未多，义理未至融会处，若便去看史书，考古今治乱，理会制度典章，譬如作陂塘以溉田，须是陂塘中水已满，然后决之，则可以流注滋殖田中禾稼。若是陂塘中水方有一勺之多，遽决之以溉田，则非徒无益于田，而一勺之水亦复无有矣。读书既多，义理已融会，胸中尺度一一已分明，而不看史书，考治乱，理会制度典章，则是犹陂塘之水已满，而不决以溉田。若是读书未多，义理未有融会处，而汲汲焉以看史为先务，是犹决陂塘一勺之水以溉田也，其涸也可立而待也。②

主张研究历史必须以明义理为要务，只有以儒家义理思想为指导，把它作为衡量历史的尺度，才能够对古今历史事件和典章制度做出价值判断，否则历代治乱兴衰只不过是一幕幕相互争夺的闹剧，看不出有什么意义。

其次，义理史学的史家认为史学应该发挥《春秋》的笔削褒贬之义，而不能用成败兴亡的结果作为评价是非得失的标准。宋代义理史学在历史编纂学上表现为否定司马迁以来的纪传体裁，而对纲目体裁备加推崇。北宋欧阳修撰《新唐书》和《新五代史》，虽然没有采用纲目体的形式，但在编撰思想上已开其先河。清人章学诚评价说："迁、固而下，本纪虽法

---

① 叶适：《习学记言序目》卷5《尚书》。
② 引文均见黎靖德：《朱子语类》卷11。

《春秋》，而中载诏诰号令，又杂《尚书》之体。至欧阳修撰《新唐书》，始用大书之法，笔削谨严，乃出迁、固之上。此则可谓善于师《春秋》者矣。"① 所谓"大书之法"，就是为了突出义理史学所标榜的《春秋》书法。到南宋时期，对纪传体史书的批评愈演愈烈，要求以《春秋》史法撰写史书成为一股潮流。叶适认为："古史法"存于《诗》、《书》，"及孔子以诸侯之史，时比岁次，加以日月，以存世教，故最为详密。左氏因而作传，罗络诸国，备极妙巧，然尚未有变史法之意也。至迁窥见本末，勇不自制，于时无大人先哲为道古人所以然者，史法遂大变，不复古人之旧"。他进而指出"古史法"纪事，"虽势位销歇而道德自存，义理常尊而利欲退听矣，此迁所未知也"②。叶适提出要使史学发挥更大的教化功能，就"非复古史法不可也"③。胡寅更明确地说："苟不以成败得失论事，一以义理断之，则千古明是非如指掌，而知所去取矣。"④ 至朱熹撰《资治通鉴纲目》，进一步实现了叶适的主张，创造出最易于突出儒家义理的纲目体裁。他的编撰原则是："表岁以首年，而因年以著统；大书以提要，而小注以备言。至其是非得失之际，则又辄用古史书法，略事训戒，名曰《资治通鉴纲目》。"⑤ 朱熹认为：

> 昔时读史者，不过记其事实，摭其词采，以供文字之用而已。近世学者颇知其陋，则变其法，务以考其形势之利害，事情之得失，而尤喜称史迁之书，讲说推尊，几以为贤于夫子，宁舍《论》《孟》之属而读其书。然尝闻其说之一二，不过只是战国以下见识。……以故读史之士多是意思粗浅，于义之精微多不能识，而坠于世俗寻常之见，以为虽古圣贤亦不过审于利害之算而已。⑥

---

① 章学诚：《章氏遗书》外编卷 6《永清县志皇言纪序例》。
② 叶适：《习学记言序目》卷 19《史记一》。
③ 叶适：《习学记言序目》卷 23《汉书一》。
④ 胡寅：《读史管见》卷 9。
⑤ 朱熹《朱文公文集》卷 22《辞免江东提刑奏状三·贴黄》。
⑥ 朱熹：《朱文公文集》卷 54《答赵几道》。

在他看来，不论是注重文辞的史学，还是注重史事的史学，都缺乏对义理的探究，以致于对历史进程的考察和历史人物的评价，达不到"义理之精微"，因而也就不符合"义理之正"。朱熹与人论读史之法说："示喻读史曲折，鄙意以为看此等文字，但欲通知古今之变，又以观其所处义理之得失耳。"① 可见他把义理作为史学的要务和追求的目标，其他都不重要。朱熹指出："凡观书史，只有个是与不是。观其是，求其不是；观其不是，求其是，然后便见得义理。"② 很显然，他所说的"是"和"不是"，并非是要考究历史事实的真伪是非，只不过是要求得义理的"是"与"不是"，凡符合儒家义理的就是对的，无论是否歪曲客观历史，都应当肯定；反之，凡是违背儒家义理的就是错的，无论是否尊重客观历史，都应当否定。南宋末年的史家王柏赞誉说："朱子推絜矩之道，寓权衡之笔，大书分注，自相错综，以备经传之体。史迁以来，未始有也。……所以扶天伦，遏人欲，修百王之轨度，为万世之准绳者。"③ 纲目体裁通史的出现，使理学的"义理之精微"有了历史作依据，而不再是空洞的理论说教而已。从此以后，纲目体裁史书出现繁盛的局面，成为自南宋到明代中叶最受学者推崇的体裁之一。元、明两代史家进一步把《春秋》视为万代之史宗，从而废弃了《史记》、《汉书》以来史学注重纪事的传统，把史学和《春秋》注重笔削褒贬的传统联系起来，突出了予夺褒贬的道德致用原则。这一史学思潮的出现，可以看做是义理史学确立的标志，表明宋代以来史学的义理化发展趋于完成，对中国传统史学产生了极其重要的影响。

二

宋代史学的义理化发展趋势给中国传统史学带来的后果，究竟是福音还是灾难？对此，历代史家评价并不一致。自晚明以来，史学界逐渐兴起注重考证史料真实的学风，开始扭转义理史学风气。到清代乾嘉时期，历

---

① 朱熹：《朱文公文集》卷 46《答潘叔昌》。
② 黎靖德：《朱子语类》卷 11。
③ 王柏：《资治通鉴纲目·凡例后语》。

史考证学家对义理史学予夺褒贬和驰骋议论风气进行了彻底清算，开创了"实事求是"治史学风。时至今日，学术界对宋代史学义理化发展趋势及其作用的评价，大多一味指责其空疏不实，批评义理史学的史家仅仅突出致用而放弃求真，甚至认为义理史学本质上是一种致用史学，是一种政治化史学，不是学术性史学。史学在义理化进程中承担了过多的教化任务，最终把历史科学变得面目全非。这样说并非没有道理，但失之过于绝对。只要细致分析，就可以发现宋代义理史学除了讲求致用的一面，仍然有其求真的一面。后一方面常常被研究者所忽略，而这恰恰是影响义理史学发展面貌的重要内容，直接关系到对义理史学的评价。

首先，宋代义理史家大多具有疑古惑经的意识，体现出治学"求真"的一面。这一派史家为追求儒家"义理"之真，以"求真"的目光审视前人对经典文本的胸臆曲解和穿凿附会所造成的混乱，形成了疑古辨伪思想。

北宋史家欧阳修在强调治史明道的同时，表现出鲜明的疑古辨伪意识，主张恢复儒家经典的本来面目。他说："余尝哀夫学者知守经以笃信，而不知伪说之乱经也。"[1] 由于历代经学家对经典的解释存在许多误解，已经不符合儒家原始的本意。欧阳修指出："自秦汉已来，诸儒所述，荒虚怪诞，无所不有。"[2] 这样解经导致了经义的隐晦，不符合经典的原意，以至于出现"《经》不待《传》而通者十七八，因《传》而惑者十五六"[3] 的混乱局面。欧阳修提出疑古辨伪的原则是："《经》之所书，予所信也；《经》所不言，予不知也。"[4] 这种宗经而不惑传注的思想，包含着明确的求真取信的精神。他本着这一原则，考辨《周易》之《十翼》"非圣人之作"；《河图》、《洛书》"非圣人之言"；《诗序》导致"圣人之意不明"。恢复经典文献的本来面目，最终目的在于探求圣人之道。欧阳修认为："学

北京师范大学史学探索丛书

---

① 欧阳修：《欧阳修全集·居士集》卷43《廖氏文集序》。
② 欧阳修：《欧阳修全集·居士集》卷48《问进士策四首》。
③ 欧阳修：《欧阳修全集·居士集》卷18《春秋或问》。
④ 欧阳修：《欧阳修全集·居士集》卷18《春秋论上》。

者当师经，师经必先求其意，意得则心定，心定则道纯。"① 即学者应当从《六经》中求道，然后为当世所用。他指出："君子之于学也，务为道，为道必求知古。知古明道，而后履之以身，施之于事，而又见于文章而发之，以信后世。其道，周公、孔子、孟轲之徒常履而行之者是也；其文章，则《六经》所载，至今而取信者是也。"② 阐明儒家之道，可以更好地应用于当代社会，为现实生活服务。可以看出，欧阳修的"疑古"、"求真"意识和"明道"、"致用"思想具有密切关联，构成了一个完整的学术体系，缺一不可。

南宋义理史学思潮进一步强化，到朱熹而集其大成。在他的整个学术体系中，疑古辨伪是其阐发思想主张的一个重要途径，体现出治学"求真"的特色。朱熹继承北宋刘敞、欧阳修、王安石等人敢于突破古注旧疏的传统，在疑古辨伪方面取得了更大的收获。他说："读书玩理外，考证又是一种工夫，所得无几而费力不少。向来偶自好之，固是一病，然亦不可谓无助也。"③ 朱熹总结了前人的辨伪经验，结合自己考辨古籍的辨伪实践，总结出辨伪学的理论。他说："熹窃谓生于今世而读古人之书，所以能别其真伪者，一则以其义理之所当否而知之，二则以其左验之异同而质之，未有舍此两途而能直以臆度悬断之者也。"④ 朱熹一生考辨了近60部古籍，成就相当可观。最典型的事例，莫过于考辨《古文尚书》和《诗序》。他发现"孔壁所出《尚书》，如《禹谟》、《五子之歌》、《胤征》、《泰誓》、《武成》、《冏命》、《微子之命》、《蔡仲之命》、《君牙》等篇皆平易，伏生所传皆难读。如何伏生偏记得难底，至于易底全记不得，此不可晓。如当时诰命出于史官，属辞须说得平易。若《盘庚》之类，再三告戒者，或是方言，或是当时曲折说话，所以难晓"⑤ 的矛盾，对《古文尚书》的真实性问题提出怀疑。孔壁发现的《古文尚书》时间应当更早，反而比西

---

① 欧阳修：《欧阳修全集·居士外集》卷18《答祖择之书》。
② 欧阳修：《欧阳修全集·居士外集》卷16《与张秀才第二书》。
③ 朱熹：《朱文公文集》卷54《答孙季和》。
④ 朱熹：《朱文公文集》卷38《答袁机仲来教疑河图洛书是后人伪作》。
⑤ 黎靖德：《朱子语类》卷78。

汉伏生传授的《今文尚书》还通俗易懂，于一般义理不通，所以怀疑是汉代以后学者的伪作。再如考辨《诗序》，朱熹指出：

> 《诗序》之作，说者不同。……但今考其首句，则已有不得诗人之本意，而肆为妄说者矣。况沿袭云云之误哉！然计其初，犹必自谓出于臆度之私，非经本文，故且自为一编，别附经后。……及至毛公引以入经，乃不缀篇后，而超冠篇端；不为注文，而直作经字；不为疑辞，而遂为决辞。……故此《序》者，遂若诗人先所命题，而诗文反为因《序》以作。于是读者转相尊信，无敢拟议，至于有所不通，则必为之委曲迁就，穿凿而附合之。宁使经之本文缭戾破碎，不成文理，而终不忍明以《小序》为出于汉儒也。愚之病此久矣。①

通过对《诗序》来龙去脉的钩稽，考证清楚了后人颠倒窜乱《诗》、《序》关系和穿凿附会曲解臆说的错误。由上述事例可以看出，朱熹对儒家经典具有存真求实态度，其思想反映出鲜明的历史意识。

其次，义理史学的史家不仅对历史事实笔削褒贬、驰骋议论，同样注重揭示历史的真相。客观地说，那些好发空洞议论和不顾具体历史环境肆意褒贬历史人物的学者，多为文人墨客不具备史学素养而又喜欢卖弄史论之人，真正的史家还是主张从历史发展中探究儒家义理之道，能够恰当处理议论褒贬与历史事实之间的关系，并非完全不要历史事实。

欧阳修治史既突出议论褒贬，也重视记载历史事实。他认为孔子修《春秋》书法谨严，就是要取信后世。欧阳修指出："《春秋》辞有同异，尤谨严而简约，所以别嫌明微，慎重而取信。其于是非善恶难明之际，圣人所尽心也。"② 这就说明纪事谨严可以取信于人，而取信于人就能辨明是非善恶。因此，他反对世人所谓《春秋》字字寓含褒贬之说，强调"《春秋》谨一言而信万世也，予厌众说之乱《春秋》者也"③。欧阳修认为，

---

① 朱熹：《诗序》。
② 欧阳修：《欧阳修全集·居士集》卷18《春秋论中》。
③ 欧阳修：《欧阳修全集·居士集》卷18《春秋或问》。

北京师范大学史学探索丛书

《春秋》之义包含在善恶是非的纪事之中，而不在于一字定褒贬。他批评"今说《春秋》者，皆以名字氏族予夺为轻重，故曰一字为褒贬"① 的不良风气，主张恢复《春秋》的本来意义。欧阳修着重指出："凡今治《经》者，莫不患圣人之意不明，而为诸儒以自出之说汩之也。今于《经》外又自为说，则是患沙浑水而投土益之也，不若沙土尽去，则水清而明矣。"② 要求学者正确理解《春秋》义理，避免因曲解附会而失其大义。在对待书法与事实关系的问题上，欧阳修也能做到尊重历史，认为"史者，国家之典法也。自君臣善恶功过与其百事之废置，可以垂劝戒、示后世者，皆得直书而不隐"③，这样才能发挥作用。为了考证史书记载是否得实，欧阳修首创金石证史的方法。他指出："世系、谱牒，岁久传失，尤难考正。而碑碣皆当时所刻，理不得差。故《集古》所录，于前人世次，是正颇多也。"④ 例如，他以《贾逵碑》考证陈寿《三国志·魏志·贾逵传》记载贾逵做绛邑长，为贼郭援所攻，"城将溃，绛父老与援要，不害逵"和"绛史民闻将杀逵，皆乘城呼曰：'负要杀我贤君，宁俱死耳'"二事不实，指出："此碑但云为援所执，临以白刃，不屈而已，不载绛人约援事。……自古碑碣称述功德，常患过实，如逵与绛人德义俱隆，碑不应略而不著。颇疑陈寿好奇，而所得非实也。"⑤ 凡此种种，都可以看出欧阳修史学思想中求真征实的一面，在治史过程中具有尊重史实和据事直书的素养和品质。

朱熹对待《春秋》的态度和欧阳修基本相同，表现出褒贬与事实并重的特征。他不赞同经学家的见识，主张从大处着眼确立史学上的义例之学。朱熹说："《春秋》只是直载当时之事，要见当时治乱兴衰，非是于一字上定褒贬。"因为直书当时善恶之事，就可以起到褒善贬恶的作用。《春秋》中不存在设例褒贬，所以自西晋杜预以来总结的"《春秋传》例多不

---

① 欧阳修：《欧阳修全集·居士集》卷18《春秋论中》。
② 欧阳修：《欧阳修全集·居士外集》卷18《答徐无党第一书》。
③ 欧阳修：《欧阳修全集·奏议集》卷12《论史馆日历状》。
④ 欧阳修：《欧阳修全集·集古录跋尾》卷5《唐智乘寺碑》。
⑤ 欧阳修：《欧阳修全集·集古录跋尾》卷4《魏贾逵碑》。

可信。圣人纪事，安有许多义例！如书伐国，恶诸侯之擅兴；书山崩、地震、螽蝗之类，知灾异有所自致也”。倘若处处以义例解释《春秋》，必然造成穿凿附会。《春秋》“未必如先儒所言，字字有义也。想孔子当时只是要备二三百年之事，故取史文写在这里，何尝云某事用某法，某事用某例邪”！朱熹批评这种疏解《春秋》的学风说：“或有解《春秋》者，专以日月为褒贬，书时月则以为贬，书日则以为褒，穿凿得全无义理！”因此，他得出结论说：“若欲推求一字之间，以为圣人褒善贬恶专在于是，窃恐不是圣人之意。”那么，朱熹所谓的“圣人之意”指什么呢？他说：“《春秋》之书，且据《左氏》。当时天下大乱，圣人且据实而书之，其是非得失，付诸后世公论，盖有言外之意。若必于一字一辞之间求褒贬所在，窃恐不然。”同时他又指出：“《左氏》之病，是以成败论是非，而不本于义理之正。”① 至此可以明了，朱熹不赞成学者在《春秋》的一字一辞之间求褒贬义例，并非认为《春秋》没有褒贬义例，更不是主张史学不要褒贬义例，而是认为所谓圣人的“言外之意”并非字字褒贬，其主要内涵就是体现在“义理”方面。当然朱熹在注重“义理”的同时，仍然主张应当根据历史事实撰写史书。他指出：“且如太祖未即位之前，史官只书‘殿前都点检’，安得便称‘帝’耶?”② 批评宋代史臣于宋太祖赵匡胤即位前书“帝”不确，应该直书为“殿前都点检”。针对南宋初年宰相赵鼎、张浚以己意改修国史，朱熹指责说：“一代史册被他糊涂，万世何以取信。”③ 因此，朱熹治史主张用儒家“义理”思想来规范历史事实，提出一套在理学思想指导下的书法义例之学。正如有的学者指出：“朱熹评论史著的两条标准：一是义理是否得当，即叙述古今之变时，是否根据义理之精微来撰写；二是记录史实是否正确。朱熹认为两者缺一不可，既要根据义理来阐述，又要史实记载准确，如此便可经世致用。”④ 这两方面内容的有机结合，构成了朱熹义理史学的全部内涵。

---

① 引文均见黎靖德：《朱子语类》卷83。

② 黎靖德：《朱子语类》卷78。

③ 黎靖德：《朱子语类》卷127。

④ 汤勤福：《朱熹的史学思想》，219页，济南，齐鲁书社，2000。

三

　　两宋史学的义理化发展趋势造成了史学风气的重大改变，成为两宋史学最突出的时代特征。从整体上来看，宋代义理史学和汉唐时期史学的最大区别，就是以儒家的义理思想作为研究历史的根本原则，把议论褒贬作为追求义理的手段，对史学加以思辨的反思，从而形成了一套史学规范，使得宋代史学带有重视理论的鲜明色彩。在这种治史理念的影响下，宋代治史注重发表议论，或是评论各个时期历史发展大势，或是褒贬历史事件和历史人物，或是重新审查前人的历史结论，形成了浓厚的说理议论风气。宋代的史论已经不再局限于记载历史之后附带加以评论的形式，而是专门就历史上的各类问题独立发表议论，撰写出大量的单篇史论文章。尤其是专门史论著作的不断出现，更体现出史学义理化发展重视史论的特征。宋代史论的蓬勃兴起，一方面对于提高中国传统史学的理论思辨层次具有积极意义；另一方面也存在着严重的局限性，导致了治史空疏学风的形成。义理史家把治史视为阐明儒家义理思想的工具，试图用一成不变的抽象原则作为历史评价的统一尺度，让丰富多彩的历史事实屈从于固定僵化的理学评价标准，导致义理史家的史论千篇一律，缺少创新思想，理论性极其苍白。造成这种局面的原因，主要在于义理史学的历史评论完全建立在道德评价原则之上，过于强调史学的致用功能，企图把史学完全异化为理学思想的附属品，以至于违反了史学自身发展的规律。任何时代的历史评论，都必须寻求道德评价和事实评价相互结合的合理维度，才能符合客观历史事实。义理史家过分突出了用义理标准评价历史的道德评价原则，而把从社会历史发展客观法则方面评价历史的事实评价原则贬得很低，从而走向极端，最终堵塞了探讨历史正确方法之路，使历史评论陷入了概念化、公式化、教条化和机械化的模式，其内容空疏也就成为不可避免的了。诚如梁启超所说："如欧阳永叔之《五代史记》，朱晦庵之《通鉴纲目》等，号称为有主义的著作，又专讲什么'春秋笔法'，从一两个字眼上头搬演花样。又如苏老泉东坡父子、吕东莱、张天如等辈，专作油腔滑调的批评，供射策剿说之用。宋明以来大部分人——除司马温公、刘原父、郑渔仲诸人外——所谓史学大率如此。"① 宋代史论之空疏，正是义理史家抽象教条评价历史的结果。

在考量义理史学给中国传统史学造成的危害时，有一个问题必须搞清楚，那就是宋代史学发展的主流究竟是义理史学还是非义理史学。这不仅关系到对义理史学如何估量的问题，而且关系着怎样评价宋代整个史学的问题。有的学者指出：

> 宋代史学的主流精神是理学化史学。宋代史学非常突出的一点是存在理学化和非理学化两条主线，……但不等于没有主次之分。我认为，史学的理学化是两宋史学发展的主流。如果不从这个角度来认识宋代史学，也就不能认识元明史学的实质。元明史学是宋代史学主流精神理学化史学的自然发展结果。经过激烈的较量，非理学化史学，在两宋遭到否定；而理学化史学则成了当时史学发展的主流精神。②

也有学者认为："宋代学术以理学为特色，与之相应，在史书的修纂中形成了义理史学一类。……主张在史学中以微言大义为旨，不太重视历史事实的考据。但是此类史书在宋代史学史中并不占据主要地位，占主要地位的当属以求真求信为目的的考据史学。"③ 从两宋史学的实际情况来看，史学受到理学的影响而产生义理化发展趋势是事实，如果说它已经占据主流并否定了非义理史学，恐怕未必尽然。就以义理史学形成时期的南宋中叶来说，尽管朱熹撰写《资治通鉴纲目》产生了很大影响，但同时也有李焘《续资治通鉴长编》、李心传《建炎以来系年要录》和徐梦莘《三朝北盟会编》三部著名的纪事兼考证性的非义理史学著作问世，更何况还有撰写《通志》明确主张记载历史而反对议论褒贬的郑樵史学，怎么能说非义理史学遭到否定呢？对于这个问题，吴怀祺先生曾经指出：

---

① 梁启超：《中国近三百年学术史》，87 页，北京，中国书店，1985。
② 钱茂伟：《关于理学化史学的一些思考》，载《华东师范大学学报》，2000（1）。
③ 邹志峰：《宋代历史考据学的兴起及其发展演变》，载《文献》，2000（4）。

从理学在古史、史评及与史评有关著作中的浸透，到朱熹的考亭史学，反映宋代史学理学化运动的趋势。从司马光的涑水史学到以二李为代表的蜀中史学和浙东史学，是另一种情形，在思想上既有理学化的一面，又有重考订，求致用的一面。从主导的方面看，郑樵史学是和理学化的史学相对立的异军。从欧阳修到马端临两宋史学思想的变化，反映出宋代史学在同理学又联系又矛盾的运动中向前发展，史学没有成为理学的附庸。在论述宋代理学对史学影响时，这是应有的基本看法。①

这样认识两宋史学，不仅内容全面，而且方法正确，给人诸多启示。

我认为，尽管宋代义理史学对中国传统史学产生了较为显著的影响，但并没有把史学完全沦为理学的附庸和政治的奴婢。究其原因，一方面是因为典型的义理史学在整个宋代史学中所占的比重远远小于以记载历史和求实考信为宗旨的实证史学，没有占据主导地位；另一方面是义理史学本身也存在着一个致用与求真的相互制衡维度，并未完全失去史学固有的属性。因此，两宋时期的史学不但继承前代史学注重征实的传统，而且增添了注重经世的理论内涵，在汉唐史学发展的基础上进一步丰富和提高，达到了中国古代史学发展的繁荣阶段。

---

① 吴怀祺：《宋代史学思想史》，22～23页，合肥，黄山书社，1992。

菊坡学派与岭南史学

  崔与之，字正子，号菊坡，卒谥清献，广东增城人。他既是南宋著名的政治家，也是在文学、思想领域均有建树的学者，创建了菊坡学派，成为岭南地区主持风会的一代名臣。近20年来，学术界对于以上几方面内容的研究，已经积累了一定数量的成果，取得了可喜的成绩。本文准备根据崔与之对史学的思想认识，以及在淮东、四川居官和岭南赋闲3个时期培养史学人才的事迹，着重考察菊坡学派对南宋岭南史学的贡献和影响。

一

  崔与之治学虽以诗赋闻名，但对经史之学同样具有良好的素养。他自幼刻苦读书，打下了坚实的基础。崔与之出生不久，遭丧父之痛，无依无靠，只得随母亲投靠外家。他后来记载说："与之幼孤而贫，居于外邑。"①稍长即受萝岗人钟遂和发蒙，俾与其子钟启初同学。钟遂和字克应，仕宦不显，官至宣议郎，被崔与之尊称为克应公、宣议公。宋宁宗嘉定十五年，崔与之曾经致书钟启初说："念惟世伯，昔曾卵翼与之，训诲与之，恩同父子。"②钟启初字圣德，号玉岩，排行第四，被崔与之一生尊称为四兄。宋理宗绍定元年，崔与之在给他作的墓志里说："予少时，叨承宣议公提携训诲，俾与四兄同学同游，皆在萝岗也。"③这段艰苦的生活经历，对崔与之的人生至关重要，不仅得到了知识的积累，而且培养锻炼了吃苦耐劳的品格，后来在治学和为官方面都形成勤勉务实的作风。

  尽管少年崔与之在岭南发奋学习，然而宋代的岭南地区文化发展仍然相当落后，读书人前途渺茫，缺少进身机遇。崔与之毅然告别家乡，于宋光宗

---

  ① 崔与之：《宋丞相崔清献公全录》卷8《欧阳氏山坟记》。

  ② 崔与之：《宋丞相崔清献公全录》卷11《抄录崔清献邮札》。

  ③ 崔与之：《宋丞相崔清献公全录》卷11《宋朝议大夫钟玉岩墓志铭》。

绍熙元年赴南宋都城临安求学。后来弟子李昴英见其在太学时的书稿，曾作跋语说："吾州去在所四千里，水浮陆驰，大约七十程。士以补试，虽登名，犹未脱韦布也。故稍有事力者，犹劳且费之，惮而尼其行，寒士又可知矣。公奋然间关独往，一试预选，随取高第。平生勋业名节，实贤关基之。长短句有'人世易老'之叹，必期三年成名而归。书所云云，立志已卓然不凡。"① 他在临安埋头读书，心无旁骛，"既中选，朝夕肆业，足迹未尝至廛市"②。绍熙四年，崔与之中进士乙科，成为岭南历史上第一位由太学及第的人，极大地刺激了家乡学子的求学热情。诚如元人王义山所云："五羊之广，则为象犀珠玉之广，诗书礼乐之风未敦也。姑以近世言，丞相菊坡由上庠取科第，广之士自是而相励以学。"③ 临安求学的经历，使崔与之接触到许多硕学之儒，积累了丰厚的经史知识和学识素养。明人刘履赞誉"其未仕也，以经史文章，纲常制度，善恶得失明其学"④，就是对崔与之的恰当评价。因此，他对于史学具有一定的自觉认识，已经具备入仕之后担任史官的条件。

宋宁宗嘉定十一年十一月，朝廷任命崔与之为秘书少监。次年正月，以秘书少监兼国史院编修官、实录院检讨官。十二月，又升任秘书监，仍兼国史院编修官、实录院检讨官。南宋秘书省被称为"著庭"，负有撰修史书之责，故秘书监、少监均为史官。例如，宋高宗绍兴元年七月，诏秘书省国史日历所"长贰通行修纂日历"⑤，于是秘书监和少监成为撰修日历的史官。宋孝宗隆兴元年十月，朝廷诏"圣政文字，秘书监、少同预编类"⑥。自此秘书省的长贰秘书监、秘书少监，成为编撰圣政记的史官。崔与之对于秘书监、少监的职责是明确的，在奏疏中说："朝散郎、新除秘书少监崔某状。……顾惟群玉之府，世之耆儒硕学，篦武其间者能几人？椎然不文，蹑有此幸，非特一身之宠，抑为五岭之光。……擢贰道山，辞

---

① 崔与之：《宋丞相崔清献公全录》附集卷2《跋菊坡太学生时书稿》。

② 崔与之：《宋丞相崔清献公全录》卷3《崔清献公行状》。

③ 王义山：《稼村类藁》卷5《送张士隆赴广州教授序》。

④ 崔与之：《宋丞相崔清献公全录》附集卷1《崔清献公全录序》。

⑤ 《宋会要辑稿·运历》1之19。

⑥ 《宋会要辑稿·职官》41之73。

至三而未获。赘员史局，俾共二以奚堪。"① 南宋一代任秘书监和少监的官员，皆为饱学之士，极一时之妙选。如果没有渊博的学识和良好的素养，无法叨居此任。崔与之能够在一年时间之内由少监升任正监，充分表明在经史方面具备优势，不但能够胜任，而且可以服众。正如他在奏疏里所说："窃惟汉以蓬山萃四方之名流，唐以瀛州极一时之妙选，当世以为盛事，后人又为美谈。逮我国朝，尤重兹选，自非邃学异才，清修雅望，岂容滥厕其间！是以人才辈出，前后相望，实为他时峻用之储。"② 宋宁宗嘉定十三年，朝廷以崔与之权工部侍郎，兼同修国史、实录院同修撰。他上奏说："续奉圣旨，崔与之升兼同修国史、兼实录院同修撰。……况史才自古为难，虽宿学有词莫措。兹圣经方袭六以为七，非陋儒可共二而兼三。反复以思，凌兢而惧。"③ 从崔与之关于《汉书》的讲解中，也可以看出对于史官的职责认识非常明确。据史料记载：

> 为讲官时，说《汉书》二节，是前人无此发明。一云：汉文帝君臣不学。即位初元，首以狱刑钱谷问周勃，勃谢不知。问平，平举大体以对。惜乎文帝不学，不能举周事以诘平。周以冢宰通三年而制国用，以八法而平邦国，非留意狱刑钱谷乎？以此诘平，知其无以借口矣。二云：周亚夫鞅鞅非少主臣，此是亚夫强项气习。细柳之屯，去中都不远，闭营门以拒天子，谓之警不虞则可，而尊君之礼则未至也。景帝忌刻，宜其不能容。孔子论为臣则曰："其行己也恭，其事上也敬。"亚夫不学，毋怪乎恭敬之事未之有闻。④

表面上是批评汉文帝君臣行事不当，实际上是借古喻今，希望宋宁宗留心政事，不要重蹈历史的覆辙。这种以史经世的思想，在他给秘书省著作郎

① 崔与之：《宋丞相崔清献公全录》卷 4《辞免兼国史检讨官》。
② 崔与之：《宋丞相崔清献公全录》卷 4《再辞免除秘书监》。
③ 崔与之：《宋丞相崔清献公全录》卷 4《辞免除工部侍郎兼同修国史兼实录院同修撰》。
④ 崔与之：《宋丞相崔清献公全录》卷 2《言行录中》。

危积写的诗里表现地淋漓尽致："平生忧国心，一语三叹息。著庭史笔健，寒芒照东壁。……时事棼如丝，宵衣尚顾北。袖藏医国方，何以寿其脉。"① 这既是对同僚史官的期望，又是对自己任史官的要求，认识非常深邃。

二

崔与之蕴藉深厚的经史之学，为官以后树立了卓越的政声。宋宁宗赞誉他"擅南海清淑之气，绩先儒正大之传"②，给予高度评价。故吏洪咨夔更明确地指出："公以正大学问，发为政事，所至声迹彰灼。"③ 在岭南历史上，宋代以前能够和崔与之比肩者，只有唐代的韶州曲江人张九龄。明人评价崔与之说："貌古而真，心古而纯。秉国钧轴，为世伟人。岭南间气，无间中夏。斯与曲江，齐名并驾。"④ 宋代以后能够和崔与之齐名者，也只有明代世称白沙先生的陈献章。清代崔桵比较说："白沙以讲学著，不以宦迹显。公则以宦迹显，不以讲学著。然其宦迹，悉本实学而成。"⑤ 可以说是对两人非常精到的评价。崔与之引古论今，特别强调培养人才对于治乱兴衰的作用："国论参稽定，人材护养成。古来同此恨，老去向谁倾。"⑥ 针对朝野上下以直言为好名的歪风，他上奏说："人才国之元气，进退消长之机，乃治乱安危之候。涵养元气而寿其脉，有国者所当加意。而人才之消长，由士气之屈伸；士气之屈伸，由言路之通塞。彼其不敢昌言于公朝，而隐忧于私室；不敢明告于君父之前，而窃议于朋友之间，非盛世所宜有也。"⑦ 晚年屡辞朝廷征召，不赴宰相之任。宋理宗知不可强求，乃下御札俾其言事。崔与之又上疏说："国家圣圣相承，惟用人听言

① 崔与之：《宋丞相崔清献公全录》卷8《危大著出守潮阳同舍饯别》。
② 崔与之：《宋丞相崔清献公全录》卷9《转朝请大夫》。
③ 崔与之：《宋丞相崔清献公全录》卷9《洪平斋书赞及跋》。
④ 崔与之：《宋丞相崔清献公全录》卷10《翰林院大学士黄谏赞》。
⑤ 崔与之：《宋丞相崔清献公全录》附集卷2《崔清献从祀庙庭议》。
⑥ 崔与之：《宋丞相崔清献公全录》卷8《送魏秘书赴召》。
⑦ 崔与之：《宋丞相崔清献公全录》卷2《言行录中》。

为立国之本。自任则用人不广，自是则听言不专。而用人听言之本，又皆归之清心寡欲。"① 因此，他每到一处都以延揽人才为急，以致时人赞誉说："崔丞相所至，幕府极天下选。"② 在崔与之网罗的人才之中，有各种才艺智谋之士，这里仅以培养的史学人才为例，说明他对南宋后期史学发展所起的作用。

（一）淮东幕府人才。宋宁宗嘉定七年，崔与之以金部员外郎、直宝谟阁"权发遣扬州事，主管淮东安抚司公事"③。他曾经道及这段为官经历说："嘉定甲戌正月，以金部郎分阃东淮。正当金虏弃巢南奔之时，人不愿往，以君命不敢辞，首尾五年而不得代。"④ 这5年，崔与之在淮东守边御敌，政绩颇多。他所赏识的人才之中，最有名的当推刘克庄、陈韡和洪咨夔。

刘克庄字潜夫，福建莆田人。宋理宗淳祐五年，除秘书少监，兼国史院编修官、实录院检讨官。次年召对，赐同进士出身。淳祐十年，除秘书监。他深感崔与之知遇之恩，撰文说："昔掾仪真，公为扬帅。白事玉帐，一见赏异。每云近岁，人物稀疏。吾得二士，子华潜夫。"⑤ 刘克庄25年后游蒲涧，又回忆说："余顷为仪真郡督邮，白事维扬。崔公锐欲罗致，属先受制置使李公之辟，崔公始聘洪公舜俞入幕。"⑥ 虽然刘克庄先被江淮制置使李珏聘为幕僚，未应帅府之召，但他始终感激崔与之对他的奖掖和提携。

陈韡字子华，福州侯官人。上引崔与之"吾得二士，子华潜夫"所说的子华，即指此人。宋宁宗开禧元年进士及第，从叶适治经制事功之学。时人谓"陈韡夙有师承，亟收科级，务为实学，不事空言"⑦，可见其学术吏治特征。早年在崔与之淮东安抚司幕府，颇受重视。崔与之离去以后，

---

① 崔与之：《宋丞相崔清献公全录》卷2《言行录中》。

② 方岳：《秋崖集》卷38《跋崔菊坡洪平斋与高守帖》。

③ 《宋史》卷406《崔与之传》。

④ 崔与之：《宋丞相崔清献公全录》卷8《小诗谢山神》。

⑤ 刘克庄：《后村先生大全集》卷137《祭文·菊坡崔丞相》。

⑥ 刘克庄：《后村先生大全集》卷187《水调歌头·游蒲涧追和崔菊坡韵序》。

⑦ 卫泾：《后乐集》卷13《奏举萧舜咨、彭去非、陈韡乞赐甄录状》。

陈铧任淮东制置司干办公事、淮东提点刑狱。历官宗正寺丞、工部郎中、工部侍郎、工部尚书、刑部尚书、兵部尚书、礼部尚书，充福建路提点刑狱、江西安抚使、江东安抚使、荆湖南路安抚使、知枢密院事、参知政事。理宗淳祐四年，"兼同修国史、实录院同修撰"①。次年十一月，"寻差同提举编修《经武要略》"②。景定二年卒，赠少师，谥忠肃。

洪咨夔字舜俞，号平斋，临安府于潜人。宋宁宗嘉泰二年傅行简榜进士出身，治诗赋。嘉定十七年，除秘书郎。宋理宗端平元年，以中书舍人兼同修国史、实录院同修撰。据史书记载："崔与之帅淮东，辟置幕府，边事纤悉为尽力。"可见洪咨夔深得崔与之倚重，相知甚厚。后来崔与之以焕章阁待制知成都府，兼本路安抚使，仍举荐洪咨夔为从官。史载"与之帅成都，请于帝，授咨夔籍田令、通判成都府"③。洪咨夔在给崔与之的信中说："捧砚从游，久缀门人之列；分弓庀役，就充幕吏之员。天巧其逢，人荣所托。窃以小范之帅环庆，举张方平；大苏之牧中山，进李端叔。两公辟士之盛事，百世知人之美谈。不图晚生，亲见前辈。"④ 他做崔与之幕僚的时间很长，自谓"不图一日之逢，遂有终身之托，拔从食客，列在属僚"⑤。宋末元初人牟巘盛赞两人交游之好，指出："嘉定中，清献崔公以次对帅蜀，其后遂制置西事。宾客从者忠文洪公，实颛笺翰。崔公清规重德，洪公雄文直道，参会一时，蜀人纪之，以为殆过石湖、放翁也。……宾主相为终始盖如此！"⑥ 可见崔与之在淮东培养人才，取得了显著成效。

（二）四川幕府人才。宋宁宗嘉定十三年四月至嘉定十七年三月，崔与之先后任成都知府、兼本路安抚使，四川制置使、兼知成都府。他在四川为官的5年之中，培养和举荐的人才比淮东更多。宋人曹彦约说："曩时

① 《宋史》卷419《陈铧传》。
② 佚名：《宋史全文》卷34。
③ 《宋史》卷406《洪咨夔传》。
④ 洪咨夔：《平斋文集》卷25《通崔安抚启》。
⑤ 洪咨夔：《平斋文集》卷25《谢崔安抚举改官启》。
⑥ 牟巘：《陵阳集》卷15《跋崔清献公帖》。

崔正子尚书入蜀，下询西事。……崔尚书相信最笃，问蜀中知名士，不免随所见闻录报，往往皆被荐拔，多经召用。"① 另据崔氏家集记载："公身藩翰，而心王室，务荐贤以报国。在蜀擢拔尤多，若游似、洪咨夔、魏了翁、李庭芝、家大酉、陈铧、刘克庄、李鼎、程公许、黎伯登、李性传、王辰应、王溁、魏文翁、高稼、丁焴、家抑、张㒦、度正、王子申、程德隆、郭正孙、苏植、黄申、高泰叔、李锡，各以道德、文学、功名，表表于世。"② 上述人才之中，尤以培养史学人才成就卓著。

游似字景仁，号克斋，顺庆府南充人。宋宁宗嘉定十六年蒋重珍榜进士出身，治《春秋》。宋理宗绍定四年，除秘书丞。端平三年，以礼部侍郎兼同修国史、实录院同修撰。嘉熙四年，以参知政事权监修国史。淳祐五年，拜右丞相兼枢密使，提举实录院、提举编修国朝会要。宋代的实录院、国史院、编修国朝会要所等修史机构的提举官，例为宰执加官，然而宋代的提举官负有实际修史责任，定期赴秘书省道山堂与史官讨论体例，解决问题，绝不是仅仅挂名领取俸禄而已。

魏了翁字华甫，邛州蒲江人。宋宁宗庆元五年曾从龙榜进士及第，治诗赋。开禧元年，除秘书省正字。次年，除秘书省校书郎。嘉定十五年，以兵部员外郎、吏部郎中、太常少卿等官，兼国史院编修官、实录院检讨官。嘉定十七年，除秘书监、起居舍人，仍兼国史院编修官、实录院检讨官。宋理宗端平二年，权礼部尚书，兼同修国史、实录院同修撰。

吴泳字叔永，潼川府中江人。宋宁宗嘉定元年郑自诚榜同进士出身，治诗赋。宋理宗绍定四年，除秘书郎。五年，除秘书丞。六年，除秘书省著作郎。端平二年，任秘书少监。他与崔与之关系非常密切，多有书信往来。崔与之到四川为官后，其务实作风深受吴泳敬佩，于是通书自荐说："某生长东蜀，少时孤露。……学校小儒有如某等，亦岂敢徒事文墨，而不以实应先生哉？"③ 吴泳非常感激崔与之的举荐，致书说："涉海求安期

① 曹彦约：《昌谷集》卷13《与蜀帅桂侍郎札子》。
② 崔与之：《宋丞相崔清献公全录》卷2《言行录中》。
③ 吴泳：《鹤林集》卷29《上崔侍郎书》。

北京师范大学史学探索丛书

生之药，渺若津迷；荐人得崔大雅之书，翕然价重。虽攻玉自它山之石，而转钧鎔大化之工。一手挈提，百思感激。"① 同时，他也为得到崔与之提携的广大四川学子感到庆幸，致书崔与之说："尚书负海内之望，多士之所模楷，苟惟不言，言则必用。况在蜀中，凡所荐进之士，有登于朝者，有籍记于中书者，有留于连帅之幕府者。川泳云飞，次第拔擢。如某者，谬庸亡奇，亦以尚书旧辟，厕抚机之列，置之机幄。前修所谓一经品题，便作佳士。真不虚言也。"② 这并非客套应酬之作，而是发自内心的肺腑之言。

程公许字季兴，四川眉州人，寄居叙州。宋宁宗嘉定四年赵建大榜进士出身，治诗赋。宋理宗嘉熙元年，以太常博士除秘书丞。三年，以添差江东安抚司参议官未赴任，除著作佐郎。同年，升任著作郎。淳祐元年，以将作少监除秘书少监。他亦曾应崔与之幕府之聘，说："某幸甚，辱公深知，于入蜀问士之初，十乘启行，命执铅椠，从宾客后，侍言笑于碧油之幕，凡六阅月。……嘉定十七年二月日，门人程某拜手谨序。"③ 后因政绩卓著，"制置使崔与之大加器赏，改秩知崇宁县"④。程公许对崔与之自称门生，可见服膺有加。

度正字周卿，合州石照人，宋光宗绍熙元年余复榜同进士出身。宋理宗端平元年，以权礼部侍郎兼同修国史、实录院同修撰。

李心传字微之，四川隆州人。宋理宗宝庆二年，以布衣召对便殿。次年，特补从政郎，差充秘阁校理。绍定二年，特与改合入官。两年以后，特赐同进士出身。他之所以有这样的机遇，正是出于崔与之的举荐。"隆州进士李心传，累举不第，以文行闻于国，诸经皆有论著；尤精史学，尝著《高宗系年录》，号详洽，国史院取其书备检讨；又纂集隆兴、乾道、淳熙典章，及著《泰定录》等书。以白衣召入史馆，亦公特荐。"⑤ 宋理宗

---

① 吴泳：《鹤林集》卷25《谢崔侍郎启》。
② 吴泳：《鹤林集》卷29《与崔菊坡书》。
③ 程公许：《沧洲尘缶编》卷13《送制置阁学侍郎崔公赴召序》。
④ 《宋史》卷415《程公许传》。
⑤ 崔与之：《宋丞相崔清献公全录》卷2《言行录中》。

绍定四年，李心传以将作监丞兼国史院编修官、实录院检讨官。次年，除秘书郎。端平元年，除著作佐郎。嘉熙"二年三月，以秘书少监兼史馆修撰、专一修纂《四朝国史实录》兼；十月为监，仍兼"修国史、实录院修撰。[①] 他是经崔与之引荐的蜀人中史学成就最卓著的史家，对南宋史学发展作出了重大贡献。

（三）广州学府人才。宋宁宗嘉定十七年三月，崔与之被召为权礼部尚书。他辞官不就，便道径回广州。此后，屡辞朝廷授予的各种官职，闭门著述讲学。"时南人未有学舍，公捐地建之，诱掖后进，学者称为菊坡先生。"[②] 宋理宗宝庆元年，朝廷将增城凤凰山赐给崔与之。他将这座园林改建为菊坡书院，笃学养贤，培养人才，形成岭南历史上第一个学派。崔与之在广州培养的人才，大多具有史学造诣，为岭南史学文化的进一步繁荣增添了色彩。

李昂英字俊明，广州番禺人。宋理宗宝庆二年王会龙榜进士及第，治《春秋》。端平三年，除秘书省校书郎。嘉熙元年，除秘书郎。次年，除著作郎。嘉熙三年，兼史馆校勘。他追随崔与之的时间最久，对弘扬崔学贡献最多。李昂英谈到自己以及另一位崔门弟子杨汪中和崔与之的交往说："菊坡先生老于乡，余与杨侯日撰杖屦，起居言动，必见必闻。"[③] 而崔与之对李昂英也是期许远大，激励劝诫说："顾如天材甚颖，月评所推。文章有经世之宏模，抚义得尊王之大体。再鼓而气益壮，一呼而人皆惊。因思士以得时而为难，名者造物之所惜。山川清淑之气，蕴蓄几百年，锺此间出之奇。况年不可及，自守甚坚，即其中之所存，自此而充之，远到岂易量耶？"[④] 他果然不负乃师的厚望，在学术上的成就超过崔与之，发扬光大了菊坡学派。

温若春字仲暄，广州南海人。宋宁宗嘉定十三年特奏榜首，同进士出身，治诗赋。宋理宗绍定二年，除秘书省正字、校书郎。次年，除秘书郎。他同样深受崔与之赏识，得到举荐为官。"公奏对间，一日，上问：

---

① 佚名：《南宋馆阁续录》卷9《官联三》。
② 崔与之：《宋丞相崔清献公全录》附集卷2《崔清献公墓志铭》。
③ 李昂英：《文溪集》卷3《送判县杨侯汪中入京序》。
④ 李昂英：《文溪集》卷20《家书·附菊坡回札》。

'乡里有何人才？'公荐吴纯臣有监司之才，遂除广西宪；温若春宜清要之任，遂除秘书郎。后皆称职。"①

此外，在崔与之的弟子中，吴纯臣有干济之才，仕宦能够急流勇退，有"清通仁厚"② 之称；杨汪中遇事果敢，勇于任责，广州兵变时，"公遂召秘著李公昂英、节推杨公汪中，缒城谕贼，晓以逆顺，许之自新，贼始引去"③。明人黎贞赞誉说："桑梓英俊，若李昂英、杨汪中、吴纯臣、温若春出自门下，因公奖拔，皆至显宦，体国奉公，不以避嫌而蔽贤矣。"④崔与之内举不避嫌，敢于举荐门生为官，对菊坡学派的发展壮大和岭南学术的繁荣昌盛意义非常重大。

三

崔与之任史官期间是否参与撰修过官修史书，因材料缺乏不得而知。岭南菊坡学派之中的其他学者，也没有人撰写出专门史学著作。特别是崔与之的著作在后世流传过程中文献散佚，今天已经无法复原其学术体系的全貌。但是，如果把他现存零星的史学思想及其大力引荐史学人才的功绩置于南宋后期史学发展的总体趋势中考察，仍然可以看出对岭南史学作出的贡献。

宋代史学和前代史学相比，最显著的特征就是史学思想领域的变化。由于受到理学思想的影响，造成两宋史学的义理化发展趋势。尤其是南宋朱熹撰《资治通鉴纲目》，对经史关系、史学性质、史书编撰原则、历史评价方法各方面都作出了新的界定和规范，标志着义理史学的形成。在南宋时期，不仅义理学派史家治史驰骋议论，而且浙东学派的史家陈亮撰写《三国纪年》、叶适撰写《唐史评》，川蜀学派的史家唐庚撰写《三国杂事》、李焘撰写《六朝通鉴博议》，无不受到义理史学思潮的影响。可以说

① 崔与之：《宋丞相崔清献公全录》卷2《言行录中》。
② 黄佐：《广州人物传》卷7《吴纯臣》。
③ 崔与之：《宋丞相崔清献公全录》卷2《言行录中》。
④ 崔与之：《宋丞相崔清献公全录》附集卷1《崔清献公全录序》。

义理学派影响到整个宋代史学的面貌，尤其是南宋后期，义理史学更加泛滥，对南宋后期史学发展产生了诸多消极影响。①

相比之下，崔与之及其学派受理学思想的影响较少，甚至公开揭出"无以学术杀天下后世"②的宗旨，具有明确批判理学的意识。他治学从不高谈天理性命，从政则注重经世致用。其历史功绩，在宋元时期已有定论。元代学者李习评价说："今我皇元修撰《宋史》，若清献崔公者，必在佳传，其大节高致，固不待世人之呫嗫也。"③崔与之培养荐举的门人弟子以及幕僚宾客，大多以直道气节闻名。例如，李心传、魏了翁在南宋后期屡屡出现权臣当道，史官因循避祸的局面下，仍然不畏权势，修史坚持秉笔直书。洪咨夔虽然从淮东到四川始终跟随崔与之，却能做到和而不同，直言规谏崔与之不应独任门生故吏，对待下属要一视同仁。李昴英具济事之才，直声名满天下，明代黄佐称赞说："孔子称叔向曰古之遗直，于子产曰古之遗爱也。李昴英信兼有之。观其攻击贾、史辈，揭纲常于宇宙间，而奸谀为之寒胆；惠先乡闾，宁褫职而不顾；粒饥民，肉白骨，在在歌舞之，非胸中仁涵义茹，其何以有是！"④他们的学术和事功建立在致用务实的基础之上，表现出与理学文化明显不同的特征。

崔与之及其学派所倡导的学风，在客观上抵制了南宋后期理学的蔓延趋势，使之未能在岭南地区广泛传播。正如张其凡先生所言："综览宋代岭南的理学人物，均不足以与崔与之、李昴英相颉颃。无论影响、地位、名声，他们均难以企及崔、李二人。……因此，可以大胆讲一句：南宋后期至元代初期，岭南学术的主流学派是'菊坡学派'，这也是当时岭南唯一可与内地抗衡的学派。"⑤这个结论非常中肯，同样适用于我们对岭南史学的评价。由此可以看出，崔与之和菊坡学派的存在，对于宋代义理史学起到抗衡的作用，其功不可埋没。

① 参阅罗炳良：《南宋史学史》，333～361页，北京，人民出版社，2008。
② 崔与之：《宋丞相崔清献公全录》卷2《言行录中》。
③ 崔与之：《宋丞相崔清献公全录》卷9《跋崔清献公七札十三疏后》。
④ 黄佐：《广州人物传》卷9《李昴英》。
⑤ 张其凡：《菊坡学派：南宋岭南学术的主流——再论宋代岭南三大家》，载《第二届宋史学术研讨会论文集》，台北，1996。

宋元义理史学的"致用"与"求真"

宋元时期的史学以其鲜明的历史思想与史学思想，在中国古代史学史上占有重要地位。白寿彝先生指出："从史书撰写的情况来看，或从历史文献学的发展情况来看，都不容易看出这个时期的发展阶段。如从史学思想上看，阶段性的发展还大致可以看出来。"① 白先生的这个见解，对于我们认识宋元史学发展趋势具有非常重要的指导意义。从史学思想的角度考察宋元史学的发展历程，可以发现一个突出的现象就是史学出现义理化的发展趋势。② 在这一史学趋势的影响下，宋元史家对史学的"致用"与"求真"概念重新加以思考，形成一些不同于前代的史学观念。正确认识和评价这个问题，对于研究中国古代史学思想非常重要。

一

宋元时期，有一派史家突出强调社会历史的发展演变是由"天理"所决定的，历史研究只有以儒家的"名教"、"义理"思想为指导，才能显示出史学的功用，否则就无法评判历史的价值与意义。这种以阐明"义理"为致用原则的观念，主要表现为在经史关系问题上，主张以经学作为史学的指导思想，从学理上批评汉唐史学通过客观真实记载历史的方式达到借鉴历史上是非善恶的治史观念，突出强调史学的明道穷理以致用的功能。

北宋史家开始探究史学的"道"与"理"，主张史学应当体现出儒家

---

① 白寿彝：《中国史学史》，第 1 卷，49 页，上海，上海人民出版社，2006。

② 关于这个问题，可参阅蔡崇榜：《〈唐鉴〉与宋代义理史学》，载《四川大学学报丛刊》，1986 年总第 32 期；王东：《宋代史学与〈春秋〉经学——兼论宋代史学的理学化趋势》，载《河北学刊》，1988（6）；刘连开：《理学和两宋史学的趋向》，载《史学史研究》，1995（1）；刘连开：《宋代史学义理化的表现及其实质》，载《广西大学学报》1997（4）；钱茂伟：《关于理学化史学的一些思考》，载《华东师范大学学报》，2000（1）；罗炳良：《从宋代义理化史学到清代实证性史学的转变》，载《史学月刊》，2003（2）；等等。

思想作为指导的原则和功用。曾巩认为："盖史者所以明夫治天下之道也。"① 他对史学性质与功能的界定，重在强调史学明道的本质，与前人明显不同。范祖禹指出，治史必须"稽其成败之迹，折以义理"②，主张读史应当明理，撰史必须贯彻义理。程颢、程颐认为"天下只有一个理"③，"天理"是永恒存在的绝对精神，是世界的本原。而人类社会的纲常伦理，就是这个绝对精神的彰显外化。他们把封建礼制与纲常名分看作维持王道政治的核心，这一观念反映到对历史价值观念的解释与评判中，就形成鲜明的以礼法道德为指归的史学功用原则。

南宋时期，治史阐明"义理"的观念已经成为经史学家的普遍共识，反映出宋人对史学的性质和功能有了进一步深入的思考。胡寅撰《读史管见》，阐述了理学与史学的关系，认为二者是"道"和"器"的性质，亦即指导和被指导的关系。他说："夫经所以明者，理也；史所以记者，事也。以理揆之事，以事考诸理，则若影响之应形声，有不可诬者矣。"④ 胡寅之侄胡大壮为此书作序，准确地把握了他的思想："后圣明理以为经，纪事以为史。史为案，经为断。史论者，用经义以断往事者也。"⑤ 极力阐扬以经为本，而史为末的经史理念。朱熹继承二程的思想，进一步阐明历史演变存在"天理"。他说："《六经》是三代以上之书，曾经圣人手，全是天理。三代以下文字有得失，然而天理却在这边自若也。"⑥ 朱熹对经史关系作了全面论证，形成了先经后史和以经统史的观念。他指出："凡读书，先读《语》、《孟》，然后观史，则如明鉴在此，而妍丑不可逃。若未读彻《语》、《孟》、《中庸》、《大学》便去看史，胸中无一个权衡，多为所惑。"⑦ 所谓"权衡"，就是儒家的义理。朱熹认为：

---

① 曾巩：《曾巩集》卷 11《南齐书目录序》。

② 范祖禹：《范太史集》卷 13《进唐鉴表》。

③ 程颢、程颐：《二程遗书》卷 18。

④ 胡寅：《读史管见》卷 16《隋纪·炀帝》。

⑤ 胡大壮：《读史管见·序》。

⑥ 黎靖德：《朱子语类》卷 11。

⑦ 同上书。

今人读书未多，义理未至融会处，若便去看史书，考古今治乱，理会制度典章，譬如作陂塘以溉田，须是陂塘中水已满，然后决之，则可以流注滋殖田中禾稼。若是陂塘中水方有一勺之多，遽决之以溉田，则非徒无益于田，而一勺之水亦复无有矣。读书既多，义理已融会，胸中尺度一一已分明，而不看史书，考治乱，理会制度典章，则是犹陂塘之水已满，而不决以溉田。若是读书未多，义理未有融会处，而汲汲焉以看史为先务，是犹决陂塘一勺之水以溉田也，其涸也可立而待也。①

主张治史必须以儒家"义理"思想作为衡量尺度，才能够对历史事件和典章制度作出价值判断，否则历代治乱兴衰只不过是一幕幕相互争夺的闹剧而已，看不出有什么意义。

元初史家郑思肖指出："史书犹讼款，经书犹法令。凭史断史，亦流于史；视经断史，庶合于理。"② 这就是说，评价历史的标准不是根据客观历史形势，而只能依照儒家的笔削褒贬原则。许衡说："阅子史，必须有所折衷。《六经》、《语》、《孟》，乃子、史之折衷也。……诸子百家之言，合于《六经》、《语》、《孟》者为是，不合于《六经》、《语》、《孟》者为非。以此夷考古之人而去取之，鲜有失矣。"③ 强调读史必须以《六经》寓含的"义理"为尺度，才能判断历史上的善恶是非。金履祥更明确表示："不本于经，而信百家之说，是非既谬于圣人，不足传信。"④ 认为应当把经义和史事相结合，以经统史，以史证经，最终发挥史学为政治服务的功能。杨维桢在《正统辨》中进一步指出："《春秋》，万代之史宗也。"⑤ 主张改变《史记》、《汉书》以来史学注重纪事的传统，把史学和《春秋》注重笔削褒贬的传统联系起来，撰写出所谓的"圣人之史"，从而突出予夺

---

① 黎靖德：《朱子语类》卷 11。
② 郑思肖：《郑思肖集·古今正统大论》。
③ 许衡：《许衡集》卷 1《语录上》。
④ 金履祥：《仁山先生金文安公文集》卷 5《行状》。
⑤ 陶宗仪：《南村辍耕录》卷 3。

褒贬的道德致用原则。这一史学思潮的出现，可以看做是义理史学确立的标志，对中国传统史学产生了极其重要的影响。

二

长期以来，学术界对宋元史学义理化发展趋势及其作用的认识，大多指责其空疏不实，批评义理史学的史家仅仅突出"致用"而放弃"求真"，甚至认为其本质是一种致用性史学或政治化史学，导致历史科学变得面目全非，具有落后性和腐朽性。事实上，宋元义理史学不但有突出"致用"的一面，也有讲究"求真"的一面。关于后一方面内容，常常被研究者所忽略，而它恰恰又影响着义理史学的发展，直接关系到义理史学的面貌。

（一）义理史学的史家大多具有疑古惑经的意识，体现出治学"求真"的一面。这一派史家为追求儒家"义理"之真，以"求真"的目光审视前人对经典文本的胸臆曲解和穿凿附会所造成的谬误，形成了疑古辨伪思想。

北宋史家欧阳修在强调治史明道的同时，表现出鲜明的疑古辨伪意识。他提出疑古辨伪的原则是："《经》之所书，予所信也；《经》所不言，予不知也。"① 这种宗经而不惑传注的思想，包含着明确的求真取信精神。他本着这一原则，考辨《周易》之《十翼》"非圣人之作"；《河图》、《洛书》"非圣人之言"；《诗序》导致"圣人之意不明"，力求恢复经典文献的本来面目，最终目的在于探求圣人之道。欧阳修认为："君子之于学也，务为道，为道必求知古。知古明道，而后履之以身，施之于事，而又见于文章而发之，以信后世。其道，周公、孔子、孟轲之徒常履而行之者是也；其文章，则《六经》所载，至今而取信者是也。"② 阐明儒家之道，可以更好地应用于当代社会，为现实社会服务。欧阳修的"疑古"、"求真"意识和"明道"、"致用"思想具有密切关联，构成了一个完整的学术体

---

① 欧阳修：《欧阳修全集·居士集》卷18《春秋论上》。
② 欧阳修：《欧阳修全集·居士外集》卷16《与张秀才第二书》。

系，缺一不可。

南宋义理史学思潮进一步强化，到朱熹而集其大成。在他的整个学术体系中，疑古辨伪是其阐发思想的一个重要途径，体现出治学"求真"的特色。朱熹说："读书玩理外，考证又是一种工夫，所得无几而费力不少。向来偶自好之，固是一病，然亦不可谓无助也。"① 朱熹总结了前人的辨伪经验，又结合自己考辨古籍的辨伪实践，总结出一套辨伪学理论。他指出："熹窃谓生于今世而读古人之书，所以能别其真伪者，一则以其义理之所当否而知之，二则以其左验之异同而质之，未有舍此两途而能直以臆度悬断之者也。"② 朱熹一生考辨了近 60 部古籍，成就相当可观。他对儒家经典的存真求实态度，反映出鲜明的历史意识。

（二）义理史学的史家不仅对历史事实笔削褒贬、驰骋议论，同样注重据事直书，主张从历史事实中彰显儒家"义理"之道，能够适当处理议论褒贬与历史事实之间的关系，并非完全不顾历史真相。

欧阳修治史既突出议论褒贬，也重视记载历史事实。他指出："《春秋》辞有同异，尤谨严而简约，所以别嫌明微，慎重而取信。其于是非善恶难明之际，圣人所尽心也。"③ 欧阳修反对世人所谓《春秋》字字寓含褒贬之说，强调"《春秋》谨一言而信万世者也，予厌众说之乱《春秋》者也"④，主张恢复《春秋》的本来意义。他着重指出："凡今治《经》者，莫不患圣人之意不明，而为诸儒以自出之说汩之也。今于《经》外又自为说，则是患沙浑水而投土益之也，不若沙土尽去，则水清而明矣。"⑤ 要求学者正确理解《春秋》义理，避免因曲解附会而失其大义。在对待书法与事实的关系问题上，欧阳修认为："史者，国家之典法也。自君臣善恶功过与其百司之废置，可以垂劝戒、示后世者，皆得直书而不隐。"⑥ 可以看

---

① 朱熹：《朱文公文集》卷 54《答孙季和》。
② 朱熹：《朱文公文集》卷 38《答袁机仲来教疑河图洛书是后人伪作》。
③ 欧阳修：《欧阳修全集·居士集》卷 18《春秋论中》。
④ 欧阳修：《欧阳修全集·居士集》卷 18《春秋或问》。
⑤ 欧阳修：《欧阳修全集·居士外集》卷 18《答徐无党第一书》。
⑥ 欧阳修：《欧阳修全集·奏议集》卷 12《论史馆日历状》。

出，欧阳修具有求真征实和据事直书的素养和品质，并在其治史实践中发挥着重要作用。

朱熹对待历史的态度，也表现出褒贬与事实并重的特征。他说："《春秋》只是直载当时之事，要见当时治乱兴衰，非是于一字上定褒贬。"① 倘若处处以义例解释《春秋》，必然造成穿凿附会。朱熹批评这种疏解《春秋》的学风说："或有解《春秋》者，专以日月为褒贬，书时月则以为贬，书日则以为褒，穿凿得全无义理！"② 他在注重"义理"的同时，仍然主张应当根据历史事实撰写史书，不能以己意改修国史，批评"一代史册被他糊涂，万世何以取信"③。因此，朱熹治史主张用儒家"义理"思想来规范历史事实，提出一套在理学思想指导下的书法义例之学。正如有的学者指出："朱熹评论史著的两条标准：一是义理是否得当，即叙述古今之变时，是否根据义理之精微来撰写；二是记录史实是否正确。朱熹认为两者缺一不可，既要根据义理来阐述，又要史实记载准确，如此便可经世致用。"④ 这两方面内容的有机结合，构成了朱熹义理史学的全部内涵。

元代史学在义理化发展趋势之下，一方面强调治史必须折中于《六经》、《论》、《孟》，另一方面也突出了重视历史事实的重要性。金履祥治史固然以《六经》为本，但并不完全迷信经书，而是注重事实的考证。他认为古史渺茫难稽，"大抵出于《尚书》诸经者，为可考信。其出于子、史杂书者，不失之诞妄，则失之浅陋"⑤，形成了求真考信的史学思想。刘因反对空言说经的风气，指出："古无经史之分，《诗》、《书》、《春秋》皆史也。因圣人删定笔削，立大经大典，即为经也。"⑥ 郝经也指出："《六经》具述王道，而《诗》、《书》、《春秋》皆本乎史。王者之迹备乎《诗》，

① 黎靖德：《朱子语类》卷 83。
② 同上书。
③ 黎靖德：《朱子语类》卷 127。
④ 汤勤福：《朱熹的史学思想》，219 页，济南，齐鲁书社，2000。
⑤ 金履祥：《仁山先生金文安公文集》卷 1《通鉴前编后序》。
⑥ 刘因：《静修先生文集》卷 1《叙学》。

而废兴之端明；王者之事备乎《书》，而善恶之理著；王者之政备乎《春秋》，而褒贬之义见。圣人皆因其国史之旧而加修之，为之删定笔削，创法立制，而王道尽矣。"① 这就说明，儒家义理思想不能凭空产生，而是要以历史事实为依据。胡三省更明确地说："世之论者率曰：'经以载道，史以纪事，史与经不可同日语也。'夫道无不在，散于事为之间，因事之得失成败，可以知道之万世亡弊，史可少软！"② 这种把义理之学建立在史实之上的思想，对于扭转治史空疏学风意义重大。

在评价义理史学给中国传统史学造成的影响时，有一个问题必须搞清楚，那就是宋元时期史学发展的主流究竟是义理史学还是非义理史学。这不仅关系着对义理史学如何估量的问题，而且涉及怎样评价整个宋元史学的问题。从宋元史学的实际情况来看，史学受到理学的影响而产生义理化发展趋势是无可质疑的事实，但如果说这一史学思潮已经占据整个宋元时期史学的主流，恐怕不符合实际情况。就以义理史学形成时期的南宋中叶来说，尽管朱熹撰写《资治通鉴纲目》产生了很大影响，但同时也有李焘《续资治通鉴长编》、李心传《建炎以来系年要录》和徐梦莘《三朝北盟会编》三部著名的纪事兼考证性质史学著作问世，更何况还有撰写《通志》明确主张记载历史而反对议论褒贬的郑樵史学，不能说义理史学完全定于一尊。对于这个问题，吴怀祺先生指出：

> 从理学在古史、史评及与史评有关著作中的浸透，到朱熹的考亭史学，反映宋代史学理学化运动的趋势。从司马光的涑水史学到以二李为代表的蜀中史学和浙东史学，是另一种情形，在思想上既有理学化的一面，又有重考订，求致用的一面。从主导的方面看，郑樵史学是和理学

---

① 郝经：《陵川集》卷28《一王雅序》。
② 司马光撰、胡三省音注：《新注资治通鉴序》。

化的史学相对立的异军。从欧阳修到马端临两宋史学思想的变化，反映出宋代史学在同理学又联系又矛盾的运动中向前发展，史学没有成为理学的附庸。在论述宋代理学对史学影响时，这是应有的基本看法。①

周少川先生也认为："元代史学虽然受到理学的多方面影响，但从总体而言，并没有失去自己的独立品格，相反，随着元代理学用世精神的逐步增强，需要从史学中汲取营养，在人们心目中，史学的价值和地位得到不断提高。"② 这样认识宋元史学，不仅内容全面，而且观点正确，给人诸多启示。我认为，尽管宋元义理史学对中国传统史学产生了较为显著的影响，但并没有把史学完全沦为理学的附庸和政治的婢女。究其原因，一方面是因为典型的义理史学在整个宋元史学中所占的比重远远小于以记载历史和求实考信为宗旨的考证史学，没有占据主导地位；另一方面则是义理史学本身也存在着一个"致用"与"求真"的相互制衡维度，并未完全失去史学固有的属性。因此，宋元时期的史学不但继承前代史学注重征实的传统，而且增添了注重经世的理论内涵，在汉唐史学发展的基础上进一步丰富和提高，达到了中国古代史学发展的繁荣阶段。

① 吴怀祺：《宋代史学思想史》，22～23页，合肥，黄山书社，1992。
② 周少川：《元代史学思想研究》，37～38页，北京，社会科学文献出版社，2001。

从宋代义理化史学到清代
实证性史学的转变

在中国史学发展史上，先后产生过各种史学思潮，而每一种史学思潮形成以后，都按其治史宗旨对中国史学重新加以诠释，显现出不同的学术风貌。探讨各种史学思潮的内涵及其发展变化的轨迹，将会有助于揭示历史学发展演变的规律。宋元明清时期中国传统史学呈现出由繁荣与深化走向总结与嬗变的特征，[①] 产生出两大主要史学思潮，即宋元明时期的义理化史学思潮和清代的实证性史学思潮。这两种史学思潮在史学本体论、史学认识论和史学方法论各方面显示出截然不同的特征，并且直接影响到两者价值取向的不同。本文即以宋元明清时期中国传统史学内容作为考察对象，试图揭示由宋代义理化史学到清代实证性史学转变的内涵及其意义，以期阐明中国传统史学发展中某些内在规律。这不仅对于深入研究中国史学史具有重要的学术价值，而且对于当代史学研究也有重要的理论借鉴意义。

一

两宋社会民族矛盾比较尖锐，因而宣扬"大一统"和"尊王攘夷"观念的《春秋》学在宋代史学中占有突出重要的地位。《春秋》是先秦时期一部重要的史学著作，它不但保存了先秦史官纪事的书法，而且融入了孔子的政治观念和史学思想，强调为史之义。孟子说过这样的话："王者之迹熄而《诗》亡，《诗》亡然后《春秋》作。晋之《乘》，楚之《梼杌》，鲁之《春秋》，一也。其事则齐桓、晋文，其文则史。孔子曰：其义则丘窃取之矣。"[②] 这里所说的"义"，是对于历史的评价褒贬之义，亦即对历

---

① 瞿林东：《中国史学史纲》，432、670 页，北京，北京出版社，1999。

② 《孟子·离娄下》。

史作出价值判断。然而，后代学者却夸大《春秋》寓含的政治思想，片面强调《春秋》的所谓"微言大义"。这一观念发展到宋代，又因理学的兴盛而极端强化，特别是元明以来，理学思想成为封建社会的正统思想，对中国传统史学的发展产生了很大影响。

宋代史学中有一派史家宣称史学的性质在于明道，欲借《春秋》儒家义理思想褒贬世道风俗，借以抬高经学的地位。胡寅撰《读史管见》，极力宣扬"后圣明理以为经，纪事以为史。史为案，经为断。史论者，用经义以断往事者也"①。朱熹说得更明确：

> 今人读书未多，义理未至融会处，若便去看史书，考古今治乱，理会制度典章，譬如作陂塘以溉田，须是陂塘中水已满，然后决之，则可以流注滋殖田中禾稼。若是陂塘中水方有一勺之多，遽决之以溉田，则非徒无益于田，而一勺之水亦复无有矣。读书既多，义理已融会，胸中尺度一一已分明，而不看史书，考治乱，理会制度典章，则是犹陂塘之水已满，而不决以溉田。若是读书未多，义理未有融会处，便汲汲焉以看史为先务，是犹决陂塘一勺之水以溉田也，其涸也可立而待也。②

他们把儒家经学的义理思想凌驾于史学之上，认为研究历史不是从历史事实中得出理论认识，而是强调依据儒家义理原则评判历史，然后才能看出典章制度和历史事件的价值；如果不用儒家义理观念规范历史研究，那么历史上各朝代的治乱兴衰只不过是一幕幕相互争夺的闹剧而已，看不出有什么意义！程颢与程颐曾经告诫弟子谢良佐说：学者不用儒家义理思想指导读史，就会令人心粗；而读史不知阐明儒家义理思想，就是玩物丧志！元明两代史家又断章取义，借口理学家说过"读史令人心粗，玩物丧志"的话，束书不观，空谈义理，逐渐形成一股不顾客观事实而空洞议论褒贬

北京师范大学史学探索丛书

---

① 胡大壮：《读史管见·序》。
② 黎靖德：《朱子语类》卷11。

的治史学风。"自明中叶以后，讲学之风已为极弊，高谈性命，直入禅障，束书不观，其稍平者则为学究，皆无根之徒耳！"① 史家注重义理思想而轻视历史事实，导致了元明两代史学研究极端空疏的弊病。清代洪亮吉指出：

> 近时之为史学者，有二端焉。一则塾师之论史，拘于善善恶恶之经，虽古今未通，而褒贬自与。加子云以新莽，削郑众于寺人，一义偶抒，自为予圣。究之而大者，如汉景历年，不知日食；北齐建国，终昧方隅。其源出于宋之赵师渊，至其后如明之贺祥、张大龄，或并以为圣人不足法矣。一则词人之读史，求于一字一句之间，随众口而誉龙门，读一《通》而嗤《虎观》。于是为文士作传，必仿屈原；为队长立碑，亦摹项籍。逞其抑扬之致，忘其质直之方。此则读《史记》数首而廿史可删，得马迁一隅而余子无论。其源出于宋欧阳氏之作《五代史》，至其后如明张之象、熊尚文，而直以制艺之法行之矣。②

在这种治史学风影响下，宋元明史家不恰当地夸大了儒家义理思想的作用，突出史学的伦理褒贬性质，过分强调史学劝惩资治功能，而对于史实考证不求其详，不重其实，致使中国传统史学出现了义理化发展趋势，史学面临沦为经学附庸的境况。

义理化史学思潮对儒家义理思想讲求缜密，史家撰史强立文法，使历史事实屈从其修史义例。欧阳修撰《新唐书·宰相表》，效法《春秋》书法，记载历史人物以薨、诛、杀、死相互区别，以示褒善贬恶之旨。然而，科条既殊，纪事难免不齐，书"死"者固然属于奸憝，罪有应得；而书"薨"者却不都是功臣。予夺之际，出现混乱。朱熹撰《资治通鉴纲目》，更是处处效法《春秋》。他特别强调书法义例的重要性："岁周于上

---

① 全祖望：《鲒埼亭外集》卷16《甬上证人书院记》。
② 洪亮吉：《卷施阁文乙集》卷6《杭堇浦先生三国志补注序》。

而天道明矣，统正于下而人道定矣，大纲概举而鉴戒昭矣，众目毕张而几微著矣。"①《资治通鉴纲目》记载历史人物或去其官，或削其爵，或夺其谥，以此寓含褒贬之意。例如，记载武则天以周代唐的历史，不用武则天的年号纪年，而是模仿《春秋》"公在乾侯"的书法，纪唐中宗之年，书"帝在房州"。然而，设例愈繁，愈无定论。欧阳修和朱熹的做法对当时和后世史学都产生了极大影响，宋元明史家为了用义理思想为现实政治服务，不惜歪曲历史事实。南宋尹起莘撰《纲目发明》，元代陈桱撰《通鉴续编》，明代商辂撰《通鉴纲目续编》等，都极为重视书法义例，而对具体历史事实则不甚措意。宋元明时期，还出现多家用义理史观修撰魏、蜀、吴三国和辽、宋、金三代历史的书籍，如萧常《续后汉书》、郑雄飞《续后汉书》、郝经《续后汉书》、张枢《续后汉书》、赵居信《蜀汉本末》等，均以蜀汉为正统，魏、吴为闰位；而王洙《宋史质》、王惟俭《宋史记》、柯维骐《宋史新编》、王宗沐《宋元资治通鉴》、薛应旂《宋元资治通鉴》等，则以赵宋为正统，辽、金为僭伪。这类著作完全贯彻儒家义理思想，而无视历史的客观存在，把史学纳入政治的范畴，严重背离了史学求真的性质，在历史观上是一种倒退，在历史编纂学上也没有价值，充分表明义理化史学不仅对史学发展无益，而且造成混乱和危害。

宋元明义理化史学空疏的治史学风给史学研究带来极大灾难，导致了史学榛莽荒芜的局面。清代史家钱大昕举例说："即一部《晋书》论之，纪传之文无有与志相应者，以矛刺盾，当不待鸣鼓之攻矣，而千二百年来曾无一人悟其失者。甚矣，史学之不讲也。"②宋元明义理化史学产生的不良影响，说明这种史学思潮已经走到穷途末路，失去了学术活力。穷则必变，任何事物发展都遵循这种规律。义理化史学思潮的积弊，为自身的衰落建造了坟墓，同时也为新史学思潮的诞生准备了条件，这是学术发展的必然结果。

明末清初之际，顾炎武、黄宗羲、王夫之等人倡导经世致用之学，开始

---

① 朱熹：《朱文公文集》卷75《资治通鉴纲目序》。

② 钱大昕：《十驾斋养新余录》卷中。

扭转义理化史学思潮。到清代乾隆、嘉庆年间，史家治史把考证历代典章制度和历史事件悬为鹄的，大力提倡考据，出现了历史考证学。历史考证学派史家强调记载历史事实不应受史家主观因素干扰，更加重视考察历史记载的真实性。清代史家根据这种认识对中国古代的历史著述重新审视，作了全面考证，着重阐明史学贵在征实，而不在褒贬，形成了以求实考信为宗旨的实证性史学思潮。王鸣盛认为，史学的本质在于尊重历史的真实，史家记载历史应当直书其事，不能把史学作为褒贬世道的工具和目的。他说：

> 大抵史家所记，典制有得有失，读史者不必横生意见，驰骋议论，以明法戒也。但当考其典制之实，俾数千百年建置沿革了如指掌，而或宜法，或宜戒，待人之自择焉可矣。其事迹则有美有恶，读史者亦不必强立文法，擅加与夺，以为褒贬也。但当考其事迹之实，俾年经事纬，部居州次，记载之异同，见闻之离合，一一条析无疑，而若者可褒，若者可贬，听之天下之公论焉可矣。书生胸臆，每患迂愚，即使之已详，而议论褒贬犹恐未当，况其考之未确者哉！盖学问之道，求于虚不如求于实，议论褒贬，皆虚文耳。作史者之所记录，读史者之所考核，总期于能得其实焉而已矣，外此又何多求邪！①

在今天看来，王鸣盛把历史评价中的"议论褒贬"一概斥为"虚文"，未免矫枉过正。值得肯定的是，在他的史学观念中，考证史书所记载的典章制度、历史事实是否真实是作为治史原则提出的，这种理论认识的宗旨就在于探求历史真相，只有真实地记载历史事实，后人才可以从中明辨是非，起到褒善贬恶的作用。钱大昕认为，据事直书是中国史学的正宗。他指出："《春秋》褒善贬恶之书也。其褒贬奈何？直书其事，使人之善恶无所隐而已。……纪其实于《春秋》，俾其恶不没于后世，是之谓褒贬之正也。"② 后人离事而空谈褒贬，显然背离了历史研究的宗旨。钱大昕主张：

---

① 王鸣盛：《十七史商榷·序》。
② 钱大昕：《潜研堂文集》卷 2《春秋论》。

"史家纪事，惟在不虚美、不隐恶，据事直书，是非自见。若各出新意，掉弄一两字以为褒贬，是治丝而棼之也。"① 阐明了史学的本质在于求得历史的真相，而不在于书法褒贬。赵翼认为："盖作史之难，不难于叙述，而难于考订事实，审核传闻。"② 他在考史实践中，能够坚持求真求实态度，尊重历史的本来面目。针对宋元明史学中出现的以稗官野史妄訾正史的不良学风，赵翼强调树立严谨的考证学风。他申明自己的治史宗旨是："间有稗乘胜说，与正史歧互者，又不敢遽诧为得间之奇。盖一代修史时，此等记载无不搜入史局；其所弃而不取者，必有难以征信之处。今或反据以驳正史之讹，不免贻讥有识。"③ 他反对以野史驳正史，在考史的实践中自觉坚持客观公正的治史原则，对于树立实证治史学风起了重要作用。

清代乾嘉时期的史家提倡求实考信、据事直书，目的是要以考证和记载历代典制与事迹之实为己任，为后人提供真实可靠的信史。这表明乾嘉时期的史家对史学性质的认识更加明确，承认人类历史过程的客观存在而不能由史家主观褒贬构建。这种史学观念的产生，是中国古代史家理性意识不断增强的结果。这就为传统史学向近代新史学的转变提供了条件。

二

无论任何时代的史学，事实和褒贬都是历史编纂学的两项最根本要素，记载事实和评价历史是任何史学著作都不可或缺的内容。记载事实是为求得历史的真相，正确认识历史；而评价历史则是对史实作出价值判断，给世人提供经验教训。前者反映出史学的求真特征，而后者则反映出史学的致用特征，表现为史学的求真与致用的对立和统一。在宋代以前，历代史家虽然在修史实践中对二者内容各有侧重，但在价值观念上却没有轩轾之分。据事直书和议论褒贬两种修史义例，历来并行而不悖。实际上，事实和褒贬作为历史记载的要素，根本不可能泾渭分明地截然分离开

① 钱大昕：《十驾斋养新录》卷13《唐书直笔新例》。
② 赵翼：《陔余丛考》卷7《梁陈二书》。
③ 赵翼：《廿二史札记·小引》。

来。即使再标榜客观公正记载历史的史家，修史时也不可能丝毫不融进自己的主观意识和价值观念，做到纯粹客观。而史家对历史所作的议论褒贬，也是基于对客观历史的评价，倘若完全脱离历史事实而主观褒贬，那就不成其为历史评价。

随着宋元明义理化史学思潮的形成，驰骋议论之风大盛，不少史家逐渐脱离历史事实而主观褒贬，出现"文人学士多好议论古人得失，而不考其事之虚实"① 的不良风气。义理化史学一派史家以儒家义理思想为历史评价标准，不顾客观历史发展的时代，也不考察历史人物所处的具体社会环境，一味作出道德评价。宋代史家撰史，大多标榜要效法《春秋》笔削之义，以褒贬历史为己任。"宋人略通文义，便想著作传世；一涉史事，便欲法圣人笔削。此一时习气，有名公大儒为之渠帅，而此风益盛。"② 欧阳修撰《新五代史·冯道传》，记载周世宗攻打北汉时，"其击旻也，鄙道不以从行，以为太祖山陵使"。欧阳修从儒家义理观念出发，认为冯道历事四代有亏臣节，鄙薄其人，于是在《冯道传》中便有了周世宗厌恶冯道谏阻攻打北汉而任命他为山陵使的记载。然而，历史事实终究不能掩盖，冯道作为后周首相，按照朝廷礼仪制度应当出任周太祖山陵使，不关周世宗好恶之事。又考《新五代史·世宗本纪》，冯道任山陵使在周世宗显德元年二月丁卯，而世宗亲征北汉乃在三月乙酉，所以不存在因冯道进谏被任命为山陵使的问题。欧阳修从义理思想出发，对历史人物仅作道德评判，而不顾及客观历史存在，导致历史记载舛误。苏轼评价战国时期燕将乐毅伐齐之事，不同意前人所谓燕惠王临阵易将，以致功败垂成的结论。他指出名将乐毅欲以仁义感化齐人，在莒和即墨城下屯兵数年不攻，"以百万之师，攻两城之残寇，而数岁不决，师老于外，此必有乘其虚者矣"。即使燕昭王不死，庸将骑劫不代替乐毅统兵，"以百万之师，相持而不决，此固所以使齐人得徐而为之谋也"③，同样难逃失败的结局。至明代方孝孺，又不同意苏轼关于乐毅欲以王道服齐致败的结论，认为乐毅乃因贪利

① 崔述：《考信录提要》卷上《释例》。
② 王鸣盛：《十七史商榷》卷 92《唐史论断》。
③ 苏轼：《苏轼文集》卷 4《乐毅论》。

失去民心而失败。他说：

> 彼乐毅之师，岂出于救民行义乎哉？特报仇图利之举耳。下齐之国都，不能施仁敷惠，以慰齐父子兄弟之心，而迁其重器宝货于燕。齐之民固已怨毅入骨髓矣！幸而破七十余城，畏其兵威力强而服之耳，非心愿为燕之臣也。及兵威既振，所不下者莒与即墨。毅之心以为在吾腹中，可一指顾而取之矣。其心已肆，其气已怠，士卒之锐已挫，而二城之怨方坚，齐民之心方奋。用坚奋之人而御怠肆已挫之仇，毅虽百万之师，固不能拔二城矣。非可拔而姑存之俟其自服也，亦非爱其民而不以兵屠之也。诚使毅有爱民之心，据千里之地而行仁政，秦楚可朝，四夷可服，况蕞尔之二城哉！汤武以一国征诸国，则人靡有不服；毅以二国征二小邑，且犹叛之，谓毅为行王道，可乎？汤武以义，而毅以利，成败之效所以异也。①

乍听起来，似乎都有道理，然而他们的共同错误在于立论没有事实依据。考《史记·乐毅传》可知，历史的真相是乐毅连续苦战数年攻下齐国 70 余座城池，尚未来得及攻下莒和即墨两城，就被燕惠王临阵易将，齐将田单乘机反攻，燕国大败。苏轼把乐毅连续数年征战攻下 70 余城说成破 70 余城后相持数年而不决，方孝孺则把乐毅连续数年征战攻下 70 余城说成破 70 余城后将骄师惰而不克，显然违背历史事实，因而所作出的评论也就不符合客观实际，不但没有学术价值，反而湮没了历史真相。台湾史家杜维运认为这类议论褒贬的性质根本不属于历史评价："史论是否属于历史解释，是一极富争论性之问题。正史上之论赞，往往能高瞻远瞩，以剖析历史；苏轼、吕祖谦等则又效纵横家言，任意雌黄史迹"；"此实为纵横捭阖之论，全无历史意味。凡苏氏之史论，皆此之类，虽文字铿锵有声，史实屡被称引，而文字流于虚浮，史实全无地位，以此类史论，视之为历史解

---

① 方孝孺：《逊志斋集》卷 5《乐毅》。

释，自极不可"①。这话很有道理。因为如果离开历史事实而主观臆度发表评论，那么任何人都可以尽情发挥，纵横驰骋，没有客观评价标准，当然不属于历史评价。《四库全书总目提要》引钱曾《读书敏求记》说："宋以来论史家汗牛充栋，率多庞杂可议，以其不讨论之过也。"② 这话击中了义理化史学驰骋议论而不检讨论据的致命要害。宋元明时期的史家受理学思想的影响，治史不以历史事实为依据，或故为高论，势所难行；或主观臆度，褒贬失当。宋代胡寅撰《读史管见》，"其论人也，人人责以孔、颜、思、孟；其论事也，事事绳以虞、夏、商、周。名为存天理，遏人欲，崇王道，贱霸功，而不近人情，不揆事势，卒至于滞碍难行"③。元代杨维桢撰《史义拾遗》，"杂举史事，自为论断，上自夏商，下迄宋代。中有作补辞者，如《子思荐苟变书》、《齐威王宝言》是也；有作拟辞者，如《孙膑祭庞涓文》、《梁惠王送卫鞅还秦文》是也；有作设辞者，如《毛遂上平原君书》、《唐太宗责长孙无忌》是也。大都借题游戏，无关事实"④。明代胡粹中撰《元史续编》，"其中书法，如文宗之初，知存泰定太子天顺年号，而于明宗元年转削而不记，仍书文宗所改之天历二年，进退未免无据。又英宗南坡之变，书及其丞相云云。盖欲仿《春秋》之文，而忘其当为内辞，亦刘知几所谓貌同心异者。其他议论，虽尺尺寸寸，学步宋儒，未免优孟衣冠，过于刻画"⑤。这种论史风气对史学的危害相当严重，不但给历史评价带来极大混乱，而且导致了史学的空疏无用。

清代乾嘉时期的史家针对宋元明以来史学中出现的抛开历史事实而腾虚褒贬的驰骋议论流弊，力图扭转史论空疏无用的学风。他们把考察历史的真相作为史家的根本任务，目的在于通过历史事实本身的是非善恶垂鉴将来，起到惩恶劝善的作用。历史考证学派的史家大力提倡考据，反对史家离开具体历史事实对历史作主观褒贬，不主张轻易评价历史，形成了注

---

① 杜维运：《清代史学与史家》，16～18 页，台北，东大图书公司，1991。
② 永瑢：《四库全书总目》卷 88《十七史纂古今通要提要》。
③ 永瑢：《四库全书总目》卷 47《读史管见提要》。
④ 永瑢：《四库全书总目》卷 89《史义拾遗提要》。
⑤ 永瑢：《四库全书总目》卷 47《元史续编提要》。

重考证而慎言褒贬的治史学风。

第一，在清代史家的史学意识中，最根本的是主张通过据事直书起到褒善贬恶的作用，认为义理化史学那种没有事实基础的议论褒贬无法考察清楚历史事实的真相。王鸣盛认为史学的重要性就在于维护历史的客观性："凡所贵乎史者，但欲使善恶事迹炳著于天下后世而已，他奚恤焉！"① 只要把历史上的善恶事迹记载和考证清楚，后人自然可以明辨是非，从历史中借鉴前人的成败得失。他极不赞成对历史任意褒贬的做法，主张"作史者宜直叙其事，不必弄文法寓与夺；读史者宜详考其实，不必凭意见发议论"②，抨击治史空疏学风给学术和社会造成的危害，阐明了史学求真的历史认识价值。钱大昕批评那些以褒贬历史为己任的史家，强调说："良史之职，主于善恶必书，但使纪事悉从其实，则万世之下，是非自不能掩，奚庸别为褒贬之词！"③ 指出史家只要搞清历史事实，善恶直书，后世自会有公论，无须另外画蛇添足，主观褒贬。赵翼不赞成把历史褒贬作为治史的重点，大力扭转驰骋议论的论史学风。他说："纪事详赡，使后世有所考，究属史裁之正，固不必以文笔驰骋见长也。"④ 因为议论褒贬如果不切合实际，或者是没有事实作基础，一切议论褒贬都没有意义，不仅无益于史学，而且有害于社会。史家只有客观全面地记载下历史的真实情况，才能给后人认识历史提供借鉴，史学才能表现出自身的价值。这种慎重对待历史评价的态度，无疑是从前人的教训中总结出来的，非常值得重视。

第二，清代史家不赞成人为地确立各类标准褒贬历史。王鸣盛指出，史家纪事书法前后应当一致，凡例越多越容易造成名不副实。他说："大凡一时官制，宜据实详书之，使后世可考。《宋》、《齐》、《梁》、《陈》皆依《晋书》书法，不料李延寿出一人私见，创为两种书法，失实而不明

---

① 王鸣盛：《十七史商榷》卷76《昭哀二纪独详》。
② 王鸣盛：《十七史商榷》卷92《唐史论断》。
③ 钱大昕：《潜研堂文集》卷18《续通志列传总序》。
④ 赵翼：《廿二史札记》卷29《元史列传详记月日》。

妥，皆非是。"① 对李延寿《南史》纪事书法歧互而褒贬失当提出了批评。钱大昕也指出："史家之病，在乎多立名目。名目既多，则去取出入必有不得其平者。"② 史家确立的主观分类标准越多，在划定事实归属上越容易出现紊乱，进退无据，导致历史评价的失实。这种条分类别记载和褒贬历史的做法，必然给后世考史者带来无穷的麻烦，"即以其例求之，则与夺之际殊未得其平，而适以启后人之争端"③。这样就会给后人留下臆度纷争的余地，把史学变为揣测书法义例的渊薮："书法偶有不齐，后人复以己意揣之，而读史之家几同于刑部之决狱矣。"④ 史学到了这种地步，人们也就不去关心历史事实的真实与否，历史评价必然会失去学术价值。邵晋涵指出擅自立目褒贬史实的危害，认为范晔《后汉书》创立《独行》、《党锢》、《逸民》三传，实为后世史家多分门类的滥觞。他说：

> 夫史以纪实，综其人之颠末，是非得失，灼然自见，多立名目奚为乎！名目既分，则士有经纬万端，不名一节者，断难以二字之品题，举其全体；而其人之有隐慝与丛恶者，二字之贬，转不足以蔽其辜。宋人论史者，不量其事之虚实，而轻言褒贬；又不顾其传文之美刺，而争此一二字之名目为升降，展转相遁，出入无凭，执简互争，腐毫莫断，胥范氏阶之厉也。⑤

指出设类例褒贬，不如直书其事褒贬更有价值。邵晋涵批评《新唐书》说："使〔欧阳〕修、〔宋〕祁修史时，能溯累代史官相传之法，讨论其是非，抉择其轻重，载事务实，而不轻褒贬，立言扶质，而不尚掊扯，何至为后世讥议，谓史法之败坏自《新书》始哉！"⑥ 史家把主观立类标准强加于历史事实之上，

---

① 王鸣盛：《十七史商榷》卷 64《都督刺史》。
② 钱大昕：《潜研堂文集》卷 13《答问十》。
③ 钱大昕：《潜研堂文集》卷 2《春秋论》。
④ 钱大昕：《廿二史考异》卷 46《唐书六·宰相表中》。
⑤ 邵晋涵：《南江文钞》卷 3《后汉书提要》。
⑥ 邵晋涵：《南江文钞》卷 3《新唐书提要》。

并据此对历史作出议论褒贬，不可能做到完全客观公正。由此可见，乾嘉时期的史家在注重历史记载的真实，反对空言褒贬的立场上具有共识，表现出尊重历史事实与客观公允评价的有机结合，其实质就是强调道德评价与事实评价相互统一，以便最大限度地认识真实的历史。

第三，清代史家对宋元明义理化史学空谈义理的历史评价学风给予尖锐批评，提出义理观念必须结合客观时势的历史评价原则。乾隆年间的四库馆臣强调客观时势在历史评价中的重要性，反对空洞抽象的史论。他们指出义理化史学的治史宗旨背离了儒家学说经世的精神："圣贤之学，主于明体以达用，凡不可见诸实事者，皆属卮言。儒生著书，务为高论，阴阳太极，累牍连篇，斯已不切人事矣。至于论九河则欲修禹迹，考六典则欲复周官，封建、井田，动称三代，而不揆时势之不可行。"① 阐明了历史评价只有依据历史事实，结合客观时势，才能够做到既不苛求前人，又符合历史实际。四库馆臣特别指出历史评价对于认识历史的重要性："千古之是非，系于史氏之褒贬。"② 但是如果没有事实作依据，褒贬就无的放矢。因为尽管"论史主于示褒贬，然不得其事迹之本末，则褒贬何据而定？"③ 事实才是褒贬的对象，倘若事实不明，则无从褒贬："苟不知其事迹，虽以圣人读《春秋》，不知所以褒贬。"④ 这是从历史认识方法论的角度阐明了事实与褒贬之间的辩证关系，总结出据事直书与公允褒贬相互统一的原则。崔述主张通过考察客观时势评价历史，不应存在先入为主之见。他认为："夫论古之道，当先平其心，而后论其世，然后古人之情可得。若执先入之见，不复问其时势，而但揣度之，以为必当然，是莫须有之狱也，乌足为定论乎！"⑤ 突出了历史认识中义理思想结合客观时势评价原则的重要性，理论认识非常明确。钱大昕批评"后儒好为大言，不揆时

① 永瑢：《四库全书总目》卷首《凡例》。
② 永瑢：《四库全书总目》卷14《御制评鉴阐要提要》。
③ 永瑢：《四库全书总目》卷首《凡例》。
④ 永瑢：《四库全书总目》卷45《史部总叙》。
⑤ 崔述：《丰镐考信录》卷1《大王、王季》。

势，辄谓井田、封建可行于后代"① 的迂腐之论，强调考察客观时势的必要性。他在宋金议和问题上通过考证南宋张浚北伐，兵败符离；韩侂胄北伐，函首金人；联蒙灭金之役，反为垂亡之金朝所败的历史事实，得出不同于传统看法的见解，认为"宋与金仇也，义不当和。而绍兴君臣主和议甚力，为后世诟病。……其国势积弱可知矣，然则从前之主和，以时势论之，未为失算也。……盖由道学诸儒耻言和议，理、度两朝尊崇其学，庙堂所习闻者，迂阔之谈，而不知理势之不可同日语也"②。赵翼对结合客观时势评价历史认识更加深刻，指出宋儒以义理思想为标准评价宋金关系，是因为他们置身政治局势以外，不考虑双方国力对比悬殊，极力反对宋与金议和，空发议论。胡铨上书倡灭金复仇之说，"天下之谈义理者，遂群相附和，万口一词，牢不可破矣。然试令铨身任国事，能必成恢复之功乎？不能也。即专任韩、岳诸人，能必成恢复之功乎？亦未必能也。故知身在局外者，易为空言；身在局中者，难措实事。……而耳食者，徒以和议为辱，妄肆訾诼，真所谓知义理而不知时势，听其言则是，而究其实则不可行者也"③。他还比较了南宋与金、明与后金的关系，指出宋、明朝廷未尝不愿议和，皆因书生纸上谈兵，议论纷纭，导致不敢主和，以致亡国。赵翼最后总结说："书生徒讲文理，不揣时势，未有不误人家国者。"④指出了仅仅注重义理原则而不考察客观历史的危害。赵翼强调历史评价必须结合客观时势。例如，宋代徽、钦二帝被金人掠去，中原沦为金朝版图，从儒家义理观念来看，当然应该出兵收复失地，迎还二帝。然而，刚刚立足江南的赵构政权根本无力实现这个目标，只有偏安江南，这是客观时势造成的。所以"义理之说，与时势之论，往往不能相符，则有不可全执义理者。盖义理必参之以时势，乃为真义理也"⑤。事实证明，南宋国势积弱不振，无力收复失地。然而，宋儒不能正视现实，一味从义理观念出发，反对议和。元代史家修《宋史》仅仅从崇尚理学的角度立论，推波助

---

① 钱大昕：《十驾斋养新录》卷 18《法后王》。

② 钱大昕：《十驾斋养新录》卷 8《宋季耻议和》。

③ 赵翼：《廿二史札记》卷 26《和议》。

④ 赵翼：《廿二史札记》卷 35《明末书生误国》。

⑤ 赵翼：《廿二史札记》卷 26《和议》。

澜，过分贬抑使金通和之人，极力丑诋王伦，甚至把赵良嗣等人列入《奸臣传》，造成历史评价不实。清代史家赵翼则认为："王伦使金，间关百死，遂成和议。世徒以胡铨疏斥其狎邪小人，市井无赖；张焘疏斥其虚诞；许忻疏斥其卖国，遂众口一词，以为非善类。甚至史传亦有家贫无行，数犯法幸免之语。不知此特出于一时儒生不主和议者之诋诽，而论世者则当谅其心，记其功，而悯其节也。"① 同样，北宋"銮舆北狩，神州陆沉，此则王黼辈之贪功喜事，谋国不臧，于［赵］良嗣无与也。乃事后追论祸始，坐以重辟，已不免失刑；修史者又入之《奸臣传》中，与蔡京等同列，殊非平情之论也"②。对王伦、赵良嗣二人作了实事求是的评价，恢复了历史的本来面目。这说明历史评价中道德评价原则和事实评价原则往往会发生矛盾，怎样处理好二者之间的关系，是历史学应当研究的重要问题。当两者发生冲突的时候，宋代理学家强调义理原则，纷纷指责南宋朝廷议和苟安；而乾嘉史家则强调客观时势，不片面夸大道德评价的作用。这固然是他们各自所处时代决定的，但从历史发展来看，后者无疑比前者对历史的认识更加客观。清代史家比宋元明时期史家的进步之处，就在于反对完全以义理思想为历史评价标准，批评离开具体事物而空谈义理标准，明确提出要结合客观时势来评价历史，理性意识更加突出。他们以社会历史发展的客观时势为标准，以此衡量义理评价是否恰当，这种认识是正确的。这样可以准确把握社会历史发展脉络，揭示历史发展的真相。尽管他们的历史观念中还残存着浓厚的义理思想，但他们与宋元明史家相比，更突出了以客观时势作为历史评价的标准。从他们的历史认识理论中，我们可以看出中国传统史学发展演变的轨迹及其理论总结与嬗变的趋势。

三

宋元明时期的一些史家，根据形而上学的思维方式，把儒家的义理思想视为永恒的真理，以为可以适应于任何历史时代。他们按照这种指

---

① 赵翼：《廿二史札记》卷 24《王伦》。

② 赵翼：《廿二史札记》卷 24《赵良嗣不应入奸臣传》

导思想研究历史，只是笼统而抽象地评论历史人物和社会现象，而对各个历史时代的不同特点和具体问题则很少关注。宋代程颢和程颐指出：

> 万物皆只是一个天理，己何与焉？至如言天讨有罪，五刑五用哉；天命有德，五服五章哉，此都只是天理自然当如此。人几时与？与则便是私意。有善有恶，善则理当喜，如五服自有一个次第以章显之；恶则理当怒，彼自绝于理。故五刑五用，曷尝容心喜怒于其间哉！舜举十六相，尧岂不知？只以它善未著，故不自举；舜诛四凶，尧岂不察？只为它恶未著，那诛得它？举与诛，曷尝有毫发厕于其间哉！只有一个义理。①

他们认为历史发展是由永恒的天理决定的，而贯穿其中的就是儒家义理思想。朱熹继承程颢和程颐的思想，进一步阐明历史演变存在天理。他说："如读书以讲明道义，则是理存于书；如论古今人物以别其是非邪正，则是理存于古今人物；如应接事物而审处其当否，则是理存于应接事物。"② 他认为经学为史学之本："《六经》是三代以上之书，曾经圣人手，全是天理。三代以下文字有得失，然而天理却在这边自若也。"③ 朱熹主张治史应当揭示义理思想，否则没有价值。他提出的治史方法是："味圣贤之言，以求义理之当；察古今之变，以验得失之机，而必反之身以践其实者，学之正也。"④ 这种治史方法注重整体与感悟，而不注重分析和实证，不可避免地流于浮泛空疏，得出的结论不可能完全切合历史的实际。正如吴怀祺先生所说："朱熹说读史穷理，不过是以历史验证先验的义理。本着这样的认识，历史的研究很难得出新鲜的结论，史学不过说明天理、纲常、名分等

---

① 程颢、程颐：《二程遗书》卷 2 上《二先生语二上》。

② 黎靖德：《朱子语类》卷 18《大学五》。

③ 黎靖德：《朱子语类》卷 11《读书法下》。

④ 朱熹：《朱文公文集》卷 12《己酉拟上封事》。

级礼制的永恒性。"① 然而，史学具有鲜明的时代性，各种史学成果无不深深地打上时代的烙印。要正确考察前人的史学成就，必须认清它们赖以产生的历史条件。这就要求史家运用分析的和实证的史学方法，而不能笼统地抽象地研究和评价历史。

清代乾嘉时期的史家针对宋元明数百年来愈演愈烈的空疏治史方法，展开了全面的清算。史家对历史的认识，是随着时代发展而不断深化的，根本不存在永恒不变的义理观念。他们反对不察时代而抽象地研究历史的做法，强调考证清楚一人、一书、一事而求得事实之真，在此基础之上揭示历史的真相。他们认为，只有考察具体的历史发展过程，才能认清历史演变之道，反对脱离历史实际而空谈义理原则以求道的方法，从理性的角度对历史演变规律做了新的阐述。

浙东学派史家章学诚认为"道"是一个历史范畴，而不是永恒的真理。他指出："《易》曰：一阴一阳之谓道。是未有人而道已具矣。继之者善，成之者性。是天著于人，而理附于气。故可形其形而名其名者，皆道之故，而非道也。道者，万事万物之所以然，而非万事万物之当然也。"② 只有在天地产生以后，自然界阴阳交替才形成"道"，而不存在宋儒所谓先天地而生的"道"。他认为"道"是万事万物产生背后的原因和法则，而不是万事万物本身。所谓明道，也就是认识事物的内在本质，不但要知其然，而且还要知其所以然，探究事物发展变化背后深层次的内涵，揭示其发展动因及法则。章学诚通过考察人类社会的产生和发展，说明"道"是随着人类社会的产生而产生的，没有先天存在的"道"。他说："天地之前，则吾不得而知也。天地生人，斯有道矣，而未形也。三人居室，而道形矣，犹未著也。人有什伍而至百千，一室所不能容，部别班分，而道著矣。"③ 人类产生以前，根本不存在所谓人伦之道，而夫妇、男女、长幼、尊卑以及仁义忠孝之道，只有随着人类的社会活动才能产生。人类社会在发展，"道"也会随之发生变化。后世出现的封建、井田、郡县以及各种

① 吴怀祺：《宋代史学思想史》，169 页，合肥，黄山书社，1992。
② 章学诚：《文史通义》内篇二《原道上》。
③ 同上书。

礼乐制度，都是各个时代"道"相互作用的结果。如果没有这些客观事物，也就谈不上关于这些事物的"道"。他认为既然"道"是万事万物之所以然，而非万事万物之当然，那就只能在研究具体的事物中才能认识"道"。章学诚说："天下岂有离器言道，离形存影者哉！彼舍天下事物，人伦日用，而守六籍以言道，则固不可与言夫道矣。"① 章学诚反对宋明理学舍"器"求"道"的空谈方法，提出"即器以明道"的主张。他认为："天人性命之学，不可以空言讲也。故司马迁本董氏天人性命之说，而为经世之书。儒者欲尊德性，而空言义理以为功，此宋学之所以见讥于大雅也。"② 宋明理学家由于把义理思想过分理想化，以致学者只关心达到目的，而忽视了达到目的的途径，逐渐舍弃读书明道的正确方法，抽象谈论道德性命，结果把历史事实架空，使义理思想变成虚渺之物。章学诚对此批评说："宋儒之学，自是三代以后讲求诚、正、治、平正路；第其流弊，则于学问文章、经济事功之外，别见有所谓道耳。以道名学，而外轻经济事功，内轻学问文章，则守陋自是，枵腹空谈性天，无怪通儒耻言宋学矣。"③ 宋代以来的道学家离事而言理，不但不重视探讨和借鉴历史的经验教训，不关注历史发展的规律；而且轻视考证具体的历史事实，脱离历史的发展而空谈人类社会的天理，对历史的认识极其肤浅，极大地阻碍了宋元明以来中国史学的发展。章学诚认为研治经史，如果轻视典章制度的考订和研究，必然导致离事而言理，内容空洞无物。他说："治经而不究于名物度数，则义理腾空，而经术因以卤莽，所系非浅鲜也。"④ 只有把义理思想建筑在客观历史事实之上，才能够真正揭示历史演变之道。即使孔子删定的《六经》，也只不过是三代先王的政典，仍然是"器"而不是"道"。他说："后世服夫子之教者自《六经》，以谓《六经》载道之书也，而不知《六经》皆器也。"⑤ 后人之所以尊崇《六经》，只是由于"六艺者，

---

① 章学诚：《文史通义》内篇二《原道中》。
② 章学诚：《文史通义》内篇五《浙东学术》。
③ 章学诚：《文史通义》外篇三《家书五》。
④ 同上书。
⑤ 章学诚：《文史通义》内篇二《原道中》。

圣人即器而存道"①。因为《六经》是存道载体，舍此无以求道。从章学诚对于"道"、"器"关系的论述可以看出，他承认客观事物是独立存在的，是具有物质性的"器"；而客观事物存在和发展变化的原因、动力和法则，才是寓于该事物之中的"道"，是学者应该努力探究的真理。章学诚"即器以明道"的认识和主张，有助于启发世人探究历史发展的动因，揭示社会运动的法则，阐明社会历史发展的进程。

历史考证学派史家批评宋明理学徒执义理原则以求明道的方法，强调以文字训诂和重人事而明道，总结出由训诂文字而阐发义理思想，由阐发义理思想而揭示事物发展之道的方法。钱大昕说："夫性命之学有出于义理之外者乎？天下之理一而已，自天言之谓之命，自人言之谓之性，而性即理也。穷理斯可以观物，区物理与义理而二之，而谓物理之学转高出于义理之上，有是理乎？……道也者，不可须臾离也，可离非道也。故曰：道不远人。凡离乎人而言物，离乎理而言性命者，非吾所谓道也。"② 他的意思是说：道合于物，而义理之学见；道合于人，而性命之说出。二者相即，而不可相离，舍事物而求义理之说，舍人事而求性命之说，就流于空谈性命与义理之弊，"道"也就变得空洞无物。钱大昕主张以文字训诂明道："夫《六经》皆以明道，未有不通训诂而能知道者。"③ 因为不通训诂，就不明《六经》之旨，不懂儒学之道。他认为正确的方法是"由文字、声音、训诂，而得义理之真"④。他论音韵训诂与义理之道的关系说："有文字而后有诂训，有诂训而后有义理。训诂者，义理之所由出，非别有义理出乎训诂之外者也。"⑤ 强调把义理思想和历史事实结合起来，揭示历史发展之道，找到社会历史进程的法则。王鸣盛主张研治经史的目的首先在于搞清事实真相，然后才能找到寓于事物之中的"道"。他说："读史之法，与读经小异而大同。何以言之？经以明道，而求道者不必空执义理以求之

---

① 章学诚：《文史通义》内篇二《原道下》。
② 钱大昕：《潜研堂文集》卷16《李之才邵尧夫问答辨》。
③ 钱大昕：《潜研堂文集》卷33《与晦之论尔雅书》。
④ 钱大昕：《潜研堂文集》卷24《臧玉林经义杂识序》。
⑤ 钱大昕：《潜研堂文集》卷24《经籍籑诂序》。

也，但当正文字，辨音读，释训诂，通传注，则义理自见，而道在其中矣。……读史者不必以议论求法戒，而但当考其典制之实；不必以褒贬为予夺，而但当考其事迹之实，亦犹是也。"① 治史需要作具体细致的考证，才能得到正确的历史认识。他通过对《春秋》的考察，得出新认识："《春秋》书法，去圣久远，难以揣测。学者但当缺疑，不必强解，惟考其事实可耳。况乃欲拟其笔削，不已僭乎！究之是非千载炳著，原无须书生笔底予夺。若因弄笔，反令事实不明，岂不两失之。"② 在今天看来，王鸣盛的担心绝不是杞人忧天，因为史家对历史的研究如果不用征实考信的方法，仅仅注重书法褒贬而不注重考证历史事实，不但无法探究历史演变的法则，反而会把历史事实搞乱，使后人无法看到历史的真相。王鸣盛特别强调史学考据征实的价值，主要意图在于说明史家治史应当根据确实，着重记载于后世有益的史实。他针对《新唐书·兵志》关于"若乃将卒营阵，车旗器械，征防守卫，凡兵之事，不可以悉记。记其废置得失，终始治乱兴灭之迹，以为后世戒云"的记载，评论说："愚谓征防守卫，事之大者，后世所欲考而知者，正在乎此。乃谓其不可悉记而略去之，何也？既略去制度不详，而记废置治乱何益！"③ 历史上的治乱兴衰，正是通过特定社会的典章制度和历史事迹表现出来的，离开这些内容而泛论治乱兴衰，后人将不知何谓，无法借鉴历史上的成败得失，不能发挥垂鉴后世的作用。戴震认识到："宋以来儒者，以己之见硬坐为古贤圣立言之意，而语言文字实未之知。其于天下之事也，以己所谓理强断行之，而事情原委隐曲实未能得。是以大道失而行事乖。"④ 批评了宋元明义理化史学对历史抽象考察的不实学风，指出这样做只能导致掩盖历史真相，看不到历史发展的趋势。他特别指出了这种治学方法的危害："夫所谓理义，苟可以舍经而空凭胸臆，则人人凿空得之，奚有于经学之云乎哉！惟空凭胸臆之卒无当于贤人、圣人之理义，然后求之古经；求之古经而遗文垂绝，今古悬隔也，

① 王鸣盛：《十七史商榷·序》。

② 王鸣盛：《十七史商榷》卷 71《李昭德来俊臣书法》。

③ 王鸣盛：《十七史商榷》卷 82《总论新书兵志》。

④ 戴震：《戴东原集》卷 9《与某书》。

然后求之故训。故训明则古经明，古经明则贤人、圣人之理义明，而我心之所同然者，乃因之而明。贤人、圣人之理义非它，存乎典章制度者是也。"① 他的可贵之处在于指出训诂可以发明古人的义理思想，而通过领会古人的义理思想可以达到对事物真理的认识。这就把训诂明道的意义揭示得更加清楚，其研究历史的方法也达到相当高的水平。纪昀在治学过程中认识到舍"器"言"道"的危害，认为只有从人事之中寻求义理思想，才能达到对历史的正确认识。他说："《易》之作也，本推天道以明人事。……故其书至繁至赜，至精至深，而一一皆切于事。既切于事，即一一皆可推以理。"② 说明义理思想只能从社会的人事之中表现出来，否则就看不清历史演变之道。他还指出："周公手定周礼，圣人非不讲事功；孔子问礼问官，圣人非不讲考证。不通天下之事势而坐谈性命，不究前代之成败而臆断是非，恐于道亦未有合。"③ 强调了"道"与"器"相互结合对于考察历史发展进程的重要性。纪昀关于研究历史的经验教训和社会中的人事以明道的方法，比主张训诂文字而明道的认识更能够揭明历史演变之道，达到对历史进程的正确认识，具有比较重要的方法论价值。

四

中国传统史学从宋代义理化史学发展到清代实证性史学，对宋元明史学空疏的治史学风作了一次彻底的清算，树立起客观研究历史的实证学风，在中国史学史上具有极其重要的意义。

第一，端正了对史学固有性质的认识，提高了史学的地位。在中国学术发展史上，从汉唐的章句训诂之学发展到宋元明的义理之学，标志着学术研究从具体问题的研究上升到理论层次的研究，是学术发展的进步。但是，义理之学必须以实证之学为基础，否则会流于空泛不实。宋元明时期的史家受理学思想的影响，以儒家义理思想为治史原则，把经史关系解释

---

① 戴震：《戴东原集》卷11《题惠定宇先生授经图》。
② 纪昀：《纪文达公遗集·文集》卷8《黎君易注序》。
③ 纪昀：《纪文达公遗集·文集》卷12《嘉庆丙辰会试策问五道》。

为主从关系，宣称治史的目的在于阐扬儒家义理之道，史学的作用只不过是用事实为经学作注脚，史学的性质被扭曲。清代史家提倡"六经皆史"，主张经史地位平等。章学诚指出："《六经》皆史也。古人不著书，古人未尝离事而言理，《六经》皆先王之政典也。"① 他认为《六经》记录的是古人政教典章，是当时制法行政的历史记录，并没有垂后世以作则的微言大义。《六经》不是载道之书，更不是"道"本身，而只不过是历史记载。由典章制度可以明道，而《六经》又是先王的政教典章，属于史书，所以由史可以明道。钱大昕对经史之学有很深的造诣，因而对经史关系也有深刻认识。他说："经与史岂有二学哉？昔宣尼赞修《六经》，而《尚书》、《春秋》实为史家之权舆。汉世刘向父子校理秘文为《六略》，而《世本》、《楚汉春秋》、《太史公书》、《汉著纪》列于《春秋》家；《高祖传》、《孝文传》列于儒家，初无经史之别。厥后兰台、东观作者益繁，李充、荀勖等创立四部，而经史始分，然不闻陋史而荣经也。"② 他考察了历史上的经史关系，认为经史之学不分轩轾，肯定了史学的重要作用。钱大昕抨击前人治经而不重史，导致学术无益于实用，这种认识在乾嘉经学独尊的时代是非常难能可贵的。崔述以理性目光审视上古历史，更明确地认识到："三代以上，经史不分，经即其史，史即今所谓经者也。后世学者不知圣人之道体用同源，穷达一致，由是经史始分。其叙唐虞三代事者，务广为记载，博采旁搜，而不折中于圣人之经；其穷经者，则竭才于章句之末务，殚精于心性之空谈，而不复考古帝王之行事。"③ 他认识到后人治学经史分途的危害，治经则空谈性理而不重征实，治史则骛趋博古而不知体要，导致学术空疏而不能实用，贻患后世。洪亮吉也强调重视史学："古今之大文曰经曰史，经道乎理之常，史则极乎事之变，史学固与经学并重也。"④ 认为学者只有经史并重，相互参会，治学才能明体用而达变通，促进学术健康发展。清代史家把史学摆正到与经学同等重要的位置，史学进一步摆

---

① 章学诚：《文史通义》内篇一《易教上》。
② 钱大昕：《廿二史札记·序》。
③ 崔述：《考信录提要》卷下《总目》。
④ 洪亮吉：《历代史案·序》。

脱了依附于经学的地位，真正达到了可以与经学并驾齐驱的程度。

第二，形成了"实事求是"的治史学风，保证了史学的正确发展方向。中国传统史学如果按照义理化史学道路发展，必然会偏离据事直书的"实录"原则，最终导致政治化和玄学化，丧失自身独立的品格。清代史家在批评前人治史虚妄不实的同时，以求真求实的史学意识发覆纠谬，征实考信，开创出"实事求是"的治史学风。钱大昕强调学者治史应该尊重古人本来面目，不能脱离事实而轻易訾毁前人。他反对治史"驰骋笔墨，夸耀凡庸"和"辄以褒贬自任，强作聪明，妄生疵瑕，不卟年代，不揆时势"的做法，强调"惟有实事求是，护惜古人之苦心，可与海内共白"①。汪中声称："为考古之学，惟实事求是，不尚墨守。"② 公开阐明"实事求是"的史学宗旨，明确主张治史不应存在门户之见，墨守成说。王鸣盛对轻易褒贬历代制度和历史人物的做法极其反感，批评这类史家论史"动辄妄为大言，高自位置，蔑弃前人，而胸驰臆断。其实但可欺庸人耳，自有识者观之，曾不足以当一笑。后之学者，尚其戒之"③。谆谆告诫后学引以为戒，避免误入歧途。崔述考证上古历史真相，意欲剥去后人附会的伪史，还古人真实面目。他说："今为《考信录》，不敢以载于战国、秦、汉之书者悉信以为实事，不敢以东汉、魏、晋诸儒之所注释者悉信以为实言，务皆纠其本末，辨其同异，分别其事之虚实而去取之，虽不为古人之书讳其误，亦不至为古人之书增其误也。"④ 只有对上古历史不讳不增，才可以真正达到护惜古人的目的；而要对古人之史求实考信，就必须具有"实事求是"的治史精神。崔述指出："古之国史既无存于世者，但据传记之文而遂以为固然，古人之受诬者尚可胜道哉！故余为《考信录》，于汉、晋诸儒之说，必为考其原本，辨其是非。非敢诋諆先儒，正欲平心以求其一是。"⑤ 这种既不盲目信奉前人成说，又不故意贬抑晚出见解的治史态度，正是乾嘉史家治史求实考信的理性精神。这表

---

① 钱大昕：《廿二史考异·序》。

② 汪中《述学》别录《与巡抚毕侍郎书》。

③ 王鸣盛：《十七史商榷》卷38《马融从昭受汉书》。

④ 崔述：《考信录提要》卷上《释例》。

⑤ 同上书。

明"实事求是"观念已经深深植根于清代史家的头脑里，影响着他们的治史活动。在这种理性精神的驱使下，清代史家本着求实考信和护惜古人的态度考证历史，一扫宋元明义理化史学空疏不实学风，强调史学自身的客观性与真实性，提倡客观实证精神，确立了无征不信的治史原则，从而奠定了历史学向科学方向发展的理论基础。

从宋代考据史学到清代
实证史学的发展

　　宋元明清时期是中国传统史学走向繁荣发展与理论总结的重要时期，产生出两大主要史学思潮，即义理化史学思潮和考证性史学思潮。揭示这两种史学思潮发展的历程、内涵及其意义，对于阐明中国传统史学发展的某些内在规律，深入研究中国史学史具有重要的学术价值。近年来有学者提出"宋代是中国传统考据学发展史上一个极为重要的时期"①；"如果全面地、准确地考察宋代学术，可以发现，义理之学与考据之学构成了宋代学术相辅相成、互相渗透的两个方面"②；"宋代学术以理学为特色，与之相应，在史书的修纂中形成了义理史学一类，……主张在史学中以微言大义为旨，不太重视历史事实的考据。但是此类史书在宋代史学史中并不占据主要地位，占主要地位的当属以求真求信为目的的考据史学"③ 的看法。为了比较全面地考察宋元明清时期中国史学的面貌，笔者曾经以宋元明清时期中国传统史学作为考察对象，探讨了由宋代义理化史学到清代实证性史学转变的历程及其意义，④ 本文再从中国传统考据学发展的角度，探讨传统史学从宋代考据史学到清代实证史学的发展历程及其意义，以期深刻认识宋元明清时期中国史学的内涵与性质。

一

　　宋元明清时期是中国传统考据学形成、发展和成熟时期，历史考证学在这个时期同样取得了辉煌成就。宋代的考据史学领域相当广泛，特别到

---

① 庞天佑：《理学与宋代考据学》，载《湛江师范学院学报》，1996（4）。
② 陈江：《宋代的考据之学》，载《上海教育学院学报》，1996（4）。
③ 邹志峰：《宋代历史考据学的兴起及其发展演变》，载《文献》，2000（4）。
④ 罗炳良：《从宋代义理化史学到清代实证性史学的转变》，载《史学月刊》，2003（2）。

南宋时期成就更加突出。元明两代由于义理化史学占据主导地位，导致历史考证学的衰落。明清之际考史学风开始复苏，到清代实证史学臻于极盛。在宋元明清时期历史考证学的发展过程中，最突出的成就是史家对考史理论与方法论的提出和总结，这是中国传统历史考证学发展成熟最显著的标志。

（一）"实事求是"考史理论的形成和完善。中国史学重视考据的传统虽然起源很早，但在宋代以前史家关注的焦点主要侧重历史记载是否能起到彰善瘅恶的借鉴作用，而修史过程中对史料的甄别考察则处于次要地位。这从春秋时期孔子赞誉"董狐，古之良史也，书法不隐"① 到唐代史学批评理论家刘知几推崇"史之为务，厥途有三焉。何则？彰善贬恶，不避强御，若晋之董狐，齐之南史，此其上也"② 的理论总结，无不如此。宋代以后，中国传统史学的价值观念逐渐由以道德评价为主转变为以事实评价为主，史家修史更加注重是否客观真实地记载历史事实，这就为历史考证学的独立发展和理论总结奠定了基础。

北宋史家吴缜对什么是"历史事实"作出理论界定，并把它摆在史学的首要位置。他说："夫为史之要有三：一曰事实，二曰褒贬，三曰文采。有是事而如是书，斯谓事实；因事实而寓惩劝，斯谓褒贬；事实、褒贬既得矣，必资文采以行之，夫然后成史。至于事得其实矣，而褒贬、文采则缺焉，虽未能成书，犹不失为史之意；若乃事实未明，而徒以褒贬、文采为事，则是既不成书，而又失为史之意矣。"③ 吴缜把真实地记载历史事实作为史学的首要任务，说明宋代史家对于史学性质具备了更深刻的理性认识。他对"历史事实"的理论概括非常全面，既不是把历史事实看做单纯的人类社会过往历程，也不是简单地认为史书记载的内容就是历史事实，而是强调客观历史与史家主观认识两者的有机结合。对"历史事实"范畴作出这样全面、深刻的理论阐述，在宋代以前还不曾有过。既然"有是事而如是书"才能成为历史事实，那么我们自然就会得出"有是事而不如是

---

① 《左传·宣公二年》。

② 刘知几：《史通·辨职》。

③ 吴缜：《新唐书纠谬·序》。

书"或"无是事而如是书"就不是历史事实的结论。史家记载历史如果"有是事而不如是书",无论出于何种动机,都会造成历史记载的回护与曲笔;倘若"无是事而如是书",那就是伪造历史。上述两种情况,在我国古代历史著作中都大量存在,所以需要对古代史籍和史事进行校勘、纠谬、辨伪、考异等考证工作。吴缜的理论认识,揭示出历史考证学产生的学术条件及其存在的必要性,只有在考史经验积累到相当成熟阶段才能形成这样深刻的考据学理论。

元代至明代中叶,理学影响史学愈演愈烈,导致史学趋向义理化发展。元明史家治史"不考百王之典,不综当代之务"① 的空疏虚妄学风,导致了历史考证学的衰落。随着明代后期理学的没落和实学思潮的兴起,明末清初学风逐渐走向征实,历史考证学也开始缓慢复兴。晚明史家王世贞是一位勤奋的史料整理者和严肃的史料辨析者,形成了对历史材料的批判态度和对历史事实的求真精神。王世贞关于国史、野史和家史的价值评判,就具有考史理论的意义。他说:"国史人恣而善蔽真,其叙章典、述文献,不可废也;野史人臆而善失真,其征是非,削讳忌,不可废也;家史人谀而善溢真,其赞宗阀,表官绩,不可废也。"② 所谓"国史人恣而善蔽真",是批评历代官修史书为维护统治集团的利益而出现肆意掩盖历史真相的弊端;"野史人臆而善失真",是批评历代私家撰史主观臆度而造成记载失实的弊端;"家史人谀而善溢真",是批评历代谱牒与家传因溢美或谀墓而导致言过其实的弊端。他认为研究历史当然不可废弃国史、野史和家史各种历史资料,但必须经过考证确切之后才能看清历史的真实面目。王世贞对国史、野史和家史的认识,是把历史记载是否符合历史事实作为史学的核心问题看待,在传统考史理论的发展中占有一定的位置。

到清代中期的乾隆、嘉庆年间,历史考证学发展到传统史学的繁荣与成熟阶段。清代史学同宋代的考据史学相比,不仅呈现出明显的理性意识与科学特征,而且治史的实证精神深入史学骨髓,发展成实证史学。在乾

---

① 顾炎武:《日知录》卷7《夫子之言性与天道》。

② 王世贞:《弇山堂别集》卷20《史乘考误》。

嘉时期的史家中，最具实证精神的代表人物是王鸣盛和钱大昕。王鸣盛强调说：

> 大抵史家所记，典制有得有失，读史者不必横生意见，驰骋议论，以明法戒也。但当考其典制之实，俾数千百年建置沿革了如指掌，而或宜法，或宜戒，待人之自择焉可矣。其事迹则有美有恶，读史者亦不必强立文法，擅加与夺，以为褒贬也。但当考其事迹之实，俾年经事纬，部居州次，记载之异同，见闻之离合，一一条析无疑，而若者可褒，若者可贬，听之天下之公论焉可矣。书生胸臆，每患迂愚，即使考之已详，而议论褒贬犹恐未当，况其考之未确者哉！盖学问之道，求于虚不如求于实，议论褒贬，皆虚文耳。作史者之所记录，读史者之所考核，总期于能得其实焉而已矣，外此又何多求邪！①

他批评那些以褒贬历史为己任的史家不能揭示历史演变的真相，阐明治史"据事直书"和"实事求是"的理论原则。钱大昕也强调说："夫良史之职，主于善恶必书，但使纪事悉从其实，则万世之下，是非自不能掩，奚庸别为褒贬之词！"②史家只要搞清历史事实，历史记载据事直书，善恶是非就会昭然若揭，后世足以对历史作出客观评价，无须史家主观褒贬历史。钱大昕总结其考史理论说：

> 世之考古者，拾班、范之一言，摘沈、萧之数简，兼有竹素烂脱，豕虎传讹，易斗分作升分，更子琳为惠琳，乃出校书之陋，本非作者之愆，而皆文致小疵，目为大创，驰骋笔墨，夸耀凡庸，予所不能效也。更有空疏措大，辄以褒贬自任，强作聪明，妄生疻痏，不卟年代，不揆时势，强人以所难行，责人以所难受，陈义甚高，居心过刻，予尤不敢效也。桑榆景迫，学殖无成，惟有实事求是，护惜古人

---

① 王鸣盛：《十七史商榷·序》。
② 钱大昕：《潜研堂文集》卷 18《续通志列传总序》。

之苦心，可与海内共白。①

由此可见，清代史家以"实事求是"悬为历史考证的鹄的，把追求史书记载的真实作为史家的纪事原则提出来，展现出清代实证史学深邃完备的理论风貌。

（二）宋元明清时期的史家在考史过程中，对考异、纠谬和辨伪等考据方法问题进行了深入总结，丰富和完善了传统历史考证学方法论。

宋代是中国古代史学发展的繁荣昌盛时期，史学的发展要求史家广泛搜集、整理和辨析史料，因而促进了考据史学的繁荣。北宋史家吴缜纠摘《新唐书》谬误，归纳出《新唐书》以无为有、似实而虚、书事失实、自相违舛、年月时世差互、官爵姓名谬误、世系乡里无法、尊敬君亲不严、纪志表传不相符合、一事两见而异同不完、载述脱误、事状丛复、宜削而反存、当书而反缺、义例不明、先后失序、编次未当、与夺不常、事有可疑、字书非是等20条谬误，同时还总结出责任不专、课程不立、初无义例、终无审复、多采小说而不精择、务因旧文而不推考、刊修者不知刊修之要而各徇私好、校勘者不举校勘之职而惟务苟容等8条致误原因。这些内容虽然是针对《新唐书》而言，但其意义已超出就事论事的范围，而具有一般方法论的价值。南宋史家朱熹既是一位义理化史学的代表，同时在考据史学方面也作出很大成绩。他总结出"参伍错综"的考异方法，颇具考史方法论意义。朱熹指出："错、综，自是两事。错者，杂而互之也；综者，条而理之也。参伍、错综，又各自是一事。参伍所以通之，其治之也简而疏；错综所以极之，其治之也繁而密。"② 他还指出："天地阴阳事物之理，修身事亲齐家及国，以至于平治天下之道，与凡圣贤之言行，古今之得失，礼乐之名数，下而至于食货之源流，兵刑之法制，……若非考诸载籍之文，沉潜参伍以求其故，则亦无以明。"③ 这种考据方法就是要求史家综合各种相关史料加以旁参互稽，通过比较分析各种记载之异同，考

北京师范大学史学探索丛书

---

① 钱大昕：《廿二史考异·序》。
② 朱熹：《朱文公文集》卷54《答王伯丰冶》。
③ 朱熹：《朱文公文集》卷80《福州州学经史阁记》。

证清楚历史的真相。宋代理学的兴起，使学者研治经史突破了汉唐时期固守注疏藩篱的局限，逐渐形成一股疑古惑经的辨伪思潮。朱熹认为："生于今世而读古人之书，所以能辨其真伪者，一则以其义理之所当否而知之，二则以其左验之异同而质之，未有舍此两途而能直以臆度悬断之者也。"① 他主张根据义理和左验审视古代历史典籍的真伪，亦即按照古籍内在的思想理路和外在的历史背景予以检验，初步形成考据学中"内考证"与"外考证"方法论。宋代学者以辨伪求真的目光审视历代古籍，总结出辨析史料真伪的准则，在历史考证学方法论上取得了较大成就。

元明两代史家虽不甚重视考据，但也有一些史家在考史方法论方面提出深刻见解。被元代学人视为"身任一代文献之寄"的史家苏天爵，特别强调史家应当保存信史，使后世有所考证。他说：

> 先儒以修史为难。昔隋尧君素、周韩通之死，史官不为立传，盖难言也。如《新五代史》诸《世家》则曰：其后事具国史。今宋自宁宗，金自章宗，已与国家相接，欲尽书之，则有当回护者；欲尽削之，则没其实矣。如曰事具国史，则金自章宗后仅三十年始亡，宋自宁宗后仅五十年始亡，岂可皆不书乎？况其死事之臣，又岂只一尧君素、韩通而已！②

他所主张的史书纪事方法是史家无论善恶贵贱都应当如实记载，尽可能给后世留下了解历史全貌的真实材料。明代学者陈第在前人的基础上，对文献考据方法进行了专门总结，真正上升到方法论层次。他对《毛诗》"稍为考据，列本证、旁证两条。本证者，《诗》自相证也；旁证者，采之他书也。二者俱无，则宛转以审其音，参错以谐其韵"③。总结出历史考证学的本证法、旁证法和理证法 3 种原则，进一步丰富与完善了传统考据学方法论。明代晚期有些学者致力于辨伪方法论的探讨，取得了较高的成就。例如胡应麟

---

① 朱熹：《朱文公文集》卷 38《答袁机仲来教疑河图洛书是后人伪作》。
② 苏天爵：《滋溪文稿》卷 25《三史质疑》。
③ 陈第：《毛诗古音考·序》。

总结说:"凡核伪书之道,核之《七略》以观其源,核之群《志》以观其绪,核之并世之言以观其称,核之异世之言以观其述,核之文以观其体,核之事以观其时,核之撰者以观其托,核之传者以观其人。核兹八者,而古今赝籍亡隐情矣。"① 他从上述 8 个方面探讨了古籍辨伪问题,主张区分伪书产生的不同情况,分别进行辨伪,系统地归纳出辨伪方法论。

历史考证学在清代成为史学发展的主流,取得了前所未有的辉煌考据成就。清代史家比较普遍地从事历史考证,对考史方法论作出了更大的贡献。钱大昕通过考证秦置郡数,不赞同前人所谓秦置 40 郡之说,进一步提出考证历史的方法论。他认为:

> 言有出于古人而未可信者,非古人之不足信也,古人之前尚有古人,前之古人无此言,而后之古人言之,我从其前者而已矣。秦四十郡之说,昉于《晋书》,《晋书》为唐初人所作。自今日而溯唐初,亦谓之古人,要其去秦汉远矣。……自后汉至晋,史家俱不言秦有四十郡也。……地理之志,莫古于孟坚,亦莫精于孟坚。不信孟坚而信房乔、敬播诸人,吾未见其可也。②

钱大昕强调历史考证应当相信距离历史事件发生较近时期史家记载的可靠性,考证出最早的史料来源。这种考史方法论被近代历史考证学大师陈垣发展为专门的史源学理论,至今仍为史家所沿用,其意义影响长久而深远。王鸣盛在考史方法上继承和发展了"参伍错综"的考证方法。他考史除利用正史以外,还充分利用各种辅助材料,"搜罗偏霸杂史,稗官野乘,山经地志,谱牒簿录,以及诸子百家小说笔记,诗文别集,释老异教,旁及于钟鼎尊彝之款识,山林冢墓、祠庙伽蓝碑碣断缺之文,尽取以供佐证,参伍错综,比物连类,以互相检照,所谓考其典制、事迹之实也"③。他主张史家只有会通各方面材料考史,才能真正认清历史的真相。赵翼则

---

① 胡应麟:《少室山房笔丛》卷 16《四部正讹下》。
② 钱大昕:《潜研堂文集》卷 16《秦四十郡辨》。
③ 王鸣盛:《十七史商榷·序》。

继承和发展了本证考史方法，在《廿二史札记》中强调"间有稗乘脞说，与正史歧互者，又不敢遽诧为得间之奇。盖一代修史时，此等记载无不蒐入史局，其所弃而不取者，必有难以征信之处。今或反据以驳正史之讹，不免贻讥有识。是以此编多就正史纪、传、表、志中参互勘校，其有抵牾处，自见辄摘出，以俟博雅君子订正焉"①。上述各种考史方法，是清代史家对传统历史考证学作出的新贡献。清代史家考辨伪书和伪史的成绩最大，而在辨伪理论与方法论上成就最高的史家当属崔述。崔述受家学熏陶，形成了不迷信、不盲从的史学意识。他说：

> 南方人初读《论》《孟》，即合朱子《集注》读之；《大学》《中庸》章句亦然。北方人则俟《四书》本文皆成诵后，再读经一二种，然后读《四书注》，而读注时亦连本文合而读之。先君教述读注皆不然，经文虽已久熟，仍令先读五十遍，然后经、注合读亦五十遍；于温注时亦然。谓读注当连经文，固也；读经则不可以连注，读经文而连注读之，则经文之义为注所间隔而章法不明，脉络次第多忽而不之觉，故必令别读也。②

崔述治史经、传分开，认清了两者分别属于不同时代的学术成果，产生出疑古辨伪思想，确立了宗《六经》而疑传注和诸子的考史宗旨。他考史"不以传注杂于经，不以诸子百家杂于经传，久之而始觉传注所言有不尽合于经者，百家所记往往有与经相悖者。……于是历考其事，汇而编之，以经为主，传注之与经合者则著之，而异端小说不经之言，咸辟其谬而删削之，题之曰《考信录》"③。崔述不愿盲目轻信前人的历史记载，意欲剥去后人附会的伪史，考证清楚上古历史真相，还古人以真实面目。他说："今为《考信录》，不敢以载于战国、秦、汉之书者悉信以为实事，不敢以东汉、魏、晋诸儒之所注释者悉信以为实言，务皆纠其本末，辨其同异，

---

① 赵翼：《廿二史札记·小引》。
② 崔述：《考信附录》。
③ 崔述：《考信录·自序》。

分别其事之虚实而去取之，虽不为古人之书讳其误，亦不至为古人之书增其误也。"① 不存迷信前人的成见，不依傍历代学者对古史的穿凿附会之说，形成了独树一帜的治史宗旨，取得了前无古人的考史成就。崔述考史尽管没能摆脱儒家经学的束缚，虽怀疑传注而仍尊崇经义，但和前人相比，理性意识无疑大大增强，因而能够总结出最深刻的疑古辨伪理论与方法论。

二

中国传统历史考证学的内涵主要包括考证史书和史实讹舛、校勘古籍谬误和辨析古籍真伪、辑佚古籍和补作旧史、收集金石文字考证史籍。宋元明清时期，是中国传统历史考证学由繁荣走向极盛的发展阶段。特别是宋代和清代，考证风气盛行，涉及范围广泛，研究成果卓著，考辨类别丰富。下面对宋元明清时期各类考史成果择其荦荦大者，借以观其概貌。

（一）考异和纠谬。考异是考订一个历史事实在群书记载中的异同，去伪求真，以存信史。南北朝时期出现的大量注史之作，就包括了考异的目的和内容。宋代以后，考异形成一种独立完备的史学形式，成为历史考证学中最典型的部类。纠谬就是针对他人所撰的史书纠摘谬误，保证历史记载真实可靠。宋元明清时期，考异和纠谬类史学著作成果丰富，蔚为大观。

宋代不论官修史书还是私人修史，多采用在史书正文之下附录注文以明去取的方法。其中具有代表性的考异著作就是北宋史家司马光所作的《资治通鉴考异》和南宋史家范冲所作的《神宗皇帝实录考异》。司马光修《资治通鉴》，选择较为可信的史料入史，同时又将对该事件的各种不同记载附录其下，并说明取舍理由及根据，"参考群书，评其同异，俾归一途，为《考异》三十卷"②，不仅保证了历史记载确有依据，而且给后人进一步

---

① 崔述：《考信录提要》卷上《释例》。
② 司马光：《传家集》卷 17《进资治通鉴表》。

考证历史保存下珍贵史料。范冲重修《神宗皇帝实录》，针对北宋修撰的"《神宗皇帝实录》既经删改，议论不一，复虑他日无所质证，辄欲为《考异》一书，明示去取之意"①。《神宗皇帝实录考异》5 卷，详载对史料增删的理由，读史者可以清楚地看到宋代修史的具体情况，给后世留下了足资考证的宝贵资料。除此之外，宋代还出现考据史学的专门著作。南宋史家李心传所撰《旧闻证误》，王应麟所撰《汉书艺文志考证》，宇文绍奕所撰《石林燕语考异》，都是考史成就较高的专门史学著作，历来受到学界好评，此不赘述。纠谬方面的代表作是北宋史家吴缜的《新唐书纠谬》和《五代史记纂误》。两书所纠之谬，多取欧阳修的《新唐书》和《新五代史》纪、志、表、传对比考证，揭其舛误，把《新唐书》谬误归纳为 20 个门类，《新五代史》谬误胪列 200 余事，考证虽未尽合理，但纠正史书记载谬误的成绩是主要的，对宋代考据史学的发展具有积极意义。

  元至明代中叶，由于受到义理化史学的影响，只有极少数史家从事历史考证工作。明代中期杨慎撰《转注古音略》考辨上古音韵，开晚明考据风气之先。此后梅鷟撰《尚书考异》，王世贞撰《史乘考误》，余继登撰《典故纪闻》等等，都是比较严谨征实的考据史书，成为晚明史学中的上乘之作。

  进入清代，考据之风大兴，历史考证学也臻于鼎盛时期。清代考史成就最高的著作是清初史家顾炎武的《日知录》和乾嘉时期史家赵翼的《廿二史札记》、钱大昕的《廿二史考异》、王鸣盛的《十七史商榷》、崔述的《考信录》。《日知录》是一部颇负盛名的考史著作，内容涉及历代政治、经济、文化、天文、地理众多领域，采用归纳考史方法，每考一事，以类相从，详其始末，开清代实证史学之先河。赵翼《廿二史札记》考史的特点是"每史先考史法，次论史事"②。他为《廿二史札记》的撰述确定了两个宗旨：一是"此编多就正史纪、传、表、志参互勘校，其有抵牾处，自见辄摘出"，这属于考证历史事实；二是"至古今风会之递变，政事之屡

---

  ① 李心传：《建炎以来系年要录》卷 85 "绍兴五年二月辛丑"。

  ② 赵翼著、王树民校证：《廿二史札记校证》附录二《陈垣题记》，888 页，北京，中华书局，1984。

更，有关于治乱兴衰之故者，亦随所见附著之"①，这属于归纳历史事实。这两个方面共同构成了《廿二史札记》的内容，表现出《廿二史札记》的撰述方法和主要特征。钱大昕撰《廿二史考异》，对《史记》到《元史》22部正史进行了系统的考证。他认为："史非一家之书，实千载之书，祛其疑乃能坚其信，指其瑕疵以见其美。拾遗规过，匪为齮龁前人，实以开导后学。"② 钱大昕明确认识到这决非轻而易举就能做到，因为"廿二家之书，文字烦多，义例纠纷，舆地则今昔异名，侨置殊所；职官则沿革迭代，冗要逐时，欲其条理贯串，了如指掌，良非易事"③，于是把主要精力用于校勘文字，辨析名物，补正讹误，考证历代舆地、职官、典章制度。钱大昕考史首先列出所考史书的篇名，然后摘出该篇中的错误记载，最后旁征博引考异纠谬。王鸣盛的《十七史商榷》是我国传统史学走向总结时期的一部重要的历史考证学著作，对宋代以前的历代正史作了一次全面清理。他说："十七史者，上起《史记》，下讫《五代史》，宋时尝汇而刻之者也。商榷者，商度而扬榷之也。海虞毛晋汲古阁所刻行世已久，而从未有全校之一周者。予为改讹文、补脱文、去衍文；又举其中典制事迹，诠解蒙滞，审核舛驳，以成是书，故名曰《商榷》也。"④ 王鸣盛考史特点是首先对一部正史作总体评价，然后考证各种具体问题，最后论及与此相关的其他史书。《十七史商榷》突出成就表现在史书文字的考订、历史事迹的考订和地理、职官等典章制度的考订，为清理和总结我国古代史学作出了贡献。《考信录》是崔述的考史代表作，其考史旨趣不同于赵翼、钱大昕和王鸣盛之书考证历代正史记载谬误，而在于考证史书记载的事件历史上是否确有其事，疑古辨伪。他指出："古之国史既无存于世者，但据传记之文而遂以为固然，古人之受诬者尚可胜道哉！故余为《考信录》，于汉、晋诸儒之说，必为考其原本，辨其是非。非敢诋诽先儒，正欲平心以

---

① 赵翼：《廿二史札记·小引》。

② 钱大昕：《廿二史考异·序》。

③ 同上书。

④ 王鸣盛：《十七史商榷·序》。

求其一是也。"① 此外，汪辉祖的《元史本证》、梁玉绳的《史记质疑》、章宗源的《隋书经籍志考证》、牛运震的《读史纠谬》、李文田的《元朝秘史注》、王先谦的《汉书补注》，也是比较重要的考史之作。

（二）刊误和辨伪。刊误即对古籍校雠而勘正讹误，辨伪指考辨古籍和古史传说的真伪。这两方面工作主要属于文献学范畴，但在历史考证学中也占有相当重要的位置。

宋代史家校勘前代史书，集中在宋仁宗和宋英宗两朝，主要围绕两《汉书》和唐修八史。北宋史家曾巩受诏校勘皇室藏书，撰有《战国策目录序》、《南齐书目录序》、《梁书目录序》、《陈书目录序》等勘误之篇，把上述已经散佚的史书校补成完帙，取得了很大成绩。宋仁宗景祐二年，诏余靖校勘《汉书》，逾年撰成《汉书刊误》。宋英宗治平年间，刘攽奉诏校勘《后汉书》，撰有《东汉刊误》，又与刘敞、刘奉世合撰《三刘汉书标注》，成为宋代考据史学名著。南宋时期，吴仁杰又为三刘之书补遗，对两《汉书》进一步校勘，撰成《两汉刊误补遗》。曾绛为此书作序，赞誉作者"据古引谊，旁搜曲取，凡邑里之差殊，姓族之同异，字画之乖讹，音训之舛逆，句读之分析，指意之穿凿，及他书援据之谬陋，毕厘而正之，的当精确"②，说明这是一部校勘和考证相结合的著作。与此同时，在理学思潮的影响下，宋代疑古惑经的学者很多，史家在辨伪方面也取得了很大成就。欧阳修撰《易童子问》、《毛诗本义》，不仅攻驳传注，而且对《六经》本身提出怀疑和驳难。吴棫撰有《书稗传》，率先对《古文尚书》予以辨伪，启发了后人的思想。朱熹对《六经》及《左传》、《国语》、《战国策》、《世本》等史书均有辨析，成为宋代最具辨伪眼光和辨伪成就最高的史家。他们对上古史籍经过重新审查，对古代传说和古代史籍作了一次清理，澄清了许多史书的谬误。

元代的辨伪学只有史家吴澄继承宋代吴棫、朱熹的事业，进一步考辨《古文尚书》。明初史家宋濂撰《诸子辨》考辨先秦诸子，成为凤毛麟角的

---

① 崔述：《考信录提要》卷上《释例》。

② 曾绛：《两汉刊误补遗·序》。

辨伪学著作。晚明胡应麟撰有《四部正讹》，对古籍中的伪书条分缕析，考辨精当，成为辨伪学史上的名著。

清代的校勘之学和辨伪之学都达到鼎盛阶段，产生出一批重要成果。清代涉足校勘的学者较多，而成就最高的当属乾嘉时期的学者卢文弨和顾广圻两人。卢文弨所校古籍包括《逸周书》、《荀子》、《吕氏春秋》、《新书》、《韩诗外传》、《春秋繁露》、《白虎通》、《颜氏家训》等等，收入《抱经堂丛书》。他晚年编定的《群书拾补》，集中了校勘诸书的精华和精辟的论断，为传统校勘学的发展作出了重要贡献。顾广圻是继卢文弨之后的又一专家，治学长于版本、校勘。经他主持校刻的古籍非常丰富，计有《周礼》、《仪礼》、《战国策》、《抱朴子》、《列子》、《盐铁论》、《唐律疏议》等等，每校毕一书，皆综其校订内容，作《考异》或《校勘记》附于书后。他在长期从事校勘工作的基础上，对校勘学的发展提出一系列校勘原则，把传统校勘学推进到更加完备的程度。清代的辨伪之学以清初三大家成就较高。阎若璩著有《尚书古文疏证》，继承前人考辨《古文尚书》的成果，最终把这部书定谳为伪书，成为铁证难翻的定案。胡渭著有《易图明辨》，考证出儒家所宣扬的《河图》、《洛书》以及《先天图》乃是宋代道士陈抟和理学家周敦颐、邵雍等人杜撰的伪书，彻底推翻了宋明理学的根基。姚际恒著有《古今伪书考》，考辨经、史、子部各类伪书数十种，如《易传》、《古文尚书》、《毛诗序》、《周礼》、《大戴礼记》、《孝经》等等，虽然未必尽当，却有对世人破惑启迪的作用。乾嘉时期的辨伪学，处在汉学佞汉信古风气的笼罩之下，不仅范围没有扩大，而且水平也未必能超越清初辨伪学。值得称道的只有对上古历史传说辨伪的崔述和梁玉绳，他们根据考信于《六艺》的宗旨，对史书记载的先秦古史体系作了系统考证，剥落了多层后人强加在古人身上的面纱，澄清了许多历史上的疑团。

（三）辑佚和补史。中国古代辑佚学是由单纯的掇拾坠简残编发展成一门有系统理论和方法的专门学问。宋元明清时期从事辑佚的学者远远不限于史家，而辑佚的古逸书又大大超出史书范围。补史是对历代正史体例残缺加以补撰，其中最为突出的成绩表现在补表和补志两个方面。

宋代辑佚学成就最大的当属郑樵和王应麟。郑樵提出散亡之书可据现存书中称引辑录成帙的思想，而王应麟则创辑佚之成法，标志着传统辑佚学的形成。宋人始有补表、补志之作。补表始于宋人熊方所撰《补后汉书年表》，补断代史志始于宋人钱文子所撰《补汉兵志》，然而仅仅处于创始阶段，远没有形成规模。

元明两代，学者高谈性命，束书不观，很少有人愿意做这种耗费功力的事情，只有元代陶宗仪、吴澄和明代胡应麟等少数人从事辑佚事业，所以没有在宋人基础上继续发展，辑佚与补史工作处于中衰阶段。

清代辑佚工作包括官府辑佚和私人辑佚两种形式，辑佚风气空前活跃，许多散佚已久的史籍重见天日，为后世利用这些文献研究历史提供了极大便利，对历史文献的整理研究作出了巨大贡献。清代前期在辑佚学上成就较大的史家是姚之骃和全祖望。姚之骃治学长于古史，搜集久佚的8家《后汉书》，辑成《后汉书补逸》。本书"捃拾细琐，用力颇勤。惟不著所出之书，使读者无从考证，是其所短"①；但它改变过去专就一人一书辑佚的方法，开创专门辑佚一代诸书的先例，拓宽了辑佚学的范围，对后来辑佚学发展具有启示意义。全祖望的贡献在于首先发现《永乐大典》中保存世间久佚的古籍，引起了学者的重视，开乾隆年间四库馆臣大规模从《永乐大典》辑书之先河。全祖望对宋史研究很感兴趣，所辑之书多是宋代佚书，如王安石《周官新义》、佚名《春秋鲁十二公年谱》、刘敞《公是先生文钞》等10余种。清代中期，成绩最大的是官府辑佚。四库馆臣从《永乐大典》"裒辑成编者，凡经部六十六种，史部四十一种，子部一百三种，集部一百七十五种，共四千九百四十六卷"②。这是收入《四库全书》的385种辑佚书，如果再加上《四库存目》中收录和《四库全书》未收录的辑佚书，实际数量更多。四库馆臣辑出的散篇旧史中，邵晋涵辑佚和整理《旧五代史》，具有特殊意义。他在四库馆任职期间，即着手辑佚此书，力求恢复本书的原貌。邵晋涵对于史书体例颇有研究，在编订过程中参考大量宋元文献，制定出15条《编定旧五代史凡例》，严格按照原书梁、唐、

---

① 永瑢：《四库全书总目》卷50《后汉书补逸提要》。
② 永瑢：《四库全书总目》卷137《永乐大典提要》。

晋、汉、周断代为史的体例，虽知其不善，亦不予改动，显示出尊重前人学术的态度。邵晋涵在对五代史实严格考订补苴的基础上，撰写出《旧五代史考异》一书，说明去取原委，材料来源。经过他的辛勤劳动，《旧五代史》大体上恢复了原貌，得以收入《四库全书》，跻身于二十四史之列。清代学者对邵晋涵的辑佚工作给予很高的评价，彭元瑞赞誉"《永乐大典》散篇辑佚之书，以此为最"①。这是清代四库馆臣在旧史辑佚方面取得的最突出的贡献。清代嘉道年间，古籍辑佚的方法臻于完善，至晚清出现繁荣局面，成绩相当可观。嘉道年间辑佚古籍成绩较大的学者，有严可均汇集散佚而成《全上古三代秦汉三国六朝文》；张澍辑佚先秦至隋唐关陇文人佚书数十种，刊刻《二酉堂丛书》；汪文台用主要精力辑成《七家后汉书》，在清代各家《后汉书》辑本中种类最多，佚文繁富，体例精当，编辑有序，考辨审核，出处详明，堪称佳作。《七家后汉书》的辑佚颇具家法，为清代辑佚学向理论化发展作出了贡献。晚清辑佚学成就最大的学者首推汤球。他"少耽经史，从〔俞〕正燮、〔汪〕文台游，传其考据之学"，尝辑郑玄逸书9种、刘熙《孟子注》、刘珍《东观汉记》、皇甫谧《帝王世纪》、谯周《古史考》诸书；又"读史用力于《晋书》尤深，广搜载籍，补晋史之阙"②，辑有9家纪传体《晋书》、9家编年体《晋纪》、萧方等《三十国春秋》、崔鸿《十六国春秋》各书，成绩卓著，在中国史学史上占有重要的位置。

清代补史活动与辑佚古籍一样，经历了清初积累，乾嘉年间蔚然成风，道光以后趋于繁荣的发展过程。清代史家补断代史之作主要有马骕《绎史》、李锴《尚史》、谢启昆《西魏书》、吴任臣《十国春秋》、洪亮吉《西夏国志》、吴广成《西夏事略》、周春《西夏书》、张鉴《西夏纪事本末》等等，虽然史学价值不能与正史相提并论，但却具有收集整理一代文献之功。自《史记》《汉书》奠定纪传体史书规模以后，纪、表、志、传4种体例成为主要组成部分。然而，有些史书因所记载的皇朝短祚，或史家

北京师范大学史学探索丛书

---

① 彭元瑞：《知圣道斋读书跋》卷1。
② 《清史稿》卷486《汤球传》。

修史时间仓促，表、志两种体例不是缺而不备，就是记载漏略，留下遗憾。清代从事补表和补志的人数众多，著作层出不穷。清初史家补表的成绩，以万斯同最为著名。他有感于马、班以后历代正史的史表缺而不备，为东汉至五代的纪传体皇朝史一一补撰史表，著有《历代史表》。万斯同是清代最早补撰史表的史家，所补史表多为首创，具有极大价值。四库馆臣赞誉《历代史表》"使列朝掌故端绪厘然，于史学殊为有助"①。乾隆中叶以后，补表之家逐渐增多。卢文弨撰有《史记惠景间侯者年表校补》，钱大昭撰有《后汉书补表》，周嘉猷撰有《三国纪年表》、《补南北史年表》、《补南北史帝王世系表》、《补南北史世系表》、《五代纪年表》，汪远孙撰有《辽史纪年表》、《西辽纪年表》，钱大昕撰有《元史氏族表》，均为补表佳作。清代较早的补志之作，是康熙年间倪灿所撰《宋史艺文志补》和《补辽金元艺文志》。倪灿与修《明史》，鉴于《辽》、《金》、《元》三史皆无《艺文志》，而《宋史·艺文志》所载止于度宗，缺宋季二朝载籍，于是撰《明史艺文志》稿时"并取二季，以补其后，而附以辽、金之仅存者，萃为一编，列之四部，用传来兹"②，对清代补志风气的形成产生了很大影响。到乾隆年间，产生了专门的补志之作。厉鄂所撰《辽史拾遗》中有《补艺文志》，杭世骏所撰《金史补缺》中有《艺文志补缺》，卢文弨所撰《群书拾补》中有《续汉书志注补》、《魏书礼志校补》、《金史礼志补脱》，是乾隆年间补志成就较高的著作。乾隆末至嘉庆年间，补志之作趋于成熟。钱大昭撰有《补续汉书艺文志》，洪亮吉撰有《补三国疆域志》、《东晋疆域志》、《十六国疆域志》，郝懿行撰有《补宋书刑法志》、《补宋书食货志》，钱大昕撰有《元史艺文志》，皆为补志名篇，深受时人推重。道光年间补志之风继续发展，补志范围不断扩大，而且体例更加严谨。顾怀三撰有《补后汉书艺文志》、《补五代史艺文志》，侯康"以隋以前古书多亡，著书者湮没不彰，补撰《后汉》、《三国》、《晋》、《宋》、《齐》、《梁》、《陈》、《魏》、《北齐》、《周》十书《艺文志》而注之"③，实际成书者只有

---

① 永瑢：《四库全书总目》卷50《历代史表提要》。
② 《二十五史补编·宋史艺文志补》卷首倪灿：《明史艺文志序》。
③ 缪荃孙：《续碑传集》卷77《侯康传》。

《补后汉书艺文志》、《补三国艺文志》两种。顾、侯二人补志的特点是超越简单搜集、排比史料，而是把各书相关的考订、注疏、校勘成果统统辑入注文，使辑佚和考证有机结合起来，极大地丰富了补志的形式和内容。1935 年开明书店编纂《二十五史补编》，收录北宋至近代学者的补表、补志之作，包括 240 余种正史表、志的校订和补遗著作，其中绝大部分是清代史家的成果，展现出清代大规模补撰旧史表、志工作所取得的重大收获。

（四）金石证史。宋元明清时期历史考证学最富有创造性的内容就是利用金石文字考证文献材料，对古代文献或前人说经论史中的失误做纠谬补缺工作。宋人开创以金石与文献相互印证的考据方法，不仅在历史考证学发展史上具有里程碑的意义，而且对后世产生了深远的影响。清代史家的金石证史考据方法是承袭宋人而来，不论其搜集校订金石文字的规模还是利用金石碑刻证史水平，都达到了一个崭新的境界。

北宋最先研究金石器物的史家是刘敞，曾经收集商周铜器详加考证，撰成《先秦古器图》。他认为金石文字对于校补古代文献具有重要价值，可以达到"礼家明其制度，小学正其文字，谱牒次其世谥"① 的目的。欧阳修积 10 余年之功，集录 1000 卷金石铭文，撰成《集古录》。他谈到收集金石碑刻的目的是要把那些"可与史传正其缺谬者，以传后学，庶益于多闻"②。南宋赵明诚撰《金石录》，同样强调金石碑刻对于考史的价值。他指出历代正史记载的"岁月、地理、官爵、世次，以金石刻考之，其抵牾十常三四。盖史牒出于后人之手，不能无失，而刻词当时所立，可信不疑"③。洪适撰《隶释》和《隶释续》，也是比较重要的金石著作，历来为考古学者所重视。宋人开创的金石证史方法为宋代考据史学引入了新的材料和方法，对传统历史考证学的发展具有不容低估的价值。

清代金石学发展进入全盛时期，不仅从事收集和整理金石碑刻的学者很多，而且撰集的金石学著作丰富。清初史家顾炎武、万斯同等人十

---

① 刘敞：《公是集》卷 36《先秦古器记》。
② 欧阳修：《欧阳修全集·居士集》卷 41《集古录自序》。
③ 赵明诚：《金石录·序》。

分重视运用金石材料考史，顾炎武著有《石经考》、《求古录》、《金石文字记》等书，万斯同著有《石经考》等书，为乾嘉时期金石学的兴盛奠定了基础。乾嘉时期的学者在搜访金石碑刻方面不遗余力，取得了累累硕果。最著名的金石著作有王昶的《金石萃编》，孙星衍的《平津馆金石萃编》，邢澍的《寰宇访碑录》，钱大昕的《潜研堂金石文字目录》、《续录》、《金石文跋尾》，毕沅的《关中金石记》、《中州金石记》、《山左金石志》，阮元的《积古斋钟鼎彝器款识》、《两浙金石志》等等，这些著作在考证经史方面取得了突出的成就。金石证史的价值主要表现在对文献记载正误和补缺两方面。例如，钱大昕以金石碑刻证史书之误，考证《旧唐书·突厥传》"可汗者，犹古之单于，其子弟谓之特勒"的记载，认为"特勒"当是"特勤"之误。他说："顾氏《金石文字记》历引史传中称特勒者甚多，而《梁国公契苾明碑》特勤字再现，又柳公权《神策军碑》亦云大特勤喑没，斯皆书者之误。予谓外国语言，华人鲜通其义，史文转写或失其真，唯石刻出于当时真迹，况《契苾碑》宰相娄师德所撰，公权亦奉敕书，断无舛讹，当据碑以订史之误，未可轻訾议也。"① 钱大昕还以金石碑刻补史书之缺，考证《新五代史·葛从周传》"拜昭义军节度使，封陈留郡王，食其俸于家"的记载，指出正史漏载葛从周使相官职。他指出："是时泽潞为晋所有，但假其名以宠从周，俾食其俸耳。……《五代会要》：梁末帝使相三十二人，从周居其一。予尝见从周《神道碑》云：检校太师兼侍中。此欧史所失书也。"② 窥一斑而见全豹，清代史家把金石碑刻用于校勘古籍，纠谬订讹，拾遗补缺，考证出历代史书因传抄刊刻而造成的许多舛误，发挥了单纯利用版本校勘所无法企及的作用。宋代和清代金石学家大量的金石证史成果，是我国传统史学的宝贵财富，为近代历史考证学家提出"二重证据法"提供了史料基础和方法借鉴，应当给予充分重视。

---

① 钱大昕：《十驾斋养新录》卷 6《特勤当从石刻》。
② 钱大昕：《廿二史考异》卷 62《五代史二·葛从周传》。

三

　　中国古代的历史考证尽管起源较早，汉唐时期的史家多有涉及，并且取得了不少成就，但是中国传统历史考证学走上独立发展道路，乃是宋代考据史学开其端，清代实证史学集其成，两者具有直接的渊源关系。清代考据学家对宋代金石学成就推崇备至，自觉继承宋人金石证史方法。顾炎武称"自少时即好访求古人金石之文，而犹不甚解。及读欧阳公《集古录》，乃知其事多与史书相证明，可以阐幽表微，补缺正误"①。钱大昕也认为"金石之学，与经史相表里。……欧、赵、洪诸家涉猎正史，是正犹多"②；又指出"金石之学始于宋，录金石而分地亦始于宋。……书契以还，风移俗易，后人恒有不及见古人之叹。文籍传写，久而舛讹，惟吉金乐石流传人间，虽千百年之后，犹能辨其点画而审其异同，金石之寿，实大有助于经史焉"③。近代历史考证学大师王国维也明确地揭示出宋代考据史学到清代实证史学发展的渊源流变："近世学术多发端于宋人，如金石学，亦宋人所创学术之一。宋人治此学，其于搜集、著录、考订、应用各面，无不用力，不百年间，遂成一种之学问。……近世金石之学复兴，然于著录、考订，皆本宋人成法，而于宋人多方面之兴味，反有所不逮。"④当代著名文献学家张舜徽亦指出宋代学术与清代学术之间的传承关系："有清一代学术无不赖宋贤开其先，乾嘉诸师特承其遗绪而恢宏之耳。"⑤从这种学术发展的渊源流变之中，我们可以更加清楚地认识宋元明清时期历史考证学的成就与局限，为当前史学的发展提供参考和借鉴。

　　首先，中国传统史学从宋代考据史学到清代实证史学的演变，对于传统

　　①　顾炎武：《亭林文集》卷 2《金石文字记序》。

　　②　钱大昕：《潜研堂文集》卷 25《关中金石记序》。

　　③　钱大昕：《潜研堂文集》卷 25《山左金石志序》。

　　④　王国维：《王国维遗书·静安文集续编·宋代之金石学》，70～75 页，上海，上海古籍书店，1983。

　　⑤　张舜徽：《广校雠略·两宋诸儒实为清代朴学之先驱》，124 页，北京，中华书局，1963。

北京师范大学史学探索丛书

史学理论和考史方法论的发展至关重要。中国古代的史学理论和史学方法论，主要是通过历史评论或史学批评形式表现出来，而不是以思辨逻辑体系建立的历史哲学形式。从中国传统历史考证学的成果类型来看，主要包括4种类型。第一，原著附考。考史学家在对古籍注音释义和事实考异方面多采用这种类型，以校勘记和胪列异文的形式附于原著之后，随需要考订的正文而行。第二，考史专著。史家对一部书或几部书加以考证，然后把考据成果写成专门著作。第三，叙录题跋。考史学家常常以叙录和题跋表述考证和校勘成果，对考据工作加以总结。第四，杂考笔记。学者在自撰学术笔记中对一书、一人、一事逐条进行考证，是传统经史考证最普遍的方法。无论那种形式，考史学家都需要说明史料取舍之由，详列辨伪正误之据，进而归纳出一定的考史义例。历代考史学家并非仅仅以考据见长，其中一些成就较高的史家都在自己的考史实践中超越了单纯的事实考证。他们擅长考史或论史，所以对某些历史问题研究很深，见解独到，达到了一定程度的理论水平，在考史著作中包含着丰富的考史理论和考史方法论，为中国古代史学理论宝库增添了新内容。我国史学界对此研究极为薄弱，成果积累不多，有必要细致地爬梳资料，认真总结这份宝贵的史学理论遗产。

其次，中国传统历史考证学的发展奠定了历史研究无征不信的治史原则，形成了"实事求是"的治史学风，为历史学成为科学奠定了坚实的基础。宋元明清时期的史学实际上是沿着义理化史学和考证性史学两种治学路径演变，只不过是在不同时期各有侧重而已。中国传统史学如果完全按照义理化史学道路发展，必然会偏离据事直书的"实录"原则，最终导致政治化和玄学化，丧失自身独立的品格。历史考证学派的史家在批评义理化史学治史虚妄不实的同时，以求真求实的史学意识发覆纠谬，征实考信，开创出"实事求是"的治史学风。如果说宋代史家"实事求是"的考史意识尚未达到普遍自觉程度的话，那么到清代乾嘉时期史家的"实事求是"观念则非唯个别人所特有，而是所有史家普遍的共识。清代实证史学的史家不仅按照这个原则研治古代经史，而且用以评骘当代学者的治史成就。这表明"实事求是"观念已经深深植根于史家的头脑里，影响着他们的治史活动。在这种理性意识的驱使下，历史考证学家本着求实征信和护惜古人的态度考证历史，一扫义理史学家以历史事实屈从儒家名教伦理的空疏不实学风，端正了中国史学的发展方向。传统历史考证学强调史学自身的客观性与真实性，提倡客观实证精神，确立了无征不信的治史原则，从而奠定了历史学向科学方向发展的学术基础，其影响直至近现代而愈显重要。

毋庸讳言，宋元明清时期的传统历史考证学也存在着明显的局限性。这主要表现在考史学家在批判义理化史学趋势的同时，不免矫枉过正，走向另一个极端。乾嘉时期的著名经史学家戴震、钱大昕、王鸣盛等人只是把考据作为阐明其学术宗旨的手段，目的在于揭示儒家学术之道，探究历史盛衰兴亡法则。渐至后来，一些考据末流学者不明其意，把考据手段当成考史目的，陷于孤立和烦琐的考证，出现为考据而考据的流弊。这虽然不是历史考证学发展的主流，但它对传统史学产生的消极影响却是客观存在的，不容忽视。实际上，历史考证只不过是历史研究的手段，而不是最终目的。且不说后人永远不可能穷尽历史的真相，即使考证清楚历史的真相，客观地记载下来，而没有融入史家的思想，构建独立的学术体系，充其量只能是考证史实和汇纂史料，而不是史学著作。这种历史考证学体现的是史家治史的功力，而不等于研究历史的学问。史家只有在具备考证功力，弄清楚真实的历史事实之后，进一步得出对历史发展规律的深刻见解，发前人所未发，对后人有启迪，促进学术和社会进步，这才是历史考证的目的和史家追求的终极目标，是研究历史的学问。历史学强调求真与重视理论是相互联系的，所以治史注重考证与揭示规律也是辩证统一的。历史学强调考证在于认清历史的真相，而揭示规律才能把握历史发展演变的脉络。换句话说，史家只注重考证历史事实而不重视揭示历史发展规律，只是史学的部分功能，而不是全部内涵。倘若仅仅以求真作为治史鹄的，把功力当成学问，历史学只能停留在实证研究的较低层次。在今天看来，历史考证学仅仅是史学的一个组成部分，它只有为揭示历史发展规律服务，才能使中国历史学真正成为科学。当前，史学理论建设仍然是一个极待加强的问题，应当使所有的史学工作者普遍认识到问题的重要性，予以高度重视。只有建立起更加科学和完善的历史学理论体系，才能有效地促进中国史学的发展与繁荣。

第五编

宋代文献研究

《故辽兴军衙内马步军都指挥使韩府君墓志铭》的史学价值

《故辽兴军衙内马步军都指挥使韩府君墓志铭》碑，1964年出土于河北省迁安县沙河驿镇上芦村西北娘娘岗谷坡的墓葬中。碑高41厘米，宽43厘米，于辽圣宗开泰六年勒石。墓主韩相，《辽史》无传。据碑文知其生于辽景宗保宁五年，卒于辽圣宗开泰二年，享年41岁，是辽代契丹化的汉族韩氏家族成员。《墓志铭》文字全部用汉字楷书撰写，共计21行，563字。碑文拓片①如下：

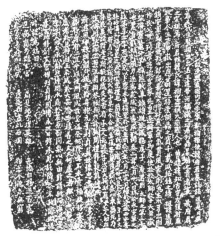

下面参考陈述辑校《全辽文》卷6《韩相墓志铭》②的整理成果，对碑文加以点校，兼作适当的考证，以便能够更准确地理解其内容，并在此基础上作出正确阐释。

　　故辽兴军衙内马步军都指挥使韩府君墓志铭　进士　赵用　撰
　　若夫代生贤相，世出名王，建带河砺岳之功，居列鼎累茵之贵

①　碑刻拓片系河北省迁安市政协宋奎先生惠赠。
②　陈述：《全辽文》，116～117页，北京，中华书局，1982。

者，寔我府君之宗祖焉[1]。府君姓韩氏，讳相，字世栱，大燕国人也。曾祖讳知古，守左仆射，兼政事令。生苻申岳[2]，出应萧星。一时崇调鼎之资，千载盛铭钟之绩。祖讳匡胤，镇安军节度使，判户部阮事[3]，赠太傅。材兼文武，气贯风云。入则为主爪牙[4]，出则作民父母。列考讳琬[5]，字众先[6]，皇辽兴军节度使，捡挍太师[7]。擎天巨岳，架海灵鳌。分茅拥熊轼隼旟，续胤诞凤鶵虎子[8]。府君则太师之第二子也，累有战效于国。方遂为裘，俄然遘疾，以开泰二年七月十八日，终于永安军之私第，享年四十有一。是岁以卜葬未通，权窆于宅。至开泰六年八月二十九日，归于辽城西安喜县砂沟乡福昌里，近太师玄堂，礼也。兰陵夫人萧氏，则府君之母，以追念成疾，府君末葬而薨。府君先娶彭城刘氏，无子，早亡，今合祔焉。复娶兰陵萧氏，疾以奉药，死乃侍丧，莫谐偕老之期，翻抱歼良之苦。有子二人，长曰奴子，次曰大猫[9]，幼；有女二人，幼，在室。俱增怅恋，并洒汍澜。辩琴性无所夸张，问礼辞莫能伸吐。

府君风神竦朗[10]，体皃瑰奇[11]。修身抱元亨利贞，翼世怀忠肃恭懿。多才多艺，有勇有仁。宜乎绍彼门风，成兹堂构。奈何降年不永，景福旋移？寒松虚老于巨材，白玉不成于大器。呜呼！积善之文，又何虚之者欤！

季第入内[12]，左承□制[13]。悲缠闃水，痛轸在原。面同气以无由，对诸孤而宁忍？爰寻吉地，特创玄宫，俾刊贞珉，用传永世。用辞承见托，邻忝不孤，凤暇退辞[14]，谨为铭曰：

选高岗兮辟玄宫，痛厚地兮埋英雄。

色惨白杨迷苦雾，声哀青桧飚悲风[15]。

尘飞劫尽此石固，辉华令德永无穷。

碑文中有几处文字，需要加以疏释和订正。[1] "寔我府君"，即"实我府君"。"寔"同"实"。[2] "生苻申岳"，即"生符申岳"。"苻"、"符"互书。[3] "判户部阮事"，当是"判户部院事"。"阮"为"院"之俗写。[4] "为主爪牙"，《全辽文》作"为王爪牙"。[5] "列考"，即"烈考"。

"列"同"烈"。[6]"众先",《全辽文》作"象先"。[7]"捡挍太师",即"检校太师"。"捡挍"为"检校"之本字。[8]"凤鹑虎子",即"凤雏虎子"。"鹑"为"雏"之或字。[9]"大猗",即"大狗"。"猗"同"狗"。[10]"风神竦朗",《全辽文》作"风神疎朗",不确,当以碑为正。[11]"体皃瑰奇",当是"体皃瑰奇"。"皃"同"貌"。[12]"季第",即"季弟"。"第"为"弟"之本字。[13]"左承□制",碑刻漫漶不清。《全辽文》连上句作"季弟,入内左承制",恐怕不妥。[14]"冈暇退辞",当是"罔暇退辞"。"冈"为"罔"之俗写。[15]"飐悲风",《全辽文》作"飒悲风"。"飐"字碑刻略微漫漶,但"风"旁居左依稀可辨,而"飒"的"风"旁居右,疑《全辽文》误。

《故辽兴军衙内马步军都指挥使韩府君墓志铭》的出土,为研究辽史提供了非常重要的史料,具有较高的史学价值。

第一,填补了《辽史》中记载韩知古家族成员的漏略。

韩知古,蓟州玉田(今属河北省)人。唐朝末年,为耶律阿保机部将述律欲稳俘获,时年6岁。述律欲稳之妹嫁耶律阿保机为妻,韩知古作为媵臣随侍,归附耶律氏家族。一度不得志,逃亡谋生。后因其子韩匡嗣亲近耶律阿保机,韩知古得到重用。辽太祖神册元年,遥授彰武军节度使。辽朝设置汉儿司后,命韩知古"总知汉儿司事,兼主诸国礼仪。时仪法疏阔,知古援据故典,参酌国俗,与汉仪杂就之,使国人易知而行",为汉族和契丹族的文化融合作出了重要贡献,因而成为辽代"佐命功臣之一"①。韩知古之孙韩德让,在辽朝拜相封王,作用更加重要。辽圣宗"统和十九年,赐名德昌。二十二年,赐姓耶律";并且"出宫籍,隶横帐季父房";至"二十八年,复赐名隆运"②。元代史家撰修《辽史》,不仅专门为韩知古和韩德让立传,而且还为韩匡嗣、韩德源、韩德凝、韩德威、韩涤鲁、韩制心6人作附传。据《辽史》记载,韩知古仅有一子韩匡嗣,而韩德源、韩德凝、韩德威、韩涤鲁、韩制心诸人,皆为韩匡嗣宗房一支。通过韩相《墓志铭》的内容,可知韩匡胤也是韩知古之子。另据《韩瑞墓

---

① 《辽史》卷74《韩知古传》。
② 《辽史》卷82《耶律隆运传》。

志》①记载，韩瑞的高祖韩匡献同样是韩知古的儿子。又据《故内客省使检校太傅赠太尉昌黎郡韩公墓志铭并序》碑文②和《大契丹国故宣徽南院使归义军节度沙州管内观察处置等使金紫崇禄大夫检校太尉使持节沙州诸军事沙州刺史□□□□□□□黎郡开国侯食邑一千五百户食实封壹百伍十户韩公墓志铭并序》碑文③，可知韩知古还有一个儿子韩匡美，并且在辽景宗保宁三年正月"辛酉，南京统军使、魏国公韩匡美封邺王"④。统计韩知古家族的成员，除封赠王爵者之外，"其余戚属族人，拜使相者七，任宣猷者九，持节旄、绾符印、宿卫交戟、入侍纳陛者，实倍百人"⑤。由此可见，韩知古及其子嗣已经成为辽朝契丹化的汉族贵族中地位显赫的家族，在辽代历史上扮演着极为重要的角色。《辽史·韩知古传》漏载韩匡胤、韩匡献、韩匡美几房子孙的情况，不能不说是一个严重的失误。

韩相的《墓志铭》中明确记载，其父韩琬为辽兴军节度使，卒赠检校太师。按辽兴军为平州（今河北省卢龙县）军额，韩琬和韩相既为辽兴军节度使和辽兴军衙内马步军都指挥使，说明韩匡胤这一支已经由玉田迁居平州。因此，韩相及其父亲韩琬均葬于平州安喜县（今河北省迁安市）。根据《墓志铭》的记载，可知在韩匡胤这一支中，韩匡胤官居节度使，判户部院事，赠太傅；其子韩琬官居节度使，赠检校太师；韩琬之子韩相官居衙内马步军都指挥使。这进一步说明韩氏家族在辽代盛衰兴亡中，起着举足轻重的作用。韩相《墓志铭》的发现，大大丰富了研究辽代韩知古家族及其在辽朝中所处地位的材料，具有重要的史学价值。

第二，纠正和补充了《辽史》中记载辽代官制的谬误和缺遗。

《辽史》卷47《百官志三·南面朝官》记载："中书省。初名政省事。太祖置官，世宗天禄四年建政事省，兴宗重熙十三年改中书省。"按《辽史》卷19《兴宗纪二》记载，辽兴宗重熙十二年"十二月戊申，改政事省

---

① 向南：《辽代石刻文编》，448页，石家庄，河北教育出版社，1995。

② 陈述：《全辽文》卷5《韩瑜墓志铭》。

③ 陈述：《全辽文》卷6《韩橁墓志铭》。

④ 《辽史》卷8《景宗本纪》。

⑤ 陈述：《全辽文》卷6《韩橁墓志铭》。

为中书省"，与《百官志》记载稍有差异。总的说来，从耶律阿保机建立辽朝到辽兴宗重熙十二三年之间，辽代管理汉族事务的最高行政长官的名称为政事令；此后，随着政事省改名为中书省，政事令也改称中书令。然而，《辽史》卷47《百官志三·南面朝官》却出现"韩知古，天显初为中书令"的记载，名实混乱。按"天显"为辽太祖耶律阿保机的年号，此时不仅没有设置中书省，而且就连政事省也没有设置，韩知古怎么可能官居中书令之职？辽初只有政事令的设置，而《墓志铭》记载韩相"曾祖讳知古，守左仆射兼政事令"，恰好与历史事实相副，可以据此纠正《辽史》记载的谬误。另外，《墓志铭》还记载韩相"祖讳匡胤，镇安军节度使，判户部院事"。按《辽史》卷47《百官志三·六部职名总目》记载辽代南面官系统，朝廷有六部，其中提到吏部尚书刘绩、兵部侍郎王观、工部侍郎李瀚、礼部郎中刘辉、礼部员外郎王景运、虞部郎中崔祐等人。尽管没有户部官员的记载，但六部之中包括户部，应当没有问题。这由《辽史》卷47《百官志三·南面》记载"其始，汉人枢密院兼尚书省，吏、兵、刑有承旨，户、工有主事，中书省兼礼部，别有户部使司"可以得到证实。所谓户部使司，据《辽史》卷48《百官志四·五京诸使职名总目》记载，五京之中有"东京户部使司"，其中的官员设置，于"圣宗太平九年见户部使判官"。可见辽代不论是中央朝廷，还是东京辽阳府，都设置户部机构和官员。韩匡胤所任判户部院事，究竟是中央户部的朝官，还是东京户部使司的京官，难以遽定。从《墓志铭》关于"入则为主爪牙，出则作民父母"的记载来看，"入"应当是指在朝廷任判户部院事，而"出"则应当是在辽东任镇安军节度使。但是，从其结衔"镇安军节度使、判户部院事"的联系来看，也不排除任东京户部使司京官的可能。考镇安军乃同州（今辽宁省辽阳市）军额，恰好隶属于东京辽阳府之下。既然东京设置了户部使司，那么官居镇安军节度使的韩匡胤身兼判东京户部院事，也是顺理成章的事情。尽管如此，但可以肯定的是，无论属于哪个职官系统，都证明辽朝官制中设有判户部院事，而《辽史》只记载户部使判官一职，显然有不少漏略。根据《墓志铭》的记载，可以补充辽代职官的内容。

第三，有助于进一步考察契丹族与汉族的民族融合状况。

契丹族建立国家以后，不但灭掉辽东地区的渤海国，而且占据幽州（今北京市）以北、山海关以南汉族聚居的平州、营州（今河北省昌黎县）地区。此后，不断南下侵扰中原政权管辖的幽州以南地区，直至接受石敬瑭割献的燕云16州。据欧阳修《新五代史》卷72《四夷附录》记载："契丹当〔后唐〕庄宗、明宗时攻陷营、平二州，及已立晋，又得雁门以北幽州节度管内，合一十六州。"而《新五代史》卷8《晋本纪》更具体记载，后晋天福元年十一月，"以幽、涿、蓟、檀、顺、瀛、莫、蔚、朔、云、应、新、妫、儒、武、寰州入于契丹"。欧阳修笼统称之为雁门以北16州，不太准确。据李攸《宋朝事实》卷20《经略幽燕》记载："会石敬瑭叛于河东，遣赵莹、桑维翰等奉使求援，许以得志后割地为献。〔耶律〕德光乃率兵十万，送石敬瑭入洛，册为晋主，名之为子。遂割代北应、朔、寰、云、蔚，及范阳山前幽、蓟、瀛、莫、涿、易、檀、顺，及山后儒、妫、新、武十六州以与之。"按文中所载乃17州，误将未曾割让的易州包括在内。这究竟属于宋人李攸的失误，还是清代四库馆臣从《永乐大典》裒辑《宋朝事实》时混入，已难考证。然而，李攸把后晋赂献契丹的16州区分为代北5州、山前7州和山后4州，则比其他的历史记载更加详细。这有益于我们考察契丹族和汉族经济文化交流的地域类型，进而揭示出民族交往和文化融合的发展趋势。

辽代地域文化的划分，在韩相《墓志铭》中也有反映。赵用称韩相为"大燕国人也"，证明辽人将其统辖的汉族地区称之为大燕国。与此同时，他们又把辽东地区称之为渤海国，本土地区称之为大契丹国，显示出对不同地域类型具有不同的认识。在上述地区中，幽蓟一带的山前7州以至平营2州，乃是联系中原和东北辽境的必经之地，汉族文化与契丹族文化在此相互碰撞更加明显。《墓志铭》中记载韩相的灵柩"归于辽城西安喜县砂沟乡福昌里"，证明幽州以北已经有辽城的存在，形成辽汉杂居的局面。陈述先生指出："永安军即滦州。平州安喜县，太祖以定州安喜县俘户置。志文云归葬于辽城西安喜县砂沟乡福昌里，今此志出土于河北迁安县西南二十五公里上芦村。可知当时此地有辽城，亦如草地之有汉城也。滦州马城及迁安杨买驴城，均表明当地南北接触频繁。"① 从经济基础上看，辽朝管理汉族事务各机构的经费，"以营州之地加幽、蓟之半，用是适足矣"②。可见石敬瑭割让的山前7州和此前失陷的平营2州，对辽代立国具有举足轻重的地位。正因为如此，这一地区的汉族文化中已经受到契丹族文化的熏染，在社会生活的许多方面形成相互渗透的态势。

赵用在《墓志铭》中记载韩相卒后4年"卜葬未通，权窆于宅"，就是辽汉民族文化融合的反映。如果按照中原丧葬风俗来理解，所谓"卜葬未通，权窆于宅"，是因为居丧之家狃于阴阳禁忌之说或家贫无力盛殓，暂时在私家宅第中草草收殓埋葬，等以后时机成熟再按照社会上的习惯礼仪正式殡埋。然而，韩氏家族韩匡胤一支的墓地在辽城西安喜县砂沟乡福昌里，殡埋韩相不存在阴阳禁忌问题；而出身于辽代显宦之家又身为辽兴军衙内马步军都指挥使的韩相，更不至于窘迫到无以下葬的程度。这显然不能用中原汉族的丧葬习俗给予解释。汉族进士赵用之所以这样记载，如果不是因为不了解契丹人的丧葬习俗，就是沿用文人撰写墓志铭的套语而已。实际上，韩相死后数年未葬，正是接受了契丹民族古老的丧葬习惯的体现。契丹人死后，"以其尸置于山树之上，经三年后，乃收其骨而焚之"③。辽朝建国之后，这一风俗虽然作为陋习被革除，但停柩缓葬的习惯却一直延续下来。据史书记载，辽太祖天显元年七月辛巳，"是日，上崩"，至"二年八月丁酉，葬太祖皇帝于祖陵"④，停放十三四个月后入葬。辽太宗大同元年四月"丁丑，崩于栾城"，而"是岁九月壬子朔，葬于凤山"⑤，停放五六个月后入葬。辽世宗天禄五年九月癸亥，"察割反，帝遇弑"，于"应历元年，葬于显州西山"⑥。辽穆宗虽在天禄五年即改元应历，但由应历元年"冬十一月，汉、周、南唐各遣使来吊"⑦ 的记载可知，也是

① 陈述：《全辽文》，117页，北京，中华书局，1982。

② 《辽史》卷47《百官志三·南面》。

③ 李延寿：《北史》卷94《契丹传》。

④ 《辽史》卷2《太祖本纪下》。

⑤ 《辽史》卷4《太宗本纪下》。

⑥ 《辽史》卷5《世宗本纪》。

⑦ 《辽史》卷6《穆宗本纪上》。

停放数月之后入葬。辽穆宗卒于应历十九年二月己巳，"是夜，近侍小哥、盥人花哥、庖人辛古等六人反，帝遇弑，年三十九，庙号穆宗。后附葬怀陵"①，尽管无明确时间记载，但一个"后"字足以说明经过了一段时间之后才入葬。其他如景宗、圣宗、兴宗、道宗、天祚帝的装殓时间，虽无明确的史料记载，然而根据他们取得谥号、庙号的时间往往在卒后数月的事实来判断，也可以看出他们死后并未立即入殓，而是均有一段停柩时间。契丹民族的丧葬习俗，尽管到辽圣宗开泰年间已经立国百年，和中原汉人交往也有相当长久的时间，并且进入封建社会的鼎盛时期，但仍然保留着本民族人死以后停放一段时间然后再下葬的习惯。韩相如此，前文提及的韩橁也是"以[崇熙五年]九月二十五日，橁告薨于宣徽衙之正室。……明年二月十七日，葬公于柳城白虘山之朝阳"②。可见这种缓葬习俗，已由契丹族的中心地带（潢河——土河一带，在今内蒙古东部地区）推及到辽朝南部汉族文化非常深厚的南京地区。这种情况表明，在契丹族发展的历程中，不仅是先进的汉族文化影响了契丹族文化，而且契丹族文化对汉族文化也产生了重要的影响。韩相墓地在迁安市上芦村西北娘娘岗南坡，韩橁墓地在昌黎县柳城白虘山朝阳，与大多数辽墓的葬法相同，反映了辽代居民尚东和崇拜太阳神的习俗。这种丧葬习俗在辽朝南部汉族文化深厚地区的流行，进一步表明了民族融合的趋势更加普遍，为统一多民族国家的发展注入了新的内涵。这从另一个侧面说明，中华文明是各民族人民共同创造的。契丹族在今天已经消亡，然而其历史功绩永远不会磨灭。

①　《辽史》卷 7《穆宗本纪下》。
②　陈述:《全辽文》卷 6《韩橁墓志铭》。

南宋历史文献学的时代特征

南宋时期，历史文献学不但取得显著进步，而且呈现出新的发展趋势。最突出的表现，就是官私书目、金石存录和私修类书的编纂突破了前代固有的著录模式和汇纂体例的局限，极大地拓展了历史文献学的内涵，反映出鲜明的时代特征。

一、辨章学术，考镜源流

汉代刘向、刘歆父子以及班固著录文献，详述某家之学出于某官，确立了"辨章学术，考镜源流"的传统。但是"自汉河平以来，祀历二千，书录之制，不胜枚数。然只记名数者为多，详述谊旨者盖鲜。刘《略》而后，唯唐之《群书四录》，宋之《崇文》、《中兴》，清之《四库提要》，寥寥五作，后先辉映"①。历代正史《经籍志》、《艺文志》著录图书，大多仅仅标录书名、作者和卷数等简单内容，无法考察学术源流。南宋时期，官府和民间都十分重视刻书和藏书，在官私书目撰述和辨析学术源流方面，取得了总结性的成就。

宋孝宗时期撰成的《中兴馆阁书目》，在每一类目之前都有叙释，各书之下都有提要。叙释主要是叙述各类书籍的性质、学术源流以及立目的根据，对于人们认识和了解图书的分类颇有裨益。该书叙释现已不存，但因"其纲例皆仿《崇文总目》"②，尚可藉北宋欧阳修为《崇文总目》撰写的 30 个类目的叙释窥其崖略。例如，他为子部杂家类所作的叙释说："杂家者流，取儒、墨、名、法合而兼之，其言贯穿众说，无所不通。然亦有补于治道，不可废焉。"③ 分别谈到了杂家著作的内容、性质、特点和价

---

① 赵士炜：《中兴馆阁书目辑考·序》。
② 李心传：《建炎以来朝野杂记·甲集》卷 4《中兴馆阁书目》。
③ 欧阳修：《欧阳修全集·崇文总目叙释》。

值，给读者提供了一个简明扼要的阅读指南。提要是对每一部书钩玄撮要，揭示出书中的宗旨和内容，很有参考价值。今从民国年间赵士炜编辑的《中兴馆阁书目辑考》收录的《资治通鉴》提要，尚可见其梗概："《资治通鉴》，本朝司马光撰。公乃删削冗长，举要关国家兴衰、生民休戚、善可为法、恶可为戒者。神宗制序，赐名《资治通鉴》，命经筵进读。公又略举事目，年经国纬，以备检寻，为《目录》；参考群书，评其异同，为《考异》。合三百五十四卷。"① 提要不仅介绍了《资治通鉴》的内容，而且揭示出《资治通鉴目录》和《资治通鉴考异》的性质以及三书之间的相互关系，弥足珍贵。

晁公武撰《郡斋读书志》，采用提要形式著录图书，大多在数十字至几百字之间，具有高度概括性和总结性，显示出作者擅长钩玄撮要的目录学素养。该书序论分明，体例完善。全书有总序，各部有大序（即总论），各类多有小序（衢本 25 类，袁本 9 类）。序文的内容，主要是对于该书分部设目的解释说明。晁公武把总序冠于经部大序之首，简要概述了目录学发展史，交代了其书分部的依据。他说："刘歆始著《七略》，总录群书。……至荀勖更著《新簿》，分为四部。……其后历代所编书目，如王俭、阮孝绪之徒，咸从歆例；谢灵运、任昉之徒，咸从勖例。唐之分经、史、子、集，藏于四库，是亦祖述勖而加详焉。……今公武所录书，史、集居其半，若依《七略》，则多寡不均，故亦分之为四焉。"② 从图书发展趋势和著录书籍的具体情况两方面，言简意赅地讲明了《郡斋读书志》采用四分法的原因，具有提纲挈领、一目了然的效果。经、史、子、集四部大序，晁公武名之为"总论"，单独冠于各部之首，其作用在于对各部所设类目及其学术源流做出解释说明。例如，史部大序简要叙述了各种史书体裁的由来、特点、优劣，并对《隋书·经籍志》以来把纪传体史书视为正史予以推崇而贬抑编年体裁史书的做法提出异议，很有见地。至于各类小序，则是就各类目所著录的图书加以概括说明，并将其置于本类著录的

第一部书提要之下，一并论述。例如，子部五行类著录《广古今五行志》"右窦惟鉴撰。《唐志》有其目，未详何人纂"一句，是作者为该书所作的提要；而接下来"五行变异……故同次之为一类"一段，则是给子部五行类所作的小序。晁公武不仅从学术源流上解释了将葬书、相术、五星、禄命、六壬、遁甲、星禽一类书著录在五行类的原因，而且还谈到了世人何以相信这类书，最后得出对这些东西不可完全迷信的正确结论。像《郡斋读书志》这种序文、书目、提要三者齐备的目录书，体例非常完备，更能有效地发挥辨明学术源流的功能。尤其是把全书总序与第一个部类的大序并在一起，又把各类小序与本类目所著录的首册书提要合为一处的形式，为晁公武所独创，使全书结构层次更加紧凑和分明。

陈振孙撰《直斋书录解题》，全书没有总序，各类之中仅有《语》《孟》、小学、起居注、时令、农家、阴阳家、音乐、诗集、章奏等 9 个类目撰有小序，其余沿袭前人旧例的类目，就不再专门叙述分类之意。陈振孙撰写这些小序的目的，或阐明新创类目的宗旨，或解释变通前人类目的理由，鲜明地体现出作者的创新意识。前者如阐述《语》《孟》类缘起说："前志《孟子》本列于儒家，然赵岐固尝以为则象《论语》矣。自韩文公称孔子传之孟轲，轲死不得其传，天下学者咸曰孔、孟。孟子之书，固非荀、扬以降所可同日语也。今国家设科取士，《语》、《孟》并列为经，而程氏诸儒训解二书，常相表里，故今合为一类。"① 宋代以前的目录书把《孟子》一书和《荀子》、《法言》诸书并列于儒家，自唐代韩愈倡孟子接续儒家道统说之后，《论语》、《孟子》地位大大提高，尤其是南宋南孟学派推尊《孟子》，使之上升到儒家经典之列，出现了大量注释之书。陈振孙根据分类均衡的著录原则单独立类，反映了宋代经学发展的实际情况。后者如解释起居注与诏令分类原由说："《唐志》起居注类，实录、诏令皆附焉。今惟存《穆天子传》及《唐创业起居注》二种，余皆不存。故用《中兴馆阁书目》例，与实录共为一类，而别出诏令。"② 这是陈振孙对

① 陈振孙：《直斋书录解题》卷 3《语孟类序》。
② 陈振孙：《直斋书录解题》卷 4《起居注类序》。

《旧唐书·经籍志》和《新唐书·艺文志》分类作出的变革损益，以便能够更恰当地反映宋代图书存佚的实际情况。其他各类小序内容与此相同，在说明目录分类上较之前人更加细致合理，鲜明地体现了陈振孙目录分类思想的特点和创新之处。

尤袤撰《遂初堂书目》，与晁公武《郡斋读书志》、陈振孙《直斋书录解题》并称南宋三大私家藏书书目，宋元名流毛开、杨万里、魏了翁、陆友等人，皆有序跋。① 全书既不分卷，亦不标经、史、子、集四部次第，然而在分类著录中则暗含四部分类法。本书虽然存在只记书名，不录作者、卷数，而且无提要等缺陷，但也有可取之处，值得称道。第一，立目有创新。例如，史部设立"史学类"，收录《史记正义》、《汉书问答》、《史通》、《五代史纂误》等注释、校勘、考订、评论史书的著作，与记载历史事实的史书分开，表明尤袤对历史著作与史学著作有了明确区分，更加科学和进步。又如，在史部中把宋代以前的图书和宋代图书分别立目，也为目录学上的创举，说明作者比较重视当代学术。再如，子部设立"谱录类"，受到四库馆臣赞赏："其子部别立'谱录'一门，以收《香谱》、《石谱》、《蟹录》之无类可附者，为例最善。"② 可见尤袤并非全部因袭成书，而于继承中蕴涵了创新。第二，注明图书版本。尤袤在著录图书时，于经总类和正史类基本上都注明版本，其他各类也间有注明版本者。例如，经部注明杭本《周易》、旧监本《尚书》、高丽本《尚书》、京本《毛诗》、杭本《公羊传》、江西本《九经》等；史部注明川本《史记》、严州本《史记》、吉州本《前汉书》、越州本《前汉书》、湖北本《前汉书》、旧杭本《三国志》、川本小字《旧唐书》、川本大字《旧唐书》、旧杭本《战国策》、姚氏本《战国策》、遂初先生手校本《战国策》、朱墨本《神宗实录》、绍兴重修《神宗实录》等。此法开后世书目著录版本之先河，对于

---

① 清宣宗道光己酉海山仙馆丛书刻本《遂初堂书目》后有"李太史焘云云"，今人多认为是李焘跋语。其实这段文字是陆友跋尾中张冠李戴，把杨万里的《益斋藏书目序》误记为李焘之言，出现严重失误。详细情况，请参阅罗炳良：《尤袤〈遂初堂书目〉序跋考辨》，载《廊坊师范学院学报》，2007（4）。

② 永瑢：《四库全书总目》卷85《遂初堂书目提要》。

比较版本优劣，校勘文献记载谬误具有重要价值。第三，运用互注之法。由于我国文献分类越来越细，有些内容较为全面的书籍很难归在某一类之中，要全面科学地反映某书的内容，需要把一部书分著在两个或两个以上的类目里。尤袤对此有明确意识，在著录图书中开始运用此法。例如，《汲冢周书》分别著录在《尚书》类和《春秋》类；《皇祐平蛮记》分别著录在本朝故事类和地理类；《石药尔雅》分别著录在医书类和道家类；《文苑英华》分别著录在类书类和总集类等。这种著录方法的优点，非常符合"古人著录，不徒为甲乙部次计。……欲人即类求书，因书究学。至理有互通、书有两用者，未尝不兼收并载，初不以重复为嫌；其于甲乙部次之下，但加互注，以便稽检而已"①。可见《遂初堂书目》的互注之法，在历史文献学史上具有重要价值。

郑樵是南宋著名的目录学家，所撰《通志·校雠略》，继承西汉刘向、刘歆的校书与著录传统，进一步丰富和发展了历史文献学的理论体系。他认为前人的图书分类"《七略》所分，自为苟简；四库所部，无乃荒唐"②，都未臻于完善。郑樵采用十二部分类法依类汇聚书籍，达到按类而求的效果。每类又分为若干小类，小类中再分为若干种。这种三级分类法，是我国目录分类学史上的创举。郑樵特别强调图书分类应当剖析学术源流，"必究本末，上有源流，下有沿袭，故学者亦易学，求者亦易求"③，以达到"类例既分，学术自明，以其先后本末具在"，"睹其书可以知其学之源流"④的目的。因此，他提出图书著录的几项原则：一为"以人类书"的原则，即以书名为主，而标注作者于其下；二忌"见名不见书"、"看前不看后"的原则，即不能望文生义，必须核实原书内容；三忌"失其名帙"，即编次不能失载，遗漏任何书籍；四为"编次必记亡书"，既能够全面反映历史文献面貌，又能够为后世提供求书线索。郑樵提出的历史文献分类、著录、探源等原则，在文献学理论上达到很高水平，对我国目录学发

① 章学诚：《校雠通义》卷1《互注》。
② 郑樵：《通志》卷71《校雠略·编次必谨类例论六篇》。
③ 郑樵：《通志》卷71《校雠略·编次必记亡书论三篇》。
④ 郑樵：《通志》卷71《校雠略·编次必谨类例论六篇》。

展和完善意义非常重大。

宋代私人编纂的类书，影响最大的是王应麟的《玉海》。《玉海》著录图书，非常注重辨析学术源流。例如，正史类目小序说："历代国史，其流出于《春秋》。刘歆叙《七略》，王俭撰《七志》，《史记》以下皆附《春秋》。荀勖分四部，《史记》、旧事入丙部。阮孝绪《七录》，记传录记史传。由是经与史分。编年、纪传，各有所长。编年所载，于一国治乱之事为详；纪传所载，一人善恶之迹为详。编年其来最古，而人皆以纪传便于披阅，号为正史。"① 尤其需要指出的是，它还具有与其他类书体例显著不同的特征。一般的目录书或正史《经籍志》、《艺文志》著录图书，在形式上多以一书为单元，内容只是揭出书名、作者、卷数、版本，有的撰有提要、考辨，比较单一。王应麟突破以一书为单元的限制，采用以编题为一个完整著录条目的方法，内容大大拓展。他在"汉史记"这个编题之内，先著录《汉书·司马迁传》，以明《史记》撰述过程；接下来引《汉书·艺文志》，著录"十篇有录无书"和"冯商所续《太史公》七篇"；又引《隋书》、两《唐书》经籍、艺文各志，著录所载《史记》卷数和三家注卷数，以及窦祥撰《史记名臣疏》34 卷，王玄感、徐坚、李镇、陈伯宣注韩琬《续史记》130 卷，葛洪《史记抄》14 卷；再引裴骃、司马贞、张守节诸序；最后引刘知几、晁公武、吕祖谦评论《史记》之言，作为本题结尾。可见王应麟著录图书，是把该书目录和与之相关的重要文献有机结合在一起，给人们提供了完整的史籍编纂与流传脉络，达到了"门各以年代之先后为次，源流分合，了若指掌"② 的效果。这种做法在著录图书上是一个创举，有力地促进了目录学向辨析学术源流方面发展。

二、剖析是非，评论得失

南宋是宋学繁荣并占居学术主流地位的时代，宋学好议论的学风，在历

---

① 王应麟：《玉海》卷 46《艺文·正史序》。

② 王应麟：《玉海》卷首载李振裕：《补刻玉海序》。

北京师范大学史学探索丛书

史文献学领域同样显露出来。正如晁公武所言："前世史部中有史钞类，而集部中有文史类。今世抄节之学不行，而论说者为多，故自文史类内摘出论史者为史评，附史部，而废史钞云。"① 这说明由于宋代史学风气由以前的节抄隐括转变为注重评论，所以目录分类也应该根据史学发展趋势加以变化，给予"史评类"书籍独立存在的地位。史学评论在南宋时期有了突出的发展，表明宋代历史文献学家注重评论的意识进一步增强。著录史籍与评论史籍有机结合，成为南宋历史文献学发展成熟和拓宽领域的又一显著标志。

晁公武《郡斋读书志》对于时代较近而人所习见的当代人著作仅作简单的提示，略述作者、时代及其内容而已。例如，史部杂家类著录《温公纪闻》说："右皇朝司马光撰，记宾客所谈祖宗朝及当时杂事。"② 由于这类著作为时人所熟悉，故不予详细介绍。而对于自己家族人著作、不赞同的著作、需要考证的著作，大都详细分析与评价，或详载其作者的名讳、家世、学术渊源，或指摘其著作内容的是非得失，或考辨其著述源流及掌故始末。例如，经部礼类著录《新经周礼义》，既谈到《周礼》一书的发展流变，考察其学术价值；又对王安石注疏作出批评和指摘，表达自己的学术倾向。这类提要尽管存在失于客观评价的弊端，但所作评析对于了解该书作者及其内容，提供了比较详细的情况，具有鲜明的特点和价值。

陈振孙《直斋书录解题》的文献评论价值，主要表现在两方面。第一，"解题"的评论形式灵活，具有独创性。如果把《直斋书录解题》和《四库全书总目提要》相互比较，就可以看出"提要"主要是全面概述和整体评介一书的内容，而"解题"大多侧重某一方面，不要求面面俱到。有的是评价作者的高下，如表彰司马迁诸人创新体裁的功绩说："窃尝谓著书立言，述旧易，作古难。《六艺》之后，有四人焉。撫实而有文采者，左氏也；凭虚而有理致者，庄子也；屈原变《国风》、《雅》、《颂》而为《离骚》；及子长易编年而为纪传。皆前未有其比，后可以为法，非豪杰特起之士，其孰能之？"③ 还有的是评论书籍的优劣，如评论《东都事略》

---

① 晁公武：《郡斋读书志》卷 7《史部·史评类》。

② 晁公武：《郡斋读书志》卷 6《史部·杂史类》。

③ 陈振孙：《直斋书录解题》卷 4《正史类·史记》。

说："承议郎、知龙州眉山王偁季平撰。其书纪、传、附录略具体，但无志耳。附录用《五代史》例也。……其所纪太简略，未得为全善。"① 又如评价《江湖集》说："临安书坊所刻本，取中兴以来江湖之士以诗驰誉者。而方惟深子通承平人物，晁公武子止尝为从官，乃亦在其中。其余亦未免玉石兰艾，混淆杂遝。然而士之不能自暴白于世者，或赖此以有传。书坊巧为射利，未可以责备也。"② 上述评论的价值在于阐幽表微，辨析得失，充分体现了"解题"这一著录体例内容宽泛、形式灵活的独到之处。第二，以"解题"寓含学术宗旨，反映出作者的思想旨趣。陈振孙治学以经为主，而兼及史学，对经史之学有很深的造诣。他论汉魏以来的《易》学发展趋势说："自汉以来，言《易》者多溺于象占之学，至〔王〕弼始一切扫去，畅以义理，于是天下后世宗之，余家尽废。然王弼好老氏，魏晋谈玄，自弼辈倡之。《易》有圣人之道四焉，去三存一，于道阙矣；况其所谓辞者，又杂以异端之说乎！范宁谓其罪深于桀、纣，诚有以也。"③ 对经学的发展源流及其利弊得失了如指掌，议论得当。陈振孙于史学留意姓氏之学，尝谓"自五胡乱华，百宗荡析，夷夏之裔，与夫冠冕舆台之子孙，混为一取，不可遽知，此周齐以来谱牒之学，所以贵于世也欤"④，对氏族之学予以特别重视。他还重视史学义例的研究，对唐人温大雅所撰《大唐创业起居注》记载唐高祖李渊即位不受九锡之文予以表彰说："愚尝书其后曰：《新史》称'除隋之乱，比迹汤、武。'汤、武未易比也，唐之受命，正与汉高帝等尔。其不受九锡，足以扫除魏晋以来欺天罔人之态；而犹不免曰受隋禅者，乃以尊立代王之故，曾不若'以子婴属吏'之为明白洞达也。"⑤ 认为《新唐书》固然比拟不伦，而《大唐创业起居注》书法亦不如《史记》、《汉书》等明晰通畅。当然，陈振孙在学术上遵奉程、朱，排斥王安石学术，评价难免存在门户之见，造成议论褒贬失实。这是

北京师范大学史学探索丛书

---

① 陈振孙：《直斋书录解题》卷4《别史类·东都事略》。
② 陈振孙：《直斋书录解题》卷15《总集类·江湖集》。
③ 陈振孙：《直斋书录解题》卷1《易类·周易注》。
④ 陈振孙：《直斋书录解题》卷8《谱牒类·姓源韵谱》。
⑤ 陈振孙：《直斋书录解题》卷4《起居注类·大唐创业起居注》。

其自身存在的历史局限性，毋庸讳言。

南宋学者潘自牧编纂的《记纂渊海》，是《玉海》之外又一部突破旧类书体制的成名之作。他指出："前辈类书专于记事提要者洋矣，而纂言钩玄尚有未满人意，遂使观者如循一辙之迹，若守一隅之指，拘系牵连，往往凝滞于事实之内，而不能推移变化于言意之表，此《记纂》之作非得已而不已者欤！"① 说明作者对类书的功能有了新的认识，不仅要达到习掌故而资谈助的目的，更要通过编辑言论而使读者产生联想憬悟，发挥思想教化功能。这的确是对类书提出了更高的要求，大大突破了旧的模式。《记纂渊海》各部所辖门类多寡不一，其议论部最多，共计 249 门；而著述部最少，只有 7 门。究其原因，是该书宗旨在于详备纂言，不主纪事，体现出不同于其他类书的特征。本书在各门之下，按经、子、史、传记、集、本朝顺序，征引著录有关资料。其目的不是要通过这些资料阐释该门的内涵，而是要说明诸书中的记载都可用此门的标题加以概括。例如，在"小不足以知大"一门，潘自牧著录材料的次序是：经书引《论语》"公山弗扰以费畔召，子欲往，子路不悦"和"子见南子，子路不悦"两条史料；子书引《孟子》"君子之所为，众人固不识也"和《列子》"智者之言，固非愚者之所晓"以及《庄子》、《荀子》、《淮南子》等史料；史书引《史记·陈涉世家》"燕雀安知鸿鹄之志哉"以及《汉书》、《后汉书》、《资治通鉴》、《韩诗外传》、《山海经序》等史料；集部书引《文选·宋玉对楚王问》、郭璞《游仙诗》与《放歌行》、李白《大鹏赋》、刘禹锡《唐故衡州刺史吕君集序》、韩愈《原道》等史料；本朝则引王安石"蜉蝣蔽朝夕，蟪蛄知春秋"、"蠛蠓何足知天高"和苏轼"鹦疑鹏万里，蚿笑夔一足"② 等诗句，依次排列，说明器识志量狭小的人不足以了解志向前程远大的人。《记纂渊海》以记言为主，较好地体现了作者惩戒旧体类书注重纪事而忽视载言的宗旨，成为我国古代最早的名言警句分类汇编，在古代类书中独辟蹊径，别具一格。

章如愚撰《山堂考索》，原为 10 集，每集 10 卷，共计 100 卷。此书经后人

---

① 潘自牧：《记纂渊海·序》。

② 潘自牧：《记纂渊海》卷 15《议论部》。

增补，大大超出宋本卷数，总合前集、后集、续集、别集为 212 卷，46 门。①
其体例是各门之下分类，如前集文章门分为赋类、诗类、文章缘起类、评文
类、评诗类、讲说类等；类下再分子目，如前集六经门的《书》类分为书学
传授之图、尚书始末、尚书三说、洛书、孔子定书、汉今文尚书、汉古文尚
书、唐今文尚书、书断自唐虞、书终于秦誓、伏生大传等目。此书立目和著
录材料具有两大特点：第一，各类之中按照时间顺序详列历代典章制度和重
要事实。前代类书引文大都偏重于闲扯掌故，用广异闻。而《山堂考索》却
意在搜罗史实，脉络清晰。如前集礼门的朝仪类，其子目顺序是历代朝会、
夏朝礼、周朝仪、汉朝仪、后汉朝仪、汉德阳殿朝贺、月朔首朝仪、汉朝堂
上寿、唐朝仪、太极殿朝集、千秋节朝贺、宋朝仪等内容，简明扼要地勾画
出从夏朝到宋代的朝仪规制，历史事实十分清楚。又如同门的明堂类，首先
详录历代明堂制度，其次叙述汉武帝、魏明帝、晋武帝直至宋宁宗时期的历
代祭享情况，最后以总说明堂作结尾，脉络层次清晰，事实首尾完整，远非
前代类书所能比拟。第二，各类之中的立目与取材，既注重事实可靠，又注
重评论得失。如前集诸史门的《史记》类，首先征引《太史公自序》以明作
史宗旨，然后分列纪、书、表、世家 4 个子目阐述《史记》的体例，接着详
载诸家论《史记》得失，最后列出张守节《正义序》、司马贞《索隐》、《史
记》音义集解、刘伯庄《音义》、司马贞《补史记》、苏辙《古史》、裴骃
《集解》各目。一方面，著录历代研究《史记》的资料，另一方面，评论
《史记》的得失，把著录文献和评价褒贬相互结合起来，这是通常意义上的
类书所不具备的内涵，展现出宋代类书注重评论的时代特征。

三、辑佚补缺，考证谬误

宋代是中国传统考证学发展史上一个极为重要的时期，而对于历史文

---

① 此处门类统计数目据《四库全书总目》卷 135《山堂考索提要》。由于元明清
三代《山堂考索》刻本较多，其标目分合存在显著差异，故研究者言及该书的分类名称
和门类数目时，很不一致。有关这方面的研究，参阅李伟国：《〈山堂考索〉的作者和版
本》，载《文献》总第 22 辑，北京，书目文献出版社，1984。

献的考证，成绩尤为显著。特别到南宋时期成就更加突出，不仅具有承前启后的作用，而且标志着宋代历史考证学的形成。清人赵翼评价说："考古之学，至南宋最精博，如郑樵、李焘、王应麟、马贵与等是也。"① 这一学术趋势反映在历史文献学上，就是南宋学者编著的目录书籍和类书大都自觉重视辑佚补缺、考异纠谬，不但对历史文献的收集、整理和保存起到了重要作用，大大拓宽了历史文献学的范围和内容，同时也成为一个极其鲜明的时代特征。

晁公武《郡斋读书志》所著录的各类书籍，都是在亲自阅读和校雠的基础上撰写成书，所以介绍的各书书名、篇目、卷数、编录、流传，包括迻录的有关序跋，皆有据依，真实可信。他撰写的书目提要，凡其作者在正史有传则不叙录，如其人史书没有记载或行事散佚，则多方钩稽史料，予以补辑。因此，《郡斋读书志》所介绍的作者生平事迹、成书过程、学术渊源，以及前代目录书著录的情况，皆来源于当时所见的史传、文集；其中涉及的有关典章制度、掌故轶事、风俗谣谚等等，也多出于作者耳闻目睹，具有较大的真实可靠性。例如，子部儒家类著录《阮逸注中说》，通过钩稽资料，对王通生平事迹详加考证，指出该书记载的王通与李德林、关朗、薛道衡交往均不属实，从而证明所谓唐初宰相房玄龄、杜如晦、魏征诸人皆出自王通门人之说，也是子虚乌有。尤其可贵的是，晁公武考证诸人生平及撰述所依据的原始资料，如唐《开元四库书目》、唐宋两代历帝实录、宋代历朝国史等，今皆不传，赖《郡斋读书志》征引，后人可以借此见其梗概。从《郡斋读书志》全书来看，尽管也存在一些疏略舛误，如《广古今五行志》提要所谓"《唐志》有其目，未详何人纂"，按《新唐书·艺文志》明载撰人是窦维鋈，乃晁公武疏于检核；然而绝大多数都实事求是，务求准确。晁公武著录图书，凡原本未题作者之名，又无法弄清楚的，皆如实记录。例如，史部杂史类著录《英宗朝诸臣传》提要说："右不知何人于英庙《实录》中摘出，凡四十二人。"② 凡原书题有撰

---

① 赵翼：《廿二史札记》卷 24《宋初考古之学》。

② 晁公武：《郡斋读书志》卷 6《史部·杂史类》。

人姓名，但疑异不定，或诸说并存，遽难取舍，皆为全面著录，并予以进一步阐说。例如，子部兵家类著录《李卫公问对》提要说："右唐李靖对太宗问兵事。史臣谓李靖兵法，世无完书，略见于《通典》。今《对问》出于阮逸家，或云逸因杜氏附益之。"① 又如，子部五行类著录《灵棋经》提要说："右汉东方朔撰。又云张良、刘安，未知孰是。晋颜幼明、宋何承天注。有唐李远序。归来子以为黄石公书，岂即以授良者耶？按《南史》载'客从南来，遗我良财，宝货珠玑，金椀玉杯'之遥，则古之遗书也明矣。"② 这种存疑态度，既表明对待历史文献求真的品德，又为后人进一步研究问题提供了线索。清人汪世钟评价说："昭德先生《郡斋读书志》，雠校舛误，撮论大旨，与陈氏《直斋书录解题》同为目录之冠。"③ 近代王先谦更明确地说："私家簿录，合前代载籍而汇辑之，有以考证其存佚，所系甚重。且史志仅列书目，不若簿录家阐明指要，并其人姓、字、里居、生平事迹，展卷粲列，资学者博识尤多。自宋晁子止创为此学，陈氏振孙继之，并为后儒宗仰，而晁氏尤冠绝。"④ 可见《郡斋读书志》在我国古代历史文献学领域，发挥了重要的征实考据作用。

陈振孙所作《直斋书录解题》，也很注重考异纠谬，辑佚存疑。例如，论《古文尚书》真伪说："两汉名儒，皆未尝实见孔氏古文也。岂惟两汉，魏晋犹然。……然则马、郑所解，岂真古文哉？……夫以孔注历汉末无传，晋初犹得存者，虽不列学官，而散在民间故耶？然终有可疑者，余尝辨之。"⑤ 有的是考辨作者身份，如针对《中兴遗史》的作者考证说："从义郎赵甡之撰。……及观其记张浚攻濠州一段，自称姓名曰开封张鉴。然则此书鉴为之，而甡之窃以为己有也。或曰鉴即甡之妇翁，未知信否？"⑥ 可见作者继承了前贤著录文献多闻阙疑的传统，具有注重征实的明确意识。

① 晁公武：《郡斋读书志》卷 14《子部·兵家类》。
② 晁公武：《郡斋读书志》卷 14《子部·五行类》。
③ 汪士钟：《艺芸书舍刊本〈郡斋读书志〉跋》。
④ 王先谦：《思贤精舍刊本〈郡斋读书志〉序》。
⑤ 陈振孙：《直斋书录解题》卷 2《书类·尚书注》。
⑥ 陈振孙：《直斋书录解题》卷 4《编年类·中兴遗史》。

郑樵和赵明诚对金石碑刻的著录与认识，大大拓宽了历史文献学著录和研究的范围，具有极其重要的考史价值。郑樵认为："今之方册所传者，已经数千万传之后，其去亲承之道远矣。惟有金石所以垂不朽，今列而为《略》，庶几式瞻之道犹存焉。"① 他还指出："三代而上，惟勒鼎彝。秦人始大其制，而用石鼓。始皇欲详其文，而用丰碑。自秦迄今，惟用石刻。散佚无纪，可为太息，故作《金石略》。"② 郑樵对于金石著录分类、时代的理论认识，具有开创性的价值。赵明诚自幼酷嗜金石，鉴于欧阳修所撰《集古录》著录内容缺漏、岁月失次等缺陷，积 20 年访求蓄藏之功，撰成《金石录》。他说："余之致力于斯，可谓勤且久矣，非特区区为玩好之具而已也。盖窃尝以谓《诗》、《书》以后，君臣行事之迹悉载于史，虽是非褒贬出于秉笔者私意，或失其实；然至于善恶大节有不可诬，而又传诸既久，理当依据。若夫岁月、地理、官爵、世次，以金石刻考之，其抵牾十常三四。盖史牒出于后人之手，不能无失；而刻词当时所立，可信不疑。"③ 这段话深刻阐释了著录金石刻词对于历史文献学的价值，具有非常鲜明的理论意义。

江少虞所纂《宋朝事实类苑》，从宋代官修史籍和诸家文集、笔记中广泛搜集朝野事迹，将大量资料按类汇编在一起，成为一部著名的分门别类排列史事的类书，文献价值很高。作者纂录此书，具有自觉的以书存史意识。他以搜集和保存史料为宗旨，查阅宋代五六十种官修史籍和私家著述，选取资料照录原文，不作取舍，保存了大量的原始资料，以资后人借鉴。其中半数以上已经失传，官修史籍如《三朝圣政录》、《两朝宝训》、《三朝训鉴》、《元丰圣训》、《熙宁奏对》，私人撰述如范镇的《国朝事始》、罗畸的《蓬山志》、钱惟演的《金坡遗事》、杨亿的《杨文公谈苑》、张师正的《倦游杂录》以及《名贤诗话》、《三山居诗话》、《刘真之诗话》、《李学士丛谈》诸书，幸赖《宋朝事实类苑》多处征引，许多内容得以保存下来，为研究北宋的政治体制、社会风俗、文化艺术、中外关系各方面内容，提供了丰富的材料。至于书中引用的流传至今的书籍，由于江少虞所

---

① 郑樵：《通志》卷 73《金石略序》。
② 同上书。
③ 赵明诚：《金石录·序》。

据为宋代版本，比后世流传之书更为真实，不仅可以校正传世之书在反复传抄刊刻过程中出现的各种谬误，而且可以补充后人删改和脱漏的文字，恢复前人之书的原貌。例如，他征引司马光《涑水纪闻》、王辟之《渑水燕谈录》等书，引文多为今本所无，或今本脱误较为严重，在校勘方面具有重要的文献价值。清人评价江少虞的成就说：

> 宋代朝野事迹见于诸家记录者甚多，而畔散不属，难于稽考，因为选择类次之，分二十二门，各以四字标题。曰祖宗圣训、君臣知遇、名臣事迹、德量智识、顾问奏对、忠言谠论、典礼音律、官政治绩、衣冠盛事、官职仪制、词翰书籍、典故沿革、诗赋歌咏、文章四六、旷达隐逸、仙释僧道、休祥梦兆、占相医药、书画技艺、忠孝节义、将相才略、知人荐举、广知博识、风俗杂记。①

以上表述有几处错误：一是"诗赋歌咏"当依正文作"诗歌赋咏"；二是"将相才略"当依正文作"将帅才略"；三是"二十二门"应为"二十四门"。然而，江少虞在宋高宗绍兴十五年所作之序，称其书将"圣谟神训，朝事典物，与夫勋名贤达前言往行，艺术仙释神怪之事，夷狄风俗之殊，纤悉备有，厘为二十八门"②。此序为江少虞原编 78 卷本书序，被后人误置于 63 卷之首。按 78 卷本前 62 卷分门与《四库全书》收录的 63 卷本完全相同，均为 24 门；后 16 卷内容分为谈谐戏谑、神异幽怪、诈妄谬误、安边御寇 4 门，正合 28 门之数。后代学者论及此书，大多认同 24 类分门之说，而不承认分为 28 门，未免有失偏颇，③ 应当给予全面认识。

---

① 永瑢：《四库全书总目》卷 123《事实类苑提要》。

② 此序刊于文渊阁《四库全书》本《事实类苑》卷首。

③ 清代四库馆臣认为江少虞"自序作二十八门，盖传录之讹也"，乃是未见 78 卷本之缘故。至于上海古籍出版社 1981 年依据 78 卷本整理出版的《宋朝事实类苑·出版说明》中说"全书分为 24 门（自序作二十八门，恐系笔误）"，则殊不可解。事实上，此书 63 卷本分为 24 门，78 卷本分为 28 门，作者自序并不存在"传录之讹"或者"恐系笔误"的问题。有关这方面研究，请参阅李伟国：《江少虞〈皇宋类苑〉》，载《艺文志》，第 3 辑，太原，山西人民出版社，1985；王瑞来：《〈宋朝事实类苑〉杂考》，载《古籍整理研究学刊》，1990（5）。

北京师范大学史学探索丛书

章如愚《山堂考索》与历代类书相比有一个最大特点，就是对所列史料加以考释。这在宋代类书中，也很有创造性。其最突出的表现是博采众家，考据精详，著录文献不仅考求其成书始末，而且考证后人研究利弊得失及其版本真伪，同时还对历代典章制度的内容加以考订，把著录文献和考证文献结合起来。清代四库馆臣对此给予高度评价，指出：

> 宋自南渡以后，通儒尊性命而薄事功，文士尚议论而鲜考证。如愚是编，独以《考索》为名，言必有征，事必有据，博采诸家，而折中以己意，不但淹通掌故，亦颇以经世为心。在讲学之家，尚有实际。惟其书卷帙浩繁，又四集不作于一时，不免有重复抵牾之处。……皆前后抵牾，疏于抉择。然大致网罗繁富，考据亦多所心得，在宋人著述之中，较《通考》虽体例稍杂，而优于释经；较《玉海》虽博赡不及，而详于时政；较《黄氏日抄》，则条目独明；较吕氏《制度详说》，则源流为备。前人称苏轼之诗如武库之兵，利钝互陈。如愚是编，亦可以当斯目矣。①

初看起来，好像这个评价是说《山堂考索》得失参半，利弊均等，但其主导思想却是肯定该书的价值。清人所说的编辑内容"重复抵牾"、"疏于抉择"，不应当归咎章如愚。因为今天传世的 212 卷本《山堂考索》，是经过宋人吕中增补的本子，其中前集和后集基本上是章如愚的原书，两集之间重复抵牾内容极少，而与两集重复抵牾最多的续集和别集，皆由增补者厘定不清所致，所以这个责任不应该由章如愚承担。相反，四库馆臣把《山堂考索》和享誉学林的《文献通考》、《玉海》、《黄氏日抄》、《历代制度详说》相提并论，而且指出章如愚在"优于释经"、"详于时政"、"条目独明"、"源流为备"等方面相对于各家亦有一日之长，可以证明对《山堂考索》的倾向，从总的方面来看是予以肯定。在今天看来，《山堂考索》在编纂体例上既保存了传统类书的形式，又为古代类书的编纂注入了新的要素，融汇了文献考订和事实考证内容，呈现出由汉唐时期分类著录式撰述体制向清代刊误纠谬式撰述体制过渡的形态，具有承上启下的学术价值。

---

① 永瑢：《四库全书总目》卷 135《山堂考索提要》。

关于《通鉴纪事本末》研究中的两个问题

　　宋代史家袁枢撰《通鉴纪事本末》，开创了中国传统历史编纂学中的纪事本末体裁，打破了唐宋以前数百年间编年、纪传二种体裁相互争衡、徘徊不前的局面，使中国古代史学发展到一个新阶段。从《通鉴纪事本末》成书到现在的 800 多年中，历代学者对此书非常重视，积累了丰富的研究成果。然而，其中也存在一些问题，需要予以辨正或重新认识。笔者不揣浅陋，打算对纪事本末体裁形成的时间和《通鉴纪事本末》的学术价值谈点粗浅的看法。

北京师范大学史学探索丛书

一

　　史书体裁不单纯是编纂形式问题，也与它所反映的客观历史事实密切相关。历史事实丰富多彩，决定着史书体裁多种多样，各种体裁之间既有区别，又相互联系，相互包容，很难截然划分开来。就史书体裁的主要方面来看，编年体以时间为主，纪传体以人物为主，典制体以制度为主，纪事本末体以事件为主。史家修史以事件为中心，标志着纪事本末体裁正式形成，这个评价标准已为学界所公认。历代史家都认为袁枢的《通鉴纪事本末》是以事件为中心的史书，首先开创了纪事本末体裁。然而，近年来出现不同意见。吕志毅先生虽然也承认《通鉴纪事本末》"产生了以事为中心的历史编纂新体例"，但同时又说："早在北魏时，元晖集其门客崔鸿等撰成《科录》，其叙事'以类相从'（《魏书·宗室传》），说明以事为纲的历史编纂形式，早在五世纪便已初具规模。然其书早佚，不为世人深知。"① 稍后，傅玉璋先生又进一步指出纪事本末体裁始于隋王劭、宋徐梦莘，而"袁枢发展了王劭、徐梦莘体裁"：

---

① 　吕志毅：《论我国古代历史编纂学》，载《河北大学学报》，1983（4）。

隋王劭别出心裁，创造了纪事本末的体裁。《史通·古今正史篇》说："开皇、仁寿时，王劭为书（即《隋书》）八十卷，以类相从，定其篇目。至于编年、纪传，并阙其体。"其书既以类相从，又非"二体"，是纪事本末之创体，应为《通鉴纪事本末》之先河。宋人徐梦莘尝网罗旧闻，荟粹同异，上起政和七年（公元 1117 年）海上之盟，下至绍兴三十一年（公元 1161 年），将四十五年之事迹，编成《三朝北盟会编》二百五十卷。凡敕制、诰诏、国书、书疏、奏议、记序、碑志，登载无遗。征引皆录原文，无所去取，亦无论断。《四库全书总目》列入纪事本末类。而王劭《隋书》为纪事本末的体裁，也是可以肯定的。①

以上二家之言，有几点值得提出商榷。

（一）吕文和傅文认为元晖《科录》和王劭《隋书》纪事"以类相从"，断言二书是纪事本末体裁。这就提出一个问题：史书"以类相从"的编纂形式是否以事件为主，首尾完整地反映出历史事件全过程？对此，需要作具体分析。从史书编纂体例来看，"以类相从"的纪事形式不论编年体，还是纪传体，乃至典制体史书中都存在，不是纪事本末体史书所独有。编年体如袁宏《后汉纪》的编纂方法是"言行趣舍，各以类书"②；纪传体如脱脱《宋史》等书的编纂方法是"人臣有大功者，虽父子各传，余以类相从，或数人共一传"③；典制体如杜佑《通典》的编纂方法是"每事以类相从，举其始终"④。从纪事表现形式上看，有些史事通过"以类相从"，可以显示出事件始末。如《左传·文公十一年》记载鲁伐鄋瞒，连类列举出宋、晋、齐、卫五国对鄋瞒的打击，展现出这个部族灭亡的全过程，表现为纪事本末形式。但在更多的情况下，类举史实并不表现为完整的事件，反映不出历史发展全过程，而只能说明某种史事或现象的普遍

① 傅玉璋：《隋代史学家王劭的〈齐志〉与〈隋书〉》，载《安徽史学》，1984（2）。
② 袁宏：《后汉纪·序》。
③ 《辽史》附录《三史凡例》。
④ 杜佑：《通典·序》。

性。例如，顾炎武《日知录》和赵翼《廿二史札记》考史大多用"以类相从"的方法列举史实，得出规律性的认识。又如，正史中《史记》"儒林、循吏、酷吏、刺客、游侠、佞幸、滑稽、日者、龟策、货殖等，又别立名目，以类相从"①。《后汉书》"循吏、酷吏、宦者、儒林、文苑、独行、方术、逸民、外戚等传，各以类相从矣。……又有不拘时代，而各就其人之生平，以类相从者"②。这种"以类相从"排比史事的形式，就不属于纪事本末体裁。所以，"以类相从"的编纂形式只是一种史书体例，任何体裁的史书中都可以使用，不能把它作为评价纪事本末体裁形成的唯一标准。

《科录》是北魏常山王元遵曾孙元晖命史家崔鸿等人编修的一部通史，早已失传。据《魏书》记载："晖颇爱文学，招集儒士崔鸿等撰录百家要事，以类相从，名为《科录》，凡二百七十卷，上起伏羲，迄于晋宋，凡十四代。"③ 唐代史家刘知几也说："元魏济阴王晖业，又著《科录》二百七十卷，其断限亦起自上古，而终于宋年，其编次多依仿《通史》，而取其行事尤相似者，共为一科，故以《科录》为号。"④ 刘知几虽因疏忽而把本书作者张冠李戴，但所述事实不错。由上述史料中可以得出 3 点认识。第一，《科录》和梁武帝敕群臣修撰的《通史》性质相同，都是记载上古至南朝刘宋史事的通史，所以刘知几把它们归入《史记》家。第二，刘知几说《通史》纪事"上下通达，臭味相依"⑤，即把古今同类史事按类编排。《科录》既然效法《通史》，那么它的"以类相从"也是把历代"行事尤相似者"的人物和事件汇编在一起，不可能表现为一个个完整的事件，形成纪事本末形式。第三，《科录》和《通史》只是改编旧史，缺乏创新，纪事"芜累尤深，遂使学者宁习本书，而怠窥新录"⑥。因而社会影响不大，很快被历史所淘汰，与后来的纪事本末体裁的价值与影响，不啻天壤之别！所以，清代史家章学诚不同意把《科录》与《史记》相提并论。他

① 赵翼：《廿二史札记》卷 1《各史例目异同》。
② 赵翼：《廿二史札记》卷 4《后汉书编次订正》。
③ 魏收：《魏书》卷 15《昭成子孙列传》。
④ 刘知几：《史通·六家》。
⑤ 同上书。
⑥ 同上书。

说："考《科录》乃常山王尊曾孙晖所为，《魏书》本传谓'撰录百家要事，以类相从'，则是类比之书，并无著作深意，当与《高氏小史》之类，并入史纂，不可以入通史。"①

再看王劭的《隋书》。王劭是隋代史家，典国史近 20 年，撰有《齐志》、《隋书》等，现已失传。《齐志》成就较高，而《隋书》则多被人指责。唐初史家认为："劭在著作将二十年，专典国史，撰《隋书》八十卷，多录口敕，又采迂怪不经之语，及委巷之言，以类相从，为其题目，辞义繁杂，无足称者，遂使隋代文武名臣列将善恶之迹湮没无闻。"② 刘知几也认为王劭不识修史大体："夫所谓直笔者，不掩恶，不虚美，书之有益于褒贬，不书无损于劝诫，但举其宏纲，存其大体而已，非谓丝毫必录，琐细无遗者也。如宋孝王、王劭之徒，其所记也，喜论人帷簿不修，言貌鄙事，讦以为直，吾无取焉。"③ 他还进一步说到《隋书》的体例："隋秘书监太原王劭，又录开皇、仁寿时事，编而次之，以类相从，各为其目，勒成《隋书》八十卷。寻其义例，皆准《尚书》。……观其所述，乃似孔子《家语》，临川《世说》。"④ 从以上材料中可以得出两点认识。第一，王劭虽然长期负责修史，但因害怕触犯隋代统治者的忌讳，只是把朝廷诏敕、群臣奏章等档案文件，依照《尚书》体例，按类编排在一起，敷衍塞责。这种类似《孔子家语》、《世说新语》的著述，导致隋代史实湮没无闻。记载历史事件尚不完备，怎么可能是纪事本末体裁！第二，《隋书》编次官府文书而成，既不是编年体，也不是纪传体。刘知几列举唐代以前各朝代编纂的断代史，特别指出："隋史：当开皇、仁寿时，王劭为书八十卷，以类相从，定其篇目。至于编年、纪传，并阙其体。"⑤ 这是说隋代既没有编年体国史，又没有纪传体国史，而王劭《隋书》又不成其为史书，所以隋朝无史。清人浦起龙注《史通》，认为刘知几"谓［《隋书》］体不类

---

① 章学诚：《章学诚遗书》附录《史考摘录》。
② 《隋书》卷 69《王劭传》。
③ 刘知几：《史通·杂说下》。
④ 刘知几：《史通·六家》。
⑤ 刘知几：《史通·古今正史》。

史":"既无纪传,又不编年,徒然掇拾琐言,岂得成史?"① 可谓深得刘知几之意旨。中国史书体裁丰富多彩,如果认为一部史书若非编年、纪传,那就一定是纪事本末体,这种方法是武断的。因此,从逻辑上得不出"其书以类相从,又非二体,是纪事本末之创体"的结论。

(二)王劭《隋书》与徐梦莘《三朝北盟会编》均载有大量敕诏文书,然而从表象上比附得出两书性质相同的结论,在方法上也是不科学的。第一,《四库全书总目》把《三朝北盟会编》归入纪事本末类,并不准确,是四库馆臣失误。这部书中"凡宋金通和用兵之事,悉为诠次本末,年经月纬,案日胪载。惟靖康中帙之末,有诸录杂记五卷,则以无年月可系者,另加编次,附之于末"②。这是四库馆臣认为《三朝北盟会编》是纪事本末体史书的主要依据。我们认为,关键问题不在于一部书中有没有纪事本末形式,而是要看它是否以事件为中心,这才是判断纪事本末体的主要标准。纪事本末体是把事件按照发生的时间顺序,首尾完整地记载下来,事件为经,时间为纬,以事件为中心。而编年体史书发展到《资治通鉴》,已经能够在时间下面完整地记载事件始末,而把无年月可考的史事系于年末。但它仍然是时间为经,事件为纬,以时间为中心。这是编年体与纪事本末体的根本区别。《三朝北盟会编》是把事件和盟书等完整地系在时间下面,并非按时间顺序记载事件始末。它和《资治通鉴》纪事形式完全相同,应当归入编年类。第二,假设《三朝北盟会编》是纪事本末体裁,也得不出"王劭《隋书》为纪事本末的体载,也是可以肯定的"结论。因为徐梦莘毕竟在编年体之中寓有纪事本末的形式,而王劭《隋书》纪事只是按类汇编史料,不具备完整的事件始末形式,又不是按年月排比史事。所以,《隋书》既不是编年体,也不是纪事本末体,与《三朝北盟会编》性质不同,不能类比。

另外,说袁枢《通鉴纪事本末》是继承徐梦莘《三朝北盟会编》而来,那就更有问题。《三朝北盟会编》成书于宋光宗绍熙五年,而《通鉴纪事本末》成书时间最晚当在宋孝宗淳熙元年,比前者早 20 年。20 年前

① 　浦起龙:《史通通释》卷 1。
② 　永瑢:《四库全书总目》卷 49《三朝北盟会编提要》。

修史的袁枢怎么可能"发展"20年后修史的徐梦莘之体裁呢?

(三)史书体裁的发展与创新,是史学发展到一定阶段的产物,也是史家修史意识逐步增强的结果。从史学发展史上看,唐宋以前的史书中虽有纪事本末因素,但不可能"早在五世纪便已初具规模",产生出纪事本末体裁。

纪事本末作为一种纪事方法,在中国现存最早的古籍《诗经》和《尚书》中就有了。后来经过编年、纪传二体的发展,不断完善。唐代杜佑鉴于纪传体史书割裂历代典章制度的弊端,编纂《通典》,叙述历代典制的源流与沿革,启发了人们对探究事件始末的兴趣。宋代司马光总结编年体的成就,创立总叙法,把事件始末和人物事迹连贯起来,完整地系在相关时间下面。如《资治通鉴》卷75记载司马懿诛曹爽,卷105记载秦晋淝水之战,都形成独立节目,简直就是纪事本末体的雏形,这种体裁已到了呼之欲出的程度了。

同时,唐宋时期的史家在实践探索的基础上,也在理论上进行了反思。唐代以前,中国史书体裁主要是断代纪传体和编年体,所谓"班、荀二体,角力争先,欲废其一,固亦难矣。后来作者,不出二途"①。虽然体裁上没有突破,然而中国古代史家对这两种体裁孰优孰劣,却是经过了几番深入的思考和长期的争论。到刘知几撰《史通》,对此作了全面总结,辩证地指出了"二体"的利弊。如果《科录》和《隋书》在史书体裁方面有创新,刘知几不会漠然视之,不置一词的。因此,"其书早佚,不为世人深知"的说法,未必符合实际情况。唐代后期史家皇甫湜撰《编年纪传论》,提出修史应该"以备时之语言,而尽事之本末"②的主张,对史书体裁认识更加明确。他提出的这一史书编纂学上的要求,对史书体裁的发展与创新具有重要意义。

中国古代史家经过几代人数百年的实践探索和理论认识,为新体裁的诞生奠定了基础。南宋史家袁枢继承前人成果,撰《通鉴纪事本末》,终于创造出纪事本末的新体裁。

---

① 刘知几:《史通·二体》。
② 李昉:《文苑英华》卷742。

二

《通鉴纪事本末》问世以后，立即受到社会各方面的广泛关注。宋孝宗淳熙二年，严州郡庠首刻本始出，就被抢购一空，不到一年又要重印。著名学者杨万里、吕祖谦、朱熹为此书作序跋，赞不绝口。次年，参知政事龚茂良把此书献给孝宗，孝宗认为这部书有资于治道，成就斐然，欣然"以赐东宫及分赐江上诸帅，且令熟读"①。

历代史家对史书体裁的研究中，对纪事本末体裁作全面历史考察者，是清代史家章学诚。他在讲到中国古代史书体裁发展时说：

> 神奇化臭腐，臭腐复化为神奇。解《庄》书者，以谓天地自有变化，人则从而奇腐云耳。事屡变而复初，文饰穷而反质，天下自然之理也。《尚书》圆而神，其于史也，可谓天之至矣，非其人不行，故折入《左氏》，而又合流于马、班。盖自刘知几以还，莫不以谓《书》教中绝，史官不得衍其绪矣。又自《隋·经籍志》著录，以纪传为正史，编年为古史，历代依之，遂分正附，莫不甲纪传而乙编年。则马、班之史，以支子而嗣《春秋》，荀悦、袁宏，且以左氏大宗，而降为旁庶矣。司马《通鉴》病纪传之分，而合之以编年。袁枢《纪事本末》又病《通鉴》之合，而分之以事类。按本末之为体，因事命篇，不为常格，非深知古今大体，天下经纶，不能网罗隐括，无遗无滥。文省于纪传，事豁于编年，决断去取，体圆用神，斯真《尚书》之遗也。在袁氏初无其意，且其学亦未足与此，书亦不尽合于所称。故历代著录诸家，次其书于杂史，自属纂录之家，便观览耳。但即其成法，沉思冥索，加以神明变化，则古史之源，隐然可见。书有作者甚浅，而观者甚深，此类是也。②

近代学者梁启超不但完全同意章学诚的看法，认为"其论当矣"，而且进

---

① 《宋史》卷 389《袁枢传》。

② 章学诚：《文史通义》内篇一《书教下》。

一步明确地指出：

> 善抄书者可以成创作。荀悦《汉纪》而后，又见之于宋袁枢之《通鉴纪事本末》。……枢抄《通鉴》，以事为起讫，千六百余年之书，约之为二百三十有九事。其始亦不过感翻检之苦痛，为自己研究此书谋一方便耳，及其既成，则于斯界另辟一蹊径焉。……盖纪传体以人为主，编年体以年为主，而纪事本末体以事为主。夫欲求史迹之原因结果以为鉴往知来之用，非以事为主不可。故纪事本末体于吾侪之理想的新史最为接近，抑亦旧史界进化之极轨也。①

章、梁二人的共同点是对纪事本末体裁的功能颂扬备至，而对袁枢及其著作则评价不高。他们所说的纪事本末体裁"文省于纪传，事豁于编年，决断去取，体圆用神"和"旧史界进化之极轨"等"神奇效果"，只不过是他们这些"观者甚深"的人"沉思冥索"发掘出来的。然而"作者甚浅"，撰著此书的动机"不过感翻检之苦痛，为自己研究此书谋一方便"，所以"其学亦未足与此"，其书亦属"臭腐"之类。这就给我们提出一个问题：袁枢撰《通鉴纪事本末》究竟有没有自觉的史学意识，其著作在中国史学史上占据什么地位？

所谓史学意识，根据瞿林东先生的看法，就是"史学发展，不仅仅表现在史家对于历史的认识，还表现在史家对于史学的认识"②。中国历代史家都把史书作为连续发展的神圣事业对待，自觉投身于历史研究，促进了史学的发展和繁荣。袁枢发扬中国史学的这种优良传统，继承刘知几、杜佑、皇甫湜、司马光等人的事业，自觉摸索史书编纂的新体裁。由于袁枢从事史学活动的史料非常欠缺，今天无法看到他在这方面的言论和思想，只能根据当时的历史条件和相关材料论证。

元代史臣修《宋史》，谓袁"枢常喜诵司马光《资治通鉴》，苦其浩博，乃区别其事而贯通之，号《通鉴纪事本末》"③。这大概是后人对袁枢

---

① 梁启超：《中国历史研究法》第2章《过去之中国史学界》。
② 瞿林东：《中国古代史学批评纵横》，189页，北京，中华书局，1994。
③ 《宋史》卷389《袁枢传》。

及其《通鉴纪事本末》评价不高的原因。其实，元代史家只看到表面现象，没有看到问题的本质。袁枢对司马光《资治通鉴》"苦其浩博"而编纂《通鉴纪事本末》，并非仅仅因个人"喜诵"，出于"为自己研究此书谋一方便"的动机，而是有深刻的社会根源。两宋立国 300 多年，社会矛盾和民族危机非常尖锐，宋代士大夫的忧患意识非常突出，谋求对现实的改革和对历史的借鉴成为社会发展的迫切需要。政治家在呐喊，而史学家在沉思。司马光撰《资治通鉴》，主要目的就是为宋朝统治集团提供历史借鉴，从历史上的治乱兴衰中看到现实存在的问题，寻求解决的措施。但是，由于体例方面的原因，《资治通鉴》无法完整地记载重大历史事件，不容易清楚地看到历史过程的全貌，无法满足现实需要。南宋史家面对半壁河山沦陷的现实，忧患意识更为强烈，促进了他们进一步探索新的史书编纂体裁，以适应社会需要。朱熹的《通鉴纲目》和袁枢的《通鉴纪事本末》是这方面最突出的成就。朱熹认为《资治通鉴》"一事之首尾，或散出于数十百年之间，不相缀属，读者病之"[1]。我们虽然看不到袁枢在这方面的言论，但和袁枢"志同志，行同行，言同言"的杨万里则有明确史学意识。他说："予每读《通鉴》之书，见其事之肇于斯，则惜其事之不竟于斯。盖事以年隔，年以事析，遭其初莫绎其终，揽其终莫志其初，如山之峨，如海之茫。盖编年系日，其体然也。"[2] 袁枢在改撰《通鉴纪事本末》时虽然没有增加史实和自己的评论，但在确定事目时却表现了他的史识。他效法《春秋》的褒贬书法，在选择事件和确立题目上显示出明确的倾向，更加重视史学的资治功能，决不是简单的排比编纂，不能与史钞、史纂之书等同视之。关于这个问题目前史学界重视不够，应该进一步研究。可以看出，袁枢是为适应社会需要，有目的的史学活动，并非如章学诚所说的"袁氏初无其意"和梁启超所说的在书斋中"感翻检之苦痛"，率尔为之。袁枢的史学活动，表现为史学与政治的密切关系，反映了史学在社会生活中所处位置的重要。

　　《通鉴纪事本末》既然不是简单的抄袭和改编工作，而是融入了作者

北京师范大学史学探索丛书

---

① 　朱熹：《朱文公文集》卷 81《跋通鉴纪事本末》。
② 　杨万里：《诚斋集》卷 78《袁机仲通鉴本末序》。

明确的史学意识，那么它的价值也就应该得到充分肯定。

第一，袁枢对《资治通鉴》的自觉改造，满足了社会对史学的要求，并对封建社会后期的政治产生了一定影响。中国史学历来有经世致用的传统，愈是能够满足社会需要，就愈能发挥作用，体现出它的价值。传统史学中借鉴和资治功能是史学经世致用的主要形式，也是史学满足社会需要的标志。唐宋时期的史家逐步认识到，只有以事件为中心，按照时间顺序把事件过程和原委完整地展现出来，才能看清历史的脉络，并从历史上有关治乱兴衰的大事中借鉴前人处理事变的成功经验和失败教训，得到启迪，增益智慧。袁枢根据《资治通鉴》的材料，把纷繁复杂的内容梳理成许多首尾完整的事件，便于人们认识这些事件的前因后果，总结其成败得失，解决了宋代统治集团迫切需要以史为鉴和史书体裁滞后不能充分满足现实需要之间的矛盾。《通鉴纪事本末》选题侧重于国家统一、社会治乱、女后外戚干政、宦官朝臣专权、朝廷与地方关系、中国和周边国家关系等，都是"有补治道"的政治军事大事，非常适合统治阶级需要。杨万里说："由周秦以来，曰诸侯、曰大盗、曰女主、曰外戚、曰宦官、曰权臣、曰夷狄、曰藩镇，亦不一矣，而其源不一哉！……得其病之之原，则得其医之之方矣，此书是也。有国者不可无此书。"① 宋孝宗读此书后，也认为"治道尽在是矣"②。这些话从政治家口中说出，不是更能说明问题吗！宋代以后的统治者都非常重视上述问题，能够以史为鉴。到清代，这些问题基本上都得到解决。史学对政治的作用，从这里可以清楚地反映出来。

第二，《通鉴纪事本末》在史书体裁创新方面有突出贡献，创造出与编年、纪传、典制体并驾齐驱的纪事本末体，成为中国传统史学的一种主要体裁。对于袁枢在史书体裁上的成就，历代史家都给予充分肯定，但古今学者普遍认为袁枢是在无意中创造出一种新体裁，是不知其然而然的客观结果。这种认识限制了对袁枢史学地位的评价。袁枢是一位有史学素养的史家，任国史院编修时，北宋宰相章惇的子孙利用和袁枢同乡关系，请求为章惇作传时曲笔回护。袁枢说："子厚为相，负国欺君，吾为史官，

---

① 杨万里：《诚斋集》卷78《袁机仲通鉴本末序》。
② 《宋史》卷389《袁枢传》。

书法不隐，宁负乡人，不可负天下后世公议。"① 他对编年、纪传二体的优劣，具有明确的认识。从其书中可见，袁枢并非把原书事件摘出，简单排比，而是把原书拆散，按照一定体例，以事件为主线，按事件发生和发展的时间顺序完整叙述出来，达到了"窑事之成，以后于其萌；提事之微，以先于其明"② 的效果。以"秦灭六国"为例，《资治通鉴》把史事按时间分散在卷 2 至卷 7 的 141 年中，割裂散漫，难稽首尾。《通鉴纪事本末》则把这 6 卷中的 170 余条材料汇集起来，按时间顺序依次载录了秦孝公、惠文王、武王、昭襄王、孝文王、庄襄王、秦王政蚕食六国以至统一中国的全过程。如果作者没有明确的史学意识，是无法在全书中统一体例，前后一致的。对于袁枢的创新意识和《通鉴纪事本末》的价值，清代考史学家看得非常清楚。王鸣盛充分肯定了此书的作用："此书分《通鉴》为二百三十九事，一事为一篇，颇便下学。觉《纲目》不作无害，而此书似不可无。"③ 他认为可以没有朱熹的《通鉴纲目》，而不能没有袁枢的《通鉴纪事本末》。四库馆臣也认为：

> 自汉以来，不过纪传、编年两法，乘除互用。然纪传之法，或一事而复见数篇，宾主莫辨；编年之法，或一事而隔越数卷，首尾难稽。枢乃自出新意，因司马光《资治通鉴》区别门目，以类排纂，每事各详起讫，自为标题；每篇各编年月，自为首尾。始于三家之分晋，终于周世宗之征淮南，包括数千年事迹，经纬明晰，节目详具，前后始末，一览了然，遂使纪传、编年贯通为一，实千古之所未见也。④

这个评价比较客观，它既说明袁枢"自出新意"著书的主观目的明确，又指出纪事本末体裁"千古之所未见"，是袁枢的首创。对于清代考史学家的这些看法，今天应该给予高度重视。

---

① 《宋史》卷 389《袁枢传》。
② 杨万里：《诚斋集》卷 78《袁机仲通鉴本末序》。
③ 王鸣盛：《十七史商榷》卷 100《通鉴纪事本末》。
④ 永瑢：《四库全书总目》卷 49《通鉴纪事本末提要》。

尤袤《遂初堂书目》序跋考辨

尤袤字延之，南宋常州无锡人。宋高宗绍兴十八年进士，官至礼部尚书，卒谥文简。他不仅仕宦通显，而且家富藏书，精通版本，尤嗜金石碑刻。尤袤在无锡建藏书楼，"尝取孙绰《遂初赋》以自号，光宗书匾赐之"①，号"遂初堂"。著作有《遂初小稿》60 卷，《内外制》30 卷，《遂初堂书目》1 卷。《遂初堂书目》著录经部图书 9 类，史部图书 18 类，子部图书 12 类，集部图书 5 类，共计 3200 多种。尽管著录图书只记书名，无作者、卷数、解题等内容，不利于后人辨章学术，考镜源流，但却标出所载书籍的版本，开后世版本学之先河，在目录学上具有重要价值。本书与晁公武《郡斋读书志》、陈振孙《直斋书录解题》并称南宋三大私家藏书书目，宋元名流毛开、杨万里、魏了翁、陆友等人，皆有序跋。遗憾的是因史籍记载简略疏舛，导致后人对《遂初堂书目》序跋认识的含混和歧异，表述也存在错误。

周宝珠、陈振先生主编的《简明宋史》论及《遂初堂书目》，评价其价值不如晁公武《郡斋读书志》，但却赞扬尤袤嗜古好学、刻苦抄书读书的精神非常可贵。作者在引证如此评价的史料依据时指出："杨万里《遂初堂书目序》称：'延之于书靡不观，观书靡不记。每公退则闭户谢客，日记手钞若干古书。其子弟及诸女亦钞书。一日谓余曰：吾所钞书今若干卷，将汇而目之。饥读之以当肉，寒读之以当裘，孤寂而读之以当友朋，幽忧而读之以当金石琴瑟也。'"② 他们认为这段话是杨万里为《遂初堂书目》所作的序文，所以径称《遂初堂书目序》。而曾贻芬、崔文印先生在《中国历史文献学史述要》一书中论述《遂初堂书目》时则指出："尤袤一生寄情于图书，南宋著名史家李焘说：'延之于书靡不观，观之靡不记。

---

① 《宋史》卷 389《尤袤传》。
② 周宝珠、陈振：《简明宋史》，541 页，北京，人民出版社，1985。

每公退，则闭户谢客，日计手钞若干古书，其子弟及诸女亦钞书。一日，谓予曰：吾所钞书今若干卷，将汇而目之，饥读之以当肉，寒读之以当裘，孤寂读之以当友朋，幽忧读之以当金石琴瑟也。'"① 这段引文除个别文字和句读与上文略有出入之外，所记内容显然是一回事，但研究者却认为是李焘之言。他们还说这段引文出自"《遂初堂书目后跋》。据马端临《文献通考·经籍考》，这段话又是杨万里（诚斋）所写《遂初堂书目序》。但今传本《遂初堂书目》无杨序"②。

那么，把杨万里之《序》称为《遂初堂书目序》，究竟是宋元学者如此记载，还是今天的学者这样理解？这篇记载与尤袤关系的文字，究竟是杨万里所写，还是李焘之言？只有考辨清楚这两个问题，才能消除上述认识和表述上的含混和歧异。

周宝珠、陈振先生把这篇文字直接称为"杨万里《遂初堂书目序》"，没有说明材料来源，只能理解为他们是以马端临《文献通考》为依据。因为曾贻芬和崔文印先生就是"据马端临《文献通考·经籍考》，这段话又是杨万里（诚斋）所写《遂初堂书目序》"而得出与他们一致的看法。但是，这个结论是有问题的。按《文献通考》卷207《经籍考》"《遂初堂书目》一卷"条下记载："诚斋《序》略曰：'延之于书靡不观，观书靡不记。每公退，则闭户谢客，日记手钞若干古书，其子弟及诸女亦钞书。一日，谓予曰：吾所钞书今若干卷，将汇而目之，饥读之以当肉，寒读之以当裘，孤寂而读之以当友朋，幽忧而读之以当金石琴瑟也。乃属予序其书目。余记序之，将借而传焉。'"据此可知，马端临认为这篇序文确实为杨万里所作。但他仅仅记载杨万里曾经为尤袤之书作序，并没有说其名称就叫《遂初堂书目序》。考杨万里《诚斋集》卷78《益斋藏书目序》，其中有如下一段文字记载：

延之于书靡不观，观书靡不记。……延之每退，则闭户谢客，日计

① 曾贻芬、崔文印：《中国历史文献学史述要》，233页，北京，商务印书馆，2000。
② 同上书，241～242页。

手抄若干古书。其子弟亦抄书，不惟延之手抄而已也；其诸女亦抄书，不惟子弟抄书而已也。……今年，余出守毗陵，盖延之之州里也。延之持淮南使者之节而归，一日入郭访余，余与之秉烛夜语，问其闲居何为？则曰："吾所钞书今若干卷，将汇而目之，饥读之以当肉，寒读之以当裘，孤寂而读之以当友朋，幽忧而读之以当金石琴瑟也。"

可证马端临所引的杨万里《序》，完全是隐括《诚斋集》的文字而成。他所说的"诚斋《序》"，确切名称应当是《益斋藏书目序》，而不是《遂初堂书目序》。《简明宋史》和《中国历史文献学史述要》所谓"杨万里《遂初堂书目序》"云云，乃两书作者臆测之名，不符合实际情况，难以为凭。

曾贻芬、崔文印先生认为这篇文字是李焘所作，是根据《遂初堂书目》跋尾的记载。按清道光己酉海山仙馆丛书刻本《遂初堂书目》后跋，有如下一段文字：

> 李太史焘云："延之于书靡不观，观之靡不记。每公退，则闭户谢客，日计手抄若干古书，其子弟及诸女亦抄书。一日，谓予曰：'吾所钞书今若干卷，将汇而目之，饥读之以当肉，寒读之以当裘，孤寂读之以当友朋，幽忧读之以当金石琴瑟也。'"
>
> 右《遂初堂书目》一卷，按直斋陈氏《书录解题》曰："锡山尤氏尚书袤延之，淳熙名臣，藏书至多，法书尤富。常（字误，考陈振孙《直斋书录解题》卷八《目录类·遂初堂书目》及光绪二十五年《常州先哲遗书》刻本《遂初堂书目》皆作"尝"——引者注）烬于火，今其存无（按陈振孙《直斋书录解题》卷八《目录类·遂初堂书目》作"亡"——引者注）几矣。"
>
> 吴郡陆友仁书。

可知这段文字是陆友（字友仁，常以字行）跋尾中引用李焘之言，并不是李焘专门给尤袤《遂初堂书目》作的跋语。应当指出的是，陆友在跋语里张冠李戴，把杨万里的序文误植为李焘之言，出现严重失误。下面依据相关史料记载，加以详细考证和辨析。

第一，尤袤和杨万里在一起为官时间较长，私交甚好，所以托杨万里为其《书目》作序。据宋人罗大经记载："尤梁溪延之，博洽工文，与杨诚斋为金石交。淳熙中，诚斋为秘书监，延之为太常卿，又同为青宫寮寀，无日不相从。"① 杨万里本人也谈到："一日除书下，迁大宗正丞，尤公延之为秘书丞。……予自是知延之之贤，始愿交焉。……既与延之还往且久，既同为尚书郎，论文讨古，则见延之于书靡不观，观书靡不记。"正因为二人交情深厚，志趣相投，所以杨万里才说："延之属余序其书目，余既序之，且将借其书而传焉。"② 相比之下，尤袤和李焘则没有如此密切的关系。据《南宋馆阁录》卷 8 记载："尤袤，〔乾道〕七年十二月以〔秘书〕丞兼〔实录院检讨官〕；八年五月为著作郎，亦兼〔实录院检讨官〕。"而据《宋史》卷 388《李焘传》记载，宋孝宗乾道七八年之间李焘分别外任荆湖北路转运副使和潼川府路安抚使兼知泸州。二人不在一起共事，未见相互交往的证据。尽管后来李焘"进敷文阁学士，提举佑神观，兼侍讲、同修国史。荐尤袤、刘清之十人为史官"③，但也属于例行公事，不能证明两人交情深厚。考《南宋馆阁续录》卷 9："李焘，〔淳熙〕十年六月以敷文阁直学士提举神佑观，兼〔同修国史〕。"可知这次荐举的时间在宋孝宗淳熙十年，然而朝廷对李焘的举荐并未立即准奏。据《南宋馆阁续录》卷 9 记载："尤袤，〔淳熙〕十一年十一月以枢密院检详文字，兼〔国史院编修官〕。"遗憾的是，李焘则于淳熙十一年春天去世，已经不存在和尤袤共事的机会。既然二人关系一般，那么尤袤就不大可能请李焘作书序。

第二，尤袤和杨万里晤谈的时间，在杨万里任知常州军州事之年，而尤袤恰好外任淮南东路提举常平官，借机回归常州故里，才有托付作序之事。考杨万里知常州在宋孝宗淳熙四年五月至六年正月，《咸淳毗陵志》卷 8《秩官》记载："杨万里，淳熙四年五月，承议郎。六年正月，除广东提举。"这从《诚斋集》卷 81《千岩摘稿序》"淳熙丁酉，予出守毗陵"可

---

① 罗大经：《鹤林玉露·丙编》卷 6《尤杨雅谑》。
② 杨万里：《诚斋集》卷 78《益斋藏书目序》。
③ 《宋史》卷 388《李焘传》。

以得到证实。淳熙五年秋天，尤袤来访。《诚斋集》卷10《谢尤延之提举郎中自山间惠访长句》说："淮南使者郎官星，瑞光夜烛荆溪清。……秋风呼酒荷边亭，主人自醉客自醒。"同卷《感秋》说："今岁五十二，岂为年少人？"可证二人会面的时间在淳熙五年秋天。诗中称尤袤为"淮南使者"，和《益斋藏书目序》中说"延之持淮南使者之节而归"若合符节，可证杨万里为尤袤作书序是在宋孝宗淳熙五年。再看淳熙四至五年李焘在何处呢？据王明清《挥麈前录·自跋》记载："丁酉春，觅官行都，获登太史李公仁甫之门。"可见淳熙四年李焘在都城临安任史官。另据《南宋馆阁录》卷7记载："李焘，字仁甫，眉山人，黄公度榜进士出身，治《春秋》。三年正月除［秘书监］，三月为权礼部侍郎。"同卷又记载他于淳熙"六年六月除直显谟阁、荆湖北路转运副使"。同书卷8还记载："李焘，［淳熙］三年正月，以［秘书］监权［同修国史］；三月，为权礼部侍郎兼［同修国史］"；"李焘，［淳熙］三年正月，以［秘书］监权［实录院同修撰］；三月，为权礼部侍郎兼［实录院同修撰］"。这由《南宋馆阁续录》卷4关于"淳熙五年四月，权礼部侍郎兼同修国史兼实录院同修撰李焘言：今修《四朝正史》，开院已十七年。乞降睿旨，责以近限，庶几大典早获备具"的记载，可以得到证实，证明李焘于淳熙三年正月至淳熙六年六月都在京城任史官。所以，这两年尤袤和李焘没有见面的机会，也就不可能对李焘说"吾所钞书今若干卷，将汇而目之"而请他作序。

综上所述，可以得出如下结论：杨万里曾经为尤袤之书作序，但名为《益斋藏书目序》而非《遂初堂书目序》；陆友《遂初堂书目》跋尾所引李焘之言，是他作跋语时把杨万里序文误记为李焘的话，以致造成后人记载和理解的失误。至于今传本《遂初堂书目》简端没有杨序，或是尤袤的藏书楼先名"益斋"，后因宋光宗赐匾而改名"遂初堂"，于是嫌《益斋藏书目序》和《遂初堂书目》名称不符而未刻入；或是虽刻入但后来在该书流传过程中散佚，已经无法确知了。

杜大珪《名臣碑传琬琰集》
的编纂特点与史学价值

在中国史学史上，收集碑传资料与利用碑版证史的传统由来已久。然而，史家形成自觉的史学意识，使之成为连续不断的史学活动，则以南宋学者杜大珪编纂《名臣碑传琬琰集》为开端。近代以来，虽有研究者为此书作删选与题跋，却没有撰写研究文章加以评论。至于一些通论性质的史学史著作，更不会把历代编纂碑传资料作为史学史的内容专门论述。本文拟在前贤成果的基础上，专门考察此书的体例与编纂特点，以期引起更多学者对碑刻资料的关注和利用，进一步发挥其史学价值。

一

杜大珪，眉州（今四川省眉山市）人，生平事迹不详。自署称进士，可知系科举出身。清代四库馆臣根据《名臣碑传琬琰集》之首所刊宋光宗绍熙五年无名氏所作书序，推测杜大珪应为宋光宗时人。四库馆臣的推测，可以从《名臣碑传琬琰集》的内容得到佐证。书中收录《虞雍公守唐邓事》一篇，末尾署名"绍熙二年上元眉山任燮述"，这是本书收录碑传的时间下限；而书序又作于绍熙五年，可知杜大珪撰成此书的时间在宋光宗绍熙年间，证明宋光宗时期杜大珪仍然在世。《名臣碑传琬琰集》共计107卷，上集27卷，内容多为神道碑；中集55卷，内容多为志铭行状；下集25卷，内容多为别传。全书主要收录北宋太祖建隆至南宋高宗绍兴年间官修史书和诸家文集之中的名臣碑版传记，多有超出正史之外的内容，对研究宋史具有重要的参考价值，受到历代学人的重视。

关于该书的版本及流传情况，近人冯昭适有详细考证。① 原哈佛燕京

---

① 参见冯昭适：《伏跗室善本书记》，载《浙江省立图书馆馆刊》，1935，4（2）。

学社引得编纂处在编辑《宋传引得》时，鉴于《名臣碑传琬琰集》传本较少，一般人难以寻觅，由洪业等人根据宋刊本"择录其所载宋《实录》及已失佚于宋集诸文，共八十篇，汇为一书，依其编次，厘为三卷，名之曰《琬琰集删存》，以为留心于天水一朝史事者之参考。且附以引得，用便检查。更录载其原序、原目，俾阅者得稍窥其庐面"①，给学者使用本书提供了极大的便利条件。

《名臣碑传琬琰集》的第一个编纂特点，是编选名臣不以时代先后为序，而按碑传文体类编成书。清代四库馆臣指出："上集凡二十七卷，中集凡五十五卷，下集凡二十五卷。起自建隆、乾德，讫于建炎、绍兴，大约随得随编，不甚拘于时代体制。要其梗概，则上集神道碑，中集志铭行状，下集别传为多。"② 这种随得随编、以类相从的编纂体例，表明杜大珪鉴于宋金战争造成的文献大量散佚，汲汲于保存靖康之变以来传世文献的忧患意识。正如无名氏原《序》所言：

> 国朝人物之盛，远追唐、虞、三代之英，秦、汉以来鲜俪矣。自建隆、乾德之肇造，及建炎、绍兴之中天，因时辈出，丰功伟烈，焜耀方册。虽埋光铲采、位不称其德者，亦各有纪于时。欲求之纪事之书，则灏灏噩噩，未易单究；杂出于野史见闻者，其事又裂而不全，未足以观其出处本末。好事者因集神道志铭家传之著者为一编，以便后学之有志于前言往行者。韩退之《韩洪碑》，杜牧之《谭忠传》，今质诸正史而皆合。学者将阶此以考信于得失之际，不为无助云。③

杜大珪遴选北宋一代和南宋初年的名臣碑传类编成册，使天水一朝的名公事迹略具是编，和宋代正史相辅而行，保存了大量的历史资料。关于本书收录

---

① 杜大珪撰、洪业等编纂：《琬琰集删存·序》，2 页，上海，上海古籍出版社，1990。
② 永瑢：《四库全书总目》卷 57《名臣碑传琬琰集提要》。
③ 佚名：《名臣碑传琬琰之集原序》，载《琬琰集删存》，3 页，上海，上海古籍出版社，1990。

的碑传数量以及篇目结构，原哈佛燕京学社引得编纂处学者精确统计说：

> 　　是书所录碑传之文，总为二百五十四篇，被传者都计二百二十一
> 人。就文之性质言，以墓志铭之八十九篇为最多，次为神道碑五十
> 篇，次为摘自《隆平集》之传四十三篇，次为采自《实录》之传二十
> 七篇，次为行状二十二篇；余若随记、碑阴、序跋、谥议之类，或五
> 六篇，或三四篇，或一二篇，不等。就文之作者言，则以《隆平集》
> 文之四十三篇为最多，次为欧阳修文三十六篇，次为《实录》文二十
> 七篇，次为王珪文十四篇，次为范仲淹、范镇、王安石文各十一篇，
> 次为宋祁文十篇；他如司马光、苏轼……等四十二人之文，多者不过
> 八篇，少仅一篇而已。①

足见杜大珪采集收录资料的范围相当广泛，不仅包括神道碑、墓志铭、墓
表、行状、别传等易于收录的完整人物碑传，而且还适当收集各种散见的
序跋、谥议中涉及的人物生平事迹，丰富多彩。上述内容从各个方面反映
了宋代名臣的历史功绩，为后人研究宋代历史人物提供了丰富的资料，具
有重要的史料价值。

　　《名臣碑传琬琰集》的第二个编纂特点，是绝大多数选篇都全录碑传
原文，不加删节。杜大珪遴选碑传的取材来源，主要是宋人的诸家文集和
官修的实录、国史，另外还有一些则是直接采自碑刻原文。例如，上集卷
1收录的宋太宗赵光义撰写的《赵中令公普神道碑》和宋神宗赵顼撰写的
《韩忠献公琦两朝顾命定策元勋之碑》，就是直接取自碑刻实物。但是，北
宋名臣奉敕竖立之碑，到南宋光宗时期已经多有遗佚，所以杜大珪不得不
大量采录曾巩《隆平集》中的列传，作为北宋太祖至神宗5朝名臣的资料。
杜大珪在下集卷3《李文定公迪》下注云："遗直之碑缺。"卷8《吕文靖公
夷简传》下注云："怀忠之碑缺。"同卷《刘丞相沆》下注云："思贤之碑

---

　　① 杜大珪撰、洪业等编纂：《琬琰集删存·序》，1页，上海，上海古籍出版社，
1990。

缺"。可知北宋朝廷钦赐李迪的《遗直碑》、吕夷简的《怀忠碑》和刘沆的《思贤碑》，至杜大珪编书时已经没有实物，只好转录《隆平集》的人物列传。至于选编的方式，清代撰修的《四库全书简明目录·史部·传记类》提要说："《名臣碑传琬琰集》一百七卷，宋杜大珪编。搜录名臣名传，上起建隆，下讫绍兴，不拘时代，亦不拘体制，无所删窜，亦无所去取，但随得随编，共成三集。皆全载原文，以待后人之论定，较以当代之人权当代之流品，曲徇爱憎徒酿朋党者，其用心相去远矣。"这个评价，大体不误。但说杜大珪选录碑铭传状等材料"无所删窜，亦无所去取"、"皆全载原文"，未免过于绝对。近人曹元忠对此作过考证，在其《宋椠残本新刊名臣碑传琬琰之集跋》一文中指出：

　　其书随得随编，不拘时代，亦不拘体制，诚如四库馆臣之言，至馆臣又谓其无所删窜，亦无所去取，似未尽然。按中集蜀公范镇《司马文正公光墓志铭》："公讳光，字君实，自儿童凛然如成人。至既没，其后□遗奏八纸上之，皆手札当世要务。"大珪注云："以上墓志全文，悉取苏文忠公所撰《司马公行状》，故不复载，独录范公所序而铭之文云。"枢密院编修官朱熹《张忠献公浚行状》后，大珪记云："右《张忠献公行状》，其全文仅四万言。工程急迫，未能全刊，故稍删节。然凡公之大勋劳、大议论、大忠大节，不敢少遗焉。"则亦未尝无删窜也。又中集自富文忠公弼《富秦公言墓志铭》，以至景文公宋祁《宋府君芑行状》，此四卷后，大珪云："右富秦公以下至宋府君芑十五人碑铭，虽非一时柱石大臣，而皆源祥基庆，以大其后，为时名臣，有足观考，故特附之于此。"则亦未尝无所去取也。①

曹文所录杜大珪的第一个注释，乃是节取之文。杜大珪原书中收录的范镇所撰《司马文正公光墓志铭》正文"'公讳光，字君实，自儿童凛然如成

人'至'既没，其家得遗奏八纸上之，皆手札当世要务'"之下，有一段较长的注文："以上墓志全文，悉取苏文忠公所撰《司马公行状》，惟删出《行状》所载公论交阯贡异兽；苏辙举直言；及经略安抚使便宜从事，非永世法；充媛董氏追赠非令典；并言太皇太后有所取用，当如上所取；西戎遣使致祭，边臣生事；及言用宫邸省直，非平日法等六七事外，皆《行状》全文，故不复载录，独录范公所序而铭之之文云。"他指出范镇所撰写的《司马文正公光墓志铭》和苏轼所撰写的《司马文正公光行状》内容大同小异，而《名臣碑传琬琰集》又全文收录了苏轼撰写的《行状》，故在范镇撰写的《墓志铭》中删节不录，仅录其所写的序文和铭文。同时又在后面附录《初蜀公所作铭诗》原文，并且详载原铭文被司马光之子司马汲替换的理由说："苏文忠当书石，谓司马公休云：'轼不辞书此，恐非三家之福。'遂易今铭。"① 可见杜大珪在编录过程中曾经作过删节和去取，虽然这种情况极少，但也说明书中并非全载原文，应当准确表述这个问题，以便进一步研究和评价杜大珪的历史编纂学思想。

《名臣碑传琬琰集》的第三个编纂特点，是选取碑传皆为褒义，不录贬词。由于杜大珪编纂此书的目的是彰显和保存宋代名公大臣事迹，所以收录的名臣碑版传状皆为原始文献。这些作者与传主关系密切，或为朝廷敕命文人撰写，或为同僚以及门生故吏编撰。清人赵翼指出：宋代"各家事状碑铭……是非有不可尽信者。……盖宋人之家传、表志、行状，以及《言行录》、《笔谈》、《遗事》之类，流传于世者甚多，皆子弟门生所以标榜其父师者，自必扬其善而讳其恶，遇有功处辄迁就以分其美，有罪则隐约其词以避之。"② 他们往往为墓主或传主隐恶溢美，通传皆褒，没有贬词。如果把杜大珪《名臣碑传琬琰集》和同时期史家朱熹编纂的《名臣言行录》加以对比，就可以清楚地看出这个特点。朱熹编辑《名臣言行录》，广泛采撷各类史料，"以近代文集及传记所载本朝名臣言行，掇取其要，辑为此录"③。举凡宋人文集、家传、行状、墓志、碑铭、语录、遗事、笔

---

① 杜大珪：《名臣碑传琬琰集·中集》卷18。
② 赵翼：《廿二史札记》卷23《宋史各传回护处》。
③ 陈振孙：《直斋书录解题》卷7《传记类》。

记、小说、杂录、方志等材料，都在选录范围之中。而且每篇人物的传记，都依据数种乃至 10 余种材料编录而成，包容的历史事实相当丰满。作者把众多材料精心筛选，然后运用增损、备异、考辨、存疑、互见、释义等多种编辑方法，汇编成书，大大增强了明辨是非善恶的历史借鉴功能。黄震曾经评价朱熹编纂的北宋 8 朝《名臣言行录》说：

> 此《录》虽杂取传记之言，然诸贤出处之本末备矣。岂独诸贤，凡国朝盛衰之故，亦莫不隐然备见其间矣。如释藩镇兵权而天下定；取幽燕，纳李继捧而狄患启；李文靖镇以清静而民生安；寇莱公决策亲征而边好久；王文公苟且顺从，天书祷祠之妄作而国力几弊；王沂公相仁宗初年，韩魏公保佑英宗、神宗初年，而主少国危之日安若泰山；王安石行新法，开边隙而天下几危；宣仁圣烈太后相司马公而天下再安；范纯仁兼用小人，致章子厚、蔡京辈绍述安石，而国家遂有南迁之祸。盛衰大要，不出此数者，皆可考见。……愚尝谓史无定体，书随事为篇。《春秋》纪年以书，班、马以来分纪传。而此《录》亦朱文公阴寓本朝之史。①

由于 8 朝《名臣言行录》收录的人物基本上涵概了北宋一代主要的君臣事迹，而且对历史人物褒贬兼备，"如赵普之阴险，王安石之坚僻，吕惠卿之奸诈，与韩、范诸人并列"②，有助于反映宋代历史盛衰兴亡的全貌。例如，朱熹《三朝名臣言行录》卷 6《丞相荆国王文公》不取官修史书和碑传文献，主要取材于司马光的《温公日录》、邵伯温的《邵氏闻见录》、程颢和程颐的《程氏遗书》、谢良佐的《上蔡语录》、杨时的《龟山语录》等私家文集笔记资料，完全以理学家的目光记载和评价王安石，针贬多于褒扬。而《名臣碑传琬琰集》卷 14《王荆公安石传》则取自宋代官修实录，没有融入杜大珪的个人评价，不涉及编录者的主观褒贬之词。当然，这种

---

① 黄震：《黄氏日抄》卷 50《读史》。
② 永瑢：《四库全书总目》卷 57《宋名臣言行录提要》。

全书皆褒的编纂思想既是编纂体例上的一个特点，也可以说是编纂体例上的一个缺陷，这一点毋庸替杜大珪隐讳。

二

关于《名臣碑传琬琰集》的评价，过去研究者多贬抑其编纂体例，而肯定其史料价值。清代四库馆臣一方面指责其收录失当，"如丁谓、王钦若、吕惠卿、章惇、曾布之类，皆当时所谓奸邪，而并得预于名臣，其去取殊为未当"；另一方面又赞誉其有裨证史之功说：

> 墓碑最盛于东汉，别传则盛于汉魏之间。张晏注《史记》，据墓碑知伏生名胜；司马贞作《史记索隐》，据班固《泗上亭长碑》知昭灵夫人姓温；裴松之注《三国志》，亦多引别传。其遗文佚事，往往补正史所不及。故讲史学者，恒资考证焉。由唐及宋，撰述弥繁，虽其间韩愈载笔，不乏谀言；李蘩撝辞，亦多诬说，而其议论之同异、迁转之次序、拜罢之岁月，则较史家为得真。……顾石本不易拓摩，文集又皆散见，互考为难，大珪乃裒合诸篇，共为三集，……多采诸家别集，而亦间及于实录、国史，一代巨公之始末，亦约略具是矣。①

从考证学的角度肯定其书具有保存史料的价值。近代原哈佛燕京学社的学者也指出："其书去取漫无标准，若张文蔚、韩惟忠、何泽诸人，多无事迹可言，而滥厕于名臣之列；若序跋、论议、赐谥指挥等文，多属浮泛之辞，亦难置于碑传之中。由体制言，则得少失多，难称著作之上乘；特所录者，近多不见于他书，其于宋代知人论世之学，尚不无少许裨助，故较为可取耳。"② 在今天看来，四库馆臣所谓忠奸之判，乃是囿于时代局限，不足为定论；原哈佛燕京学社学者所谓滥收诸人，杜大珪已在自注中说明，意在为诸

---

① 永瑢：《四库全书总目》卷57《名臣碑传琬琰集提要》。
② 杜大珪撰、洪业等编纂：《琬琰集删存·序》，2页，上海，上海古籍出版社，1990。

人之子成为名臣张目，而序跋、议论、赐谥指挥诸文，有助于多方面了解名臣事迹，对碑传内容起到补充作用。由此看来，两者多少都有些苛求《名臣碑传琬琰集》。然而，他们对该书碑铭传状价值的赞誉，则是较为中肯的评价。今天我们应该在前人认识的基础上，进一步阐发此书的史学价值。

第一，《名臣碑传琬琰集》作为传记类史书编纂形式，为宋以后的史家所广泛接受和效法，在元、明、清各代均有撰述，对中国传统史学的进一步丰富和发展作出了贡献。杜大珪继此书之后，又编纂成《皇朝名臣续碑传琬琰录》。该书 16 卷，收录南宋初年李纲至潘良贵等 43 位名臣碑传。傅增湘称此本为"宋眉山杜大珪编，前集八卷，后集八卷。宋刊本，疑元翻本"①。近年据元刻本影印，收入《中华再造善本》古籍丛书。② 两书的问世，给后世史家编纂同类文献提供了范本。元代史家苏天爵编纂《元朝名臣事略》15 卷，就明显受到杜大珪的影响。正如清代四库馆臣所说："此书记元代名臣事迹，始木华黎，终刘因，凡四十七人。大抵据诸家文集所载墓碑、墓志、行状、家传为多，其杂书可征信者，亦采掇焉，一一注其所出，以示有征。盖仿朱子《名臣言行录》例，而始末较详；又兼仿杜大珪《名臣碑传琬琰集》例，但有所弃取，不尽录全篇耳。"③ 两书资料来源都以碑铭传状为主，所不同的是杜大珪收录全篇，鲜有删节，苏天爵则将整篇碑传文献拆散，分条辑录。明代史家徐纮编纂《明名臣琬琰录》56 卷，"乃仿宋杜大珪《名臣碑传琬琰集》而作，所辑自洪武迄弘治九朝诸臣事迹，前录所载一百十有七人，续录所载九十五人，凡碑铭志传以及地志、言行录之类，悉具焉"④。清代史家钱仪吉撰《碑传集》160 卷，更明确地表示系"采集诸先正碑版状记之文，旁及地志杂传，得若干篇，略依杜氏大珪、焦氏竑之例"⑤ 汇聚成书，完全采用杜大珪《名臣碑传琬琰集》的编纂体例。继钱仪吉之后，又有缪荃孙编纂《续碑传集》86 卷，闵

---

① 傅增湘：《藏园群书经眼录》，卷 4，336 页，北京，中华书局，1983。
② 杜大珪：《皇朝名臣续碑传琬琰录》，北京，北京图书馆出版社，2006。
③ 永瑢：《四库全书总目》卷 58《元朝名臣事略提要》。
④ 永瑢：《四库全书总目》卷 58《明名臣琬琰录提要》。
⑤ 钱仪吉：《碑传集·序》。

尔昌编纂《碑传集补》60 卷。这些史籍都是编者根据墓志铭、碑版、行状、传记以及地方志书和其他资料汇编而成，形成中国历代学者接续不断从事的事业。在这个完整的人物传记资料汇编系列中，杜大珪在历史编纂学上具有开先之举，功不可没。

第二，《名臣碑传琬琰集》采撷繁富，取舍谨严，成为包举两宋重要历史人物生平事迹的传记资料汇编，对于研究宋史有重要价值。众所周知，碑铭传状对于保存历史文献，进而考证历史人物的生平事迹，具有正史和野史无法完全替代的价值。宋代以前的学者尽管也有人著录、记载和研究金石文字，但都是一鳞半爪，不成体系。两宋时期的学者不但广泛收集金石碑刻，而且撰写出不少专门研究著作，形成不同的特点和流派，创立了金石学。宋人开创以金石与文献相互印证的考据方法，在中国历史考证学发展史上具有里程碑的意义。正是在这种浓厚的学术氛围影响下，杜大珪才能够把这些零散的撰述加以汇总，升华出自觉的历史编纂意识，汇集成《名臣碑传琬琰集》。尽管杜大珪所收录的两宋名臣碑传之文多谀墓溢美之辞，存在扬善讳恶的偏颇之处，但因传主包括了宋代政治、经济、军事、文化各方面人物，反映出宋代社会历史的多方面内容。例如，上集卷 12 不仅收录王纶撰写的《吴武安公玠神道碑》，而且收录张发撰写的《吴武安公功绩记序引》和明庭杰撰写的《功绩记》；中集卷 2 不仅收录范仲淹撰写的《田谏议锡墓志铭》，而且收录司马光撰写的《田谏议碑阴》；下集卷 22 不仅收录刘珙撰写的《刘观文珙行状》，而且收录朝廷的《赐谥指挥》、宋若水撰写的《谥议》和张叔椿撰写的《覆谥议》。另外，还收录某些表现名臣特异之节的文章，例如，中集卷 38 收录司马光撰写的《刘秘书恕十国纪年序》，表彰史家刘恕历史编纂学上的成就；下集卷 25 收录任燮撰写的《虞雍公守唐邓事》，表彰传主虞允文在采石之战以后经营唐邓以图恢复中原的事迹。特别是宋太宗撰写的《赵中令公普神道碑》、宋神宗撰写的《韩忠献公琦两朝顾命定策元勋之碑》、辑自今已失传的宋代官修《实录》《国史》中的大量碑文、以及宋人别集中未收或者后来散佚的许多碑文，尤其具有史料利用价值。清代考史大家钱大昕、邵晋涵等人考证《宋史》，多引证此书以资考证，澄清了许多谬误。由于杜大珪收录的碑传均为宋人撰著的一手资料，故对于考证宋代典章制度、地理建制、人物生平事迹价值极高。例如，宋代宁化军设置的时间问题，宋人史籍记载混乱，莫衷一是。王存说："太平兴国四年，以岚州之固军为宁化县。五年，于县置军。"① 谓宁化军设置于宋太宗太平兴国五年。乐史说："宁化军本岚州之故军，东北接蕃界。皇朝太平兴国六年，改为宁化军。"② 又谓宁化军设置于太平兴国六年。李焘说："初，北汉置固军于岚州。北汉亡，废为宣化县。甲戌，复号宁化军。"③ 则谓宁化军设置于太平兴国七年。按宋太宗于太平兴国四年平定北汉，为防止割据势力东山再起，"毁太原旧城，改为平晋县，以榆次县为并州"④。废固（或故）军为宁（或宣）化县，同样是出于削弱割据地方实力的目的，不可能在次年又马上改为宁化军。更何况此地不久就落入契丹之手，太平兴国五年不可能置军。太平兴国六年，"三交西北三百里，地名固军，溪谷险绝，敌之所保，多由此入侵。潘美潜师袭之，敌弃城遁"⑤。潘美夺取固军之后，宋廷虽有置军的可能，但无任何史料佐证，不能断定太平兴国六年恢复宁化军建制。太平兴国七年二月，宋廷"复徙并州于三交寨，即以潘美为并州都部署"⑥，大力加强西北边防力量。这一举措在杜大珪一书的《潘武惠公美传》有明确记载："继元降，并州平隳其城，以榆次县为治。……七年，以三交寨为并州治所。"⑦ 宋太宗将并州治所由榆次移往三交寨，显然是因为防御契丹的需要更加突出。既然如此，那么同时把三交寨紧邻的险要之地宁（或宣）化县升为宁化军，也是顺理成章的事情。由此，可以断定李焘关于宁化军复置于太平兴国七年的记载，比较符合实际情况。《名臣碑传琬琰集》的考史价值，于此可窥一斑。

第三，《名臣碑传琬琰集》保存的原始资料，有助于考察古代史书体

① 王存：《元丰九域志》卷4《河东路·宁化军》。

② 乐史：《太平寰宇记》卷50《河东道十一·宁化军》。

③ 李焘：《续资治通鉴长编》卷23"太平兴国七年八月甲戌"。

④ 李焘：《续资治通鉴长编》卷20"太平兴国四年五月戊子"。

⑤ 李焘：《续资治通鉴长编》卷22"太平兴国六年正月"。

⑥ 李焘：《续资治通鉴长编》卷23"太平兴国七年二月"。

⑦ 杜大珪：《名臣碑传琬琰集·下集》卷1。

裁的原貌，恰当判断其性质。例如，宋代日历和实录采用以事系日、以日系月、以月系时、以时系年的编年体裁编次成书，然而其中也包含不少文武臣僚列传。对于列传与编年纪事之间的关系及其在日历和实录书中的位置，因宋代日历已经荡然无存，实录也只剩一鳞半爪，不容易考察。当代学者多认为两者并立，有的以为宋代"日历实备编年、列传二体"①；有的以为"宋代日历除以编年体为主外，还兼杂有列传之体"②；还有的认为宋代实录既不是纯粹的编年体，也不是纯粹的纪传体，而是"在编年与纪传二体流行之际，中国的史坛上出现了一种将二种体裁合而为一的史体——实录体"③，提出应当命名为"实录体"的主张。我认为宋代日历、实录中的编年纪事和人物列传不是并列关系，不能视为两种体裁同时存于一书，而只不过是把历史人物的生平事迹系在某人薨卒之日的纪事条下，所以其性质仍然属于编年体裁。

首先，日历、实录中的人物列传仅仅是编年纪事的要素，够不上史书体裁范畴。宋高宗绍兴七年闰十月，史馆奏云："修纂日历，以事系日，以日系月，比之实录，格目尤详。"④那么这些属于纪事要素的"格目"都包括什么内容呢？这可以从宋孝宗乾道年间制订的"修日历式"得到答案。据宋代史料记载，编次日历的体式规定如下：

> 《修日历式》　排甲子　节假　祭祀　忌日　御殿（后殿云"御后殿"，前殿云"常朝"，不坐云"不视朝"）　宰执进呈（无，即云"三省、枢密院奏事"）　臣僚面对、进对奏事（进对则有"召见"、"引见"；本职奏事则有"左右史直前"、"三衙倚杖子"，面对奏事只云"面对"）　朝见、辞（任满回，或差出回，或赴行在，皆云"朝见进对"；已有差遣，云"朝辞进对"）　引见公事（系推垛子转员军头司）　车驾出入　外国进奉　诏书　敕书　群臣上表有所请，唯录

北京师范大学史学探索丛书

---

① 蔡崇榜：《宋代修史制度研究》，50页，台北，文津出版社，1991。
② 宋立民：《宋代史官制度研究》，126页，长春，吉林人民出版社，1999。
③ 谢贵安：《中国实录体史书研究》，33页，武汉，武汉大学出版社，2007。
④ 《宋会要辑稿·运历》1之22。

首表及第一批答；臣僚章疏并书　妃、主、相、将初拜及迁改，录制书　两府出入、升降、黜，录麻词　两制有功过升降，录制词（虽监当亦书）　文武官有功赏及特改官，官虽卑，因事赏罚者书　转官（文臣宣义郎以上，武臣修武郎以上）　差遣（文臣在京职事官，在外监司、参谋参议官、知通以上；武臣总管、路分、州钤辖，一路都监、将副。诸军升改，虽官小，任京局并带阁职亦书）　诏书奖谕　诸司奏请改更条法，关治体者书　臣僚薨卒行状事迹（文臣卿监，武臣刺史以上），没王事者，不以官品高下悉书　致仕（文臣朝奉郎，武臣大夫以上）　封赠　录子孙　赐章服　宗室赐名　讲书　祥异　年终户口　大辟①

可见日历作为史料长编，是将上述各类历史事件按照年月日顺序汇集编次，保存了极为丰富的历史资料。其中"臣僚薨卒行状事迹（文臣卿监，武臣刺史以上），没王事者，不以官品高下悉书"的记载，与宋高宗绍兴三十二年七月国史日历所上奏"文臣自宰执至卿监，武臣自使相至刺史，未曾立传共七百七人"② 以及宋孝宗隆兴元年臣僚上奏"国史日历所见修《靖康日历》，将及成书。缘当来文字遗逸，内有臣僚薨卒及死于兵者凡四十一人，虽粗有事迹，即未曾立传"③ 完全吻合，可证只有在编年纪事之中涉及臣僚薨卒及死于战事者，才缀以生平事迹，撰写列传。而某人转官、差遣、致仕以及卿监、刺史以下臣僚死亡，则不用缀以生平事迹，无须立传。另外，宋宁宗时实录院同修撰朱熹还专门制订《史馆修史例》：

先以历内年月日下刷出合立传人姓名，排定总目；次将就题名内刷出逐人拜罢年月，注于本目之下；次将取到逐人碑志行状、奏议文集之属，附于本目之下（各注起某年，终某年）；次将总目内刷出收索到文字人姓名，略具乡贯履历，镂版行下诸州晓示，搜访取索，仍

①　陈骙：《南宋馆阁录》卷4《修纂下》。
②　《宋会要辑稿·运历》1之24。
③　《宋会要辑稿·运历》1之25。

委转运司专一催督，每月上旬差人申送本院，不得附递，恐有损失，如本月内无收到文字，亦仰依限差人申报；置诸路申送文字格眼簿，一路一扇，一月一眼，如有申到，记当日内，收附勾销，注于总目本姓名下，依前例。①

具体规定了实录史书里修撰人物列传的步骤，非常清楚。由此可见，这类人物列传只不过是编年纪事诸多内容中的一个"格目"，属于一种修史义例，不足以构成与编年体裁并列的纪传体裁。

其次，宋代日历、实录于编年纪事中寓含人物列传的形式，可从杜大珪署名"太史"的官修史书人物传记中得到验证。《名臣碑传琬琰集》收录这类文献共计 27 篇，杜大珪标明全部出自宋代实录，恐怕有问题。因为前 3 篇与后 24 篇在体例上明显不一致，我怀疑是取自不同类型的史书。这3 篇分别是《潘武惠公美传》、《王中书全斌传》、《张文定公齐贤传》，开端没有标明传主薨卒的年月日，末尾附录子孙任职情况，其义例与正史完全相同，估计应当出自宋人国史。例如，《王中书全斌传》："王全斌，并州太原人……子审钧至崇仪使、富州刺史、广州兵马钤辖，审锐至供奉官、阁门祗候。"② 而今存北宋钱若水等人撰修的《宋太宗实录》残本里的人物列传，无一例附录传主子孙官职。查王全斌卒于宋太祖开宝九年六月，当在《宋太祖实录》中立传。《宋太祖实录》经过多次重修，最后一次完成于宋真宗天禧元年。③ 然而，《名臣碑传琬琰集·王中书全斌传》却有"天禧二年，录其孙永昌为三班奉职"的事情。如果说这篇传文出自《宋太祖实录》，从时间上无法作出合理解释。所以我怀疑这篇传记是杜大珪取自宋仁宗天圣八年重修的宋太祖、宋太宗、宋真宗《三朝国史》。再把这 3 篇传记和元代史家撰修的《宋史》三人传记加以对比，内容和结构基本相同，仅仅作了少量的文字改动和增删，如把《王中书全斌传》中"国初"改为"宋初"，把《张文定公齐贤传》中"戎狄"改为"契丹"，显然出自

---

① 朱熹：《朱文公文集》卷 74《史馆修史例》。

② 杜大珪：《名臣碑传琬琰集·下集》卷 1。

③ 王应麟：《玉海》卷 48《咸平重修太祖实录》。

元代史家的手笔。元修《宋史》依据宋人国史成书，也说明这3篇传文极有可能出自宋代国史。后面24篇不仅语句措辞、内容繁简与《宋史》出入较大，而且其义例无一例外把人物传记完整地系在其卒年或者赠官下面，置于编年纪事的正文之中。例如，《吕正献公公著传》："元祐四年二月甲辰，司空、同平章军国重事吕公著薨。公著字晦叔……谥正献。子希哲、希绩、希纯。"又如，《刘右丞挚传》："绍圣四年十二月壬子，鼎州团练副使、新州安置刘挚卒。挚字莘老……特赠少师。"再如，《吕参政惠卿传》："政和元年十二月癸巳，赠观文殿学士、光禄大夫致仕吕惠卿为开府仪同三司。惠卿字吉甫……有文集一百卷，奏议一百七十卷，《庄子解》十卷。子渊、潍、泂、沆。"① 这种纪事方式与现存北宋撰修的《宋太宗实录》残本保存的人物列传义例完全相同。例如，《宋太宗实录》太平兴国九年（雍熙元年）六月"乙未，镇安军节度使、守中书令石守信薨。守信字德贞，开封浚仪人……役人荤运瓦木，督责既急，而所给不充其佣直，人皆苦之"。又如，至道二年正月"丁卯，礼部侍郎兼秘书监贾黄中卒。黄中字娲民，沧州南皮人……有文集三十卷，行于世"。再如，至道三年正月"己丑，刑部侍郎张洎卒。洎，滁阳人……然手写［徐］铉文章，访求其笔札，藏于箧笥，甚于珍玩，此其异也"。② 由于两者完全一致，所以后24篇毫无疑问出自宋代实录。

宋代日历、实录均包含人物列传，编纂义例完全一致。有学者指出："《日历》是什么性质呢？无疑属于编年体。……这更清楚地指明《日历》是'系以月日'的编年体。《实录》主要依据《日历》而修，因此，其史书性质亦不能不受到《日历》的影响，带上浓厚的编年色彩。"③ 既然日历不能称为"日历体"，为什么偏偏把性质相同的实录称为"实录体"，而仅仅说它具有"编年色彩"呢？在中国古代各种史书体裁中，任何一种体裁都不是绝对纯正单一的形式，而是相互借鉴和彼此包容，辩证发展的结

---

① 杜大珪：《名臣碑传琬琰集·下集》卷10、卷13、卷14。

② 钱若水：《宋太宗实录》卷30、卷76、卷80。

③ 谢贵安：《中国实录体史学研究》，156～157页，武汉，武汉大学出版社，2007。

果。① 编年体史书自《春秋》之后，突破了要纲目录式的纪事方法，从两《汉纪》到《资治通鉴》，已经能够把完整的历史事件和人物生平事迹系在相关时间下面，成为编年体史书发展成熟的显著标志。宋代撰修实录，只不过进一步规范与制度化而已。所以，实录并不是时间和人物两个中心并存，其编年之中寓含列传的史法仍然是以时间为中心的编年体，和以历史人物为中心的纪传体，以历史事件为中心的纪事本末体，以典章制度为中心的典制体，以纲目配合为中心的纲目体，以及以学术宗旨为中心的学案体并列为一种史书体裁。关于这一性质，从北宋钱若水等撰修《宋太宗实录》人物列传到南宋杜大珪《名臣碑传琬琰集》收录的神宗、哲宗、徽宗三帝实录中人物列传，一脉相传。这就完全可以证明，实录中的编年附传形式只是编年体史籍的有机组成部分，构不成独立的史书体裁范畴，不应视为一种史籍中包含两种体裁，更不能定名为"实录体"。

---

① 参阅罗炳良：《论中国古代史书体裁之辩证发展》，载《史学月刊》，1997（5）。

第六编

宋史论著研究

邵晋涵对《宋史》研究的重要贡献

在二十四史中，元代史家修撰的《宋史》向来以繁冗猥滥见讥。明清两代史家鉴于《宋史》存在的问题，纷纷改撰或重修，产生出一批宋史著作。在这些史家中，乾嘉时期的邵晋涵是一位对《宋史》研究作出重要贡献而又鲜为人知的学者。褐橥邵晋涵在《宋史》方面的研究成果，不仅是史学史研究的内容，而且对当前的《宋史》研究也有裨益。

一、关于《宋史》改撰宗旨的理论

中国史学历来有重视撰修前代史书的传统，史家具有明确的撰述宗旨，形成了自觉的史学发展意识。春秋末年的孔子修《春秋》，就非常重视史义，明确宣称"其义则丘窃取之矣"①。汉代司马迁撰《史记》，目的在于"究天人之际，通古今之变，成一家之言"②，阐明了史学意欲自成一家的学术宗旨。这种史学意识为历代史家继承和发展，成为中国历史编纂学的优良传统。清代章学诚更从理论上作了总结："作史贵知其意，非同于掌故，仅求事文之末也。夫子曰：我欲托之空言，不如见诸行事之深切著明也。此则史氏之宗旨也。"③ 他反复强调："史家著述之道，岂可不求义意所归乎！"④ 章学诚把史学著述宗旨问题提高到前所未有的认识水平，标志着中国古代史学理论的成熟。

邵晋涵对史义问题也很重视，非常强调史家在史书中贯彻撰述宗旨。需要指出的是，邵晋涵对史义问题的论述不是用思辨的形式作出理论阐述，而是寓于具体史学批评中。从邵晋涵《南江文钞》的诸史提要中可以

---

① 《孟子·离娄下》。
② 班固：《汉书》卷 62《司马迁传》。
③ 章学诚：《文史通义》内篇二《言公上》。
④ 章学诚：《文史通义》内篇五《申郑》。

看出，他强调修史贵在别识心裁，具有撰述宗旨，批评史馆修史徒具史法，没有史意，导致学术源流与史学宗旨不明，形成了深刻的理论认识。

由于邵晋涵具有上述理论认识，所以能够对《宋史》存在的问题看到本质，产生出重新编撰新书的设想。他认为前人评价《宋史》，大多是从卷帙冗滥、内容芜杂、史事重复抵牾等方面批评其编纂得失，这些都是事实，这样评价也是正确的。邵晋涵也指出，《宋史》内容前后重复矛盾之处不一而足，但更主要的缺陷还在于元人修史宗旨不明。首先，史家修史需要广泛搜集史料，使其著作内容完满，史事比重协调。然而，元人修史只照抄宋代国史，并没有补充南宋奇缺的史料，致使南北宋史实比例严重失调。他说："当时修《宋史》，大率以宋人所修国史为稿本，匆遽成编，无暇参考。宋人好述东都之事，故史文较详，建炎以后稍略，理度两朝，宋人罕所记载，史传亦不具首尾，遂致《文苑传》只详北宋，而南宋仅载周邦彦等寥寥数人，《循吏传》则南宋无一人。岂竟无可考哉？抑亦姑仍东都书之旧而不为续纂也。"① 其次，史家撰修前代史应当吸收已有研究成果，纠正前人著述中的谬误。然而，元代史家修史时考证不审，并未参考前人成果，仍然沿袭旧史之误。他指出："南唐刘仁瞻之死节，欧阳修《五代史记》、司马光《通鉴》俱为证明，而《宋史》仍作以城降。李浣终于辽，未尝入宋，见《辽史》本传，而《宋史》仍附传于《李涛传》后。此其于通行学官之书、同修之史尚不及引证，其参差之迹、缺遗之事，又岂可枚举乎！"② 再次，史家修史应当注重史学的社会功能，起到惩恶劝善的作用。脱脱等人制定的修《三史凡例》中明确规定："金宋死节之臣，皆合立传，不须避忌。"然而《宋史》漏载重要事实，失于褒贬劝戒之道。他指出："汴京之破，失载王履之奉使尽节；南宋之末，失载王坚之守城不降。是其于忠义之士、立功之臣尚多缺落，尤为疏漏之大者矣。"③ 因此，邵晋涵认为元修《宋史》几乎不成其为史书，只能在正史中聊备一代之史，没有多大史学价值。

---

① 邵晋涵：《南江文钞》卷 3《宋史提要》。
② 同上书。
③ 同上书。

从今天的认识来看，邵晋涵对《宋史》不免贬之过甚，不尽合乎实际情况。目前史学界已有定论，充分肯定了《宋史》的价值。邵晋涵的功绩在于从史书编纂思想上指出了它存在的问题，理论认识非常明确。他所提出的这些问题，今天仍然值得我们借鉴。

邵晋涵在明确的史学意识指导下，提出了改撰《宋史》的宗旨。他说："宋人门户之习，语录庸陋之风，诚可鄙也。然其立身制行，出于伦常日用，何可废耶？士大夫博学工文，雄出当世，而于辞受取与、出处进退之间，不能无箪豆万钟之择，本心既失，其他又何议焉！此著《宋史》之宗旨也。"① 这清楚地表明，邵晋涵重新修撰新《宋史》的目的，并非仅仅出于历史编纂学方面的考虑，从编纂技艺上弥补元修《宋史》的缺陷。他是想在修史过程中融入自己的价值观，表达自己的思想，通过褒扬宋代士大夫"先天下之忧而忧，后天下之乐而乐"的关心国家前途与命运的崇高精神境界，惩戒宋代理学空谈道德性命的门户之见、空疏学风，把注重道德修养与社会实际事务联系起来，发扬"浙东之学，言性命者必究于史"② 的优良传统，达到经世致用的目的，起到移风易俗的作用。邵晋涵这种理论认识，明显高于其他人对《宋史》的认识，意义非常深远。

二、关于《宋史》改撰编纂的成就

清代乾嘉时期，大批学者致力于总结传统文化，对数千年来的经史著述作了一次彻底清理。在史学领域中，对辽、宋、夏、金、元史的研究是一个重要方面，而对宋史研究用力最多的则是邵晋涵。

邵晋涵在四库馆任职其间，从《永乐大典》中辑出大量前人未见的五代、宋、元史书，尤其是在裒集整合散佚已久的薛居正《旧五代史》时，参考了许多宋人著述，利用《册府元龟》、《太平御览》、《通鉴考异》、《五代会要》、《契丹国志》、《北梦琐言》、《东都事略》、《宋史》、《辽史》、《续

---

① 章学诚：《章氏遗书》卷 18《邵与桐别传》。
② 章学诚：《文史通义》内篇五《浙东学术》。

资治通鉴长编》、《五代春秋》、《九国志》以及宋人说部文集补缺考异，对宋代史料颇有研究。鉴于邵晋涵在宋史研究方面的造诣和声望，当时学者普遍认为重新编撰宋代史书非他莫属。段玉裁致书邵晋涵说："先生邃于史学，闻实斋先生云有《宋史》之举，但此事非先生莫能为。"① 章学诚曾经计划与邵晋涵合作，两人"立言宗旨，不侔而合"②，但因体裁上有分歧而作罢。他致书邵晋涵说："足下《宋史》之愿，大车尘冥，恐为之未必遽成；就使成之，亦必足下自出一家之指，仆亦无从过而问矣。……仆思自以义例撰述一书，以明所著之非虚语。因择诸史之所易致功者，莫如赵宋一代之书，而体例既于班、马殊科，则于足下所欲为者，不嫌同工异曲。"③ 从这些事实来看，邵晋涵改撰《宋史》不但深孚众望，而且从著述宗旨到史书体裁都已经成竹在胸了。

邵晋涵在宋史研究实践中认识到，要想修撰一部超过元修《宋史》的史书，不能只在旧史基础上做些史料修补，或重新编排体例，这样做不会收到好效果。只有明确撰述宗旨，运以别识心裁，才能撰成一家著述，流芳百世。事实也正是如此。乾嘉以前改编《宋史》的学者，有王惟俭的《宋史记》、王洙的《宋史质》、柯维骐的《宋史新编》、文德翼的《宋史存》、陈黄中的《宋史稿》等，尽管他们为此付出了很多的心血，皆因只就《宋史》原书删削改编，因而史学价值不大。邵晋涵认为元人所修《宋史》详于北宋，是因为王称《东都事略》积累了丰富的史料的缘故。他首先参考熊克《中兴小纪》、李焘《续资治通鉴长编》、李心传《建炎以来系年要录》、陈均《皇朝编年纲目备要》、刘时举《续宋编年资治通鉴》以及南宋学者的文集、笔记，撰辑《南都事略》，记载南宋一代史事。此书现已不存，我们从钱大昕的著作中尚能窥见一鳞半爪。《儒学传》2卷，记载杨时、尹焞、胡安国（附胡寅、胡宏、胡宁）、朱震、范冲、罗从彦、李侗、朱熹、黄榦、李燔、张洽、陈淳、李方子、黄颢、蔡元定（附蔡沈）、张栻、吕祖谦、真德秀、魏了翁、邵伯温、喻樗、洪兴祖、高闶、林之

① 李慈铭：《荀学斋日记·己集》。
② 章学诚：《章氏遗书》卷9《与邵二云论学》。
③ 章学诚：《章氏遗书》卷9《与邵二云论修宋史书》。

奇、林光朝、杨万里、陆九龄（附陆九韶、陆九渊）、陈傅良、薛季宣、叶适、戴溪、杨简、袁燮（附袁甫）、李舜臣（附李道传、李心传、李性传）、蔡幼学、杨泰之、程迥、刘清之、廖德明、汤汉、何基、王柏、叶味道、王应麟、黄震等人。《文艺传》1 卷，记载汪藻、陈与义、叶梦得、程俱、曾几、张嵲、韩驹、朱敦儒、徐俯、葛胜仲、熊克、陆游、范成大、郑樵、尤袤、陈亮、徐梦莘、刘克庄、张即之等人。《隐逸传》1 卷，记载徐庭筠、苏云卿、谯定、王忠民、刘勉之、胡宪、郭雍、刘愚、魏掞之、安世通等人。① 对此，当时学者给予很高的评价。钱大昕赞誉此书"词简事增，过正史远甚"②。邵晋涵准备等南宋史料积累到与北宋相当时，再编纂成贯通南北的赵宋一代全史。据其弟子章贻选言，新书拟标名《宋志》，以显示出与《宋史》不同的撰述旨趣。尽管邵晋涵最终未能完成撰写《宋志》的事业，但他对宋史研究作出的贡献应该肯定。他的修史认识对后人有所启发，乾嘉以后的学者陆心源撰《宋史翼》，已经不限于对《宋史》删润改编，而是采集宋人文集、杂著、年谱、族谱、方志等史料，增补列传 845 人，以补《宋史》之缺，收到了较好的效果。

邵晋涵在宋史著述方面另一项重要工作就是为毕沅修订《续资治通鉴》，这部书中也充分体现了他的撰述宗旨。宋代司马光撰《资治通鉴》以后，历代史家均有改编或续作。明代王宗沐、薛应旂都撰有《宋元资治通鉴》，清初学者徐乾学主编《资治通鉴后编》，叙述宋元二代史事。但是，这些书和《宋史》存在着同样的缺陷，南宋部分过于简略，与北宋部分比例悬殊。以《资治通鉴后编》为例，宋史部分的内容 152 卷，北宋占 104 卷，南宋仅有 48 卷。于是毕沅嘱幕僚文人重新编撰，然而初稿只是把徐乾学之书略加删润而成，仍然不够理想。毕沅便延聘邵晋涵、孙星衍、洪亮吉等学者进一步修订，邵晋涵实负其责。当时已经辑出大量前人未见的宋元史书，已有资料上的便利条件，而邵晋涵对宋史又颇有研究，他"出绪余为之复审，其书即大改观"③。《续资治通鉴》宋代部分的内容 182

---

① 钱大昕：《十驾斋养新余录》卷中。

② 钱大昕：《潜研堂文集》卷 43《邵君墓志铭》。

③ 章学诚：《章氏遗书》卷 18《邵与桐别传》。

卷，其中北宋 97 卷，南宋 85 卷，比例大体相当，成就远在诸家之上。邵晋涵又撰《宋元事鉴考异》一书，说明材料取舍之故，这是他在宋史著述方面取得的又一个丰硕成果。

三、关于《宋史》史料考证的价值

邵晋涵出生于浙江余姚，幼承家学，受到良好的家庭教育。邵氏"家藏宋元遗书最多，而世有通人口耳相传，多非挟策之士所闻见者"①。他继承清初学者黄宗羲、邵延采学术，成为浙东史学的后起之秀，在当时学者中享有很高的声望，乾嘉学人"言经学则推戴吉士震，言史学则推君"②。

邵晋涵在一生的学术生涯中，大部分时间从事经史注疏、辑佚和考辨，养成了深湛的治学功底。他针对"向来论《宋史》者，俱讥其繁芜，而鲜所举正"③ 的情况，着手校勘、考证《宋史》。邵晋涵对自己的考订成果非常满意，"尝据宋事与史策流传大违异者，凡若干条，燕间屡为学者言之"④。从现存《南江札记》中的 40 余条考辨材料来看，纠偏剔谬，拾遗补缺，颇见功力。邵晋涵主要是用以下 6 种方法考证《宋史》，兹举例予以说明。

第一，用《宋史》纪、传参互考证。

《朱倬传》记载："宣和五年，登进士第。"邵按："《本纪》：宣和六年策进士。是年为甲辰科，非五年也。"⑤《传》作宣和五年，误。

《王庶传》记载："金又遣萧通古来，许割地，还梓宫，归太后。"邵按："《本纪》：金遣张通古、萧哲。"《传》作萧通古，误。

《袁韶传》记载："绍定元年，拜参知政事。"邵按："《本纪》及《宰辅表》作同知枢密院事，资政殿学士。"《传》作参知政事，误。

---

① 章学诚：《章氏遗书》卷 13《与胡洛君论校胡稚威集二简》。
② 钱大昕：《潜研堂文集》卷 43《邵君墓志铭》。
③ 邵晋涵：《南江文钞》卷 3《宋史提要》。
④ 章学诚：《章氏遗书》卷 18《邵与桐别传》。
⑤ 邵晋涵：《南江札记》卷 4。以下引文均出此书，不再一一注明。

第二，用《宋史》志、传参互考证。

《陈希亮传》记载："再迁殿中丞，徙知鄠县。"邵按："《地理志》：鄠属陕西。范镇为希亮志墓，乃虔州雩都县，非鄠县也。"《传》作鄠县，误。

《文苑·宋准传》记载："准开宝中举进士，翰林学士李昉知贡举，擢准甲科。会贡士徐士廉击登闻鼓，诉昉用情，取舍非当。太宗怒，召准复试于便殿。"邵按：太祖"开宝六年，御殿给纸笔，别赐殿试，遂为常制。详见《选举志》。是太祖时事，《传》误作太宗。《新编》亦误。"

《奸臣·曾布传》记载："神宗召见，论建合意，授太子中允、崇政殿说书，加集贤校理、判司农寺，检正中书五房。凡三日，五授敕诰。"邵按："《职官志》中书省分房有曰户房，掌行废置、升降郡县，调发边防军需，给贷钱物。又云：检正官，五房各一人。则知《传》中'五'字当作'户'字（《琬琰集》'五房'作'户房'）。"

第三，用《宋史》各传参互考证。

《杜太后传》记载："生邕王光济、太祖、太宗、秦王廷美、夔王光赞、燕国陈国二长公主。"邵按："《廷美传》：太平兴国八年正月，廷美母陈国夫人耿氏卒。太宗从容谓宰相曰：'廷美母陈国夫人耿氏，朕乳母也。'然则廷美非杜太后所生也，宜删去'秦王廷美'四字。又按《秦国大长公主传》：建隆元年封燕国，元符三年改秦国。有姊一人，未笄而夭，追封陈国。姊陈，则妹燕矣，当更正。"

《张守传》记载："叶梦得请上南巡，阻江为守，张浚亦奏敌势方张，宜且南渡。"邵按："请南渡者为张俊，见《张俊传》，非浚也。"张浚是南宋著名的抗战派领袖，而张俊则主张避敌南逃。

《佞幸·龙大渊传》记载："一日，右史洪迈过参政陈俊卿曰：闻将除右史，迈迁西掖，信乎？"邵按："《陈俊卿传》乃是'人言郑闻将除右史'。今去一'郑'字，语不可解矣。《职官志》无右史之衔，当称中书舍人洪迈。"用宋以前职官加诸宋人，不合史法。

第四，用《宋史》与其他史籍参互考证。

《符皇后传》记载："后姊，周世宗后也，淳化四年殂。"邵按："《五代史记》：世宗立符氏为皇后，彦卿女也。崩，谥宣懿。后又立符氏为皇后，即宣懿妹。是彦卿两女为周世宗后也。《传》不言宣懿，《彦卿传》不言后符后及太宗后。"

《王伦传》记载："金欲以伦为平滦三路都转运使，……伦拒益力。……遂就死，年六十一。于是河间地震，雨雹三日不止。"邵按："《金史》：皇统四年正月己未，杀王伦。至十月甲辰，河朔诸郡地震，与伦死无涉。"

《奸臣·郭药师传》记载："奉涿、易二州来归。"邵按："《三朝北盟会编》以涿州来归者药师，以易州来归者高凤（《九朝编年》：高凤以易州来归）。"

第五，用《宋史》与宋人碑版参互考证。

《谢绛传》记载："祖懿文，……父涛。"邵按："范仲淹《谢涛墓志铭》：懿文生崇礼，崇礼生涛，涛生绛。"则懿文于谢绛为曾祖。

《赵开传》记载："初，钱引两料通行才二百五十万有奇。至是添印至四千一百九十余万。"邵按："李焘所撰《墓志铭》作一千七百一十万缗。"

《文苑·晁补之传》记载："太子少傅迥五世孙，宗愨之曾孙也。"邵按："《山谷集·晁君成墓志》：晁氏世载远矣，而中绝。有讳迥者，以太子少保致仕，谥文元。晁君成曾王父讳迪，赠刑部侍郎；王父讳中简，赠吏部尚书；父讳仲偃，库部员外郎。刑部视文元，母弟也。据此《传》云迥五世孙者，误。"

《文苑·刘恕传》记载："年十三，欲应制科，从人假《汉》、《唐书》，阅月皆归之。谒丞相晏殊，问以事，反复诘难，殊不能对。恕在巨鹿时，招至府，重礼之，使讲《春秋》，殊亲帅官属往听。未冠，举进士。……遂赐第，调巨鹿主簿。"邵按："范祖禹《刘秘书墓碣》云：释褐，邢州巨鹿主簿。陈郇公帅高阳，招至府，重礼之，使讲《春秋》，丞相亲帅官属往听（按《陈尧咨传》：尧咨以安国军节度观察留后知郓州。《地理志》：信德府巨鹿郡，后唐安国军节度，本邢州）。是招至府陈尧咨，非晏殊也。又事在为巨鹿主簿时，今叙于'未冠，举进士'前，误矣。又本传，恕八岁时，坐客有言孔子无兄弟者，恕应声曰：'以其兄之子妻之。'坐客惊异。按《墓碣》年四岁。"

第六，根据实际情况考证《宋史》之误。

《田锡传》记载："赵普为相，令有司受群臣章奏，必先白锡。锡贻书于普，以为失至公之体，普引咎谢之。"邵按："必先白锡，'锡'字乃'普'字之误。"

《文苑·谢炎传》记载："谢炎，字化南，苏州嘉兴人。"邵按："'苏'字本'秀'字。"

《文苑·陈师道传》记载："早以文谒曾巩，巩一见奇之。……尝铭黄楼，曾子固谓如秦石。"邵按："一传之中，名、字互出。"

从以上考证可以看出，邵晋涵对《宋史》考证的范围比较广泛，涉及到年代、职官、地理、人名、数字、世系、名物、制度、史实各方面内容。他吸收了沈世泊《宋史就正编》的成果，除考证史事以外，也揭明《宋史》书法义例舛误。此外，还纠正了柯维骐《宋史新编》之误。更为重要的是，邵晋涵引用《宋史纪事本末》等书补充《宋史》记载未详的王坚合州保卫战始末，已经超出了单纯考证范围。对邵晋涵史考的价值，目前史学界尚未完全发掘和利用。我们今天研究《宋史》，应该充分吸收这份宝贵遗产，为当前学术研究服务。

20 世纪的《宋史》研究

　　《宋史》是元代史家撰修的一部纪传体断代皇朝史，记载了北宋太祖建隆元年至南宋帝昺祥兴二年 320 年的历史。它不仅是现存二十四史中篇幅最为巨大、卷帙最为浩繁的一部史书，同时也是后世评价褒贬分歧最为明显的著作之一。由于《宋史》自身内容之丰富和历代学者研究成果之众多，致使它在中国史学史上占有非常重要的位置。

一、元代史家对《宋史》的撰修

　　两宋社会是中国封建社会由前期向后期发展的转折时期，在中国历史上占有极其重要的地位。尽管后世研究者多认为宋承唐制，实际上宋代和唐代相比，变革损益的成分更多。无论从政治经济，还是从思想文化来考察，宋代社会都产生了许多新的内容。两宋丰富的社会历史内涵，为后人撰修《宋史》提供了极为丰富的素材，成为史学史研究中的一个重要内容。

　　元世祖忽必烈即位以后，撰修《宋史》工作已经提上日程。翰林学士承旨王鹗上奏："自古帝王得失兴废，班班可考者，以有史在。我国家以威武定四方，天戈所临，罔不臣属，皆太祖庙谟雄断所致，若不乘时纪录，窃恐岁久渐至遗忘。金《实录》尚存，善政颇多；辽史散逸，尤为未备。宁可亡人之国，不可亡人之史。若史馆不立，后世亦不知有今日。"元世祖"甚重其言，命修国史，附修辽、金二史"①。元兵攻占南宋都城临安以后，参知政事董文炳对奉元世祖之命赴临安招降宋军余部的翰林直学士李槃说："国可灭，史不可没。宋十六主，有天下三百余年，其太史所记具在史馆，宜悉收入，以备典礼。"元朝"乃得宋史及诸注记五千余册，

---

① 苏天爵：《元朝名臣事略》卷 12《内翰王文康公》。

归之于国史院典籍氏"①,为日后撰修《宋史》保存了丰富的史料。但是,直至元文宗时期,朝廷尽管"尝命修辽、金、宋三史,未见成绩"②。究其原因,主要是三史义例无法确定。所谓三史义例,实质上是主张以宋、辽、金三朝何者为正统,何者为闰位的问题。当时出现两种不同意见,一派主张赵宋为正统,辽、金为闰位,仿效《晋书》体例,以两宋为纪传,辽、金为载记;另一派则主张效法李延寿《南史》和《北史》体例,以北宋为宋史,南宋为南史,辽、金为北史。③ 双方长期相持不下,历经七八十年而未果,三史迄未成书。

元顺帝时期,元朝政权在元末各种社会矛盾的冲击下,已经处于风雨飘摇之中。统治集团急需总结历代兴衰成败经验,为挽救元朝统治服务。至正三年,右丞相脱脱等人重新奏请撰修宋、辽、金三史。元顺帝随即颁发《修三史诏》。④ 这篇诏书着重讲述了宋、辽、金三朝和元朝的关系,明确表示出撰修三史是为元朝现实所需要的史学意识,同时还讲到了选拔史官的标准、搜集文献的途径、笔削褒贬的要求等问题,提出了明确的规定。这是对元代数十年来议修三史成败得失的总结,为最终撰修三史提供了撰述宗旨和组织机构的保障,大大促进了修史工作的顺利进展。诏书任命右丞相、监修国史脱脱为都总裁,全面负责撰修宋、辽、金三史事宜。脱脱等人根据《修三史诏》的要求,迅速制订出《三史凡例》,⑤ 作为史官撰修三史的准则。其中最关键的是规定宋、辽、金三史各予正统,分别撰修三部皇朝断代史,从而解决了数十年来争论不休的"正统"问题,于是宋、辽、金三部正史相继问世。宋、辽、金三史在元顺帝至正三年四月同时开始撰修,在两三年的时间里陆续撰成。《宋史》成书于至正五年十月,内容包括本纪47卷,志162卷,表32卷,列传255卷,共计496卷,历时二年半。《辽史》于至正四年三月成书,修成本纪30卷,志32卷,表8

① 苏天爵:《元朝名臣事略》卷14《左丞董忠献公》。
② 《元史》卷181《虞集传》。
③ 陶宗仪:《南村辍耕录》卷3载杨维祯:《正统辨》。
④ 《辽史》附录《修三史诏》。
⑤ 《辽史》附录《三史凡例》。

卷，列传45卷，国语解1卷，共计116卷，前后不足一年。《金史》于次年十一月成书，修成本纪19卷，志39卷，表4卷，列传73卷，共计135卷，历时一年零七个月。三史各具特色，《宋史》详赡，《辽史》简质，《金史》规范，分别写出了中国历史上汉族统治者为主体建立的两宋、契丹族统治者为主体建立的辽和女真族统治者为主体建立的金三个皇朝历史的全过程，反映了公元10世纪至13世纪中华文明历史进程中一个重要阶段及其面貌，在二十四史中占有极其重要的地位。

《宋史》的撰修，是以阿鲁图、别儿怯不花为总领，脱脱为都总裁，帖睦尔达世、贺惟一、张起岩、欧阳玄、李好文、王沂、杨宗瑞为总裁官，参与编撰的史官有斡玉伦徒等23人。其史料来源主要依据宋代史馆旧稿，所以在短短的两年多时间之内就"编劘分局，汇粹为书"。元代史臣撰修《宋史》，着重贯彻了以道学观念为指导思想的编撰原则，突出强调其撰述宗旨是"刓先儒性命之说，资圣代表章之功，先理致而后文辞，崇道德而黜功利，书法以之而矜式，彝伦赖是而匡扶"。在具体撰述方法上，他们遵循"辞之烦简以事，而文之古今以时。旧史之传述既多，杂记之搜罗又广。于是参是非而去取，权丰约以损增"的原则。① 在撰修过程中，揭傒斯、张起岩、欧阳玄贡献较大。揭傒斯的作用主要在于确定修史义例，对于修史笔削义例非常重视，同时对史官修史的要求也很严格，"诏修辽、金、宋三史，傒斯与为总裁官。……毅然以笔削自任，凡政事得失，人材贤否，一律以是非之公；至于物论之不齐，必反复辩论，以求归于至当而后止"②。张起岩对于《宋史》编撰贯彻道学思想，起了很大作用。元顺帝"诏修辽、金、宋三史，复命入翰林为承旨，充总裁官。……起岩熟于金源典故，宋儒道学源委，尤多究心。史官有露才自是者，每立言未当，起岩据理审定，深厚醇雅，理致自足"③。欧阳玄在具体撰修之中，对修史体例方面建树颇多。史载朝廷"诏修辽、金、宋三史，召为总裁官，发凡举例，俾论撰者有所据依；史官中有悻悻露才、论议不公者，

---

① 欧阳玄：《圭斋文集》卷13《进宋史表》。

② 《元史》卷181《揭傒斯传》。

③ 《元史》卷182《张起岩传》。

玄不以口舌争，俟其呈稿，援笔审定之，统系自正。至于论赞、表奏，皆玄属笔"①。上述史家的共同努力，保证了《宋史》在体裁义例上的成功。《宋史》不仅翔实地记载了两宋320年历史的盛衰兴亡过程，而且涉及两宋皇朝与辽、夏、金、元以及大理、吐蕃等皇朝和地方政权之间的政治、经济、文化交流和联系，全面反映出这一时期我国各民族既相互融合又相互纷争的时代特征。《宋史》的撰修，和《辽史》、《金史》一起为我国多民族史学内容的空前丰富和发展作出了新的贡献，对史学发展意义深远。

二、历代史家对《宋史》的研究

从《宋史》成书到今天，已经过去了6个半世纪之久，历代学人对《宋史》的研究，也积累了丰厚的成果。大致说来，明清至近代的研究者多侧重于对《宋史》的改撰、补撰和考证，整理史料成就很大，而理论研究的成绩较小；只有在进入20世纪以后，《宋史》才得到较为全面的研究，取得了前所未有的突出成绩。

明代汉族史家大多不赞同元代撰修宋、辽、金三史各与正统的史法，不承认辽、金、元政权的合法性，纷纷改修《宋史》，以两宋皇朝为正统，而以辽、金、元为闰位。其中最主要的有王洙的《宋史质》、王惟俭的《宋史记》、文德翼的《宋史存》、柯维骐的《宋史新编》、陈桱的《通鉴续编》、王宗沐的《宋元资治通鉴》、薛应旂的《宋元资治通鉴》、商辂的《宋元通鉴纲目》、陈邦瞻的《宋史纪事本末》等，或以辽、金史实附于宋代史实之下，或对辽、金二史删而不书，存在着相当严重的民族偏见。例如，明人王洙撰《宋史质》，不但辽、金二朝不予正统，而且于宋瀛国公降元以后，仿《春秋》"公在乾侯"的史法，年年书帝在某地作为纪年，瀛国公死后则以明太祖朱元璋追谥帝号的列祖列宗接续宋统，尽削元代年号。这种做法招致四库馆臣严词抨击，斥责王洙"荒唐悖谬，缕指难穷。

---

① 《元史》卷182《欧阳玄传》。

自有史籍以来，未有病狂丧心如此人者。其书可焚，其版可斧"①。这样近乎人身攻击谩骂的评价，如果抛开清代史家反对删削辽、金、元历史即为清代争正统的现实需要不论，则四库馆臣批评王洙不当无视 3 个少数民族皇朝历史的意见还是正确的，无须为王洙狭隘的历史观辩解。这种狭隘的史学观念导致上述史书记载历史事实门户之见甚深，纪事内容疏漏纰缪，史学价值不大，所以不被后世学者所重视。

清代学者研究《宋史》，试图弥补其纪事繁芜等方面的缺陷。清代前期陈黄中撰《宋史稿》，效仿《新唐书》事增文省的义例，改修《宋史》。其书 12 本纪，34 志，3 表，170 列传，共计 290 卷。然而纪传无论赞，志无小序，义例不统一，属于未定之稿，后世亦未见传本。清代中叶，章学诚、邵晋涵、赵翼、钱大昕等多人都致力于从事《宋史》的改撰和考证。章学诚批评元代史家修《宋史》导致史书缺乏明确宗旨，无法体现一家之言，质量参差不齐。这类史书的监修不得力，史官非其人，或史事抵牾，前后矛盾；或一事数见，人各专功；或一人两传，失于检核；冗滥不堪，漏洞百出。他说："纪传之最敝者，如《宋》《元》之史，人杂体猥，不可究诘。或一事而数见，或一人而两传，人至千名，卷盈数百。"② 又说："如《宋》《元》二史之溃败决裂，不可救挽，实为史学之河淮洪泽，逆河入海之会，于此而不为回狂障隳之功，则滔滔者何所底止！"③ 因此，章学诚和邵晋涵多次往复讨论，阐述采用新的史书体例改修《宋史》的设想，尽管最后没能实现愿望，但对后世研究者仍有启发意义。邵晋涵亦曾立志改修《宋史》，"尝据宋事与史策流传大违异者，凡若干条，燕间屡为学者言之"④。从现存《南江札记》中的 40 余条考辨材料来看，其纠偏剔谬，拾遗补缺，颇见功力。他参考熊克《中兴小纪》、李焘《续资治通鉴长编》、李心传《建炎以来系年要录》、陈均《皇朝编年纲目备要》、刘时举《续宋编年资治通鉴》以及南宋学者的文集、笔记，撰辑《南都事略》，记

---

① 永瑢：《四库全书总目》卷 50《宋史质提要》。

② 章学诚：《文史通义》外篇一《史篇别录例议》。

③ 章学诚：《文史通义》外篇三《与邵二云论修宋史书》。

④ 章学诚：《章氏遗书》卷 18《邵与桐别传》。

载南宋一代史事。此书现已不存，但从钱大昕的《十驾斋养新录》中尚可知其内容为《儒学传》2卷、《文艺传》1卷、《隐逸传》1卷。钱大昕给予很高的评价，赞誉此书"词简事增，过正史远甚"①。邵晋涵准备等南宋史料积累到与北宋相当时，再编纂成贯通南北的赵宋一代全史。据其弟子章贻选言，新书拟标名《宋志》，以显示出与《宋史》不同的撰述旨趣。尽管邵晋涵最终未能完成撰写《宋志》的事业，但他对宋史研究作出的贡献应该予以肯定。赵翼撰《廿二史札记》、钱大昕撰《廿二史考异》，都对《宋史》存在的谬误、缺漏加以考证，澄清了许多记载错误，对《宋史》研究作出了重要贡献。②

近代以来，《宋史》研究相对沉寂。清同治、光绪年间，研究《宋史》成就最大者当推陆心源。陆心源撰《宋史翼》，已经不限于对《宋史》删润改编，而是采集宋人文集、杂著、年谱、族谱、方志等史料，增补列传845人，以补《宋史》之缺，收到了较好的效果。19世纪末，王国维鉴于《宋史》不为坚守太原抗金而死的王禀立传的缺憾，著《宋史忠义传王禀传补》，以补《宋史·忠义传》之缺。其所采史料来源于《宋史》徽宗、钦宗本纪，王禀之先人王珪、王光祖以及童贯等传，旁采《三朝北盟会编》等书，有一定的参考价值。

《宋史》研究出现高潮局面，是20世纪以来的事情，特别是1980年中国宋史研究会成立以后，大大推进了研究《宋史》的进程。下面分几个方面加以概述，借以窥其研究全貌。

（一）《宋史》研究专著。20世纪前半期，我国研究《宋史》的专著仍然较少，其中最重要的有邓广铭《〈宋史·职官志〉考正》与《〈宋史·刑法志〉考正》、陈乐素《〈宋史·艺文志〉考证》、聂崇岐《宋史丛考》等书。邓广铭夙治宋史，欲广征天水一代史册与元修《宋史》相互校雠，勘正谬误，补苴脱漏，指陈得失，汇成《〈宋史〉校正》一书。他对《宋史》

---

① 钱大昕：《潜研堂文集》卷43《邵君墓志铭》。

② 关于赵翼和钱大昕对《宋史》的考证成果，舒仁辉在概述《宋史》研究状况时有详细论述，可参考舒仁辉：《〈东都事略〉与〈宋史〉比较研究》，6～13页，北京，商务印书馆，2007。

诸志的校雠已经粗就伦绪，先将《〈宋史·职官志〉考正》和《〈宋史·刑法志〉考正》刊布于世，成为这一时期研究《宋史》的开山之作。陈乐素撰《〈宋史·艺文志〉考证》，始于 1941 年，至 1946 年完成初稿。第二稿始于 1958 年，至 1964 年完成。第三稿始于 1987 年，因作者于 1990 年辞世而未卒业。后经陈乐素哲嗣陈智超经过一年多的整理，于 2002 年由广东人民出版社出版。本书分为 3 部分：第 1 篇为《〈宋史·艺文志〉考异》，第 2 篇为《〈宋史·艺文志〉误例》，第 3 篇为《〈宋史·艺文志〉研究札记》，把对《宋史·艺文志》的研究提高到一个崭新的阶段，对宋史的研究也起了极大推动作用。聂崇岐著《宋史丛考》，涉及到对《宋史》的考证。《校〈宋史·本纪〉札记》一文，是一篇未经作者改订的遗稿，内容为作者以《续资治通鉴长编》等书校读《宋史》本纪时所撰写的札记。《〈宋史·地理志〉考异》一文，是通过《宋史·地理志》和《太平寰宇记》、《元丰九域志》、《舆地广记》、《舆地纪胜》诸书相互勘对，并且参考《玉海》、《文献通考》、《续资治通鉴长编》、《宋太宗实录》残卷、《东都事略》、《隆平集》等书抄撮考索而成。全文于 1934 年 5 月至 1935 年 5 月分期刊登在《禹贡半月刊》，1935 年又收入开明书店印行的《二十五史补编》。两文篇幅较长，占《宋史丛考》全书分量的四分之一还多，对《宋史》研究作出了较大贡献。

20 世纪 80 年代以后，随着我国研究和普及传统文化复兴局面的到来，《宋史》研究也出现了繁荣局面。其中注释之作有上海社会科学院政法研究所《〈宋史·刑法志〉注释》，群众出版社 1979 年版；王子英等《中国历代〈食货志〉汇编简注（中册）》内容为《宋史·食货志》、《辽史·食货志》、《金史·食货志》注释，中国财政经济出版社 1986 年版。古文今译之作有虞祖尧等《历代〈食货志〉今译：〈宋史·食货志〉》，江西人民出版社 1990 年版；倪其心等《文白对照二十四史：〈宋史〉》，天津古籍出版社 1999 年版；雷家宏等《白话二十四史：〈宋史〉》，中国华侨出版社 1999 年版。考证之作有龚延明《〈宋史·职官志〉补正》，浙江古籍出版社 1991 年版；何忠礼《〈宋史·选举志〉补正》，浙江古籍出版社 1992 年版；梁太济等《〈宋史·食货志〉补正》，杭州大学出版社 1994 年版；顾吉辰《《宋史》

比事质疑》，书目文献出版社 1987 年版和《〈宋史〉考证》，华东理工大学出版社 1994 年版；高纪春《〈宋史·本纪〉考证》，河北大学出版社 2000 年版等，都是对《宋史》研究用力较多的著作。这一时期和 20 世纪前半期相比，不仅专著数量大大增加，而且考证范围突破了前人仅仅注重对《宋史》诸志的考证，扩大到整个《宋史》全书，对纪、志、表、传各种体例都作了研究，水平大大超过前一个时期。

（二）《宋史》专题研究论文。20 世纪前半期，由于我国史学界占据主流地位的史学思潮是历史考证学，所以对《宋史》的研究大都局限于考证和注疏，少有专题性研究论文。20 世纪后半期，随着唯物史观占据史学界的主流，史家运用唯物史观研究《宋史》的论文应运而生，产生出一批从整体上研究《宋史》的成果。鉴于元代史家同时撰修宋、辽、金三史，彼此之间有密切的联系，故而研究者也往往就这三部史书一并加以论述。其中最主要的代表性论文有华山《〈水浒传〉和〈宋史〉》，载《文史哲》1955 年第 10 期；刘凤翥、李锡厚《元修宋、辽、金三史再评价》，载《社会科学辑刊》1981 年第 3 期；邱树森《脱脱和辽金宋三史》，载《元史及北方民族史研究集刊》1983 年第 7 期；刘子明《试论脱脱的〈宋史·艺文志〉在我国目录学史和文化史上的地位和贡献》，载《内蒙古图书馆工作》1985 年第 2～3 期；王瑞来《漫说〈宋史〉》，载《书品》1987 年第 2 期；周生春《关于辽、金、宋三史编纂的几个问题》，载《历史文献研究（北京新第 1 辑）》，北京燕山出版社 1990 年版；卢钟锋《元代理学与〈宋史·道学传〉的学术史特色》，载《史学史研究》1990 年第 3 期；李绍平《宋辽金三史的实际主编欧阳玄》，载《湖南师大社会科学学报》1991 年第 1 期；孔繁敏《危素与〈宋史〉的纂修》，载《燕京学报》新 2 期，北京大学出版社 1996 年版；高纪春《也谈〈宋史·本纪〉的史料价值》，载《史学史研究》2000 年第 1 期等。这一时期，台湾学者赵铁寒《由〈宋史〉之取材论私家传记的史料价值》，载《大陆杂志》1956 年第 12 卷第 11～12 期和陈明芳《宋辽金史的纂修与正统之争》，载 1950 年 11 月《食货月刊》复刊第 2 卷第 8 期两文，代表了台湾史学界对《宋史》研究的总体水平，具有一定的代表性。

（三）《宋史》注疏和考证文章。由于元代史家撰修《宋史》卷帙庞大，而修书时间较短，造成各种纰缪舛误之处不一而足。在 20 世纪的 100 年中，对于《宋史》的注疏、纠谬、勘误和考证，一直是研究者关注的重点，发表的论文相当众多，取得了极为显著的成就。这方面的成果主要有罗福苌《〈宋史·夏国传〉集注》，载《北平图书馆馆刊》1930 年第 4 卷第 3 期；邓广铭（恭三）《〈宋史·职官志〉抉原匡谬》，载《文史杂志》1942 年第 2 卷第 4 期；方国瑜《〈宋史·蒲甘传〉补》，载《文史杂志》1943 年第 2 卷第 11 期；陈乐素《〈宋史·艺文志〉序文证误》，载《国学季刊》1946 年新第 7 卷第 3～4 期；李范文《"邦泥定国兀卒"考释》，载《社会科学战线》1982 年第 4 期；顾吉辰《〈宋史〉中有关史事记载订误》，载《东北师大学报》1983 年第 4 期；程溯洛《〈宋史·于阗传〉中几个问题补正》，载《西北史地》1990 年第 1 期；戴建国《中华版〈宋史·刑法志〉辨误》，载《古籍整理研究学刊》1990 年第 6 期；张其凡《〈宋史〉点校本献疑》，载《古籍整理研究学刊》1991 年第 3 期；严文儒《〈宋史·宗泽传〉取材考详》，载《华东师大学报》1996 年第 3 期；王曾瑜《〈宋史〉与〈金史〉杂考》，载《历史文献第一辑》，上海社会科学院出版社 1999 年版；舒仁辉《〈宋史〉北宋九朝本纪考证》，载《杭州师院学报》2000 年第 1 期等。上述研究成果，澄清了许多史实记载的错误，对后人正确理解和使用《宋史》极为重要，为研究宋代历史提供了可靠的史料保障，文献研究价值和意义重大。

三、《宋史》研究中存在问题和发展前景

经过几个世纪史家对《宋史》的不断研究，已经取得了可喜的成绩，令人非常振奋和鼓舞。然而也应当清醒地认识到，迄今为止的《宋史》研究中仍然存在着一些问题，有待于今后进一步认识和解决。首先，微观研究较为深入，而宏观研究明显缺乏。从上面对研究状况的回顾可以看出，在《宋史》研究中具体考证成果非常丰富，文章很多，而从整体上对《宋史》进行宏观研究的论文寥寥无几，两者很不成比例。其次，在对《宋

史》的整体性研究中，一般概述编修过程的文章较多，而从理论上做出独到评价的研究文章较少。同时，对于元代诏修宋、辽、金三史大多笼统阐述，而对欧阳玄、张起岩、虞集以及其他参与修史的史家成就，研究成果不多。再次，对于《宋史》的评价，仍然围绕传统问题展开。例如，496卷内容究竟是记载芜滥浩繁还是保存丰富史料，创立《道学传》究竟符合史法还是标新立异，元代史家分修宋、辽、金三史是否完全抛开正统思想？上述问题的存在，制约着《宋史》研究的深入开展和进一步突破，成为今后研究中亟待解决的问题。

当然也应当看到，目前对《宋史》研究同样存在可喜的发展前景，需要大力提倡和积极引导。例如，探讨元代史家以理学思想指导修史究竟利大于弊还是弊大于利？这是从史学理论的高度研究《宋史》，很有必要。又如，研究《宋史》中对两宋治乱兴衰之故的总结，是历史理论中的一项重要内容，可以从新的层面拓宽和深化对宋代历史的认识，很有意义。再如，对《宋史》诸志内容的考察，必须突破过去重勘误而轻研究的局面，需要认真研究各项制度的利弊得失，并且和两《唐书》诸志加以比较，更有利于看到唐宋以来社会制度变革的趋势。随着上述问题和研究前景的深入开展，21世纪的《宋史》研究一定会呈现出崭新的面貌。

张其凡先生与五代两宋军事史研究

在中华人民共和国成立 60 年以来的宋代历史研究中，暨南大学中国文化史籍研究所张其凡先生无疑是一位贡献非常突出的学者。他致力于宋代政治史、军事史、思想史与文献学等领域的研究，已刊论著约 200 万字，成就非常卓著，在国内外宋史研究领域享有较高的声誉。我和张其凡先生认识虽然将近 20 年，但无论在年龄还是学问上，都属于后学晚辈。自知才疏学浅，不足窥其学术崖略，更不敢全面品评其学术成就。回忆 20 年前我刚参加工作的时候，曾经准备以宋代军事史作为研究方向，而稍后和张先生开始接触，也正是以宋代军事问题为契机。所以，这里只就他关于五代两宋军事史研究的成就，谈点粗浅的学习体会。

一

初次认识张其凡先生，是在 1992 年河南大学举办的宋史研究会第 5 届年会上，这也是我第一次参加宋史学界的学术活动。刚刚步入学术圈子的年轻人，对发表学术文章的艰难都有切身感受，不仅投稿命中率很低，而且发表的刊物级别不高，在学术界影响面很小。1991 年，我发表《宋代兵变性质刍议》一文，既然名为"刍议"，不管说得对与不对，总会提出一点看法，姑且算是"见解"吧。所以，张其凡先生在总结 1991 年宋史研究状况时，也注意到了这篇小文，在后来发表的综述里点了我的名字。第 5 届年会期间，我记得当时会议安排游览大相国寺，当熟人介绍我和张先生认识的时候，他马上说出我就是写宋代兵变文章的作者，并且还说由于广州找不到原发刊物，只能在综述里写了一个题目，无法具体表述观点。我当时既惊讶于他的记忆力，连我这样一个名不见经传的人还记得，大有受宠若惊之感；又佩服他谦虚的态度，即使对没有见到我这类小文的全豹仍然感觉遗憾。这种追求学术完美的认真态度，给我留下了很深的印象。

北京师范大学史学探索丛书

第二次见到张其凡先生，是1993年春天在杭州西子湖畔。这年恰逢南宋名将岳飞诞生890周年，杭州岳飞研究会为此举办了"岳飞暨宋史国际学术研讨会——纪念岳飞诞辰八百九十周年"学术活动。在人民出版社张秀平女士的提携下，我去参加了这次学术会议，并且与之合作撰写了《岳家军群体人物研究》的文章。张其凡先生给会议提交的论文是《岳飞军事思想试探——兼论宋代军事思想的发展》。因为这篇文章不仅有深度，而且是一篇从宏观上论述问题的力作，于是被安排在开幕式后的大会上交流。按照国际会议的惯例，每一位在主会场作报告的学者，其论文都必须安排一位学者评议。主办方原定由宋代军事史研究专家毛元佑先生评论张先生的文章，但毛先生因故未能到会，不得不临时更换评议人。由于我给会议提交的也是军事史内容的文章，龚延明先生提议由我来评议张先生的论文。我当时丝毫没有这方面经验，诚惶诚恐，不敢接受。后来考虑龚先生和会议组织者给我提供一次学习和锻炼的机会，应该珍惜，就硬着头皮答应下来。可想而知，那次对张先生论文的点评很不到位，甚至于出现评价失实，缺点不一而足。但张先生不但在事前鼓励我不要拘谨，说怎么评论完全是评议人的事情；而且事后大度地接受了这次低水平的评议，没有表现出任何不愉快。这既让我感到安慰，又缩短了和他之间的距离，为进一步接触和交往打下了良好的基础。

于是，我后来陆续看到张其凡先生撰写的《赵普评传》、《五代禁军初探》、《宋初政治探研》、《宋太宗》、《两宋历史文化概论》、《宋代史》等专著，参与撰写的《中国军事史略》、《中国政治制度通史》等专史的宋代部分，主持编辑的《宋代历史文化研究》、《宋代历史文化研究续编》等书籍，以及点校整理的《张乖崖集》、《宋丞相崔清献公全录》和宋代笔记小说数种。这其中的一些著作，又带着张先生的题签，摆在了我的书柜和案头，成为我和他学术交往的见证，尤为珍贵。

二

五代作为上承隋唐、下启两宋的转折时期，在我国历史进程中具有独特的历史地位。由于这个时期战火连绵，动乱频仍，朝代更迭频繁，所以军事力量显得更为重要。从某种程度上说，"五代为国，兴亡以兵"，实为不刊之论。在五代时期的各种军事力量对比中，中央禁军的地位越来越重要，在五代的政权嬗变过程中起着举足轻重的作用。因此，禁军问题成为后世研究者关注的重要课题。

至今为止，我国学术界在五代禁军的研究方面，已发表过一些论文，取得了一定成绩，但都比较零散，不成系统。张其凡先生在研究宋代兵制的同时，追根溯源至五代，于20世纪80年代相继发表了有关后梁、后唐、后周禁军研究的一批文章，并在此基础上对五代禁军进行更深层次的研究探讨，于1993年出版了《五代禁军初探》一书。全书内容包括5卷：卷1《军号篇》，卷2《将帅篇》，卷3《作用篇》，卷4《宋初兵制改革初探》，卷5《有关五代禁军一些史料的校勘》。本书不论是在宏观的创新研究方面，还是在微观的细节考订方面，都显示出作者深厚的军事理论素养和扎实的学术功力。这部系统研究五代禁军的著作，为后继研究者进一步深入考察五代禁军问题提供了条件。其中的显著成绩，主要表现在以下几个方面。

（一）全书系统考察了五代时期各朝代禁军组织机构以及军号名称的演变过程，对五代时期纷杂的禁军军号进行了系统梳理，给人们了解五代禁军提供了详细完备的知识。

禁军自唐代创建之日起，发展到宋初兵制改革前夕，经历了复杂的变化。张其凡先生在广泛搜集史料的基础上，对此进行了详细考察。他指出：后梁时期，禁军包括六军和侍卫亲军两大部分。后梁六军分别为龙虎、羽林、神武、天武、英武、天威六军，与唐代的左右羽林、龙武、神武六军已大不相同。其具体表现在于，不仅后梁六军在称号上改换了唐六军的名称，而且彼此之间战斗力也大不相同。后梁六军中的龙虎军最为精锐，颇具战斗力，经常参加征战，其余五军则没什么战斗力，后期只系名充数而已。侍卫亲军包括龙骧、天兴、广胜（后改为神威）、神捷四军。龙骧军为马军，天兴军是皇帝的亲卫军，担当拱卫宫阙之责。此四军都是精锐部队。后唐庄宗时期，禁军统帅称蕃汉总管。庄宗得天下后尽情享乐，对于禁军未加整顿，使得禁军名号众多，建制混乱。明宗时期，锐意整顿，创置侍卫马军、侍卫步军，分别以捧圣、严卫为军号。另建控鹤一军，不隶属于侍卫马军或步军，与捧圣、严卫二军鼎足而立，专门负责保卫宫阙。末帝时，改捧圣为彰圣、严卫为宁卫。后晋建国以后，六军无甚作用，侍卫亲军仍分侍卫马军和侍卫步军，仅彰圣改名为护圣，宁卫改名为奉国。侍卫亲军之外，还有控鹤、兴顺二军较为重要，不仅拱卫宫阙，而且有出外屯戍者。后汉的侍卫亲军沿袭后晋军号，侍卫亲军都指挥使居朝掌军参政，枢密使统兵出征，统领禁军，此时出现了"殿前都部署"一职。到后周建国之后，护圣军改称龙捷军，奉国军改称虎捷军。周太祖时期，出现了"殿前都指挥使"一职。殿前军与侍卫马军、侍卫步军三足鼎立。周世宗即位后，殿前军得到了进一步的充实，精锐异常，深得皇帝信任，地位也大大提高，逐渐形成与侍卫亲军并驾齐驱之势。张先生在《军号篇》中对后梁、后唐、后晋、后周禁军论述较详，而对后汉则着墨不多，整体看来有简有繁地阐明了五代时期禁军组织机构和军号的发展变化，使人们清晰地看到五代时期禁军军号及其组织机构的演变轨迹。迄今为止，这种系统而深入的研究在国内尚属首次，具有开创价值。卷末附《五代禁军演变略表》，使人们在阅读前面的文字叙述之后，感觉更加清晰。

（二）张其凡先生搜集大量史料对五代时期担任过侍卫亲军中马、步军都指挥使以上和殿前军都虞候以上的将领进行考察，研究五代禁军领导机制的变化，填补了这一研究领域的空缺。

在 20 世纪宋史研究成绩最为突出的 100 年中，从事五代禁军领域研究的学者并不多，而对这一时期禁军将领的系统考察更是少之又少。这是一项繁琐而艰巨的任务，需要有深厚的学术功底和超强的研究毅力才能胜任。张其凡先生在多年不辞劳苦的研究中，系统梳理了五代时期禁军将领的任职情况，填补了这一学术研究的空白领域。从他的研究中，我们可以发现五代时期禁军将领对历史发展所起的重大作用，其中屡见由禁军将领而跻身成为开国君主的事例。张其凡先生依据五代各朝史料记载，详细考察了禁军统帅的任职情况。对于禁军将帅职位的变化，张先生指出：后梁时期，六军和侍卫亲军各有统帅，直接隶属于皇帝。左右龙虎军统军的地位较高，侍卫亲军都指挥使也常以左龙虎军统军兼任，其余五军统军的地位较低，基本上成了闲职。后唐统帅名号大致经历3次大的变动，李克用时期称蕃汉都校；庄宗时期称蕃汉总管；明宗时期有判六军诸卫事、六军诸卫副使与侍卫亲军都指挥使；末帝时，侍卫马军与侍卫步军分别置帅，而无侍卫亲军都指挥使统管。他还就后晋、后汉、后周时期的禁军职位，以时间为经，将帅为纬，对任职的禁军将帅逐一作了介绍，尤其突出各个朝代掌管禁军的主要统帅。通过对禁军将帅任职情况的介绍，反映出五代时期禁军将帅的重要政治地位及其与皇权之间的微妙关系。在《将帅篇》末尾，张先生绘制《五代禁军将帅简表》附于卷后，给人们阅读提供了莫大的便利，这种叙述方式也深得研究者赞誉。

（三）张其凡先生在揭明禁军军号、将帅发展脉络之后，开始进入理论性探讨，分层剖析五代禁军在当时所起到的作用，这也是全书的精华之一，价值很高。

对于五代禁军的作用，前人有两种截然不同的看法。张其凡先生将其一一列举出来，并通过对五代政权递嬗方式，五代政权递嬗中禁军的作用，五代内外兵力的变化以及对周世宗整军的评价几个方面的研究，来探讨五代禁军的实际作用，指出前人看法孰是孰非。他以具体事例为证，把五代政权递嬗的方式总结为父子或养父子的传授、血战夺权、借少数民族兵力以自立、乘乱崛起和依靠禁军夺权5种形式，指出人们将几种政权更迭方式混为一谈的错误。这是通过对五代政权递嬗认真研究的基础上总结出来的，具有创新性。张其凡先生进而分析这5种政权递嬗方式在五代时期各自具有的历史作用，指出第5种方式即禁军夺权所产生的政权较为稳定，并以后唐明宗李嗣源、后周太祖郭威为例，通过朝廷内外兵力的变化说明五代时期禁军日益强大以及禁军日趋重要的地位，将禁军置于皇权的斗争中来进行考察，证明禁军在政权递嬗过程中起到了决定性的作用。由于禁军日益重要的地位与作用，特别是在拥立皇帝以后，一些禁军的骄惰之习也滋长起来，严重影响了禁军的战斗力，以致出现禁军将领临阵脱逃的状况，此时禁军到了非整顿不可的地步。后周世宗柴荣经过高平之战的失败，深感禁军之不可用，为实现其统一中国的战略，决心整顿禁军，通过选练、招募等办法来去掉禁军的骄惰之习。他招募天下骁勇，使禁军实力大大增强，征伐四方，所向披靡。对于周世宗的整军措施，历代褒赏有加，而张其凡先生通过更深层次的研究，较为客观公正地指出周世宗改革效果有限，不能估计过高。因为周世宗整军的措施主要是因袭前人，并不是自己的创新；整军的结果确实是增强了军队的战斗力，但并没有对禁军变君易主的恶习采取有效措施，所以周世宗死后不久便发生"陈桥兵变"，以致后周政权被禁军颠覆之事。张先生的这种见解，为更全面、更客观地评价周世宗改革提供了新的视角，在历史评价方法论上也有启发意义。

（四）张其凡先生对《资治通鉴》、《旧五代史》、《宋史》三书关于五代禁军的记载纠谬补缺，考误订疑，在许多具体问题上做了大量的工作。这集中反映在该书的《有关五代禁军的一些史料的校勘》部分，最能体现作者考证、校勘的功力和见识。除此之外，他还在书中辨析了《文献通考》径称后梁侍卫亲军为侍卫马步军之误，因为在后唐明宗中期以后，侍卫马步军才成为侍卫亲军的同义语，故而只能称后梁为侍卫亲军，或在京马步军、西京内外诸军，而不能与后来一起笼统称之为侍卫马步军。再如，后唐明宗时期两次整顿军号，《资治通鉴》都没有记载，《五代会要》尽管有记载，却又出现漏载军号的错误。张其凡先生经过对相关资料的详细比勘与考证，解决了这个问题。这类事例不胜枚举，反映出严谨的求真精神和扎实的治学功力。

总而言之，《五代禁军初探》是国内仅见的研究五代禁军的得力之作。作者在广泛搜集史料的基础上，勾勒出五代禁军完整的发展演变过程，开创这一领域的研究之最；以史实为据，通过有理有力的论证，批驳了当前学术界存在的谬误观点，扩展了新知识并推动学术研究向深层发展；通过对史料的精确考证，引导研究者树立严谨的治学态度，培养扎实的治学功力，建立了良好的实证氛围。

三

张其凡先生对两宋军事史的研究，成果更加丰富。这里仅仅根据《五代禁军初探》卷4《宋初兵制改革初探》和《岳飞军事思想试探——兼论宋代军事思想的发展》两文，选取他论述宋初兵制改革和宋代军事思想两方面的问题，窥一斑而见全豹，其他问题恕不俱论。

（一）北宋赵匡胤通过"陈桥兵变"夺取后周政权，在性质上和五代一脉相承。但宋初的兵制改革，则从根本上消除了唐末五代以来的武将专兵格局，把武人政治转变为文官政治，取得了极大成功。张其凡先生研究宋史具备会通意识，认为宋初的兵制改革是针对五代兵制存在的种种弊端而进行的，是五代兵制演变的一个总结，为读者展示了一个完整的五代两宋禁军发展图卷，非常完满。

张其凡先生分析了五代禁军是五代政权频繁更替，不能建立长治久安的重要原因，指出宋初进行兵制改革的必要性。由禁军小校升至禁军将帅进而黄袍加身的宋太祖赵匡胤，在即位后非常重视对禁军的控制。他将后周原来与自己比肩齐名的禁军高级将领罢免，任用自己的亲信主管禁军。然而这只是治标不治本的做法，禁军将领发动兵变这个心腹之患并未消除。只有从军事制度上彻底改变武人专兵的局面，才能最终解决问题。由此看来，仅仅注重加强对禁军将领的控制而不进行兵制改革，那么赵宋政权将会沦为继五代之后第 6 个短命皇朝。宰相赵普对禁军为患的认识却比赵匡胤深刻得多，更多地是从制度层面考虑问题，屡屡劝赵匡胤建立制度保障，强调应该著为万世遵守的典则。张其凡先生在现存宋代史料对赵普关于兵制改革措施记载甚少的情况下，敏锐地察觉到赵普对于兵制改革有一套完整设想，只不过由于必须借助于皇权的支持才能实行，所以这些措施也就算在了皇帝赵匡胤名下，史籍上不复记载赵普的任何建议了。这实际上已经触及到中国古代皇权和相权之间一个规律性的问题，是很有史识的学术见解。

张其凡先生对宋初兵制改革的内容与特点深入细致地加以探索，并与后周世宗柴荣对禁军的整顿加以比较。首先，周世宗整顿禁军，严明军纪，淘汰老弱，招募天下勇士，士卒精强，实力大增。但是，由于精锐强悍的禁军掌握在统兵将帅手中，给图谋篡位的野心家带来极大的便利条件。赵匡胤正是这种格局的受益者，当然不愿意重蹈覆辙，所以接受赵普的建议，采用"杯酒释兵权"方式解除了宿将统兵的权力。其次，周世宗改革兵制，侧重于制置士兵，而宋初的兵制改革，主要表现在对武将的制置，可以说是对周世宗整军的弥补和完善。赵匡胤对禁军将帅的任用，一直以才庸无谋、忠实易制为原则，防止将帅中出现难于驾驭的野心家发动兵变。同时对将帅的权力严格限制，一般不派三衙高级将领领兵出征，也不许禁军将帅身边有心腹亲兵，防止养成私家势力，尾大不掉。最后，周世宗整军并未消除藩镇之患，而宋初的兵制改革真正消除了武人篡权的心腹之患。张先生通过介绍太祖制置武将的改革策略及分散兵权、加强禁军选拔等一系列改革措施，总结出宋初兵制改革的五大特点。他指出：综而言之，太祖时期兵制改革，有五大特点：握兵权、调兵权与统兵权三者分开；重视选拔、补充与校阅；严阶级、劳其力；禁军将士待遇优厚；弱枝强干，内外相维。这种新型的兵制不仅消除了变起肘腋的心腹之患，保障了赵宋皇朝统治的稳固，而且奠定了北宋一代的兵制基础，为后世所遵循。宋初兵制改革的基本原则和特点，在北宋一代没有大的变化。这个结论非常正确，大大深化了对这一领域的研究。

张其凡先生一方面肯定了宋初兵制改革的成功性、有效性，认为改革保证了军队的长期稳定以及社会生产的稳定发展，另一方面也指出宋初兵制改革存在的不足之处，给后世带来不好的影响。他认为成功之处有三：首先，宋初的兵制改革，成功地消弭了腹心之患，结束了100多年武人左右政局的局面，使赵宋皇朝没有变成继五代之后的第6个短命朝代，达到了改革的目的。其次，宋初兵制改革的成功，保证了军队的长期稳定，从而实现了宋初统治者所期望的长治久安。在北宋160多年的统治中，军士们没有再能够危及统治者，大的兵变没有再发生过。最后，宋初兵制改革的成功，使宋初统治者有了一支精锐和可靠的军队，并依靠它，蒹灭了南北8个割据政权，基本实现了统一。从以上3个成功的方面来看，宋初的兵制改革应当肯定。但是，不利方面在于通过改革，形成了猜忌和压制武将的惯例，也形成了重用庸将的惯例，从而使北宋一代几乎找不到什么名将可言。另外，北宋一代大的兵变没有，小规模的兵变却时有发生。这一切虽然不能要求宋太祖赵匡胤完全负责任，更多地应当归咎于后来的统治者，但不能不说和宋初改革兵制有关。这样评价历史，既没有苛求前人，又具有辩证思想。

（二）关于宋代军事思想的发展状况，无疑是宋代军事史研究领域的重大问题。张其凡先生对南宋名将岳飞有深入研究，然而并非孤立地就事论事，而是为充分认识和理解岳飞的军事思想，给予其恰当的历史评价的需要，高屋建瓴地揭示出宋代军事思想发展大势。他指出：综观宋代军事思想的发展，大略而言，经历了 4 个阶段：北宋太祖、太宗、真宗 3 朝；北宋仁宗、英宗、神宗、哲宗、徽宗、钦宗 6 朝；南宋高宗、孝宗、光宗、宁宗 4 朝；南宋理宗、度宗、恭帝 3 朝，包括帝昰、帝昺时期。这样划分，既兼顾宋史的分期，又主要侧重军事思想本身发展的阶段性，非常合理。接下来，张先生就 4 个发展阶段的特点，详细论述。

第一个阶段 62 年，是宋朝的建立和巩固时期，各种制度在此期间确立定型。宋初对将帅严加防范，必须严格执行成命，兵书之类成为禁书，军事学术呈现萧条局面。这个阶段军事思想的发展，主要体现在许洞撰写的《虎钤经》一书。该书对《孙子》、《太白阴经》等军事著作的军事思想有所发展，主张"用兵之术，知变为大"，在北宋前期寥若晨星的兵书中属于凤毛麟角，显得尤为可贵。

第二个阶段 105 年，是宋代军事思想的重要发展时期。这一时期军事学术的发展，主要依赖于官府的提倡和鼓励。北宋中期以后，由于宋夏战争频繁，朝廷开始重视军事。庆历新政和熙丰变法期间，朝廷建立武学，开武举考试，极大地刺激了士人对军事问题重视的热情，军事著作如雨后春笋般涌现，军事学术呈现出繁荣兴盛局面。在这个阶段中，有代表性和能够反映军事思想发展的著作，是《武经总要》、《何博士备论》、《百战奇法》三书。它们对战争观、战略战术、治军思想、训练技术等各方面均有论述，丰富了中国古代军事理论内涵。

第三个阶段 98 年，是宋代军事思想发展的高峰时期。在这个阶段里，绵延持续了约 80 年的宋金战争，使南宋朝野不能不分外关注军事，探讨军事理论，总结防御经验。在战争中成长起来的一批将帅，不仅积累了大量的实战经验，而且还留下了一批著作。较为重要的是《守城录》、《历代兵制》、《美芹十论》、《酌古论》、《翠微北征录》以及岳飞的论著，这些著作反映了这一时期军事思想的高潮。其中岳飞的军事思想，最具代表性，内容可以归纳为"训士以德、为将谋先、严以治军、临机制胜、各用其长"5个方面；特点可以总结出"实践色彩鲜明、下层意识浓厚、注重知己知彼而能百战不殆、具备进取精神"4个方面。岳飞军事思想的最大价值，无疑是发展和丰富了大兵团进攻作战的战略战术思想，是两宋军事思想宝库中不可多得的一笔珍贵宝藏，为这一时期军事学术的发展作出了突出的贡献。

第四个阶段54年。尽管在相持40余年的宋蒙战争中，不少将帅英勇善战，屡创蒙军，建立了赫赫战绩，但却没能留下传世的军事著作。这一时期引人注目的事件，就是《武经七书》的定型，成为武学、武举和将帅必读的经典著作，在武学典籍中享有崇高的地位。

以上就张其凡先生在五代两宋军事史研究领域中的主要成就作了简要叙述，难免挂一漏万，很不全面。幸好张先生的大著遍布寰宇，读者很容易看到，本不待我饶舌而后知。写至此处，忽然想起清代学者章学诚给好友邵晋涵的《与邵二云论修宋史书》里一段话。他说："约计吾徒著述之事，多在五十、六十之年。且阅涉至是，不为不多，中间亦宜有所卓也。"这就是说，研究社会科学尤其是历史科学的学者，不仅需要聪明才智，更有赖于社会阅历。当知识、阅历积累到五六十岁的时候，已经达到很高深的程度，必然形成一个撰述高潮，而且可以撰写出卓有见识的学术精品。张其凡先生年龄正当其时，学术亦足以相副，一定会继续拿出超越自己和超越他人的史学名著。在此，祝愿张先生永葆学术青春，不断给我辈后学提供更多更好的精神食粮，嘉惠史界，嘉惠学林。

《范仲淹戍边》^① 序

古人云："太上立德，其次立功，其次立言。"在中华民族几千年文明史上，曾经涌现出无数可歌可泣的历史人物。他们不但影响了当时的社会，推动了中国历史的发展；而且给后世留下了宝贵的精神财富，激励着后人继续前进。在这些历史人物中，或者因某一方面建功立业而受到后世景仰，如孔子、李世民、顾炎武等，或者在其身后各个历史时期后人评价分歧较大，如曹操、岳飞、曾国藩等。欲求在道德、功业、文章各方面均有建树之人，实为凤毛麟角，千载难逢。按照这个标准考察历史人物，北宋范仲淹可谓当之无愧。因此，1000多年来缅怀和研究范仲淹的文章一直不断，完全有资格作成一部《范仲淹研究史》。特别是在当前，掀起了一股全国乃至世界范围内的范仲淹研究热朝，更有深刻的社会背景。

在道德品质方面，范仲淹继承儒家文化以天下为己任的思想，希望通过塑造高尚的理想人格和完美的神圣形象对政治生活和社会风貌发挥重要影响。少年时的范仲淹崇尚经天纬地之业，树立了济天下苍生的远大理想。针对唐末五代以来的武人政治统治，造成文治不兴、礼乐崩溃、士风浇薄、斯文扫地，儒学极度式微，士大夫缺乏道德廉耻和忠孝节义价值观念，整个儒士群体的精神面貌萎靡不振的社会局面，范仲淹振臂倡导树立奋发向上、积极进取、超越个人利益得失和关心国家前途命运的思想风气，抨击士大夫阶层苟且偷安、明哲保身的精神状态。由于范仲淹的大力倡导和身体力行，到北宋中叶以后，儒家以天下为己任的经世责任意识不仅得以复兴和发扬光大，而且成为宋代士大夫阶层普遍行为准则。在这一时代洪流中，范仲淹不但肩负起历史的使命和时代的重任，成为复兴儒学精神的领袖，而且被后世历代仁人志士所效法，成为历代士大夫理想人格的道德楷模。

---

① 刘文戈：《范仲淹戍边》，西安，三秦出版社，2009。

北京师范大学史学探索丛书

在建功立业方面，范仲淹表现出卓越的政治和军事才能。范仲淹是北宋时期著名的政治家，也是我国古代实践民本思想的典范。他的民本理念及其实践活动，主要体现在忧国爱民，救民众于灾难，为民务实实干，顺民意得民心等方面，不仅对封建社会的政治产生了深远的影响，而且对今天的现实社会也具有借鉴意义。范仲淹主持的"庆历新政"，整顿吏治，以厚禄养廉；改革贡举制度，兴办学校，培养德才兼备的合格人才；减轻徭役，以省民力；发展农业，兴修水利，重视富国之本。这些都体现了他以天下为己任的崇高思想，同时也为此后历次改革提供了可资借鉴的宝贵经验。范仲淹历任地方官，为官一任，造福一方，躬身实践民本思想，如在泰州修筑捍海堤堰，在苏州疏浚五河，在杭州发明"以工代赈"之法，对当时及后世都产生了深远的影响。范仲淹在陕西任职期间，上表请求朝廷借鉴历史上成败得失，引以为戒，提出防御西夏"抚纳"与"攻守"兼备的策略。他提出的"以盟好为权宜"，"以攻守为实事"的方略，成为创建对西夏积极防御战略体系的核心思想，对于迅速扭转北宋在宋夏战争中的不利局面起到了关键作用。范仲淹的上述功绩，奠定了其作为政治家和军事家的历史地位。

在立言寓教方面，范仲淹倡导朝廷和地方兴办学校，对宋代士风的转变起了关键作用。他所作的散文《岳阳楼记》，成为传诵千古的名篇佳作；而所填的《渔家傲》、《苏幕遮》则是著名的宋词，意境高远。尤其是范仲淹把历代士大夫忧国忧民的情感升华为内涵深邃的忧患意识，超越了个人情结，升华为普遍的历史感与现实感。他不赞赏古人遇困境"则有去国怀乡，忧谗畏讥，满目萧然，感极而悲"和逢顺境"则有心旷神怡，宠辱偕忘，把酒临风，其喜洋洋"两种境界，而追慕古人先忧后乐的高风亮节，吟出了"先天下之忧而忧，后天下之乐而乐"的千古绝唱。范仲淹之所以要效法古人以天下之忧为忧，以天下之乐为乐的行事原则，归根到底还是关注现实社会的前途命运。他的"先忧后乐"名句，成为千百年来志士仁人的座右铭，堪称古人"立言"的典范，其价值已经超越特定的时代背景，成为中华民族宝贵的精神财富。

正因为范仲淹的品格无比高尚，政绩非常突出，思想博大精深，所以引起当今许多专家学者的潜心研究，撰写出大量的专著和论文。有的是从整体上论述范仲淹的各方面成就，有的是针对范仲淹某一个领域的建树作出精深研究，有的是从宏观上阐述范仲淹的思想，有的是专门探讨范仲淹在某一地区作出的政绩，从而把学术界对范仲淹的研究推进到空前深入的水平。在这些研究成果中，甘肃省庆城县政协主席刘文戈先生作出了重要贡献。他集中力量研究范仲淹任庆州知州期间的政事，曾经撰写《范仲淹知庆州》一书，取得了可喜的成绩。此后仍然兴味无穷，继续笔耕不辍，相继撰写出一系列研究论文、考证资料和戏曲剧本，利用各种形式表达对范仲淹的敬仰之情。作者拟将这些研究成果汇集成册，题名为《范仲淹戍边》出版发行，以飨读者，是一件很有学术价值和现实意义的事情。

首先，本书紧密结合范仲淹戍边时期的历史，考察其各种思想和策略的形成与内涵。作者分篇论述范仲淹戍边时期的民本思想、军事思想、民族思想，以及防守策略、用人方略，都是建立在具体的历史事实基础之上，论据充分，史实确凿，避免了抽象的议论和笼统的解释，言之成理，令人信服。毋庸讳言，当前的范学研究成绩固然伟大，弊端也不可避免。最明显的问题，就是仅仅根据范仲淹某一特定时期针对某些事件形成的认识或思想，作出带有普遍性的论断，求之过深，出现无限拔高的倾向。研究者的主观意图固然不错，但结论却不符合历史事实，名为敬仰范仲淹，实际上反而歪曲了其真实形象。刘文戈先生从范仲淹戍边的历史事实出发，对范仲淹作出知人论世的研究和评价，这种研究方法非常可取。

其次，作者利用身处其地的天然优势，对范仲淹知庆州时期鲜为人知的历史事实以及相关的人文地理加以考证，披沙拣金，时有获宝。书中对细腰城、大顺城以及陕甘某些城寨地理方位的考证，对全国最早给范仲淹立祠为庆州和苏州保存的宋代范仲淹刻像最初来源于庆州的考证，都有根有据，可以确定。回忆25年前我在地处西北的兰州大学撰写硕士毕业论文《宋代骄兵问题初探》，当西北师范学院宋史研究专家陈守忠先生给我答辩提问时即指出论文没有写庆州兵变的缺陷。刘文戈先生居住地甘肃庆城即古庆州之地，耳熟能详，所以在书中专门记述了北宋庆州的这场兵变。其结论认为庆州兵变原因之一为"边关将骄兵惰，任意肆为"，和我对宋代兵变性质的认识完全一致。本书这类拾遗补缺、填补空白的内容很多，有助于增进对范仲淹以及相关历史知识的全面认识，颇有价值。

再次，作者在书中史论结合，深刻阐发对范仲淹文章的历史感悟，为今天的现实社会寻求历史的借鉴。例如，对宋代御边"攻守议"的认识和评价，对吕夷简举荐范仲淹戍边居心的考察，对范仲淹几通碑铭的读后感，以及对范仲淹所作诗词的解析，都提出了自己的真知灼见，给人以启发。尤其是作者具有引古筹今的历史意识，把古今历史联系起来解读，更具有现实意义。正如作者所言："我衷心地希望范学研究与当代中国建设和谐社会和推进社会主义新农村建设等时代精神有机结合起来，与时俱进，不断创新，获得更加深入的发展。"众所周知，研究历史不是要孤芳自赏和发思古幽情，而是要出其所学为社会服务，用历史智慧之光照亮未来社会的前程。在这方面，研究地方史更容易作出成绩，发挥现实作用。

最后，需要说明的是，刘文戈先生研究范仲淹的时间比我长，于我为学术前辈。他不耻下问，索序于后学，令我诚惶诚恐。虽敬谢不敏，然屡辞不获。顾念缅怀范公伟绩，弘扬范学精神，我辈学人负有义不容辞的责任，且有以成刘先生谦逊之美德，故不揣谫陋，弁言简端，羞为书序。

《两宋财政史》评介

　　汪圣铎先生的专著《两宋财政史》，作为国家古籍整理出版规划小组学术委员会编辑的首辑《中国传统文化研究丛书》中的一种著作，已于1995年7月由中华书局出版。

　　《两宋财政史》的出版，填补了宋代财政史研究的空白。20世纪以来，中国断代财政史研究中汉代和唐代的财政史专著都已在国内出版。宋代的财政在中国历史上具有典型性，对中国封建社会经济发展有深远影响。两宋时期一方面是社会经济高度繁荣，而另一方面又出现国家财政危机，社会积贫积弱，对这一矛盾现象很有必要全面系统研究，揭示财政与当时社会的政治、经济之间的关系。然而，目前国内出版的几部中国财政通史中，对宋代财政的论述非常薄弱，缺乏深度。半个世纪前，日本学者曾我部静雄撰《宋代财政史》，首次对宋朝断代财政史作了专门研究，但因该书用过大篇幅讨论役法问题，且各部分内容之间缺乏连贯，故对宋代财政内容未能深入展开讨论，无论在深度和广度上都嫌不够。如今半个世纪过去了，宋代财政史中有许多问题期待解决，况且国内外不少宋代经济史专家发表了大量宋代财政史专题论文，又出现了许多新问题。这就要求宋代财政史研究必须在整体上达到更高水平，把现有研究水平大大向前推进。汪先生写《两宋财政史》，力图从整体上对宋代财政进行宏观概述，把宋朝财政看做一个开放的整体系统，将其各个方面看做彼此紧密联系的子系统，突出刻画整个系统的性质和结构，刻画母系统与子系统、各子系统之间的联系，从而勾勒出宋代财政发展的总体面貌。该书不仅是国内第一部系统研究宋代财政史的专著，而且把宋代财政史研究的整体水平提高到前所未有的高度。

　　本书条理清晰，结构严谨，内容充实。全书共分3编，66万多字，从纵横两方面对宋代财政做了详细剖析。第1编为《两宋财政发展史概述》，把宋代财政发展史横向划分为5个时期，即宋朝全盛时期的财政、熙丰改

北
京
师
范
大
学
史
学
探
索
丛
书

革时期的财政、北宋衰亡时期的财政、南宋"中兴"时期的财政和南宋没落衰亡时期的财政，扼要概述了每一时期的财政状况，从宏观角度勾勒出两宋财政兴衰的全过程。第2编为《两宋财政的收入与支出》，较为详细地纵向考察了两宋王朝财政收入和支出的各种情况。作者认为宋朝财政收入包括田赋、代役税与人丁税；禁榷收入；工商税、官工商业及官用收入；科举、和预买绢、卖官鬻牒及隶于经总制钱的杂收入；铸币、信贷收入5项。财政支出则包括军费开支、皇室及官吏支费和其他公共事务开支3项。第3编为《宋朝财政的管理体系与设施》，对宋朝从中央三司、户部到地方路、州、县的财政管理体制以及财政转输、会计、检察和审计制度作了介绍。作者并未把宋朝财政设施和相关典章制度视为静止不变的历史现象，而是把宋朝财政整体及其各部分都看成是与外界联系并不断发展变化的历史过程，通过揭示其发展变化，使读者能够了解宋代财政结构的整体运作情况。全书这样统一布局，既做到了主次分明，又做到了详略得当，巨细无遗，系统展现出宋朝财政全貌。本书结构上的另一个特点是注重计量分析。作者在考察宋朝财政结构时，非常注意各种数量关系，尤其是财赋数量关系。为使读者明确认识财政结构及其性质，不仅在正文叙述中插入许多具有说服力的简明图表，而且在书末附制了64份表格，考察各项财政收支转移的数量及其比例关系。这些表格数字准确，形式鲜明，不但具有很大参考价值，同时也给读者提供了极大的方便。

汪先生研究宋代财政史多年，发表了不少专题研究论文，又吸收和融会了前人和今人的学术成果，查阅了正史、杂史、文集笔记、方志碑刻数百种史料，积数年之功力，撰成《两宋财政史》。正因为作者治学严谨，功力深厚，因而在书中提出了不少的独到见解，观点新颖，发前人所未发，取得了引人瞩目的成就。例如，第1编中把熙丰变法时期的十几年作为一个独立时期，深入探讨了王安石推行新法的财政效益，最后得出结论，新法没有起到预期的促进生产发展的作用，财政收入的增加没有获得预期的幅度，更没有递增的效果。这样分析不囿成说，证据确凿，颇有新意。第2编中通过大量事实分析，揭示出宋代财政收入的主要部分中禁榷收入与两税收入数量接近，而且以货币形式征收的禁榷收入是宋朝收入的主要货币来源，在财政中占有独特的地位。这一重要的经济现象不仅对宋朝财政有很大影响，而且表明宋代社会经济发展到一个新台阶。以货币形式征收的工商税在宋代财政中也占较大比重，在社会经济发展中具有重要经济意义。第3编中对中央三司和户部理财的特点以及两种体制的嬗替作了细致的剖析，澄清了宋史学界的一些模糊混乱的认识。尤其应当指出的是，作者对宋朝地方财政体制的分析很有特色。以前研究财政史的学者，大多注重研究中央财政而忽视地方财政。汪先生通过辛勤爬梳史料，对宋代路、州、县三级地方财政逐一考察，拓宽了研究领域。

以上只是举其荦荦大者，至于书中许多真知灼见，读者看原著自会发现，毋庸我饶舌了。

评《宋夏关系史》

公元 10 至 13 世纪，是我国历史上多民族发展与融合的一个重要时期。汉族、契丹族、党项族、女真族、蒙古族等民族是当时中国大地上的主要民族，并且都建立了自己的政权，对历史的发展作出了自己的贡献。近半个世纪以来，我国史学界对历史上的汉族与契丹族、女真族、蒙古族之间的民族关系研究比较深入，发表的专著有陶晋生的《宋辽关系史研究》、沈起炜的《宋金战争史》、胡昭曦和邹重华的《宋蒙（元）关系史》等力作。相比之下，对当时汉族建立的两宋政权与党项族建立的西夏政权之间关系的研究，则显得比较薄弱。可喜的是，河北人民出版社 1998 年出版了李华瑞先生的《宋夏关系史》，填补了这方面整体研究上的空白。

本书的特点之一是作者站在现代民族平等观念的高度，力图平等、客观地叙述宋夏政权之间的民族关系。史家研究历史，既要尊重历史的客观性，又必须从现代意义上对历史作出科学的阐释。前人研究宋夏关系，大都从汉族大一统观念出发，一味扬宋抑夏。且不论元代史臣不为西夏修史，即使当代研究宋夏关系的史家，也不乏囿于传统观念之局限，自觉与不自觉地扬宋抑夏。李华瑞先生从民族平等观念出发，均衡地叙述宋夏关系，史学意识是相当明确的。因此，作者在说明西夏暂时割据一方的客观历史与历代人民维护国家统一、领土完整趋势之间的辩证关系时，得出了新的结论："西夏对西部的统一和北宋对南部的统一一样，是安史乱后由分裂重新走向统一大趋势中，由小割据走向大割据，再由大割据走向新的一统历史链条上重要的一环。从这个角度出发，李继迁的叛宋活动在客观上顺应了统一进步的历史潮流，由此李继迁的历史作用将得到新的评价。"这样就能真正把西夏历史作为断代史或朝代史的重要性大大提高，充分肯定西夏立国的历史作用。

本书的特点之二是作者在国内首次以专著的形式全面论述了宋夏关系的各个方面，视野恢弘，结构新颖。首先，从全书的结构来看，第 1 章至

第 4 章论述了宋朝的对夏政策以及两宋与西夏关系发展的历史，第 5 章至第 9 章论述了宋夏之间的战争及其原因，第 10 章至第 12 章论述了宋夏与周边民族的关系以及宋夏互聘交往，对宋夏关系各方面的问题作了全面论述。其次，本书以宋夏关系为主，兼论宋辽、宋金、夏辽、夏金之间的关系，还涉及宋夏与周边少数民族之间的关系。由于这一时期我国境内民族政权并立，相互交往频繁复杂，如果不考察各个不同时期存在的政权对宋夏政权的影响，显然不能真正看清宋夏关系。所以，本书专门撰写了"宋夏与辽的三角关系"和"宋夏对吐蕃、党项诸族的争夺"两章，重点论述了辽朝对北宋制夏政策的影响、结局和吐蕃潘罗支政权、唃厮啰政权对宋夏关系的影响。这就使本书显得研究范围广泛，巨细无遗，超出以往的研究成果。

本书的第三个特点是理论分析透彻，作者以马列主义民族理论为指导，提出了许多前人未发的新论。书中并非仅仅从历史的角度叙述宋夏关系，而是对宋夏关系上升到了理论认识的高度。例如，对西夏侵宋的原因，过去多归罪于西夏的贪婪和残忍，而"本书拟以唯物史观关于各民族之间的关系，取决于每个民族的生产力、分工和内部交往的发展程度的基本原理为指导，从宋夏不正常的经贸关系探究个中原因"。通过论析北宋对西夏不正常的贸易政策，得出了"宋夏间不正常的贸易关系是西夏侵宋的主要原因之一"的结论。再如，对宋夏之间进行的战争，能够从军事学理论的角度，写出了关于中国宋夏历史的《战争论》。类似的理论分析在书中比比皆是，从而突出了本书的理论特色。

《吴玠吴璘研究资料选编》评介

　　吴玠、吴璘是南宋初年著名的抗金将领，对南宋历史产生过巨大影响，应当成为宋史研究的重要课题。但是，与同时期的主战派人物张浚、岳飞、韩世忠等人相比，不仅宋代史籍中正面记述吴氏兄弟的材料比较分散，而且后代学者的研究也不成体系，仍有许多重要问题留待深入探讨。为使这份珍贵的历史遗产得到应有的发掘、研究和评价，弘扬爱国主义精神，吴氏的家乡甘肃省庄浪县政协编辑了《吴玠吴璘研究资料选编》一书。该书54万多字，柳林任主编，和涛、丁广学任副主编，由甘肃人民出版社1997年7月出版。本书具有以下3个特点：

　　第一，体例精当，内容全面。本书编者虽然谦称这是一部关于吴玠、吴璘研究资料的选编，但实际上他们收集的资料非常全面，不但有历代正史、私史和文人笔记文集中的资料，而且收录大量考古文物资料，特别是新中国成立以后我国史学工作者撰写的数十篇专题研究与考证文章，更有价值。可以说，这部书收集了关于吴氏抗金事迹各个方面的资料，范围相当广泛。在编排体例上，编者广泛征求有关专家的意见，经过认真讨论，确定了严谨的体例。全书内容共分4部分。第一部分内容为论述，按发表时间先后顺序编辑了解放后我国学者撰写的有关吴玠、吴璘及其后人事迹的专题研究论文；第二部分内容为考证，基本上是按照文章考据分量的轻重编订关于二吴事迹及其相关史实的考实性文字；第三部分内容为评介，是一般性评论与介绍吴玠、吴璘抗金史实的文章；第四部分内容为附录，收录与吴氏相关的各种文献与实物资料。这4部分内容相互补充，形成全面研究和认识吴玠、吴璘事迹与功绩的丰富的资料汇编。

　　第二，纵贯古今，荟萃精华。本书汇集了从古到今近千年的史料，选材跨度非常大。从文献资料来看，最早的是吴玠、吴璘上疏和宋政府给二人下达的诏谕，又收集历代地方志中的资料，直至今人编辑的年表、索引等。从实物资料来看，最早当为吴玠、吴璘的祠庙等处题跋，中间包括历

宋史瞥识

《吴玠吴璘研究资料选编》评介

代文人撰写的墓志铭、祠碑记等，直至今人考察二吴故里所获得的大量考证资料。专题研究与评介类文章，既有已故的著名宋史研究专家于 1950 年代发表的力作，也有宋史学界的后起之秀于 1990 年代撰写的文章，反映出学术研究的水平不断提高，研究队伍的阵容不断壮大。在这些文章中，不乏成一家之言的上乘精品。譬如，李蔚先生的《吴玠吴璘抗金史迹评述》是较早对吴氏兄弟的抗金活动做出全面评价的文章，至今仍为人称誉。王曾瑜先生的《和尚原和仙人关之战述评》通过比较研究，得出吴玠首挫金兵而建节，功仅次于岳飞而居他将之上的公正结论。张邦炜先生的《吴曦叛变原因何在》对吴氏后人吴曦反宋降金的原因作了剖析，其研究的视角与得出的结论都令人耳目一新。其他文章也大多是披沙拣金，时有获宝，这里不再一一介绍，读者阅读此书自会有公正的评价。

第三，资料翔实，价值较高。众所周知，研究历史不能离开材料，因而有价值的资料选编对深化历史研究的意义是不言而喻的。本书取材丰富，翔实可靠，其价值主要表现在两个方面：一是对于研究吴氏家族乃至南宋政治军事提供了详细的资料。本书附录部分基本上收录的是原始材料，包括各类史书记载的吴氏传记、吴氏及南宋臣僚论川陕形势的奏议、宋廷颁赐吴氏的诏谕、吴玠吴璘诗文、与川陕战局相关内容杂录、后人所作吴氏年表、今人所编资料索引，共 7 部分内容。这样全面地收集资料，无疑给研究吴氏家族的历史提供了极大的方便。尤其是庄浪县政协的同志除对本县吴玠、吴璘遗迹作了多次详尽考察和研究以外，还先后 5 次深入陕、甘、宁等省区的许多地区，获得了大量有关吴氏故里、墓葬、庙祠、遗迹的实物资料，收入本书，这更是一般人所难以得到的宝贵资料。他们把多年积累和整理的资料汇编起来，公诸于世，嘉惠学林，让更多的人能够了解、研究这段历史，这项工作有很大意义。二是通过弘扬先烈的爱国主义精神，促进社会主义精神文明建设，具有不可估量的社会价值。本书选编的论述、考证和评介 3 组文章，是专门考证和研究吴玠、吴璘抗金事迹与南宋西北战场的论著，通过阅读上述文章，使人们对二吴的历史形象的认识逐渐清晰明朗，其地位和作用越来越为人们所重视。他们身上闪耀着强烈的爱国主义精神，这种抵御外侮、坚韧不拔的民族气节，是他们留给后人的一份宝贵的精神财富，今天仍然需要继承和发扬。

目前，吴玠、吴璘研究又有新的进展。此书出版前后，杨倩描先生的专著《吴家将——吴玠吴璘吴挺吴曦合传》已由河北大学出版社出版。但是，这部丰富的资料汇编的价值却是不可替代的，它对深入研究吴氏历史必将起到促进作用。

读《简明西夏史》

我国是一个统一的多民族国家，各族人民共同创造了中华民族悠久而光荣的历史与文化。只有全面研究各族人民的历史，才能了解我国历史发展的全貌，掌握社会演变的规律，以史为鉴，更好地为今天的社会主义现代化建设服务。李蔚先生的新作《简明西夏史》，就是在这方面所作的深入探讨和有益尝试。本书由人民出版社 1997 年 10 月出版，内容共分 8 章，约 30 万字，简明扼要但又全面系统地叙述了 12 世纪前后我国境内以党项羌族为主体的西夏王朝兴起、建国、发展和衰亡的历史，在断代史和民族史研究方面都取得了可喜的成绩。

首先，作者把西夏历史放到中国历史发展的长河中加以考察，对西夏王朝的历史地位给予了充分肯定。在 12 世纪前后，中国境内同时存在着几个民族政权。东部和东南部地区先后有北宋与南宋王朝，西南部地区有吐蕃和大理政权，西部地区是高昌诸小国，北部地区有蒙古政权，东北部地区先后有辽、金王朝，而西北部地区则是西夏王朝。西夏王朝是今天中国版图内以党项羌族为主的各族人民共同创建的封建王朝，是我国历史不可分割的组成部分。西夏王朝从公元 1038 年元昊正式称帝建国，到公元 1227 年被蒙古政权所灭，前后 190 年。如果上溯至公元 881 年拓跋思恭建立夏州地方政权，则其立国长达 347 年，比同时存在的两宋长 27 年，比辽朝长 137 年，比金朝长 227 年。然而，历代封建史家囿于封建正统观念，大都不承认西夏政权的合法性，否定西夏王朝的历史地位及其作用。例如，宋末元初的著名史家马端临就完全否定了包括西夏王朝在内的河西地区历代少数民族政权的历史地位，对它们的评价带有严重的民族偏见。又如，元代史家修撰《宋史》、《辽史》和《金史》，唯独不给西夏单独修史，仅仅把西夏的事迹简略地附于三史末尾，除了西夏史料湮没等原因以外，显然与不承认西夏的正统地位有关。李先生用马克思主义的阶级分析方法，对上述观点作了批判。他在本书的《前言》中明确指出：

中国是一个统一的多民族的国家，中国的历史是中华民族各族人民共同创造的历史。正如毛泽东在《论十大关系》一文中所指出："各个少数民族对中国的历史都作过贡献。"在 10 至 13 世纪期间，先后与宋、辽、金鼎立，统治近 200 年的西夏王朝，曾经组织领导其境内的以党项族为主体的各族人民，发扬爱国主义精神，在极其艰苦的条件下，从事生产斗争和军事斗争，开展同周边邻国的经济文化交流，发展了社会经济和文化，为开发祖国的大西北，做出了不可磨灭的贡献。它的兴起、发展和衰亡的历史，是我国历史不可分割的有机组成部分。

这种观点是非常正确的。作者还指出，解放以后我国史学家用马列主义的立场、观点和方法评价西夏的历史地位，都不同程度地肯定了它在历史上的作用和贡献，但究竟应当从哪些方面加以肯定，论述得并不充分，仍然是一个有待深入研究的问题。作者通过认真细致的研究，得出了明确的认识，认为西夏的历史地位表现在 4 个方面。一是西夏对河西地区的局部统一，是唐末五代藩镇割据向元朝政治大一统转变的中间环节，它顺应了历史发展趋势，具有深远的历史意义。二是西夏的立国对我国西北地区的经济开发作出了一定的贡献，这对改变祖国西北经济发展的落后面貌起到了积极作用。三是西夏统一河西地区，加强了西北边疆同内地在政治、经济、文化各方面的交流，这对缩小边疆地区与内地的差距意义重大。四是西夏立国之后大力发展文教，不仅为自己培养了大批文臣武将，而且为元朝统治者储备了大量人才，对于提高西夏境内各族以及整个中华民族的文化水平作出了贡献。这样的论述，不但能够成一家之言，而且对于人们明确认识西夏的历史地位具有指导意义，说明作者对西夏史的研究已经达到了较高的理论层次和学术水平。

其次，《简明西夏史》在已经出版的同类著作中以框架新颖、结构完善而独具特色。众所周知，由于元人修撰前代史时没有给西夏编纂一部纪传体正史，致使西夏公私史料湮没殆尽。清代乾嘉时期的考史学派虽做了大量辑佚工作，但因多出于宋人文集笔记，史料价值不大。因此，西夏史的研究长期以来处于薄弱环节和落后状态。20 世纪以来，随着西夏文物的大量发现，西夏学逐渐成为世界范围内的显学。20 世纪下半叶，我国四川、宁夏、北京、甘肃和香港地区以及苏联的学者撰写出一批西夏断代史、专史和论文集，西夏史研究出现了兴旺的势头。这些著作对促进西夏史研究的深入无疑具有很大意义，但同时也存在着某些缺陷和不足。例如，有的偏重于史料的陈述与分析，有的内容存在较大的遗漏，还有的编排体例不尽合理等。李蔚先生在前人研究的基础之上，经过深思熟虑，撰写出一部历史与逻辑完美统一的西夏史专著。第 1 章总论是全书的总纲，对西夏历史作了高屋建瓴地鸟瞰式论述，其中关于西夏立国长久的原因、西夏历史的发展阶段、西夏历史的特点、西夏历史的地位等标题，都是以往被人们忽略而论述不多的问题。作者经过多年的深入研究，对上述问题从总体上加以考察和论述，颇具宏观的角度，使本书具有浓厚的理论色彩。例如，作者对西夏的历史特点总结出政治上采用蕃汉联合统治、经济发展的不平衡与对外存在依赖性、民族矛盾经常处于主导地位与对外战争频繁、文化上的多元与儒学佛教的兴盛 4 个方面，都是发前人所未发的重大理论问题。第 2 章叙述西夏立国以前的历史与夏州地方政权的建立，揭明西夏奠定了立国基础。以下 4 章的内容论述西夏王朝的历史，但作者并未采用以往论著中政治、经济、军事、学术文化及民族关系等板块结构的传统方法叙述西夏立国以后的历史，而是按照建国、巩固、繁荣、衰亡 4 个发展阶段分章立目，把西夏历史的发展视为一个完整的历史运动轨迹，有条不紊地叙述了西夏王朝从立国到灭亡的全过程。这种体例的优点在于真正使西夏史研究摆脱传统的板块结构模式的窠臼，成为以创新体例叙述的断代史，从而真正提高了西夏的历史地位，阅后也使人有眉清目秀之感。第 7 章论述西夏的社会经济各部门，材料丰富，内容充实，写得比较丰满。最后 1 章专门谈西夏的文化，这也是本书结构体例上的特色。因为以前出版的西夏断代史中很少有独辟专章论述西夏文化的，本书作者在史料极其分散和贫乏的情况下，拾遗补缺，全面地概述了西夏文化的各个方面，实为难能可贵。这就使得本书在政治、经济、文化等方面的内容比较协调，全面地反映出西夏王朝的历史面貌。

再次，本书是作者在多年的教学实践和专题研究的基础上写成的，因此对问题分析精当，观点颇多创新，是一部功力与学问俱佳的力作。历史研究必须占有材料，弄清事实，这就需要钩沉索隐，考辨名物制度，这是史学工作者必须具备的功力。但仅仅做到这一点还不够，因为功力和学问是两回事。史学工作者只有在具备深厚功底的条件下，对历史事实加以分析，得到关于历史发展规律的理性认识，治学能成一家之言，这才是学问。《简明西夏史》一书引用的材料极为丰富，既有文献材料，又有考古材料，既有前人著述中的成果，也有当代学者的论断。尤其是作者利用近年来整理出版的黑水城出土的西夏文献《贞观玉镜统》来研究和论述西夏的军事，得出了乾顺时期的"尚文重法"并非不要武备，而是在武备问题上更加精益求精的结论。正是由于有丰富的材料做基础，书中对前人研究中的许多错误结论作了辨正，显示出深厚的功力。但是，作者并没有仅仅停留在对历史史实的考订和辨正阶段，而是进一步深入研究。李先生治学一贯强调对问题应该加强理论分析，这样才能把握问题的实质。因此，书中层次清晰、观点鲜明的分析性文字随处可见，给人以论证充分、结论可信、理论性强的感觉。在这些分析中，自然也就包含了许多独到的真知灼见。例如，评价李继迁对宋战争的性质，李先生不同意把它视为西夏反对北宋民族压迫的正义战争的观点，也不赞成既有封建王朝内部地主阶级分裂割据的性质，也有民族起义和农牧民起义的性质的观点，而是认为李继迁对宋战争纯粹是一场具有封建王朝内部统治阶级分裂割据性质的战争，并无正义之可言。又如，在西夏官制问题上，认为存在汉官与蕃官两套官制的传统看法站不住脚，而主张西夏官制是一套官制，一个系统，所谓蕃官只不过是党项与汉人均可担任的职官的西夏语译音，并非是另有一套专门由西夏人担任的职官。再如，考察西夏文化的来源，批驳了苏联学者中存在的认为西夏文化来源于中亚细亚而独立自成一体的观点，强调了汉文化以及吐蕃、回鹘文化对西夏文化的影响，指出西夏文化是植根于晋唐以来河陇文化之上的一种文化，而河西陇右地区的河陇文化则属于中原学术文化体系，说明西夏文化是中华民族传统文化中的有机组成部分。这种观点不仅具有理论意义，而且还具有重要的现实意义。

最后说明一点，《简明西夏史》尽管是一部理论性较强的学术著作，但因是结合人事写历史，从而又具有情节生动，文字流畅，议论平实等可读性。这是一部适合不同文化层次读者雅俗皆宜的简明历史著作，值得推荐。

北京师范大学史学探索丛书

后　记

　　本书包含的内容，是我 1987 年 7 月参加工作以来至 2010 年 7 月病疗复出之后 23 年间撰写的有关两宋研究方面的文章。因为学识浅薄和其他主客观条件的限制，无法对宋代问题作全面、深入、系统研究，只能围绕若干专题断续考察，犹如惊鸿一瞥，匆匆掠过，虽得到些肤浅的了解，但却没有全面认识，故取名为《宋史瞥识》，非尽为谦逊，亦记其实耳。

　　古往今来，人们赋予"史"字多种含义，其中史官、史书、史学、史事是几种主要的内涵。故本书的"宋史"也取广义，包含宋代历史、宋代史学、宋史学史或曰宋史研究史 3 个部类的研究文章。大抵 1995 年 9 月以前，我的专业方向是研究宋代历史，所以前 3 编中的内容，除研究范仲淹的 3 篇文章是 2006 年 12 月中国范仲淹研究会成立前后撰写以外，其余全部完成于这个时期，属于宋代历史研究的范畴。1995 年 9 月以后，我的专业方向改成中国史学史，其中的一个研究领域就是两宋史学，遂由过去研究宋代历史问题转为研究宋代史学问题，故第四编和第五编内容是研究两宋时期宋人史学成就和文献学成就的文章，属于宋代史学研究的范畴；而第六编则是对元代至当代学者研究宋史所获成果的研究，即宋史研究之研究，属于宋史学史或曰宋史研究史研究的范畴。这个过程，大致反映出我从研究宋代历史，到研究宋代史学，再到研究宋史学发展史的历程，是以用 2002 年 12 月 17 日发表于《光明日报》的《研究历史应当兼顾史学史》一文作为本书序言，可以看出我的摸索过程和认识轨迹。鉴于国内宋史学界有把 10 世纪至 13 世纪宋、辽、夏、金民族政权鼎立时期的历史称作"大宋史"的习惯，本书也收入 1 篇研究辽代文献和 1 篇评论西夏史著作的文章，略述所本，以示有所依据，庶免为例不纯之讥。

　　需要说明的是，2002 年以前撰写的文章，已经找不到原稿，只能从当时发表文章的报刊转录；此后数年撰写的文章，则使用保留的底稿。为真实反映研究历程，举凡题目、观点、内容、结构、语言，均维持撰写时的原貌，仅对某些因撰文不审而造成的史实讹误，或者排版造成的注释串乱、内容遗漏、文字错误予以订正。注释方式全部统一改为脚注，并大致按照当前学术规范标准补充了缺乏的信息。

感谢宋史学界的先生和朋友们多年来对我的关心、提携和帮助。书中的一部分文章，就是他们和我共同撰写的。这些先生和朋友分别是：河北大学汪圣铎教授、西南大学马强教授、云南大学张锦鹏教授、河北师范大学范云教授、唐山师范学院滦州分校刘建国副教授、人民出版社张秀平编审、甘肃省图书馆刘瑛研究馆员、山东省烟台市博物馆辛俊玲研究馆员。由于他们的指导和参与，使得文章大为增色，质量显著提高。当然，书中存在的不尽如意之处，乃至缺点和错误，完全应该由我负责。

感谢为我发表研究两宋文章的报刊和论集以及为此付出劳动的编辑朋友们。这些报刊分别有《光明日报》、《中国史研究》、《中国史研究动态》、《宋史研究通讯》、《文史》、《史学月刊》、《史学史研究》、《学术研究》、《河北学刊》、《求是学刊》、《东岳论丛》、《天津社会科学》、《河北师范大学学报》、《河北师院学报》、《汉中师范学院学报》、《廊坊师范学院学报》、《北方工业大学学报》、《固原师专学报》等。还有一些文章被收入以书代刊的出版物和各类宋史研究论文集，恕不一一列举。上述刊物不仅为我保存了 20 多年来的文稿，而且经过编辑精心修改，使文章在原稿的基础上进一步提高。

感谢北京师范大学历史学院领导和丛书编辑委员会给我一次集中整理和展现学术成果的机会，责任编辑刘东明先生对书稿提出了宝贵的修改意见，并且做了细致的加工和编校工作，在此一并表示谢意。

罗炳良

2011 年 5 月记于北京师范大学历史学院

北京师范大学史学探索丛书